Copyright © Éditions Albin Michel, 2002
Copyright da edição brasileira © 2014 É Realizações
Título original: *Exercices Spirituels et Philosophie Antique*

Editor
Edson Manoel de Oliveira Filho
Produção editorial, capa e projeto gráfico
É Realizações Editora
Preparação de texto
Nelson Barbosa
Revisão de texto
Célia Maria Trazzi Cassis

CIP-BRASIL. CATALOGAÇÃO NA PUBLICAÇÃO
SINDICATO NACIONAL DOS EDITORES DE LIVROS, RJ

H142e
    Hadot, Pierre, 1922-2010
        Exercícios espirituais e filosofia antiga / Pierre Hadot ; tradução Flavio Fontenelle Loque e Loraine Oliveira. - 1. ed. - São Paulo : É Realizações, 2014.
        368 p. ; 24 cm. (Filosofia atual)

        Tradução de: Exercices spirituels et philosophie antique
        Inclui bibliografia e índice
        ISBN 978-85-8033-182-0

        1. Filosofia. I. Título. II. Série.

14-17904   CDD: 100
                                                                                        CDU: 1

18/11/2014   18/11/2014

Reservados todos os direitos desta obra. Proibida toda e qualquer reprodução desta edição por qualquer meio ou forma, seja ela eletrônica ou mecânica, fotocópia, gravação ou qualquer outro meio de reprodução, sem permissão expressa do editor.

É Realizações Editora, Livraria e Distribuidora Eireli
Rua França Pinto, 498 · São Paulo SP · 04016-002
Telefone: (5511) 5572 5363
atendimento@erealizacoes.com.br · www.erealizacoes.com.br

Este livro foi impresso pela Gráfica Pancrom, em janeiro de 2022. Os tipos são da família Minion Condensed e Adobe Garamond Regular. O papel do miolo é o Pólen Soft 80 g., e o da capa, cartão Supremo AA 300 g.

Coleção FILOSOFIA ATUAL

EXERCÍCIOS ESPIRITUAIS E FILOSOFIA ANTIGA

PIERRE HADOT

PREFÁCIO
ARNOLD I. DAVIDSON

TRADUÇÃO
FLAVIO FONTENELLE LOQUE
LORAINE OLIVEIRA

É Realizações Editora

Sumário

Prefácio
  por Arnold I. Davidson 7
Apresentação à edição de 1993 15

PARTE I – EXERCÍCIOS ESPIRITUAIS
Exercícios espirituais 19
  (*Anuário da V^a Seção da École Pratique des Hautes Études*,
  t. LXXXIV, 1977, p. 25-70)
Exercícios espirituais antigos e "filosofia cristã" 67

PARTE II – SÓCRATES
A figura de Sócrates...................................... 91
  (Conferência proferida na sessão Eranos em Ascona [Suíça] em
  1974 e publicada nos *Annales d'Eranos*, vol. 43, 1974, p. 51-90)

PARTE III – MARCO AURÉLIO
A física como exercício espiritual ou pessimismo e
  otimismo em Marco Aurélio........................ 131
  (*Revue de Théologie et de Philosophie*, 1972, p. 225-39)
Uma chave das *Meditações* de Marco Aurélio: os três *topoi*
  filosóficos segundo Epiteto......................... 149
  (*Les Études Philosophiques*, 1978, p. 65-83)
Michelet e Marco Aurélio............................. 175

PARTE IV – CONVERSÃO
Conversão.. 203
  (*Encyclopedia Universalis*, p. 979-81)

PARTE V – TEOLOGIA NEGATIVA
Apofatismo e teologia negativa 217

PARTE VI – A LIÇÃO DA FILOSOFIA ANTIGA
A história do pensamento helenístico e romano 231
    (Aula inaugural no Collège de France, sexta-feira,
    18 de fevereiro de 1983)
A filosofia como maneira de viver 261
    (*Anuário do Collège de France*, 1984-1985, p. 477-87)
Um diálogo interrompido com Michel Foucault.
    Convergências e divergências....................... 275
Posfácio à segunda edição (1987)...................... 283

PARTE VII – O EU E O MUNDO
Reflexões sobre a noção de "Cultura de Si"............. 291
"Há, nos nossos dias, professores de filosofia, mas não
    filósofos..." 301
O sábio e o mundo..................................... 311
A filosofia é um luxo? 327
Meus livros e minhas pesquisas 333
O que é ética?.. 343

Bibliografia.. 357
Índice das citações de Nietzsche...................... 359
Índice das citações de Kierkegaard.................... 361
Índice de temas 363

Prefácio

Arnold I. Davidson[1]

Lembro-me muito bem do momento no qual Michel Foucault me falou de Pierre Hadot pela primeira vez. Mesmo constatando seu vivo entusiasmo naquele momento, respondi-lhe que eu não era de modo algum um especialista em filosofia antiga e que não queria me aventurar nesse campo. Somente muito mais tarde comecei a ler Pierre Hadot, depois da morte de Michel Foucault. Imediatamente, fiquei impressionado não somente com a exatidão e lucidez de suas interpretações dos textos, fruto de um conhecimento filológico e histórico irrepreensível, mas sobretudo com a visão em filigrana da filosofia que encontrei em seus ensaios e livros. Que Pierre Hadot seja um dos maiores historiadores do pensamento antigo em nossa época é evidente; o que talvez seja menos evidente é que ele é também um grande filósofo. Basta estudar o conjunto de sua obra para estar convencido disso. Este livro, *Exercícios Espirituais e Filosofia Antiga*, já é um clássico, e, como todos os verdadeiros clássicos, mantém sua força de permanecer atual.

Gostaria de detalhar alguns aspectos da noção de exercícios espirituais para melhor explicar por que P. Hadot fez dela o fio

---

[1] Professor de Filosofia na Universidade de Chicago, membro do Conselho do Instituto do Pensamento Contemporâneo na Universidade Paris VII.

condutor de sua concepção da filosofia antiga. P. Hadot sempre disse que sua descoberta da noção de exercício espiritual estava ligada a um problema estritamente literário: como explicar a aparente incoerência de alguns filósofos? Longe de buscar um novo tipo de espiritualidade edificante, Pierre Hadot queria confrontar o tema, historicamente constante, da pretensa incoerência dos filósofos antigos. É essa investigação que o conduziu "à ideia de que as obras filosóficas da Antiguidade não eram compostas para expor um sistema, mas para produzir um efeito formativo: o filósofo queria trabalhar os espíritos de seus leitores ou ouvintes para que se colocassem numa certa disposição".[2] Antes formar os espíritos que os informar; eis a base sobre a qual repousa a ideia de exercício espiritual. Portanto, não há de causar espanto a importância, reafirmada sem cessar, que a leitura dos textos ocupa em P. Hadot: ler é um exercício espiritual e nós devemos aprender a ler, isto é, "parar, libertarmo-nos de nossas preocupações, voltar a nós mesmos, deixar de lado nossas buscas por sutilezas e originalidade, meditar calmamente, ruminar, deixar que os textos falem a nós" ("Exercícios Espirituais", p. 66). A esse respeito, há que meditar a extraordinária citação de Goethe que ele escolheu para concluir o capítulo "Exercícios Espirituais": "As pessoas [...] não sabem quanto custa em tempo e esforço aprender a ler. Precisei de oitenta anos para tanto e sequer sou capaz de dizer se tive sucesso" ("Exercícios Espirituais", p. 66). Ler é uma atividade de formação e de transformação de si mesmo, e, seguindo P. Hadot, não se há de esquecer que os exercícios espirituais não são limitados a um campo particular de nossa existência; eles têm um alcance muito largo e penetram nossa vida cotidiana.

Na expressão "exercícios espirituais", é preciso levar em conta ao mesmo tempo a noção de "exercício" e o significado do termo "espiritual". Os exercícios espirituais não funcionam simplesmente no nível proposicional e conceitual. Não é uma nova teoria metafísica que nos é proposta aqui, pois os exercícios espirituais são precisamente exercícios, isto é, uma prática, uma atividade, um trabalho sobre si mesmo, o que se pode chamar uma ascese

---

[2] Pierre Hadot, *La Philosophie comme Manière de Vivre, Entretiens avec Jeannie Carlier et Arnold I. Davidson*. Paris, Albin Michel, 2001, p. 101.

de si. Os exercícios espirituais fazem parte de nossa experiência, são "experimentados". Além disso, P. Hadot não emprega o termo "espiritual" no sentido de "religioso" ou "teológico"; os exercícios religiosos eram apenas um tipo, muito particular, de exercício espiritual. Por que, então, o termo "espiritual"? Somente após ter eliminado outros adjetivos, P. Hadot finalmente escolheu caracterizar esses exercícios como "espirituais"; com efeito, "exercícios intelectuais" ou "exercícios morais" dão conta apenas parcialmente da densidade do sentido – "intelectual" não recobre todos os aspectos desses exercícios e "moral" pode dar a impressão inexata de que se trata de um código de boa conduta. Como P. Hadot claramente disse: "A palavra 'espiritual' permite entender bem que esses exercícios são obra não somente do pensamento, mas de todo o psiquismo do indivíduo" ("Exercícios Espirituais", p. 20). A expressão engloba o pensamento, a imaginação, a sensibilidade assim como a vontade. "A denominação de exercícios espirituais é, finalmente, portanto, a melhor, porque marca bem que se trata de exercícios que engajam todo o espírito" ("Exercícios Espirituais Antigos e 'Filosofia Cristã'", p. 68-69). A filosofia antiga "é exercício espiritual porque ela é um modo de vida, uma forma de vida, uma escolha de vida",[3] de modo que se poderia dizer também que esses exercícios são "existenciais", porque possuem um valor existencial que diz respeito à nossa maneira de viver, nosso modo de ser no mundo; eles são parte integrante de uma nova orientação no mundo, uma orientação que exige uma transformação, uma metamorfose de si mesmo. P. Hadot resumiu sua concepção dizendo que um exercício espiritual é "uma prática destinada a operar uma mudança radical do ser".[4]

Para compreender a radicalidade e a profundidade da ideia dos exercícios espirituais na concepção de P. Hadot, é preciso ter consciência da distinção essencial que ele opera entre o discurso filosófico e a própria filosofia. É uma distinção que, no fundo, faz emergir a dimensão prática e existencial dos exercícios espirituais. Partindo da distinção estoica entre o discurso segundo a

---

[3] Ibidem, p. 152.
[4] Pierre Hadot, *Qu'est-ce que la Philosophie Antique?* Paris, Folio, 1995, p. 271. [Em português: Pierre Hadot, *O que é a Filosofia Antiga?* 3. ed. Trad. D. D. Machado. São Paulo, Loyola, 2008.]

filosofia e a própria filosofia, P. Hadot mostra que se pode utilizar essa distinção "de uma maneira mais geral para descrever o fenômeno da 'filosofia' na Antiguidade".[5]

Segundo os estoicos, o discurso filosófico se divide em três partes – a lógica, a física e a ética; quando se trata de ensinar a filosofia, expõe-se uma teoria da lógica, uma teoria da física e uma teoria da ética. Todavia, para os estoicos – e, num certo sentido, para os outros filósofos da Antiguidade –, esse discurso filosófico não era a própria filosofia.[6] A filosofia não é uma teoria dividida em três partes, mas "um ato único que consiste em *viver* a lógica, a física e a ética. Não se faz mais então a teoria da lógica, isto é, do falar bem e do pensar bem, mas pensa-se e fala-se bem; não se faz mais a teoria do mundo físico, mas contempla-se o cosmos; não se faz mais a teoria da ação moral, mas age-se de uma maneira reta e justa" ("A Filosofia como Maneira de Viver", p. 264). Dito de outro modo, "a filosofia era o exercício efetivo, concreto, vivido, a prática da lógica, da ética e da física".[7] P. Hadot recapitula essa ideia da seguinte maneira:

> O discurso sobre a filosofia não é a filosofia [...]. As teorias filosóficas estão a serviço da vida filosófica [...].
>
> A filosofia, na época helenística e romana, apresenta-se então como um modo de vida, como uma arte de viver, como uma maneira de ser. De fato, ao menos desde Sócrates, a filosofia antiga tinha essa característica [...]. A filosofia antiga propõe ao homem uma arte de viver; a filosofia moderna, ao contrário, apresenta-se antes de tudo como a construção de uma linguagem técnica reservada a especialistas. ("A Filosofia como Maneira de Viver", p. 271).

Na Antiguidade, a tarefa essencial do filósofo não era construir ou expor um sistema conceitual; é por isso que P. Hadot critica os historiadores da filosofia antiga que representam a filosofia

---

[5] Ibidem, p. 265.
[6] Para a distinção análoga em Plotino entre o método da teologia negativa e a experiência mística, ver o capítulo "Apofatismo e Teologia Negativa", p. 217.
[7] Pierre Hadot, *La Philosophie comme Manière de Vivre*, op. cit., p. 153.

primeiramente como um discurso ou uma teoria filosóficos, um sistema de proposições. Ele explica esse ponto desta maneira:

> Todas as escolas denunciaram o perigo que o filósofo corre se imagina que seu discurso filosófico pode bastar a si mesmo sem estar de acordo com a vida filosófica [...]. Tradicionalmente, aqueles que desenvolvem um discurso aparentemente filosófico, sem buscar relacionar a vida ao discurso e sem que o discurso emane da experiência e da vida são chamados "sofistas" pelos filósofos [...].[8]

Nesse sentido bastante preciso, poder-se-ia dizer que os sofistas encarnam sempre um perigo para a filosofia, uma ameaça inerente à tendência que considera que o discurso filosófico basta a si mesmo e é inteiramente independente de nossa escolha de vida.

Recentemente, P. Hadot continuou a detalhar sua concepção do papel do discurso filosófico na própria filosofia. Segundo ele, quando o discurso não está separado da vida filosófica, quando é parte integrante da vida, quando o discurso é um exercício da vida filosófica, ele é então completamente legítimo e até indispensável. Se os filósofos da Antiguidade recusam-se a identificar a filosofia ao discurso filosófico,

> é bem evidente que não pode haver filosofia sem um discurso interior e exterior do filósofo. Todavia, todos esses filósofos [...] se consideram filósofos não porque desenvolvem um discurso filosófico, mas porque vivem filosoficamente. O discurso se integra à vida filosófica [...]. Para eles, a própria filosofia é antes de tudo uma forma de vida e não um discurso.[9]

P. Hadot pretende combater a representação da filosofia "reduzida a seu conteúdo conceitual" e "sem relação direta, em todo caso, com a matéria do viver do filósofo".[10] Quando a filosofia se torna simplesmente um discurso filosófico sem estar ligada e integrada a um modo de vida filosófico, ela sofre uma modificação

---

[8] Idem, *Qu'est-ce que la Philosophie Antique?*, op. cit., p. 268-69.
[9] Idem, "La Philosophie Antique: une Éthique ou une Pratique", *Études de Philosophie Ancienne*, Paris, Les Belles Lettres, 1998, p. 228.
[10] Idem, *Qu'est-ce que la Philosophie Antique?*, op. cit., p. 387, 379.

radical. A filosofia começa a ser uma disciplina profundamente escolar e universitária, e o filósofo, segundo a expressão de Kant, torna-se um "artista da razão" que se interessa apenas pela pura especulação. P. Hadot cita Kant:

> Quando tu vais começar a viver virtuosamente, dizia Platão a um velho que lhe contava que escutava lições sobre a virtude. Não se trata de especular sempre, mas é preciso, em algum momento, pensar em passar ao exercício. Hoje, porém, se toma por exaltado aquele que vive de uma maneira conforme ao que ensina.[11]

Encontra-se um eco dessa citação nestas questões de P. Hadot:

> O que é, em última instância, o mais útil ao homem enquanto homem? É discorrer sobre a linguagem ou sobre o ser e o não ser? Não é, antes, aprender a viver uma vida humana? ("A Filosofia é um Luxo?", p. 329)

Apesar dessa crítica ao discurso filosófico considerado como autônomo e separado da vida filosófica, é claro também que não há, por isso, uma desqualificação desse discurso. Todavia, contrariamente à maior parte dos filósofos contemporâneos, retém sua atenção antes a modalidade psicagógica do discurso que a modalidade proposicional e abstrata. No final das contas, escolha de vida e maneira de viver, exercícios espirituais e discurso psicagógico e transformador são três elementos essenciais da visão da filosofia nos escritos de Pierre Hadot.

Esta nova edição dos *Exercícios Espirituais* de P. Hadot traz alguns textos até então difíceis de encontrar ou inéditos. "Reflexões sobre a Noção de 'Cultura de Si'", um texto já muito discutido, continua o "diálogo interrompido" com Michel Foucault. Nessa discussão, P. Hadot acentua sobretudo o contraste entre "a estética da existência" em Foucault e a "consciência cósmica", uma outra ideia-chave de sua análise. A noção de consciência cósmica, associada à prática da física como exercício espiritual e ao ideal de sabedoria, permanece um dos aspectos mais surpreendentes e singulares de seu pensamento. O exercício da consciência

---

[11] Idem, *La Philosophie comme Manière de Vivre*, op. cit., p. 185. Ver também Hadot, *Qu'est-ce que la Philosophie Antique?*, op. cit., p. 387-91, 399-406.

cósmica não é somente um elemento capital de sua interpretação da Antiguidade; ele permanece, a seus olhos, uma prática atual que modifica nossa relação com nós mesmos e com o mundo.

O texto sobre Thoreau nos lembra como a ideia dos exercícios espirituais pode funcionar como um quadro interpretativo para reler a história do pensamento de modo a nos permitir ver as dimensões filosóficas de pensadores que, habitualmente, são deixados na sombra pela representação tradicional da história da filosofia. Não somente Thoreau, mas também Goethe, Michelet, Emerson e Rilke, entre outros, são assim reconduzidos à dimensão propriamente filosófica; e até Wittgenstein, em P. Hadot, torna-se um outro tipo de pensador: além do professor de filosofia, um filósofo que exige um trabalho sobre nós mesmos e uma transfiguração de nossa visão do mundo, no mais forte sentido dessas expressões.

Em "O Sábio e o Mundo", novamente falando da consciência cósmica, mas também da concentração sobre o momento presente, P. Hadot destaca a importância da figura do sábio e o papel do exercício da sabedoria em sua concepção da filosofia.[12] A norma da sabedoria pode e deve realizar uma transformação da relação entre o eu e o mundo, "graças a uma mutação interior, graças a uma mudança total da maneira de ver e de viver" ("O Sábio e o Mundo", p. 326). A percepção estética, como destaca P. Hadot, é "um tipo de modelo da percepção filosófica" ("O Sábio e o Mundo", p. 316), um modelo da conversão da atenção e da transformação da percepção habitual que o exercício da sabedoria exige. P. Hadot nos fornece instrumentos para apreender as possibilidades existenciais e cosmológicas da percepção estética e, tal como Merleau-Ponty, ele percebe numa certa visão estética um meio para reaprender a ver o mundo.

Os três outros textos novos desenvolvem e aprofundam o quadro das noções das quais já tentei fornecer um esboço e nos mostram a ligação íntima entre o P. Hadot historiador da filosofia e o P. Hadot filósofo. Ninguém detalhou melhor do que ele a

---

[12] Ver também Hadot, "La Figure du Sage dans l'Antiquité Gréco-Latine", *Études de Philosophie Ancienne*, op. cit.

necessidade dessa relação. Examinando a vasta tarefa do historiador da filosofia, ele conclui:

> [O historiador da filosofia] deverá ceder lugar ao filósofo, ao filósofo que deve sempre permanecer vivo no historiador da filosofia. A tarefa última consistirá em colocar para si mesmo, com uma lucidez aguda, a questão decisiva: "o que é filosofar?".[13]

Agora, deixo que os textos falem a nós.

---

[13] Pierre Hadot, "Préface à Richard Goulet, *Dictionnaire des Philosophes Antiques*", *Études de Philosophie Ancienne*, op. cit., p. 272.

Apresentação
À edição de 1993

O presente volume reúne estudos, já publicados ou inéditos, que escrevi há vários anos, mas o tema geral a que eles dizem respeito esteve no centro de minhas preocupações desde minha juventude. Um dos meus primeiros artigos, publicado nas *Atas do Congresso de Filosofia* de Bruxelas, em 1953, já tentava descrever o ato filosófico como uma conversão, e lembro-me sempre do entusiasmo com o qual, no inquietante verão de 1939, ocasião de meu *Baccalauréat* em Filosofia, eu comentava o tema da redação extraído de Henri Bergson: "A filosofia não é uma construção de sistema, mas a resolução, uma vez tomada, de olhar ingenuamente para si e ao redor de si". Sob a influência de Bergson, depois do existencialismo, sempre concebi a filosofia como uma metamorfose total da maneira de ver o mundo e de estar nele.

Não previa, em 1939, que passaria minha vida a estudar o pensamento antigo e, mais pormenorizadamente, a influência que a filosofia grega exerceu na literatura latina. Todavia, é nessa direção que a misteriosa conjunção do acaso e da necessidade interior que dá forma a nossos destinos me orientou. Nessas pesquisas, constatei que muitas das dificuldades que experimentamos para compreender as obras filosóficas dos Antigos frequentemente provinham do fato de que cometemos, ao interpretá-las, um duplo anacronismo: cremos que, como muitas obras modernas, elas são destinadas a comunicar informações referentes a um conteúdo conceitual determinado e que podemos também tirar diretamente delas informações claras sobre o pensamento e a psicologia de seus autores. De fato, porém, elas são muito frequentemente exercícios espirituais que o próprio autor pratica e faz seu leitor praticar. Elas são destinadas a formar as almas. Têm um valor psicagógico. Toda asserção, portanto, deve ser compreendida na perspectiva do efeito que visa a produzir e não como uma proposição exprimindo adequadamente o pensamento e os sentimentos de um indivíduo. Assim, minhas conclusões metodológicas acabaram por se unir às minhas convicções filosóficas.

Esses temas filosóficos e metodológicos encontram-se na presente coletânea. Vários dos estudos aqui reunidos exprimem em seus próprios títulos sua relação com a noção de exercício espiritual. Contudo, compreender-se-á facilmente por que outros trabalhos têm lugar neste volume. A figura mítica de Sócrates é a figura mesma do filósofo, daquele que "se exercita" na sabedoria. Marco Aurélio é um homem da Antiguidade que pratica seus exercícios espirituais segundo um método rigoroso. Michelet é um homem moderno, mas ele também se exercitava, ao longo de toda sua vida, na esteira de Marco Aurélio, para realizar em si mesmo a "harmonização". O esboço relativo ao fenômeno geral da conversão permite compreender melhor como a filosofia é essencialmente conversão; portanto, uma vez mais, exercício vivido. O outro esboço, consagrado desta vez ao apofatismo e à experiência mística, deixa entrever os problemas do discurso filosófico deparando com os limites da linguagem, precisamente porque a filosofia é uma experiência que transcende toda expressão (e entrevê-se, a esse respeito, que o *Tractatus* de Wittgenstein é também um exercício espiritual).

Agradeço de todo coração a meu amigo de longa data Georges Folliet, graças a quem esta coletânea pôde ser publicada. Dedico esta obra à memória de Pierre Courcelle, que tanto me legou pela riqueza de suas obras e o exemplo de seu método.

PARTE I

EXERCÍCIOS ESPIRITUAIS

Exercícios espirituais

"Fazer seu voo a cada dia! Pelo menos um momento que pode ser breve, desde que seja intenso. Cada dia um 'exercício espiritual' – sozinho ou acompanhado de um homem que também queira melhorar a si mesmo. Exercícios espirituais. Sair do decurso do tempo. Esforçar-se para despojar-se de tuas próprias paixões, das vaidades, do prurido do ruído em torno do teu nome (que, de tempos em tempos, te prure como um mal crônico). Fugir da maledicência. Despojar-se da piedade e do ódio. Amar todos os homens livres. Eternizar-se ultrapassando-se. Esse esforço sobre si é necessário, essa ambição, justa. Numerosos são aqueles que se absorvem inteiramente na política militante, na preparação da revolução social. Raros, muito raros aqueles que, para preparar a revolução, querem dela se tornar dignos."

Postas à parte essas últimas linhas, o texto não parece ser um pastiche de Marco Aurélio? É de G. Friedmann,[1] e é bem possível que, ao escrevê-lo, seu autor não tenha estado consciente dessa semelhança. No resto de seu livro, aliás, buscando "onde voltar à fonte",[2] ele chega à conclusão de que não existe tradição alguma

---

[1] G. Friedmann, *La Puissance et la Sagesse*. Paris, 1970, p. 359. No dia 30 de junho de 1977, pouco tempo antes de sua morte, G. Friedmann teve a gentileza de me escrever para dizer o quanto havia ficado "tocado" por minha reação a respeito de seu livro. Na mesma carta, ele me remetia às reflexões que havia sido encarregado de apresentar no final do colóquio organizado pelo CNRS, de 3 a 5 de maio de 1977, para comemorar o tricentenário da morte de Espinosa e nas quais ele evocava, a propósito de uma passagem da Ética de Espinosa, o estoicismo dos Antigos. Cf. G. Friedmann, "Le Sage et Notre Siècle", *Revue de Synthèse*, t. 99, 1978, p. 288.

[2] G. Friedmann, *La Puissance et la Sagesse*, op. cit., p. 183-284.

(judaica, cristã, oriental) que seja compatível com as exigências da situação espiritual contemporânea. Curiosamente, porém, ele não se interroga sobre o valor da tradição filosófica da Antiguidade greco-romana, embora as poucas linhas que acabamos de citar mostrem a que ponto, inconscientemente, a tradição antiga continua a viver nele como em cada um de nós.

"Exercícios espirituais". A expressão desconcerta um pouco o leitor contemporâneo. Primeiramente, não é mais de muito bom tom, hoje, empregar a palavra "espiritual". É preciso, porém, resignar-se a empregar esse termo, porque os outros adjetivos ou qualificativos possíveis: "psíquico", "moral", "ético", "intelectual", "de pensamento", "da alma" não recobrem todos os aspectos da realidade que queremos descrever. Poder-se-ia falar, evidentemente, de exercícios de pensamento, pois, nesses exercícios, o pensamento é tomado, de algum modo, como matéria[3] e busca modificar a si mesmo. A palavra "pensamento", porém, não indica de uma maneira suficientemente clara que a imaginação e a sensibilidade intervêm de uma maneira muito importante nesses exercícios. Pelas mesmas razões, não é possível se contentar com "exercícios intelectuais", ainda que os aspectos intelectuais (definição, divisão, raciocínio, leitura, pesquisa, amplificação retórica) desempenhem um grande papel. "Exercícios éticos" seria uma expressão bastante sedutora, pois, como veremos, os exercícios em questão contribuem poderosamente para a terapêutica das paixões e se relacionam à conduta de vida. Todavia, seria, mais uma vez, uma visão demasiado limitada. De fato, esses exercícios – nós o entrevemos pelo texto de G. Friedmann – correspondem a uma transformação da visão de mundo e a uma metamorfose da personalidade. A palavra "espiritual" permite entender bem que esses exercícios são obra não somente do pensamento, mas de todo o psiquismo do indivíduo e, sobretudo, ela revela as verdadeiras dimensões desses exercícios: graças a eles, o indivíduo se eleva à vida do Espírito objetivo, isto é, recoloca-se na perspectiva do Todo ("Eternizar-se ultrapassando-se").

---

[3] Epiteto, *Diatribes*, III, 22, 20 (trad. Souilhé): "Doravante, a matéria sobre a qual devo trabalhar é o pensamento (*dianoia*), tal como a do carpinteiro é a madeira e a do sapateiro, o couro".

Aceitamos, se é o caso, a expressão "exercícios espirituais", dirá nosso leitor. Trata-se, porém, dos *Exercitia Spiritualia* de Inácio de Loyola? Qual relação há entre as meditações inacianas e o programa de G. Friedmann: "Sair do decurso do tempo... eternizar-se ultrapassando-se?". Nossa resposta será, simplesmente, que os *Exercitia Spiritualia* são apenas uma versão cristã de uma tradição greco-romana, cuja amplitude haveremos de mostrar. Primeiramente, a noção e a expressão *exercitium spirituale* são atestadas bem antes de Inácio de Loyola, no antigo cristianismo latino, e correspondem à *askesis* do cristianismo grego.[4] Mas essa *askesis*, por sua vez, que se deve entender bem não como ascetismo, mas como prática de exercícios espirituais, existe já na tradição filosófica da Antiguidade.[5] É, portanto, a esta última que se deve finalmente remontar para explicar a origem e o significado da noção de exercício espiritual, sempre viva, como atesta G. Friedmann, na consciência contemporânea. Nosso presente estudo não gostaria de somente relembrar a existência de exercícios espirituais na Antiguidade greco-latina; ele gostaria, sobretudo, de especificar todo o alcance e a importância desse fenômeno e mostrar as consequências que dele decorrem para a compreensão do pensamento antigo e da própria filosofia.[6]

---

[4] No domínio latino, por exemplo, Rufino, *Hist. Monach.*, cap. 7 (*PL*, t. XXI, 410 D): "*Cum quadraginta annis fuisset in exercitiis spiritualibus conversatus...*" e cap. 29 (453 D): "*Ad acriora semetipsum spiritalis vitae extendit exercitia*". No domínio grego, já em Clemente de Alexandria, *Strom.*, IV, 6, 27, 1. Cf. J. Leclercq, art. "Exercices spirituels", *Dictionnaire de Spiritualité*, t. IV, col. 1902-1908.

[5] A obra muito importante de P. Rabbow, *Seelenführung. Methodik der Exerzitien in der Antike*, Munique, 1954, recolocou os *Exercitia Spiritualia* de Inácio de Loyola na tradição antiga.

[6] As obras sobre esse tema são relativamente raras. O livro fundamental é o de P. Rabbow citado na nota precedente. Ver também a resenha de P. Rabbow feita por G. Luck, *Gnomon*, t. XXVIII, 1956, p. 268-271; B.-L. Hijmans Jr., *Askesis. Notes on Epictetus Educational System*, Assen, 1959 (citado nas notas seguintes com o título *Askesis*); A. C. Van Geytenbeek, *Musonius Rufus and Greek Diatribes*, Assen, 1963; W. Schmid, art. "Epikur", *Reallexikion für Antike und Christentum*, t. V., col. 740-755; I. Hadot, *Seneca und die griechisch-römische Tradition der Seelenleitung*, Berlim, 1969; H.-G. Ingenkamp, *Plutarchs Schriften über die Heilung der Seele*, Göttingen, 1971; P. Hadot, "A Física como Exercício Espiritual ou Pessimismo e Otimismo em Marco Aurélio", neste volume. Ver também V. Goldschmidt, *Le Système Stoïcien et l'Idée de Temps*, Paris, 1953.

I. Aprender a viver

É nas escolas helenísticas e romanas de filosofia que o fenômeno é mais fácil de observar. Os estoicos, por exemplo, declaram-no explicitamente: para eles, a filosofia é um "exercício".[7] A seus olhos, a filosofia não consiste no ensino de uma teoria abstrata,[8] ainda menos na exegese de textos,[9] mas numa arte de viver,[10] numa atitude concreta, num estilo de vida determinado, que engloba toda a existência. O ato filosófico não se situa somente na ordem do conhecimento, mas na ordem do "eu" e do ser: é um progresso que nos faz ser mais, que nos torna melhores.[11] É uma conversão[12] que subverte toda a vida, que muda o ser daquele que a realiza.[13] Ela o faz passar de um estado de vida inautêntico, obscurecido pela inconsciência, corroído pela preocupação, para um estado de vida autêntico, no qual o homem atinge a consciência de si, a visão exata do mundo, a paz e a liberdade interiores.

Para todas as escolas filosóficas, a principal causa de sofrimento, desordem, inconsciência para o homem são as paixões: desejos desordenados, medos exagerados. A supremacia

---

[7] Pseudo-Galeno, *Hist. Phil.*, 5, *Doxographi Graeci*, p. 602, 18 Diels, e Plutarco, *De Plac.*, I, 2, ibidem, p. 273, 14 Diels. Essa concepção provém dos cínicos, cf. Diógenes Laércio, VI, 70-71. Sobre a noção cínica de *askesis*, cf. a importante obra de M.-O. Goulet-Cazé, *L'Ascèse Cynique*. Un Commentaire de Diogène Laërce, VI, 70-71, Paris, 1986. Luciano (*Toxaris*, 27, *Vitarum Auctio*, 7) dá o nome de *askesis* às próprias seitas filosóficas. Sobre a necessidade do exercício filosófico, cf. Epiteto, *Diatribes*, II, 9, 13; II, 18, 26; III, 8, 1; III, 12, 1-7; IV, 6, 16; IV, 12, 13; Musônio Rufo, p. 22, 9 ss. Hense; Sêneca, *Epist.*, 90, 46.

[8] Sêneca, *Epist.*, 20, 2: *"facere docet philosophia, non dicere"*.

[9] Epiteto, I, 4, 14-18: o progresso espiritual não consiste em explicar melhor Crisipo, mas em transformar a própria liberdade; II, 16, 34.

[10] Epiteto, I, 15, 2: "a arte de viver (= a filosofia) tem como matéria a vida de cada um"; cf. I, 26, 7. Plutarco, *Quaest. Conviv.*, I, 2, 613 B: "a filosofia, sendo arte de viver, não deve ser mantida distante de nenhum divertimento".

[11] Galeno, *De cognosc. cur. animi morbis*, I, 4, p. 11, 4 Marquardt: "tornar-se melhor".

[12] Cf. A. D. Nock, *Conversion*. Oxford, 1933, p. 164-186; P. Hadot, "*Epistrophè* et *Metanoia* dans l'histoire de la philosophie", *Actes du XIe Congrès International de Philosophie*, Bruxelles, 1953, t. XII, p. 31-36; art. "Conversio", *Historisches Wörterbuch der Philosophie*; art. "Conversion", *Encyclopaedia Universalis*.

[13] Sêneca, *Epist.*, 6, 1: "*Intellego, Lucili, non emendari me tantum sed transfigurari... Cuperem itaque tecum communicare tam subitam mutationem mei*".

da preocupação o impede de viver verdadeiramente. A filosofia aparecerá então, em primeiro lugar, como uma terapêutica das paixões[14] ("Esforçar-se para despojar-se de tuas próprias paixões", escreve G. Friedmann). Cada escola tem seu método terapêutico próprio,[15] mas todas ligam a terapêutica a uma transformação profunda da maneira de ver e de ser do indivíduo. Os exercícios espirituais terão precisamente como objetivo a realização dessa transformação.

Tomemos primeiramente o exemplo dos estoicos. Para eles, toda a infelicidade dos homens provém de buscarem alcançar ou manter bens que correm o risco de não obter ou de perder e de buscarem evitar males que frequentemente são inevitáveis. A filosofia vai então educar o homem para que busque alcançar apenas o bem que pode obter e busque evitar apenas o mal que pode evitar. O bem que se pode sempre obter, o mal que se pode sempre evitar devem, para ser tais, depender unicamente da liberdade do homem: são, portanto, o bem moral e o mal moral. Somente eles dependem de nós, o resto não depende de nós. Portanto, o resto, o que não depende de nós, corresponde ao encadeamento necessário das causas e dos efeitos que escapam à nossa liberdade. Ele nos deve ser indiferente, isto é, não devemos introduzir diferença nele, mas aceitá-lo por inteiro como desejado pelo destino. É o domínio da natureza. Há aí, pois, uma inversão total da maneira habitual de ver as coisas. Passa-se de uma visão "humana" da realidade, visão na qual os valores dependem das paixões, para uma visão "natural"

---

[14] Cícero, *Tuscul.*, III, 6: "*Est profecto animi medicina philosophia*". Epiteto, II, 21, 15 e 22. Crisipo havia composto uma *Terapêutica das Paixões*. *Stoic. Vet. Fragm.*, t. III, § 474. Cf. também a seguinte sentença atribuída a Epicuro por H. Usener, *Epicurea*, fr. 221: "É vazio o discurso do filósofo se não contribui para tratar uma paixão do homem". Segundo H. Chadwick, *The Sentences of Sextus*. Cambridge, 1959, p. 178, n. 338, essa sentença seria pitagórica. Epiteto, III, 23, 30: "A escola do filósofo é uma clínica".

[15] Distinguiremos o método estoico do método epicurista. Notam-se as características das diferentes escolas segundo Olimpiodoro, *In Alcib.*, p. 6, 6 ss, 54, 15 ss, 145, 12 ss, Westerink: os estoicos tratam os contrários com os contrários; os pitagóricos deixam o homem experimentar as paixões com a ponta do dedo; Sócrates trata pela homeopatia, conduzindo, por exemplo, do amor das belezas terrestres ao da beleza eterna. Sobre o método homeopático de Sócrates, ver também Proclo, *In Alcib.*, A. Segonds (Ed.). Paris, Les Belles Lettres, 1986, p. 151, 14; t. II, p. 217.

das coisas, que coloca cada acontecimento na perspectiva da natureza universal.[16]

Essa mudança de visão é difícil. É precisamente aí que devem intervir os exercícios espirituais, a fim de operar pouco a pouco a transformação interior que é indispensável. Não possuímos nenhum tratado sistemático que codificaria um ensino e uma técnica dos exercícios espirituais.[17] Todavia, as alusões a esta ou aquela dessas atividades interiores são muitos frequentes nos escritos da época helenística e romana. É preciso concluir daí que esses exercícios eram bem conhecidos, que bastava fazer alusão a eles porque faziam parte da vida cotidiana das escolas filosóficas, porque faziam parte, portanto, de um ensino oral tradicional.

No entanto, graças a Filo de Alexandria, possuímos duas listas de exercícios. Elas não coincidem totalmente, mas têm

---

[16] Cf. P. Hadot, "A Física como Exercício Espiritual...", neste volume. A distinção entre o que depende de nós e o que não depende de nós encontra-se em Epiteto, I, 1, 7; I, 4, 27; I, 22, 9; II, 22, 9; II, 5, 4 e *Manual* § 1.

[17] Muitos tratados estoicos *Do Exercício* se perderam, cf. Diógenes Laércio, VII, 166-167. Existe um capítulo nas *Diatribes* de Epiteto consagrado à *askesis* (III, 12, 1-7). Ele classifica os exercícios do ponto de vista dos *topoi* filosóficos que correspondem às três faculdades da alma: a faculdade do desejo, a faculdade da ação, a faculdade do pensamento. No que concerne à faculdade do desejo, há que ressaltar as seguintes linhas: "Nem tudo que é difícil e perigoso é adequado ao exercício, mas o que está adaptado ao objetivo proposto para os nossos esforços. E qual é esse objetivo? Usar, sem impedimentos, nossos desejos e nossas aversões. O que isso quer dizer? Não se ver frustrado nos desejos e não cair no que desejávamos evitar. Eis então a que objetivo deve tender o exercício... Como estamos habituados a usar nossos desejos e nossas aversões unicamente a propósito de coisas que não dependem de nós, é preciso opor a esse hábito um hábito contrário" (cf. n. 15 anterior). A continuação do texto é um convite para se exercitar, começando pelas pequenas coisas. O desenvolvimento consagrado à faculdade de ação é bem curto: esforçar-se para agir no tempo e local desejados. O último desenvolvimento, consagrado à faculdade do pensamento, convida o discípulo a controlar o valor de suas representações. Como conclusão, Epiteto aconselha fazer esses exercícios com discrição e sem ostentação. Existe também um pequeno tratado *Do Exercício* de Musônio Rufo (p. 22-27 Hense). Após uma introdução geral relativa à necessidade do exercício na filosofia, ele recomenda o exercício físico (habituar-se às intempéries, à fome, à sede), que é proveitoso também para a alma, dando-lhe força e temperança, e os exercícios próprios à alma. Para Musônio, esses últimos consistem em se impregnar das demonstrações e princípios relacionados à distinção entre verdadeiro e falso bem, verdadeiro e falso mal. Graças a esse exercício duplo, há de se ficar habituado a não temer o que a maior parte dos homens considera como males: a pobreza, o sofrimento, a morte. O tratado *Do Exercício* de Pseudo-Plutarco, conservado em árabe (cf. J. Gildemeister e F. Bücheler, "Pseudo-Plutarchos, *péri askêseôs*", *Rheinisches Museum*, NF, t. XXVII, 1872, p. 520-538) não apresenta muito interesse.

o mérito de nos dar um panorama bastante completo de uma terapêutica filosófica de inspiração estoico-platônica. Uma dessas listas[18] enumera: a pesquisa (*zetesis*), o exame aprofundado (*skepsis*), a leitura, a audição (*akroasis*), a atenção (*prosochè*), o domínio de si (*enkrateia*), a indiferença às coisas indiferentes. A outra[19] nomeia sucessivamente: as leituras, as meditações (*meletai*), as terapias[20] das paixões, as lembranças do que é bom,[21] o domínio de si (*enkrateia*), a realização dos deveres. Com ajuda dessas listas, poderemos fazer uma breve descrição dos exercícios espirituais estoicos estudando sucessivamente os seguintes grupos: em primeiro lugar, a atenção; depois, as meditações e as "lembranças do que é bom"; em seguida, os exercícios mais intelectuais que são a leitura, a audição, a pesquisa, o exame aprofundado; enfim os exercícios mais ativos que são o domínio de si, a realização dos deveres, a indiferença às coisas indiferentes.

A atenção (*prosochè*) é a atitude espiritual fundamental do estoico.[22] É uma vigilância e uma presença de espírito contínuas, uma consciência de si sempre desperta, uma tensão constante do espírito.[23] Graças a ela, o filósofo sabe e quer plenamente o que faz a cada instante. Graças a essa vigilância do espírito, a regra de vida fundamental, isto é, a distinção entre o que depende de nós e o que não depende de nós, está sempre "à mão" (*procheiron*). É essencial para o estoicismo (como, aliás, para o epicurismo) fornecer a seus adeptos um princípio fundamental, extremamente simples e claro, formulável em

---

[18] Filo, *Quis rerum div. heres*, § 253.

[19] Filo, *Leg. Alleg.*, III, § 18.

[20] A palavra *therapeiai* pode também significar os atos do culto e, no espírito de Filo de Alexandria, esse sentido seria bastante plausível. Entretanto, parece-me que, no contexto presente, ela designa a terapêutica das paixões, cf. *Special. leg.*, I, §§ 191, 197, 230 e II, § 17.

[21] *Tôn kalôn mnêmai*, cf. Galeno, *De cognosc. cur. animi morbis*, I, 5, 25, p. 19, 8 Marquardt e, adiante, n. 35.

[22] Sobre esse tema, cf. P. Rabbow, *Seelenführung*..., op. cit., p. 249-59; B. L. Hijmans, *Askesis*..., op. cit., p. 68-70. Ver, sobretudo, Epiteto, IV, 12, 1-21.

[23] A ideia de tensão (*tonos*) aparece notadamente em Epiteto, IV, 12, 15 e 19. A noção de *tonos* é central no estoicismo, como a de descontração (*anésis*) no epicurismo; cf. F. Ravaisson, *Essais sur la* Métaphysique *d'Aristote*, t. II, p. 117.

poucas palavras, precisamente para que esse princípio possa ficar mais facilmente presente ao espírito e seja aplicável com a consistência e a constância de um reflexo: "Tu não deves te separar desses princípios nem em teu sono, nem ao levantar, nem quando comes ou bebes ou conversas com os homens".[24] Essa mesma vigilância de espírito permite aplicar a regra fundamental às situações particulares da vida e a fazer sempre "propriamente" o que se faz.[25] Pode-se ainda definir essa vigilância como a concentração sobre o momento presente: "Em todas as coisas e continuamente, depende de ti regozijar-te com piedade com o que acontece no presente, conduzir-te com justiça com os homens presentes e examinar com método a representação presente para nada admitir no pensamento que seja inadmissível".[26] Essa atenção ao momento presente é, de algum modo, o segredo dos exercícios espirituais. Ela liberta da paixão que o passado ou o futuro,[27] que não dependem de nós, sempre provocam; ela facilita a vigilância, concentrando-a sobre o minúsculo momento presente, sempre dominável, sempre suportável, em sua exiguidade;[28] ela abre, enfim, nossa consciência à consciência cósmica tornando-nos atentos ao valor infinito de cada instante,[29] fazendo-nos aceitar cada momento da existência na perspectiva da lei universal do cosmos.

A atenção (*prosochè*) permite responder imediatamente aos acontecimentos como a questões que nos seriam colocadas

---

[24] Epiteto, IV, 12, 7; Marco Aurélio, *Meditações*, III, 13; Galeno, *De cognosc. cur. animi morbis*, I, 9, 51, p. 40, 10 Marquardt.

[25] Epiteto, IV, 12, 15-18.

[26] Marco Aurélio, *Pensées*, VII, 54; ver também III, 12; VIII, 36; IX, 6. As traduções de Marco Aurélio, na presente obra, em princípio são extraídas de A.-I. Trannoy, mas com frequência são consideravelmente retocadas.

[27] Somente o presente depende de nós; nossa ação livre não pode se estender no passado ou no futuro. A ação livre ou faz alguma coisa no presente ou aceita o acontecimento presente desejado pelo destino: Marco Aurélio, *Meditações*, II, 14; IV, 26, 5; XII, 26; Sêneca, *De benef.*, VII, 2, 4: "*His praesentibus gaudet*".

[28] Marco Aurélio, III, 10; II, 14; VIII, 36.

[29] Cf., por exemplo, Marco Aurélio, III, 2; IV, 23. O texto de Marco Aurélio, III, 2, refere-se antes à familiaridade com a natureza. A ideia do valor cósmico do instante é reencontrada em V, 8, 12: "Esse acontecimento que te ocorreu foi coordenado a ti, posto em relação contigo, tendo sido tecido desde o começo a partir das mais antigas causas".

bruscamente.³⁰ Para isso, é preciso que os princípios fundamentais estejam sempre "à mão" (*procheiron*).³¹ Trata-se de se impregnar da regra de vida (*kanon*)³² aplicando-a pelo pensamento às diversas circunstâncias da vida, como assimilamos por meio de exercícios uma regra de gramática ou de aritmética aplicando-a a casos particulares. Mas aqui não se trata de um simples saber, trata-se de uma transformação da personalidade. A imaginação e a afetividade devem estar associadas ao exercício do pensamento. Todos os meios psicagógicos da retórica, todos os métodos de amplificação³³ devem ser mobilizados aqui. Trata-se de formular para si mesmo a regra de vida da maneira mais viva, mais concreta, é preciso "colocar diante dos olhos"³⁴ os acontecimentos da vida, vistos à luz da regra fundamental. Tal é o exercício da memorização (*mnemè*)³⁵ e da meditação (*meletè*)³⁶ da regra de vida.

---

[30] Epiteto, II, 16, 2-3 e III, 8, 1-5.

[31] Cf. P. Rabbow, *Seelenführung...*, op. cit., p. 124-30 e 334-36; I. Hadot, *Seneca...*, op. cit., p. 57-58. Ver Galeno, *De cognosc. cur. animi morbis*, I, 5, 24, p. 18-19; 5, 25, p. 19, 8 Marquardt; Sêneca, *De benef.*, VII, 2, 1; Marco Aurélio, *Meditações*, VII, 63.

[32] Sêneca, *De benef.*, VII, 2, 1-2; Epiteto, III, 3, 14-16.

[33] Sobre o papel da retórica nos exercícios espirituais, cf. P. Rabbow, *Seelenführung...*, op. cit., p. 55-90; B.-L. Hijmans, *Askesis...*, op. cit., p. 89; I. Hadot, *Seneca...*, op. cit., p. 17 e 184 e, para os exemplos em Plutarco, H.-G. Ingenkamp, *Plutarchs Schriften...*, op. cit., p. 99 ss.

[34] Marco Aurélio, *Meditações*, VII, 58: "A cada conjuntura, coloca-te diante dos olhos aqueles a quem a mesma coisa aconteceu e que depois com ela se afligiram, se espantaram, e a recriminaram. E onde estão eles agora? Em lugar algum". Epiteto, *Manual*, § 21: "Que a morte, o exílio e tudo que parece terrível estejam diante de teus olhos a cada dia; sobretudo a morte; e tu jamais terás qualquer pensamento baixo nem qualquer desejo excessivo". Sobre esse exercício, cf. P. Rabbow, *Seelenführung...*, op. cit., p. 330.

[35] Cf. Filo, acima, n. 21; B.-L. Hijmans, *Askesis...*, op. cit., p. 69, observa a frequência da expressão "lembra-te" em Epiteto. Ela ocorre com bastante frequência em Marco Aurélio, por exemplo, II, 4; VIII, 15, VIII, 29. Galeno, *De cognosc. cur. animi morbis*, I, 5, 25, p. 19, 8 Marquardt: "ter 'à mão' graças à memória a fealdade daqueles que sucumbem à cólera e a beleza dos que se dominam".

[36] Não é sem muita hesitação que traduzi *meletè* por "meditação". De fato, *meletè* e seu correspondente latino *meditatio* designam "exercícios preparatórios", notadamente aqueles dos oradores. Resignei-me, todavia, a adotar a tradução "meditação" porque o exercício designado por *meletè* corresponde, em última instância, bastante bem ao que os modernos chamam de meditação: um esforço para assimilar, para tornar vivas na alma uma ideia, uma noção, um princípio. Não se deve esquecer a ambiguidade do termo, porém: a meditação é exercício e o exercício, meditação. Por exemplo, a "premeditação" da morte é "pré-exercício" da morte: a *cottidiana meditatio* citada na nota seguinte é "exercício cotidiano".

Esse exercício de meditação[37] permitirá estar pronto no momento em que uma circunstância inesperada, e talvez dramática, surgir. Representar-se-ão de antemão (isso será a *praemeditatio malorum*[38]) as dificuldades da vida: a pobreza, o sofrimento, a morte; elas serão vistas face a face lembrando-se de que não são males, pois não dependem de nós; fixar-se-ão na memória[39] as máximas impactantes que, chegado o momento, nos ajudarão a aceitar esses acontecimentos que fazem parte do curso da Natureza. Ter-se-ão então essas máximas e essas sentenças "à mão".[40] Serão fórmulas ou argumentos persuasivos (*epilogismoi*)[41] que se poderá dizer a si mesmo nas circunstâncias difíceis para conter um movimento de medo ou de cólera ou de tristeza.

Desde a manhã, examinar-se-á de antemão o que se deve fazer no curso do dia e fixar-se-ão de antemão os princípios que dirigirão e inspirarão as ações.[42] À noite, far-se-á novamente um exame para se dar conta dos erros ou dos progressos realizados.[43] Também os sonhos[44] serão examinados.

---

[37] Cf. P. Rabbow, *Seelenführung*..., op. cit., p. 23-150 e 325-28. Ver Sêneca, *De benef.*, VII, 2, 1: "*Haec Demetrius noster utraque manu tenere proficientem iubet, haec nusquam dimittere, immo adfigere et partem sui facere eoque cottidiana meditatione perduci, ut sua sponte occurrant salutaria*". Galeno, *De cognosc. cur. animi morbis*, I, 5, 25, p. 19, 13 Marquardt.

[38] Sobre a *praemeditatio malorum*, cf. P. Rabbow, *Seelenführung*..., op. cit., p. 160-79, e I. Hadot, *Seneca*..., op. cit., p. 60-61.

[39] Cf. n. 35 anterior.

[40] Cf. n. 31 anterior.

[41] Cf. H.-G. Ingenkamp, *Plutarchs Schriften*..., op. cit., p. 99-105; P. Rabbow, *Seelenführung*..., op. cit., p. 148 e 340-342.

[42] Galeno, *De cognosc. cur. animi morbis*, I, 5, 24, p. 18, Marquardt: "É preciso, desde o momento de se levantar da cama, examinar de antemão, a propósito das diferentes ações do dia, se vale mais viver escravo de suas paixões ou servir-se da razão contra elas". Marco Aurélio, II, 1, 1: "Desde a aurora, dize a ti mesmo de antemão: 'Encontrarei um indiscreto, um ingrato, um insolente, um falso, um egoísta'. Todos esses vícios foram causados pela ignorância dos verdadeiros bens e dos verdadeiros males". V, 1, 1: "De manhã, quando é custoso se levantar, tenha este pensamento à mão: é para fazer uma obra de homem que eu acordo".

[43] Sobre o exame de consciência, cf. P. Rabbow, *Seelenführung*..., op. cit., p. 180-88 e 344-47; I. Hadot, *Seneca*..., op. cit., p. 68-70; B.-L. Hijmans, *Askesis*..., op. cit., p. 88.

[44] Plutarco, *Quomodo quis sent. prof. virt.*, § 12, 82 F: "Zenão pensava que cada um podia, graças a seus sonhos, ter consciência dos progressos que fazia. Os progressos são reais se não nos vemos mais em sonho vencidos por alguma paixão vergonhosa ou consentindo a alguma coisa má ou injusta ou mesmo cometendo-a, mas se as

Como se vê, o exercício de meditação se esforça para dominar o discurso interior, para torná-lo coerente, para ordená-lo a partir do princípio simples e universal que é a distinção entre o que depende de nós e o que não depende de nós, entre a liberdade e a natureza. Por meio do diálogo consigo mesmo[45] ou com outrem,[46] também por meio da escrita,[47] quem quer progredir se esforça para "conduzir com ordem seus pensamentos"[48] e chegar assim a uma transformação total de sua representação do mundo, de seu clima interior, mas também de seu comportamento exterior. Esses métodos revelam um grande conhecimento do poder terapêutico da palavra.[49]

Esse exercício de meditação e de memorização precisa ser alimentado. É aqui que encontramos os exercícios mais propriamente intelectuais enumerados por Filo: a leitura, a audição, a pesquisa, o exame aprofundado. A meditação se nutrirá de uma maneira ainda bastante simples da leitura de sentenças de poetas e de filósofos ou de apotegmas.[50] Mas a leitura poderá ser também

---

faculdades de representação e de afetividade da alma, descontraídas pela razão, resplandecem como em um oceano diáfano de serenidade que nenhuma onda chega a perturbar". Sobre o mesmo tema, cf. adiante, nota 114 e 115.

[45] Cf. adiante, nota 93.

[46] Esse é o campo da direção espiritual, cf. I. Hadot, *Seneca...*, op. cit., p. 5-97. Há que destacar, notadamente, Galeno, *De cognosc. cur. animi morbis*, I, 7, 36, p. 27, 22 Marquardt; é preciso pedir a um homem mais velho para nos advertir com franqueza de nossos erros.

[47] Cf. P. Rabbow, *Seelenführung...*, op. cit., p. 311, n. 64; I. Hadot, *Seneca...*, op. cit., p. 59. *Meditações* de Marco Aurélio são aqui, evidentemente, o modelo por excelência, mas há que observar também Horácio, *Sat.*, I, 4, 138: "Quando tenho ócio, divirto-me escrevendo esses pensamentos no papel" ("*Ubi quid datur oti, inludo chartis*").

[48] A fórmula é de Descartes (*Discours de la* Méthode, II, p. 18, 27 Gilson), mas ela exprime bem o ideal estoico de coerência interior.

[49] Sobre esse tema, cf. P. Lain Entralgo, "Die platonische Rationalisierung der Besprechung (*epôidè*) und die Erfindung der Psychotherapie durch das Wort", *Hermes*, t. 86, 1958, p. 298-323, e *The Therapy of the Word in Classical Antiquity*, New Haven, 1970 (resenha de F. Kudlien, *Gnomon*, 1973, p. 410-12).

[50] Cf. P. Rabbow, *Seelenführung...*, op. cit., p. 215-22 e 352-54; G. A. Gerhard, *Phoinix von Kolophon*, Leipzig, 1909, p. 228-84; I. Hadot, *Seneca...*, op. cit., p. 16-17. Ver Sêneca, *Epist.*, 94, 27 e 43; 98, 5; 108, 9. Sobre as coletâneas de sentenças poéticas e filosóficas, cf. W. Spoerri, art. "Gnomé", *Der kleine Pauly*, t. II, 1967, col. 822-29; H. Chadwick, *The Sentences of Sextus*, op. cit.; Th. Klauser, art. "Apophthegma", *Reallexikon für Antike und Christentum*, op. cit., t. I, 1950, col. 545-50. Ver também P. Wendland, *Anaximenes von Lampsakos*, Berlim, 1905, p. 100 ss.

a explicação de textos propriamente filosóficos, de obras redigidas pelos mestres da escola. E ela poderá ser feita ou ouvida no quadro do ensino filosófico dado por um professor.[51] Graças a esse ensino, todo o edifício especulativo que sustenta e justifica a regra fundamental, todas as pesquisas físicas e lógicas, das quais ela é o resumo, poderão ser estudadas com precisão.[52] A "pesquisa" e o "exame aprofundado" serão então a efetivação desse ensino. Habituar-se-á, por exemplo, a definir os objetos e os acontecimentos numa perspectiva "física", a vê-los então tal como estão situados no Todo cósmico.[53] Ou ainda eles serão divididos para se reconhecer os elementos aos quais eles se reduzem.[54]

Vêm, enfim, os exercícios práticos destinados a criar hábitos. Alguns são ainda muito "interiores", ainda bastante próximos dos exercícios de pensamento de que acabamos de falar: por exemplo, a indiferença às coisas indiferentes que é apenas a aplicação da regra de vida fundamental.[55] Outros supõem comportamentos

---

[51] O termo *akroasis* empregado por Filo (cf. n. 18 anterior) designa, entre outras, a audição de um curso de filosofia, cf. Epiteto, III, 23, 27 e 38. Em geral, o curso compreendia a leitura comentada de um texto filosófico (*anagnosis*), frequentemente feita por um discípulo e discutida pelo mestre (Epiteto, I, 26, 1; Porfírio, *Vita Plotini*, § 14). Ver I. Bruns, *De schola Epicteti*, Kiel, 1897. Isso não exclui, evidentemente, a leitura individual dos textos filosóficos, Epiteto, IV, 4, 14-18 (em que Epiteto reprova seus discípulos por lerem textos sem colocá-los em prática). O curso de filosofia compreendia, depois da leitura comentada, uma conversa (*diatribè*) com os ouvintes e discussões individuais (cf. I. Hadot, *Seneca...*, op. cit., p. 65). Todo esse conjunto podia ser um exercício espiritual para o ouvinte. Acrescentemos, no que concerne a leitura, que a exegese, literal ou alegórica, será um dos exercícios espirituais mais importantes no final da Antiguidade, tanto entre os pagãos como entre os cristãos.

[52] Sobre o programa de ensino das escolas helenísticas, passagem das sentenças aos *epitomai* (resumo de grandes princípios), depois aos grandes tratados, cf. I. Hadot, *Seneca...*, op. cit., p. 53-56 e "Épicure et l'Enseignement Philosophique Hellénistique et Romain", *Actes du VIIIᵉ Congrès de l'Association Guillaume Budé*, Paris, 1969, p. 347-53.

[53] Sobre esse exercício de definição, cf. P. Hadot, "A Física como Exercício Espiritual...", neste volume.

[54] Sobre esse exercício, cf. P. Rabbow, *Seelenführung...*, op. cit., p. 42-49.

[55] A expressão de Filo (cf. n. 18 anterior), "indiferença às coisas indiferentes", corresponde completamente aos exercícios espirituais de Marco Aurélio, XI, 16: "viver sempre perfeitamente feliz: nossa alma encontra em si mesma o poder para tanto, se permanece indiferente com relação às coisas indiferentes". Essa fórmula parece o eco da definição de fim da vida humana segundo Aríston de Quios (*Stoic. Vet. Fragm.*, t. I, § 360). Sobre esse tema, cf. P. Hadot, "A Física como Exercício Espiritual...", neste volume. Lembremos que a "indiferença" não significa uma

práticos: o domínio de si, a realização dos deveres da vida social. Reencontramos aqui os temas de G. Friedmann: "esforçar-se para despojar-se de suas próprias paixões, das vaidades, do prurido do ruído em torno do seu nome... Fugir da maledicência. Despojar-se da piedade e do ódio. Amar todos os homens livres". Encontramos em Plutarco um grande número de tratados que se relacionam a esses exercícios: *Do Controle da Cólera, Da Tranquilidade da Alma, Do Amor Fraterno, Do Amor pelas Crianças, Da Tagarelice, Da Curiosidade, Do Amor pelas Riquezas, Da Falsa Vergonha, Da Inveja e do Ódio*. Sêneca também compôs obras do mesmo gênero: *Da Cólera, Dos Benefícios, Da Tranquilidade da Alma, Do Ócio*. Um princípio muito simples é sempre recomendado nesse gênero de exercício: começar a se exercitar pelas coisas mais fáceis para adquirir pouco a pouco um hábito estável e sólido.[56]

Para o estoico, filosofar é então exercitar-se a "viver", isto é, a viver consciente e livremente: conscientemente, ultrapassando os limites da individualidade para se reconhecer como parte de um cosmos animado pela razão; livremente, renunciando a desejar o que não depende de nós e que nos escapa, para se ater apenas ao que depende de nós – a ação reta conforme a razão.

Compreende-se bem que uma filosofia, como o estoicismo, que exige vigilância, energia, tensão da alma, consiste essencialmente em exercícios espirituais. Pode-se, porém, ficar espantado em constatar que o epicurismo, habitualmente considerado uma filosofia do prazer, reserve um lugar tão grande quanto o estoicismo para práticas específicas que não são nada além de exercícios espirituais. É que, para Epicuro, como para os estoicos, a filosofia é uma terapêutica: "nossa única ocupação deve ser nossa cura".[57] Dessa vez, porém, a cura consistirá em conduzir a alma das preocupações da vida à simples alegria de existir. A infelicidade dos

---

ausência de interesse, mas, ao contrário, um amor igual (não fazer "diferença") por cada instante da vida.

[56] Cf. P. Rabbow, *Seelenführung...*, op. cit., p. 223-49 e G.-H. Ingenkamp, *Plutarchs Schriften...*, op. cit., p. 105-118. O termo técnico é *ethismos*.

[57] *Gnomologium Vaticanum*, § 64. Cf. também *Carta a Meneceu*, § 122: "Ninguém é tão jovem nem tão velho para se ocupar da saúde da alma". Encontra-se o texto grego das obras que citamos comodamente reunido por G. Arrighetti, *Epicuro, Opere*, Turim, 1960.

homens provêm do fato de que eles temem coisas que não são temíveis e desejam coisas que não é necessário desejar e que lhes escapam. A vida se consome assim na perturbação dos medos injustificados e dos desejos insatisfeitos. Eles são então privados do único verdadeiro prazer, o prazer de ser. É por isso que a física epicurista libertará do medo mostrando que os deuses não tomam parte na marcha do mundo e que a morte, sendo dissolução total, não faz parte da vida.[58] A ética epicurista libertará dos desejos insaciáveis, distinguindo entre os desejos naturais e necessários, desejos naturais e não necessários, e desejos que não são nem naturais nem necessários. A satisfação dos primeiros, a renúncia aos últimos e eventualmente aos segundos bastará para assegurar a ausência de perturbação[59] e para fazer aparecer o bem-estar de existir: "os gritos da carne são: 'não ter fome', 'não ter sede', 'não ter frio'. Quem desfruta desse estado e da esperança de desfrutá-lo pode rivalizar em felicidade com o próprio Zeus".[60] Donde o sentimento de reconhecimento,[61] quase inesperado, que ilumina o que se poderia chamar de piedade epicurista com relação às coisas: "graças sejam dadas à bem-aventurada Natureza que fez com que as coisas necessárias sejam fáceis de alcançar e que as coisas difíceis de alcançar não sejam necessárias".[62]

Para chegar à cura da alma, os exercícios espirituais serão necessários, portanto. Como nos estoicos, assimilar-se-ão, meditar-se-ão, "dia e noite", curtas sentenças ou resumos que permitirão ter "à mão" os dogmas fundamentais.[63] Tal é, por exemplo,

---

[58] *Ratae Sententiae*, § 11: "Se não tivéssemos perturbações por causa das apreensões referentes aos fenômenos celestes e à morte, temendo que essa última seja algo para nós, também por causa de nossa ignorância dos limites da dor e dos desejos, não teríamos necessidade da *physiologia*". Sobre a teologia epicurista, cf. W. Schmid, art. "Epikur", *Reallexikon für Antike und Cristentum*, op. cit., t. V, 1962, col. 735-40; D. Lemke, *Die Theologie Epikurs*, Munique, 1973.

[59] *Ratae Sententiae*, § 29; *Carta a Meneceu*, § 127.

[60] *Gnom. Vat.* § 33 (trad. A.-J. Festugière, A.-J. Festugière, *Épicure et ses Dieux*, Paris, 1946, p. 44).

[61] Sobre esse tema, cf. W. Schmid, art. "Epikur", col. 722-723, cf. adiante n. 70 e n. 118.

[62] Fragm. 469, H. Usener, *Epicurea*, p. 300; fragm. 240, G. Arrighetti, *Epicuro...*, op. cit., p. 567.

[63] Sobre os exercícios de meditação, cf. W. Schmid, art. "Epikur", p. 744; P. Rabbow, *Seelenführung...*, op. cit., p. 129 e 336-38; I. Hadot, *Seneca...*, op. cit.,

o famoso *tetrapharmakon*, o quádruplo remédio: "os deuses não são temíveis, a morte não oferece risco, o bem é fácil de adquirir, o mal é fácil de suportar".[64] A abundância de coletâneas de sentenças epicuristas corresponde a essa exigência do exercício espiritual de meditação.[65] Mas, como nos estoicos, o estudo dos grandes tratados dogmáticos dos mestres da escola também será um exercício destinado a alimentar a meditação,[66] a melhor impregnar a alma da intuição fundamental. O estudo da física é assim um exercício espiritual particularmente importante: "É preciso estar bem persuadido de que o conhecimento dos fenômenos celestes... não tem outro fim senão a ataraxia e uma confiança segura, como é igualmente o objetivo de todas as outras pesquisas".[67] A contemplação do mundo físico, a imaginação do infinito, elemento capital da física epicurista, provocam uma mudança total na maneira de ver as coisas (o universo fechado se dilata ao infinito) e um prazer espiritual de qualidade única: "as muralhas do mundo se abrem e tombam, vejo no vazio do universo as coisas se produzirem... Então, perante esse espetáculo, um tipo de prazer divino toma conta de mim e um frêmito, porque por teu poder (isto é, o de Epicuro) a natureza, descobrindo-se com tanta evidência, é assim em todas as suas partes despida de seus véus".[68]

---

p. 52-53; cf. *Carta a Meneceu*, § 135: "Todos esses ensinamentos e todos os de mesma natureza, medita-os dia e noite, sozinho ou também com um companheiro semelhante a ti. Assim, jamais experimentarás perturbação nem em sonho nem na vigília, mas viverás como um deus entre os homens" (trad. Ernout). Cf. também ibidem, § 123: "Para ti, retomando os ensinamentos que cansei de te dar, coloca-os em prática e medita-os no pensamento, porque são os preceitos de bem viver..."; § 124: "Habitua-te a viver no pensamento de que a morte não é nada para nós".

[64] Cf. Filodemo, *Adversus [sophistas?]*, col. 4, 10-14, p. 87 Sbordone, citado por A.-J. Festugière, *Épicure et ses dieux*, op. cit., p. 46, n. 1, e W. Schmid, "Epikur", art. citado, col. 744. O termo técnico empregado aqui para dizer que essa sentença deve sempre estar "à mão" é *parhepomenon*.

[65] Por exemplo, as *Ratae Sententiae* (*Kuriai Doxai*) (conhecidas por Cícero, *De fin.*, II, 20) e o *Gnomologium Vaticanum*.

[66] Sobre o plano de estudos na escola epicurista, cf. n. 52 anterior.

[67] *Carta a Pítocles*, § 85, e *Carta a Heródoto*, § 37: "Recomendo aplicar uma constante atividade ao estudo da *physiologia*, considerando que é essa atividade que mais produz a serenidade na vida".

[68] Lucrécio, *De Rerum Natura*, III, 16 e 30: "*Moenia mundi; discedunt, totum uideo per inane geri res... His ibi me rebus quaedam divina uoluptas percipit atque horror, quod sic natura tua ui tum manifesta patens ex omni parte retecta est*". Essa passagem de Lucrécio é absolutamente notável. Por um lado, ela mostra bem que

Mas a meditação, simples ou sapiente, não é o único exercício espiritual epicurista. Para curar a alma, é preciso, não como querem os estoicos, exercitá-la para manter-se tensa, mas, ao contrário, exercitá-la para se descontrair. Em vez de conceber os males de antemão para se preparar para sofrê-los, é preciso, ao contrário, descolar nosso pensamento da visão das coisas dolorosas e fixar nossos olhares sobre os prazeres. É preciso fazer reviver a lembrança dos prazeres do passado e desfrutar os prazeres do presente, reconhecendo o quanto os prazeres do presente são grandes e agradáveis.[69] Há aqui um exercício espiritual bem específico: não mais a vigilância contínua do estoico, esforçando-se para estar sempre pronto para salvaguardar a cada instante sua liberdade moral, mas a escolha deliberada, sempre renovada, da descontração e da serenidade, e uma gratidão profunda[70] com relação à natureza e a vida[71] porque, se sabemos encontrá-las, oferecem-nos sem cessar o prazer e a alegria. Do mesmo modo, o exercício espiritual que consiste em se esforçar para viver no momento presente é muito diferente nos estoicos e nos epicuristas. Nos primeiros, ele é tensão do espírito, despertar constante da consciência moral; nos segundos, é mais uma vez convite à descontração e à serenidade: a preocupação, que nos aflige ante o futuro, esconde de nós o valor incomparável do simples fato de existir: "nascemos apenas uma

---

a física epicurista era verdadeiramente um dos prazeres do sábio: permitia uma visão imaginativa grandiosa da formação e da dissolução do universo na infinitude do espaço. Por outro lado, ela valoriza um dos sentimentos mais fundamentais da experiência humana, o *horror* diante do enigma da natureza. Somos remetidos à palavra de Goethe, *Fausto*, II 6272: "O frêmito é a melhor parte do homem. Por mais caro que o mundo lhe faça pagar por essa emoção, é repleto de surpresa que ele sente em seu coração a realidade prodigiosa" ("*Das Schaudern ist der Menschheit bestes Teil. Wie auch die Welt ihm das Gefühl verteure, Ergriffen fühlt er tief das Ungeheure*"). Acerca dos exercícios espirituais epicuristas, ver notadamente o livro de P.-H. Schrijvers, *Horror ac divina Voluptas*. Études sur la Poétique et la Poésie de Lucrèce, Amsterdam, 1970.

[69] I. Hadot, *Seneca...*, op. cit., p. 62-63; P. Rabbow, *Seelenführung...*, op. cit., p. 280. Ver Cícero, *De finibus*, I, 17, 55 e I, 19, 62; *Tuscul.*, III, 15, 32-33.

[70] *Gnom. Vat.*, § 75: "O provérbio que diz 'espera o fim de uma longa vida' (para saber se ela foi feliz) é uma ingratidão com relação aos bens passados"; cf. também § 69 e § 19: "Quem esquece um bem passado já é um velho".

[71] Cf. E. Hoffmann, "Epikur", M. Dessoir, *Die Geschichte der Philosophie*, t. I, Wiesbaden, 1925, p. 223: "A existência deve primeiro ser considerada como um puro acaso para em seguida poder ser vivida totalmente como uma maravilha única. É preciso primeiro dar-se conta de que a existência, inexoravelmente, só se dá uma vez para poder em seguida festejá-la no que tem de insubstituível e de único".

vez, duas vezes não é permitido; portanto, é necessário que deixemos de existir e por toda a eternidade; mas tu, que não é senhor do amanhã, tu ainda remetes para amanhã a alegria. A vida, contudo, consome-se em vão nesses adiamentos e cada um de nós morre sobrecarregado de preocupações".[72] É o famoso verso de Horácio: *carpe diem*. "Enquanto falamos, o tempo cioso foge. Colha o hoje, sem te fiares no amanhã!".[73] Em última instância, para os epicuristas, o prazer é exercício espiritual: prazer intelectual da contemplação da natureza, pensamento do prazer passado e presente, prazer, enfim, da amizade. A amizade,[74] na comunidade epicurista, também tem seus exercícios espirituais que são realizados numa atmosfera alegre e descontraída: a confissão pública dos erros,[75] a correção fraternal, ligadas ao exame de consciência.[76] Mas, sobretudo, a própria amizade é, de algum modo, o exercício espiritual por excelência: "Cada um devia tender a criar a atmosfera na qual floresçam os corações. Tratava-se, antes de tudo, de ser feliz e a afeição mútua, a confiança com a qual um se apoiava no outro contribuíam mais que tudo para a felicidade".[77]

II. Aprender a dialogar

A prática dos exercícios espirituais provavelmente se enraíza em tradições que remontam a tempos imemoriais.[78] Mas é a

---

[72] *Gnom. Vat.*, § 14, e Lucrécio, III, 957-960. Cf. G. Rodis-Lewis, *Épicure et son École*, Paris, 1975, p. 269-283.

[73] Horácio, *Odes*, I, 11, 7: "*Dum loquimur fugerit inuida aetas: carpe diem, quam minimum credula postero*", e II, 16, 25: "*Laetus in praesens animus*".

[74] Sobre esse tema, cf. W. Schmid, "Epikur", art. citado, col. 740-755; A.-J. Festugière, *Épicure et ses Dieux*, op. cit., p. 36-70 ; I. Hadot, *Seneca...*, op. cit., p. 63 ss.; G. Rodis-Lewis, *Épicure...*, op. cit., p. 362-69.

[75] Cf. S. Sudhaus, "Epikur als Beichtvater", *Archiv für Religionswissenschaft*, t. 14, 1911, p. 647 ss. O texto fundamental é Filodemo, *Péri Parrêsias*, A. Olivieri (ed.), Leipzig, 1914; cf. I. Hadot, *Seneca...*, op. cit., p. 63. Cf. M. Gigante, "Philodème: Sur la Liberté de Parole", *Actes du VIIIᵉ Congrès de l'Association Guillaume Budé*, Paris, 1968, p. 196-217.

[76] W. Schmid, "Epikur", art. citado, col. 741-743.

[77] A.-J. Festugière, *Épicure et ses Dieux*, op. cit., p. 69.

[78] A pesquisa sobre a pré-história do exercício espiritual ainda está para ser feita primeiramente na tradição das regras de vida e da parênese popular (cf. I. Hadot,

figura de Sócrates que a faz emergir na consciência ocidental, porque essa figura foi e continua sendo o apelo vivo que desperta a consciência moral.[79] É notável que esse apelo se faça ouvir numa certa forma: a do diálogo.

No diálogo "socrático",[80] a verdadeira questão que está em jogo não é *aquilo de que se fala*, mas *aquele que fala*:

> Quando chegamos muito perto de Sócrates e entramos em diálogo com ele, mesmo se tivermos em princípio começado a falar com ele de uma coisa completamente diferente, necessariamente acabamos por ser enredados pelo fio do discurso em todos os tipos de desvios, até que chegamos a ter de dar razão de nós mesmos, tanto da maneira como vivemos presentemente quanto daquela como conduzimos a existência no passado. Quando chegamos a esse ponto, Sócrates não

---

Seneca..., op. cit., p. 10-22). É preciso remontar ainda mais longe e buscá-la primeiro no pitagorismo e, além do pitagorismo, nas tradições mágico-religiosas e xamânicas de técnicas respiratórias e de exercícios de memória? Essa é a teoria sustentada por E.-R. Dodds, *Les Grecs et l'Irrationnel*, Paris, 1965, p. 135-74 [em português: E.-R. Dodds, *Os Gregos e o Irracional*. Trad. P. D. Oneto. São Paulo, Escuta, 2002]; L. Gernet, *Anthropologie de la Grèce Ancienne*, Paris, 1968, p. 423-25; J.-P. Vernant, *Mythe et Pensée chez les Grecs*, Paris, 1971, p. 94 ss e 108 ss. [em português: J.-P. Vernant, *Mito e Pensamento entre os Gregos*. Trad. H. Sarian. Rio de Janeiro, Paz e Terra, 1990]; M. Détienne, *Les Maîtres de Vérité dans la Grèce Archaïque*, Paris, 1967, p. 124 ss [em português: M. Détienne, *Os Mestres da Verdade na Grécia Arcaica*. Trad. A. Daher. Rio de Janeiro, Jorge Zahar, 1988], e *De la Pensée Religieuse à la Pensée Philosophique. La Notion de Daimon dans le Pythagorisme Ancien*. Paris, 1963; H. Joly, *Le Renversement Platonicien*, Paris, 1974, p. 67-70. Isso é completamente possível. Entretanto, não desenvolverei aqui esse tema, primeiramente em razão de minha incompetência no campo da antropologia pré-histórica e no da Grécia arcaica; em segundo lugar, porque me parece que os problemas próprios à história do pitagorismo são extremamente complexos e que uma rigorosa crítica dos testemunhos deve ser observada (muitos desses testemunhos são uma projeção idílica tardia na qual se refletem concepções estoicas e platônicas); em terceiro lugar, porque os exercícios espirituais que nos interessam são precisamente processos mentais que não têm mais nada a ver com transes catalépticos, mas correspondem, ao contrário, a uma rigorosa necessidade de controle racional, necessidade que surge para nós com a figura de Sócrates.

[79] O Sócrates histórico representa um enigma, provavelmente insolúvel. Mas a figura de Sócrates, tal como é desenhada por Platão, Xenofonte e Aristófanes, é um fato histórico bem atestado. Em todas as páginas que se seguem, é a essa figura de Sócrates que me referirei, quando falar de Sócrates.

[80] Com as aspas, almejo destacar o fato de que não se trata de diálogos autenticamente socráticos, mas de composições literárias que imitam mais ou menos bem os diálogos de Sócrates ou aqueles em que a figura de Sócrates intervém. Os diálogos de Platão são socráticos nesse sentido.

nos deixará partir antes de ter, bem a fundo e sem reservas, submetido tudo isso à prova de seu controle... Não vejo mal algum no fato de que me lembrem que agi ou ajo de uma maneira que não é boa. Quem não foge disso será necessariamente mais prudente no resto da sua vida.[81]

No diálogo "socrático", o interlocutor de Sócrates não aprende nada e Sócrates não tem a pretensão de lhe ensinar coisa alguma: ele repete, aliás, a quem quiser escutá-lo, que a única coisa que sabe é que nada sabe.[82] Mas, como um tavão incansável,[83] Sócrates acossa seus interlocutores com questões que os colocam em questão, que os obrigam a prestar atenção a si mesmos, a ter cuidado consigo mesmos:[84]

> Que! Caro amigo, tu és ateniense, cidadão de uma cidade que é maior, mais renomada que qualquer outra por sua ciência e seu poder, e tu não te ruborizas por cuidar de tua fortuna para aumentá-la o mais possível, assim como de tua reputação e de tuas honras; mas, quanto ao teu pensamento (*phronesis*), à tua verdade (*aletheia*), à tua alma (*psychè*), que se trataria de melhorar, disso tu não cuidas, nisso tu não pensas![85]

A missão de Sócrates consiste em convidar seus contemporâneos a examinar a consciência, a cuidar do progresso interior:

> Não tenho nenhum cuidado com o que a maior parte das pessoas cuida: coisas de dinheiro, administração de bens, cargos militares, sucesso oratório, magistraturas, coalizões, facções políticas. Eu me engajei não nessa via... mas naquela onde, a cada um de vós em particular, farei o maior bem, tentando vos persuadir *a*

---

[81] Platão, *Laques*, 187e6 (trad. Robin).

[82] Aristóteles, *Sophist. Elenchi*, 183b8: "Sócrates sempre assumia o papel de quem interroga, não de quem responde, pois ele reivindicava nada saber". Platão, *Apolog. Socrat.*, 21d5: "Não creio saber o que eu não sei".

[83] Platão, *Apolog. Socrat.*, 30e5 (trad. Croiset): "Se vós me fizerdes morrer, não encontrareis facilmente outro homem [...] apegado a vós pela vontade de Deus para vos estimular como um tavão estimularia um cavalo".

[84] Ter cuidado consigo mesmo, *Apol. Socrat.*, 29d, 31b, 36c.

[85] Platão, *Apolog. Socrat.*, 29d5; e também 30a6: "Meu único afazer é, com efeito, andar pelas ruas para vos persuadir a não vos preocupar nem com vosso corpo, nem com vossa fortuna tão apaixonadamente como com vossa alma para torná-la tão boa quanto possível".

se preocupar menos com o que se tem do que com o que se é, a se tornar tão excelente e racional quanto possível.⁸⁶

O Alcibíades do *Banquete* de Platão exprime assim o efeito exercido sobre ele pelo diálogo com Sócrates: "ele me constrange a confessar a mim mesmo que, embora tenha tantos defeitos, continuo a não cuidar de mim [...]. Mais de uma vez, ele me colocou num tal estado que não me parecia possível viver comportando-me como me comporto".⁸⁷

O diálogo socrático aparece assim, portanto, como um exercício espiritual praticado em comum que convida⁸⁸ ao exercício espiritual interior, isto é, ao exame de consciência, à atenção a si, em síntese, ao famoso "conhece-te a ti mesmo". Se o sentido original dessa fórmula é difícil de discernir, não é menos verdadeiro que ela convida a uma relação de si para consigo mesmo que constitui o fundamento de todo exercício espiritual. Conhecer-se a si mesmo é ou conhecer-se como não sábio (isto é, não como *sophos*, mas como *philo-sophos*, como a caminho em direção da sabedoria) ou conhecer-se em seu ser essencial (isto é, separar o que não somos do que somos) ou conhecer-se em seu verdadeiro estado moral (isto é, examinar sua consciência).⁸⁹

Mestre do diálogo com o outro, Sócrates parece ser também, no retrato que dele traçam Platão e Aristófanes, um mestre do diálogo consigo, portanto um mestre na prática dos exercícios espirituais. Ele nos é apresentado como capaz de uma extraordinária concentração mental. Ele chega atrasado ao banquete de Agatão porque, "aplicando seu espírito, de algum modo, a si mesmo, ele ficou para trás".⁹⁰

---

⁸⁶ Platão, *Apolog. Socrat.*, 36c1.

⁸⁷ Platão, *Banquete* (trad. Robin), 215c-216a.

⁸⁸ Desse ponto de vista, a exortação estoica permanece socrática. Mais de uma conversa de Epiteto parece imitar a maneira socrática, por exemplo, I, 11, 1-40. Epiteto, aliás, elogia o método socrático, II, 12, 5-16, mas observa que não é mais possível praticá-lo facilmente em seu tempo (II, 12, 17 e 24): "Em nossos dias, a tarefa não oferece segurança, sobretudo em Roma". Epiteto imagina um filósofo tentando conversar à maneira de Sócrates com um personagem consular e terminando por receber um soco. É verdade que uma aventura semelhante ocorrera com o próprio Sócrates, a crer em Diógenes Laércio, II, 21.

⁸⁹ Sobre a história desse tema, cf. P. Courcelle, *Connais-toi Toi-Même*. De Socrate à Saint Bernard. Paris, t. I-III, 1974-1975.

⁹⁰ Platão, *Banquete*, 174d.

E Alcibíades conta que na expedição de Potideia Sócrates ficou em pé um dia e uma noite "concentrado em seus pensamentos".[91] Nas *Nuvens*, Aristófanes parece também fazer alusão a essas práticas socráticas: "Medita agora e concentra-te profundamente; por todos os meios, dobra-te sobre ti mesmo, concentrando-te. Se caíres em algum impasse, corre rápido para um outro ponto... Não conduzas sempre teu pensamento sobre ti mesmo, mas deixa teu espírito voar no ar, como um besouro preso por um fio na pata".[92]

A meditação, prática do diálogo consigo mesmo, parece ter sido apreciada entre os discípulos de Sócrates. Perguntou-se a Antístenes que benefício ele havia extraído da filosofia:

---

[91] Ibidem, 220c-d.

[92] Aristófanes, *As Nuvens*, 700-706; 740-745; 761-763 (trad. van Daele modificada). Na verdade, o sentido desses versos não é completamente claro. Pode-se interpretá-los como uma alusão a exercícios de concentração mental; é o que fazem G. Méautis, *L'Âme Hellénique*, Paris, 1932, p. 183; A.-J. Festugière, *Contemplation et Vie Contemplative selon Platon*, Paris, 1950, 2. ed., p. 67-73; W. Schmid, "Das Sokratesbild der Wolken", *Philologus*, 1948, t. 97, p. 209-28; A. E. Taylor, *Varia Socratica*, Oxford, 1911, p. 128-75. Os termos *phrontizein* e *ekphrontizein*, empregados na descrição de Aristófanes, tornaram-se, talvez por influência de Aristófanes, termos técnicos para designar os hábitos de Sócrates; cf. Platão, *Banquete*, 220c (Sócrates fica em pé, *phrontizôn ti*), e Xenofonte, *Banquete*, VI, 6 (Sócrates é cognominado *phrontistès*). Mas não é certo que esse *phrontizein* corresponda, em Aristófanes, a um exercício de meditação dirigido a si mesmo. Primeiramente, a comparação com o besouro leva a entender que o pensamento levanta voo em direção a coisas "elevadas" e, como diz Xenofonte no *Banquete*, relaciona-se com os "meteoros", isto é, com as coisas celestes (cf. Platão, *Apolog. Socrat.*, 18b). Por outro lado, o Estrepsíades de *As Nuvens phrontizei* sobre os expedientes que utilizará para resolver um assunto, não sobre si mesmo. Trata-se antes de um método de pesquisa (cf. 742: "divide e examina"). O detalhe mais interessante me parece ser a fórmula: "Se caíres em algum impasse, corre rápido para um outro ponto"; repetido em 743: "Se ficares embaraçado com alguma ideia, deixa-a e passe; depois, submetendo-a novamente a teu julgamento, examina a coisa e pesa-a bem". Ela significa que, quando se chega a uma aporia, é preciso retomar a questão de um novo ponto de partida. Esse método é correntemente aplicado nos diálogos de Platão, como bem mostrou R. Schaerer, *La Question Platonicienne*, Paris, 1969 (2. ed.), p. 84-87, que cita *Mênon*, 79e; *Fédon*, 105b; *Teeteto*, 187a-b; *Filebo*, 60a. Como observa R. Schaerer, p. 86, trata-se de um procedimento "que obriga o espírito a incansavelmente girar em círculo na investigação do verdadeiro". Talvez seja esse aspecto do método que explique as alusões de Aristófanes aos desvios e circuitos do pensamento. Seja como for, esse método se encontra em Aristóteles (ver os exemplos reunidos por H. Bonitz, *Index Aristotelicus*, Berlim, 1870 [2. ed., Graz, 1955], col. 111, linhas 35 ss): "Assumindo um outro ponto de partida, diremos [...]". O mesmo método se encontra em Plotino, por exemplo, *En.*, V, 8, 4, 54; V, 8, 13, 24; VI, 4, 16, 47. A propósito de Aristóteles, ver as observações de I. Düring, "Aristoteles und das platonische Erbe", na coletânea *Aristoteles in der neueren Forschung*, Darmstadt, 1968, p. 247-248.

"Aquele, respondeu, de poder conversar comigo mesmo".[93] Essa íntima ligação entre o diálogo com outrem e o diálogo consigo tem um significado profundo. Somente aquele que é capaz de ter um verdadeiro encontro com outrem é capaz de um encontro autêntico consigo mesmo, e o inverso é igualmente verdadeiro. O diálogo só é verdadeiramente diálogo na presença de outrem e de si mesmo. Desse ponto de vista, todo exercício espiritual é dialógico na medida em que é exercício de presença autêntica perante si e perante os outros.[94]

A fronteira entre o diálogo "socrático" e o diálogo "platônico" é impossível de delimitar. O diálogo platônico, porém, permanece sempre "socrático" de inspiração, porque é um exercício

---

[93] Diógenes Laércio, VI, 6. Exemplos de práticas desse gênero (o homem antigo fala facilmente consigo mesmo em voz alta): Pirro, Diógenes Laércio, IX, 64: "Havendo se surpreendido Pirro falando consigo mesmo, perguntou-se-lhe por que fazia isso. Ele respondeu que se exercitava (*meletan*) para ser bom". Filo de Atenas, Diógenes Laércio, IX, 69: "Filo frequentemente falava consigo mesmo, é por isso que Timão lhe disse: 'Ó Filo, aquele que, longe dos homens, conversava e falava consigo mesmo, sem preocupação com a glória e com as disputas'". Cleantes, em Diógenes Laércio, VII, 171: "Cleantes frequentemente fazia reprimendas a si mesmo em voz alta. Aríston, tendo o ouvido, perguntou-lhe: 'A quem tu fazes reprimendas?'. Cleantes respondeu: 'A um velho que tem cabelos brancos, mas que não tem inteligência'". Horácio, cf. Horácio, *Sat.*, I, 4, 137: "Eis as reflexões que examino comigo mesmo com os lábios cerrados" ("*haec ego mecum compressis agite labris*"). Epiteto, III, 14, 1: "Homem, se tu és alguém, vá caminhar sozinho, conversa contigo mesmo". Sobre a meditação na caminhada, cf. Horácio, *Epist.*, I, 4, 4-5: "Ou tu vais silencioso e com pequenos passos ao longo das florestas salubres, tendo na cabeça todos os pensamentos dignos de um sábio e de um homem de bem?" (trad. Villeneuve). Sobre os problemas do diálogo interior ou exterior consigo mesmo, cf. F. Leo, "Der Monolog im Drama", *Abhandlungen der Götting. Gesellschaft der Wissenschaft.*, N. F. X, 5, Berlim, 1908; W. Schadewalt, *Monolog und Selbstgespräch. Untersuchungen zur Formgeschichte der griechischen Tragödie*, Berlim, 1926; F. Dirlmeier, "Vom Monolog der Dichtung zum 'inneren' Logos bei Platon und Aristoteles", *Ausgewählte Schriften zu Dichtung und Philosophie der Griechen*, Heidelberg, 1970, p. 142-54; G. Misch, *Geschichte der Autobiographie*, t. I, Bern, 1949, p. 86, 94, 363, 380, 426, 450, 468. Acerca da pré-história desse exercício, há que observar Homero, *Odisseia*, XX, 18-23: "Batendo no seu peito, ele repreendeu seu coração: 'paciência, coração meu! Cachorrice bem pior foi ter de suportar o dia em que o Ciclope em fúria devorou meus bravos companheiros!' É assim que ele falava dirigindo-se a seu coração; sua alma resistia, acostumada à dureza". Esse texto é citado por Platão, *República*, 441b (trad. Chambry): "Nessa passagem, Homero manifestamente representou duas coisas diferentes das quais uma repreende a outra, a razão que refletiu sobre o melhor e sobre o pior, e a cólera que é irracional", e *Fédon*, 94d-e. Cf, acima, n. 46-47, e n. 48-49.

[94] Assim, segundo Porfírio, *Vita Plotini*, 8, 9: "Plotino estava ao mesmo tempo presente para si mesmo e para os outros".

intelectual e, em última instância, "espiritual". Essa característica do diálogo platônico precisa ser destacada.

Os diálogos platônicos são exercícios modelares. Modelares, pois não são estenografias de diálogos reais, mas composições literárias que imaginam um diálogo ideal. Exercícios, precisamente porque são diálogos: já entrevimos, a propósito de Sócrates, o caráter dialógico de todo exercício espiritual. Um diálogo é um itinerário de pensamento cujo caminho é traçado pelo acordo, constantemente mantido, entre aquele que interroga e aquele que responde. Opondo seu método ao dos erísticos, Platão destaca fortemente este ponto: "quando dois amigos, como tu e eu, estão dispostos a conversar, é preciso fazê-lo de uma maneira mais doce e mais dialética. 'Mais dialética' significa, parece-me, que não somente dão-se respostas verdadeiras, mas que só se fundamenta a resposta no que o próprio interlocutor reconhece saber".[95]
A dimensão do interlocutor é então capital. Ela impede o diálogo de ser uma exposição teórica e dogmática e o obriga a ser um exercício concreto e prático, porque, precisamente, não se trata de expor uma doutrina, mas de conduzir um interlocutor a certa atitude mental determinada: é um combate, amistoso, mas real. Destaquemos esse ponto, pois é o que se passa em todo exercício espiritual; é preciso fazer a si mesmo mudar de ponto de vista, de atitude, de convicção; portanto, dialogar consigo mesmo; portanto, lutar consigo mesmo. É por isso que os métodos do diálogo platônico apresentam, nessa perspectiva, um interesse capital: "Independentemente do que se tenha dito dele, o pensamento platônico não se assemelha ao pombo leve para o qual nada custa deixar o solo para voar no espaço puro da utopia... O pombo, a todo instante, deve se debater contra a alma daquele que responde, carregada de chumbo. Cada elevação é uma conquista".[96]
Para vencer nessa luta, não basta expor a verdade, não basta nem mesmo demonstrá-la, é preciso persuadir, utilizar a psicagogia, portanto a arte de seduzir as almas; e ainda não somente a retórica que busca persuadir, por assim dizer, de longe, por um discurso contínuo, mas sobretudo a dialética, que exige, a cada momento,

---

[95] Platão, *Mênon*, 75c-d.
[96] V. Goldschmidt, *Les Dialogues de Platon*, Paris, 1947, p. 337-38.

o acordo explícito do interlocutor. A dialética, pois, deve escolher habilmente uma via tortuosa, melhor ainda, uma série de vias aparentemente divergentes, mas, todavia, convergentes,[97] para levar o interlocutor a descobrir as contradições de sua própria posição ou admitir uma conclusão imprevista. Os circuitos, desvios, divisões sem fim, digressões, sutilezas, que desconcertam o leitor moderno dos *Diálogos* são destinados a fazer o interlocutor e os leitores antigos percorrerem um certo caminho. Graças a eles, "pressionam-se com muita força uns contra os outros, nomes, definições, visões e sensações", "frequentam-se longamente as questões", "vive-se com elas"[98] até que surja a luz. Portanto, os exercícios são feitos pacientemente: "a medida de discussões como essas é a vida inteira, para pessoas sensatas".[99] O que conta não é a solução de um problema particular, mas o caminho percorrido para chegar a ela, caminho no qual o interlocutor, o discípulo, o leitor formam seu pensamento, tornam-no mais apto para descobrir por si mesmo a verdade ("o diálogo quer antes formar que informar"):[100]

> Nas aulas em que se aprende a ler, quando se pergunta ao aluno com quais letras é composta esta ou aquela palavra, busca-se assim conduzi-lo à resolução de um problema particular ou torná-lo mais apto para resolver todos os problemas possíveis de gramática? – Todos os problemas possíveis, evidentemente. – O que diríamos então de nossa investigação a respeito do "político"? É por interesse direto sobre ele que nós a empreendemos ou é para nos tornarmos melhores dialéticos sobre todos os temas possíveis? – Aqui, de modo ainda mais evidente, é para nos tornarmos melhores dialéticos sobre todos os temas possíveis.[101]

---

[97] Cf. n. 92 anterior. R. Schaerer, *La Question Platonicienne*, op. cit., p. 84-87, mostra bem todo o significado desse método platônico.

[98] Platão, *Carta* VII, 344b e 341c-d. Cf. V. Goldschmidt, *Les Dialogues de Platon*, op. cit., p. 8; R. Schaerer, *La Question Platonicienne*, op. cit., p. 86. Essas duas obras são de enorme importância na perspectiva em que nos colocamos.

[99] Platão, *República*, 450d.

[100] V. Goldschmidt, *Les Dialogues de Platon*, op. cit., p. 3, que cita do texto do *Político*, 285-286 para justificar essa afirmação. Cf. também as páginas 162-163 da mesma obra. R. Schaerer, *La Question Platonicienne*, op. cit., p. 216.

[101] Platão, *Político*, 285c-d (trad. Diès).

O tema do diálogo conta então menos do que o método que nele é aplicado, a solução do problema tem menos valor do que o caminho percorrido em comum para resolvê-lo. Não se trata de encontrar primeiro e de modo mais rápido a solução, mas de se exercitar da maneira mais eficaz possível na aplicação de um método: "quanto à solução do problema proposto, encontrá-la da maneira mais fácil e mais rápida possível deve ser apenas uma preocupação secundária e não o fim principal, se cremos na razão que nos recomenda estimar muito e em primeiro lugar o método que ensina a dividir por espécies e segui-lo resolutamente, mesmo quando um discurso for muito longo, se ele deve tornar mais engenhoso quem o escuta".[102]

Exercício dialético, o diálogo platônico corresponde exatamente a um exercício espiritual por duas razões. Primeiramente, ele conduz, discreta, mas realmente, o interlocutor (e o leitor) à conversão. Com efeito, o diálogo só é possível se o interlocutor quer verdadeiramente dialogar, isto é, se realmente quer encontrar a verdade, se quer, no fundo de sua alma, o Bem, se aceita se submeter às exigências racionais do Logos.[103] Seu ato de fé deve corresponder àquele de Sócrates: "É porque tenho fé na sua verdade que resolvi buscar contigo o que é a virtude".[104] De fato, o esforço dialético é uma ascensão em comum na direção da verdade e na direção do Bem "que toda alma deseja".[105] Por outro lado, aos olhos de Platão, todo exercício dialético, precisamente porque é submissão às exigências do Logos, exercício do pensamento puro,

---

[102] Ibidem, 286d. Como nota R. Schaerer, *La Question Platonicienne*, op. cit., p. 87: "A definição não é nada por si mesma; tudo está no caminho percorrido para alcançá-la; por ele, o interlocutor adquire mais acuidade de espírito (*Sofista*, 227a-b), mais confiança (*Teeteto*, 187b), mais habilidade em todas as coisas (*Político*, 285d ss), sua alma se purifica rejeitando as opiniões que fechavam as vias do ensino (*Sofista*, 230b-c). Mas quaisquer que sejam as palavras empregadas para designar esse progresso dialético, é sempre na alma do interlocutor – e, assim, na alma do leitor inteligente – que ele se realiza".

[103] Cf. R. Schaerer, *La Question Platonicienne*, op. cit., p. 38-44. V. Goldschmidt, *Les Dialogues de Platon*, op. cit., p. 79-80, 292 e 341: "A *República* resolve o problema da justiça e de suas vantagens. Ao mesmo tempo e por isso mesmo, ela exorta à Justiça". Sobre o caráter protréptico dos diálogos, cf. K. Gaiser, *Protreptik und Paränese bei Platon. Untersuchungen zur Form des platonischen Dialogs*, Stuttgart, 1959, e *Platone come scrittore filosofico*, Naples, 1984.

[104] Platão, *Mênon*, 81e.

[105] Platão, *República*, 505d.

desvia a alma do sensível e lhe permite se converter para o Bem.[106] É um itinerário do espírito em direção ao divino.

III. Aprender a morrer

Há uma misteriosa ligação entre a linguagem e a morte. Esse foi um dos temas favoritos do pensamento do saudoso Brice Parain: "A linguagem apenas se desenvolve a partir da morte dos indivíduos".[107] É que o Logos representa uma exigência de racionalidade universal – supõe um mundo de normas imutáveis – que se opõe ao perpétuo devir e aos apetites mutáveis da vida corporal individual. Nesse conflito, quem permanece fiel ao Logos corre o risco de perder a vida. Essa foi a história de Sócrates. Sócrates foi morto por fidelidade ao Logos.

A morte de Sócrates é o acontecimento radical que funda o platonismo. A essência do platonismo não consiste, com efeito, na afirmação de que o Bem é a razão última dos seres? Como diz um neoplatônico do século IV: "Se todos os seres são seres somente pela bondade e se eles participam do Bem, é preciso que o primeiro princípio seja um bem que transcenda o ser. Eis uma prova eminente: as almas de valor *desprezam o ser por causa do Bem*, quando elas espontaneamente se colocam em perigo pela pátria, por aqueles que amam ou pela Virtude".[108] Sócrates se expôs à morte pela virtude. Preferiu antes morrer a renunciar às exigências de sua consciência;[109] portanto, preferiu o Bem ao ser, preferiu a consciência e o pensamento à vida de seu corpo. Essa escolha é precisamente a escolha filosófica fundamental e pode-se então dizer que a filosofia é exercício e aprendizado para a morte, se é verdadeiro que ela submete o querer viver do corpo às exigências

---

[106] O exercício dialético, separando o pensamento das ilusões dos sentidos, realiza essa aprendizagem da morte da qual falaremos: cf. Platão, *Fédon*, 83a.

[107] B. Parain, "Le Langage et l'Existence", na coletânea coletiva *L'Existence*, Paris, 1945, p. 173. Os romances de B. Parain tentam fazer compreender a relação entre a linguagem e a morte, notadamente *La Mort de Socrate*, Paris, 1950.

[108] Salústio, *Dos Deuses e do Mundo*, V, 3 (trad. Rochefort modificada).

[109] Platão, *Apol. Socrat.*, 28b-30b.

superiores do pensamento. "Assim, portanto, diz o Sócrates do *Fédon*, é bem verdadeiro que aqueles que, no sentido exato do termo, põem-se a filosofar exercitam-se para morrer e que a ideia de estar morto é, para eles, menos do que para qualquer pessoa no mundo, objeto de pavor."[110] A morte, que aqui está em questão, é uma separação espiritual entre a alma e o corpo: "Apartar o mais possível a alma do corpo, habituá-la a se recolher, a se concentrar sobre si mesma partindo de cada um dos pontos do corpo, a viver tanto quanto pode, nas circunstâncias atuais tanto quanto naquelas que virão, isolada e por si mesma, inteiramente desapegada do corpo, como se estivesse desapegada de seus laços".[111] Tal é o exercício espiritual platônico. Mas é preciso compreendê-lo bem e, notadamente, não o separar da morte filosófica de Sócrates, cuja presença domina todo o *Fédon*. A separação entre a alma e o corpo que está em questão aqui, qualquer que tenha sido sua pré-história, não tem absolutamente mais nada a ver com um estado de transe ou catalepsia, no qual o corpo perdia consciência e graças ao qual a alma estaria num estado de vidência sobrenatural.[112] Todos os desdobramentos do *Fédon* que precedem e que se seguem à nossa passagem mostram bem que se trata, para a alma, de se libertar, de se despojar das paixões ligadas aos sentidos corporais para adquirir a independência do pensamento.[113] De fato, apreender-se-á melhor esse exercício espiritual compreendendo-o como um esforço para se libertar do ponto de vista parcial e passional, ligado ao corpo e aos sentidos, e para se elevar ao ponto de vista universal e normativo do pensamento, para se submeter às exigências do Logos e à norma do Bem. Exercitar-se para a morte é exercitar-se para a morte de sua individualidade, de suas paixões, para ver as coisas na perspectiva da universalidade e da objetividade. Evidentemente, um tal exercício supõe uma concentração do pensamento sobre si mesmo, um esforço de meditação, um diálogo interior. Platão faz alusão a isso na *República*, mais

---

[110] Platão, *Fédon*, 67e (trad. Robin); ver também 64a e 80e.
[111] Platão, *Fédon*, 67c (observar o verbo "habituar" que supõe um exercício).
[112] Cf. n. 78 anterior.
[113] Cf. Platão, *Fédon*, 65e, 66c, 79c, 81b, 83b-d, 84a: "A alma filosófica acalma as paixões, apega-se aos passos do raciocínio e não cessa de estar presente nele; ela toma o verdadeiro, o divino, o que não é objeto de opinião, como espetáculo e também como alimento...".

uma vez a propósito da tirania das paixões individuais. A tirania do desejo se revela, ele nos diz, particularmente no sonho: "A parte selvagem de nosso ser... não hesita em tentar em pensamento violar sua mãe ou qualquer outro, seja quem for, homem, deus, animal; não há nem assassinato com o qual não se manche, nem alimento do qual se abstenha; em síntese, não há loucura nem impudor que ele se proíba".[114] Para se liberar dessa tirania, há que recorrer a um exercício espiritual do mesmo tipo que aquele descrito no *Fédon*:

> Não se entregar ao sono senão depois de ter despertado a parte racional de nosso ser e tê-lo nutrido com belos pensamentos e belas pesquisas, concentrando-se sobre si mesmo, após também ter acalmado a parte apetitiva de nosso ser... e amansado a parte irascível; após ter, portanto, apaziguado essas duas últimas e estimulado a primeira, na qual reside o pensamento, a alma atinge melhor a verdade.[115]

Que nos seja permitida aqui uma curta digressão. Apresentar a filosofia como um "exercício para a morte" era uma decisão de extrema importância. O interlocutor de Sócrates no *Fédon* observa imediatamente: isso dispõe ao riso e os profanos terão boa razão para tratar os filósofos como "pessoas que reivindicam a morte" e que, se são postos à morte, bem terão merecido sua sorte.[116] Todavia, para quem leva a filosofia a sério, a fórmula platônica é de uma verdade muito profunda: ela obteve, aliás, um imenso eco na filosofia ocidental; mesmo adversários do platonismo, como Epicuro e Heidegger, retomaram-na. Em face dessa fórmula, toda as tagarelices filosóficas, de outrora e de hoje, parecem bem vazias. "Nem o sol nem a morte podem ser olhados fixamente."[117] Somente os filósofos se aventuram em fazê-lo; sob suas diversas representações da morte, encontra-se uma virtude única: a lucidez. Para Platão, o desenraizamento da vida sensível não pode assustar quem já provou da imortalidade do pensamento. Para o epicurista, o pensamento da morte é consciência da finitude

---

[114] Platão, *República*, 571c (trad. Chambry).
[115] Ibidem, 571d-572a.
[116] Platão, *Fédon*, 64a-b. Provável alusão às *Nuvens* de Aristófanes (103 e 504).
[117] La Rochefoucauld, *Máximas*, § 26.

da existência e ela dá um valor infinito para cada instante; cada momento da vida surge carregado de um valor incomensurável: "Imagina que cada dia que brilha será para ti o último; é então com gratidão que tu receberás cada hora inesperada".[118] O estoicismo encontrará nesse aprendizado da morte o aprendizado da liberdade. Como diz Montaigne, plagiando Sêneca, num de seus mais célebres ensaios ("Que filosofar é aprender a morrer"): "Quem aprendeu a morrer desaprendeu a servir".[119] O pensamento da morte transforma o tom e o nível da vida interior: "Que a morte esteja diante dos teus olhos a cada dia, diz Epiteto, e tu jamais terás qualquer pensamento baixo nem qualquer desejo excessivo".[120] Esse tema filosófico vincula-se àquele do valor infinito do momento presente, que é preciso viver como se fosse ao mesmo tempo o primeiro e o último.[121] Também para Heidegger, a filosofia é "exercício para a morte": a autenticidade da existência reside na antecipação lúcida da morte. Cabe a cada um escolher entre a lucidez e o divertimento.[122]

Para Platão, o exercício da morte é um exercício espiritual que consiste em mudar de perspectiva, em passar de uma visão das coisas dominada pelas paixões individuais a uma representação do mundo governada pela universalidade e objetividade do

---

[118] Horácio, *Epist.*, I, 4, 13-14: "*Omnem crede diem tibi diluxisse supremum*; *grata superueniet quae non sperabitur hora*". Encontra-se aqui mais uma vez o tema epicurista da gratidão; cf., acima, n. 61 e n. 70.

[119] Montainge, *Essais*, A. Thibaudet (ed.), Paris, 1953, p. 110. Cf. Sêneca, *Epist.*, 26, 8: "*Interim commodabit Epicurus qui ait: 'meditare mortem' uel si commodius sic transire ad nos hic potest sensus: 'egregia res est mortem condiscere'... Meditare mortem: qui hoc dicit meditari libertatem iubet. Qui mori didicit, seruire dedidicit*". Vê-se que o estoico Sêneca toma emprestada a máxima "*meditare mortem*" de Epicuro.

[120] Epiteto, *Manual*, § 21. Marco Aurélio, II, 11: "Agir, falar, pensar sempre como alguém que pode imediatamente deixar a vida".

[121] Cf., acima, n. 26 e n. 72-73.

[122] Cf. A. de Waelhens, *La Philosophie de Martin Heidegger*, Louvain, 1942, p. 135-51. Cf. sobretudo M. Heidegger, *Sein und Zeit*, § 53, p. 260 ss, em que, como observa com razão R. Brague, na resenha que fez da presente obra no *Études Philosophiques*, 1982, Heidegger "cuida de distinguir o Ser-para-a-morte da *meditatio mortis*". É bem verdade que o Ser-para-a-morte heideggeriano só adquire seu sentido na perspectiva própria a Heidegger; mas não é menos verdadeiro que se está em presença de um pensamento que faz da antecipação ou antevidência da morte uma condição da existência autêntica. Lembremos que, na filosofia platônica, não se trata somente de pensar na morte, mas de praticar um exercício para a morte que é, de fato, um exercício para a vida.

pensamento. É uma conversão (*metastrophè*) que se realiza com a totalidade da alma.[123] Nessa perspectiva do pensamento puro, as coisas "humanas, demasiadamente humanas" parecem bem pequenas. Eis aí um tema fundamental dos exercícios espirituais platônicos. Graças a ele, poder-se-á manter a serenidade na infelicidade:

> A lei racional diz que não há nada mais belo do que conservar o máximo de calma possível na infelicidade e não se revoltar, porque não se sabe o que há de bom e de mau nesses tipos de eventos, porque nada se ganha depois ao se indignar, porque *nenhuma das coisas humanas merece que a elas se atribua muita importância* e porque o que deveria vir o mais rápido possível em nosso auxílio nessas circunstância é impedido pela tristeza. – De que tu falas?, ele perguntou. – Da reflexão sobre o que nos acontece, respondi. Aqui, como no jogo de dados, é preciso, contra os golpes da sorte, restabelecer sua posição pelos meios que a razão demonstra ser os melhores... É preciso habituar sua alma a vir o mais rápido possível curar o que está doente, levantar o que caiu e suprimir as lamentações pela aplicação do remédio.[124]

Esse exercício espiritual, poder-se-ia dizer, já é estoico,[125] pois vemos nele a utilização de princípios e de máximas destinados a "habituar a alma" e a libertá-la das paixões. Entre essas máximas, a que afirma a pequenez das coisas humanas desempenha um papel importante. Mas, precisamente, ela é apenas a consequência do movimento, descrito no *Fédon*, pelo qual a alma se eleva ao plano do pensamento puro, isto é, da individualidade à universalidade. No texto que citaremos agora, encontramos muito claramente ligados num conjunto a ideia da pequenez das coisas humanas, o desprezo pela morte e a visão universal própria ao pensamento puro:

---

[123] Platão, *República*, 525c5 e 532b8: "Com a totalidade da alma", cf. ibidem, 518c: "Como um olho que não se poderia virar da obscuridade em direção à luz senão virando ao mesmo tempo todo o corpo, a faculdade de aprender deve ser desviada, com toda a alma, das coisas perecíveis até que ela se torne capaz de suportar a visão do que é [...]. A educação é a arte de virar o olho da alma".

[124] Platão, *República*, 604b-d.

[125] Deve-se dizer que esse exercício *já* é estoico ou que os exercícios estoicos *ainda* são platônicos? Há aí um problema de perspectiva histórica sobre o qual espero retornar um dia.

Um outro ponto a examinar, caso se queira discernir as naturezas filosóficas daquelas que não o são, é que a alma não abriga baixeza alguma, sendo a pequenez de espírito incompatível com uma alma que deve tender sem cessar a abraçar *o conjunto e a universalidade* do divino e do humano... Mas a alma à qual pertencem a elevação do pensamento e a *contemplação da totalidade* do tempo e do ser, crês tu que ela faça grande caso da vida humana?... Um tal homem não observará a morte, portanto, como uma coisa a temer.[126]

O "exercício da morte" está então ligado aqui à contemplação da totalidade, à elevação do pensamento, passando da subjetividade individual e passional à objetividade da perspectiva universal, isto é, ao exercício do pensamento puro. Essa característica do filósofo recebe aqui, pela primeira vez, um nome que ela manterá em toda a tradição antiga: grandeza de alma.[127] A grandeza de alma é o fruto da universalidade do pensamento. Todo o trabalho especulativo e contemplativo do filósofo torna-se assim exercício espiritual na medida em que, elevando o pensamento até a perspectiva do Todo, ele o liberta das ilusões da individualidade ("Sair do decurso do tempo. [...] Eternizar-se ultrapassando-se", diz G. Friedmann).

Nessa perspectiva, a própria física torna-se um exercício espiritual que pode, sejamos precisos, situar-se em três níveis. Primeiramente, a física pode ser uma atividade contemplativa que encontra seu fim nela mesma e fornece à alma, libertando-a das preocupações cotidianas, a alegria e a serenidade. É o espírito da física aristotélica: "A natureza reserva para quem a estuda suas produções de maravilhosos deleites, contanto que se seja capaz de remontar às causas e que se seja verdadeiramente filósofo".[128] Nessa contemplação da natureza, o epicurista Lucrécio, como vimos, encontrava "uma divina volúpia".[129] Para o estoico Epiteto, o sentido de nossa existência reside nessa contemplação: fomos postos ao mundo para contemplar as obras divinas e não se deve

---

[126] Platão, *República*, 486a, citado por Marco Aurélio, *Meditações*, VII, 35.
[127] Cf. I. Hadot, *Seneca...*, op. cit., p. 115-17 e 128-30.
[128] Aristóteles, *De Part. Animal.*, 645a (trad. P. Louis).
[129] Cf. n. 68 anterior.

morrer sem ter visto essas maravilhas e ter vivido em harmonia com a natureza.[130] Evidentemente, a precisão científica dessa contemplação da natureza é muito variável de uma filosofia a outra; está longe da física aristotélica o sentimento pela natureza que se encontra, por exemplo, em Filo de Alexandria e em Plutarco. Porém, é interessante observar como esses dois últimos autores falam com entusiasmo de sua física imaginativa. "Aqueles que praticam a sabedoria", diz Filo,

> contemplam de uma maneira excelente a natureza e tudo que ela contém; eles escrutinam a terra, o mar, o ar, o céu com todos os seus habitantes; eles se unem, pelo pensamento, à lua, ao sol, aos outros astros, errantes e fixos, em suas evoluções, e se, pelo corpo, estão fixados à terra, eles munem suas almas de asas a fim de caminhar sobre o éter e contemplar as potências que lá habitam, como convém a verdadeiros cidadãos do mundo. Assim, repletos de excelência perfeita, habituados a não levar em consideração os males do corpo e coisas exteriores [...] é evidente que tais homens, no deleite de suas virtudes, fazem de toda sua vida uma festa.[131]

Essas últimas palavras são uma alusão a um aforismo de Diógenes, o Cínico, que encontramos citado por Plutarco: "Um homem de bem não celebra uma festa todo dia?" "E uma festa esplêndida", continua Plutarco, "se somos virtuosos".

O mundo é o mais sagrado e o mais divino de todos os templos. O homem é introduzido nele por seu nascimento para ser o espectador não de estátuas artificiais e inanimadas, mas das

---

[130] Epiteto, I, 6, 19: "O homem, ao contrário, Deus o colocou aqui em baixo para contemplá-lo, a ele e suas obras, e não somente para contemplá-los, mas ainda para interpretá-los... A natureza se completa na contemplação, na inteligência, numa vida em harmonia com a natureza. Querei então não morrer sem ter contemplado todas essas realidades. Vós viajais até Olímpia para ver a obra de Fídias e todos vós pensais que é uma infelicidade morrer sem ter visto um espetáculo semelhante. Ora, onde não é necessário viajar, quando tendes junto de vós e sob vossos olhos as obras de arte, não tereis então o desejo de contemplá-las e de compreendê-las? Não sentireis, pois, o mesmo desejo de saber quem sois, por que nascestes, qual o significado do espetáculo no qual fostes admitidos?".

[131] Filo, *Special. Leg.*, II, §§ 44-45 (trad. Festugière, *La Révélation d'Hermès Trimégiste*, t. II, Paris, 1949, p. 566, em que se encontram outros textos de Filo sobre a contemplação do mundo).

imagens sensíveis das essências inteligíveis [...] que são o sol, a lua, as estrelas, os rios cuja água corre sempre nova e a terra que faz crescer o alimento das plantas e dos animais. Uma vida que é iniciação a esses mistérios e revelação perfeita deve estar cheia de serenidade e de alegria.[132]

O exercício espiritual da física, porém, pode também tomar a forma de um "sobrevoo" imaginativo, que permite observar as coisas humanas como sendo de pouca importância.[133] Esse tema se encontra em Marco Aurélio: "Supõe que, de repente, tu estejas no alto e que contemples lá de cima as coisas humanas e sua diversidade, como tu as desprezarias quando visse com um mesmo olhar o imenso espaço povoado dos seres do ar e do éter".[134] Esse tema também se encontra em Sêneca:

> A alma alcança a plenitude da felicidade quando, tendo calcado aos pés tudo que é mal, ganha as alturas e penetra até as dobras mais íntimas da natureza. É então, quando ela vaga em meio aos astros, que lhe apraz rir dos ladrilhos dos ricos [...]. Mas a alma não pode desprezar todo esse luxo dos ricos antes de ter dado a volta ao mundo, lançado do alto do céu um olhar desdenhoso sobre a terra estreita e dito para si mesma: "É então esse ponto que tantos povos dividem entre si pelo ferro e pelo fogo? Quão risíveis as fronteiras que os homens estabelecem entre eles!".[135]

Reconhece-se um terceiro grau desse exercício espiritual na visão da totalidade, na elevação do pensamento ao nível do pensamento universal; estamos aqui mais próximos do tema platônico que nos serviu de ponto de partida: "Não mais te limites", escreve Marco Aurélio,

> a corresspirar o ar que te circunda, mas, de agora em diante, copensa com o pensamento que engloba todas as coisas, pois a força do pensamento não está menos dispersa em toda parte, não

---

[132] Plutarco, *De tranquill. animae*, § 20, 477c (trad. Dumortier-Defradas ligeiramente modificada).

[133] Sobre esse tema, cf. A.-J. Festugière, *La Révélation d'Hermès Trimégiste*, op. cit., t. II, p. 441-457; P. Courcelle, *La Consolation de Philosophie dans la Tradition Littéraire*, Paris, 1967, p. 355-372.

[134] Marco Aurélio, XII, 24, 3; cf. também IX, 30, 1: "Contemplar de cima".

[135] Sêneca, *Quaest. Natur.*, I, praef. 7-13 (trad. Oltramare).

penetra menos em todo ser capaz de se deixar penetrar do que o ar em quem é capaz de respirá-lo... Um imenso campo livre se abrirá diante de ti, pois tu abraças pelo pensamento a totalidade do universo, tu percorres a eternidade do tempo [*durée*].[136]

É, evidentemente, nesse nível que se pode dizer que morremos para nossa individualidade para alcançar, ao mesmo tempo, a interioridade da consciência e a universalidade do pensamento do Todo: "Tu eras já o Todo", escreve Plotino,

> mas, porque algo a mais que o Todo se acrescentou a ti, tu te tornaste menor do que o Todo por essa própria adição. Essa adição não teve nada de positivo (com efeito, o que se acrescentaria ao que é o Todo?), ela era totalmente negativa. Tornando-se alguém, não se é mais o Todo, acrescenta-se-lhe uma negação. E isso dura até que se afaste essa negação. Tu te engrandeces, portanto, rejeitando tudo que é diferente do Todo: se rejeitares isso, o Todo te será presente... Ele não tem necessidade de vir para estar presente. Se ele não está presente, é porque tu te afastaste Dele. Afastar-se não é deixá-lo para ir alhures, pois ele está aí, mas é desviar-se Dele quando ele está presente.[137]

Com Plotino, retornamos ao platonismo. A tradição platônica foi fiel aos exercícios espirituais de Platão. Pode-se somente especificar que, no neoplatonismo, a noção de progresso espiritual desempenha um papel muito mais explícito do que no próprio Platão. As etapas do progresso espiritual correspondem a graus de virtude cuja hierarquia é descrita em vários textos neoplatônicos[138] e serve de referência à *Vida de Proclo* de Marino.[139] O editor

---

[136] Marco Aurélio, VIII, 54 e IX, 32.

[137] Plotino, *En.*, VI, 5, 12, 19.

[138] Ibidem, I, 2; Porfírio, *Sententiae* § 32; Macróbio, *In. Somn. Scipionis*, I, 8, 3-11; Olimpiodoro, *In Phaed.*, p. 23, 25 ss e 45, 14 ss. Cf. também I Hadot, *Le Problème du Néoplatonisme Alexandrin. Hiéroclès et Simplicius*, Paris, 1978, p. 152 ss. Sobre esse tema, cf. O. Schissel von Fleschenberg, *Marinos von Neapolis und die neuplatonischen Tugendgrade*, Atenas, 1928, e a resenha dessa obra feita por W. Theiler, *Gnomon*, t. V, 1929, p. 307-17. Esse tema desempenhou um papel capital na sistematização da mística cristã, cf. H. van Lieshout, *La Théorie Plotinienne de la Vertu. Essai sur la Gênese d'un Article de la* Somme Théologique *de Saint Thomas*, Fribourg (Suíça), 1926, e os textos citados por P. Henry, *Plotin et l'Occident*, Paris, 1934, p. 248-50.

[139] Marino, *Vita Plocli*, §§ 14, 18, 21, 22, 24, 28.

dos escritos de Plotino, Porfírio, classificou sistematicamente as obras de seu mestre segundo as etapas do progresso espiritual: purificação da alma pelo desapego ao corpo, depois conhecimento e superação do mundo sensível e, enfim, conversão em direção ao Intelecto e ao Uno.[140]

A realização do progresso espiritual exige, pois, exercícios. Porfírio resume bastante bem a tradição platônica dizendo que devemos nos dedicar a dois exercícios (*meletai*): por um lado, afastar o pensamento de tudo que é mortal e carnal; por outro, voltar-se para a atividade do Intelecto.[141] No neoplatonismo, o primeiro exercício compreende aspectos fortemente ascéticos no sentido moderno da palavra, notadamente um regime vegetariano. No mesmo contexto, Porfírio insiste fortemente sobre a importância dos exercícios espirituais: a contemplação (*theoria*) que traz a felicidade não consiste somente no acúmulo de discursos e de ensinamentos abstratos, mesmo se concernem aos seres verdadeiros, mas é preciso acrescentar um esforço para que os ensinamentos se tornem em nós "natureza e vida".[142]

A importância dos exercícios espirituais na filosofia de Plotino é capital. O melhor exemplo talvez se encontre na maneira pela qual Plotino define a essência da alma e sua imaterialidade. Caso se duvide da imaterialidade e da imortalidade da alma, é porque se está habituado a ver a alma cheia de desejos irracionais, de sentimentos violentos e de paixões. "Mas, caso se queira conhecer a essência de uma coisa, é preciso examiná-la considerando-a em estado puro, pois toda adição a uma coisa é um obstáculo ao conhecimento dessa coisa. Examina-a então retirando-lhe o que não é ela própria ou, antes, *retira tu mesmo tuas máculas e examina-te* e tu terás fé na tua imortalidade".[143]

Se tu ainda não vês tua própria beleza, faze como o escultor de uma estátua que deve ficar bela: ele retira isto, raspa aquilo, alisa

---

[140] Cf. P. Hadot, "La Métaphysique de Porphyre", na coletânea *Porphyre. Entretiens sur l'Antiquité Classique*, t. XII, Fondation Hardt, Genebra, 1966, p. 127-29.
[141] Porfírio, *De abstin.*, I, § 30.
[142] Ibidem, I, § 29 (*physiôsis kai zôè*).
[143] Plotino, *En.*, IV, 7, 10, 27 ss (trad. Bréhier ligeiramente modificada).

tal lugar, limpa aquele outro, até que faça aparecer a bela face na estátua. Da mesma maneira, tu, também, retira tudo que é supérfluo, corrige tudo que é oblíquo, purificando tudo que é tenebroso para tornar brilhante, e não cesses de esculpir tua própria estátua até que brilhe em ti a claridade divina da virtude [...]. Se tu te tornaste isso [...], não tendo interiormente mais nada de estranho misturado a ti [...], se tu te vês transformado assim [...], observa sustentando teu olhar, pois somente um tal olho pode contemplar a Beleza.[144]

Vemos aqui a demonstração da imaterialidade da alma se transformar em experiência. Somente quem se liberta e se purifica das paixões – que escondem a verdadeira realidade da alma – pode compreender que a alma é imaterial e imortal. Aqui o conhecimento é exercício espiritual.[145] Somente quem opera a purificação moral pode compreender. É ainda aos exercícios espirituais que se deverá recorrer para conhecer não mais a alma, mas o Intelecto[146] e, sobretudo, o Um, princípio de todas as coisas. Nesse último caso, Plotino distingue claramente o "ensino" que fala, de uma maneira exterior, de seu objeto e o "caminho", que realmente leva ao conhecimento concreto do Bem: "Dão-nos um *ensino* a seu respeito, as analogias, as negações, o conhecimento das coisas que vêm dele, *levam-nos a ele*, as purificações, as virtudes, a ordem interior, a ascensão ao mundo inteligível..."[147] Numerosas são as páginas de Plotino que descrevem exercícios espirituais que não têm somente por fim conhecer o Bem, mas tornar idêntico a ele por meio de uma ruptura total da individualidade. É preciso evitar pensar numa forma determinada,[148] despojar a alma de toda forma particular,[149] afastar todas as

---

[144] Ibidem, I, 6, 9, 7.

[145] Caso se compare isso com o que dissemos acima do "exercício para a morte", vê-se que o espírito do platonismo é precisamente fazer do conhecimento um exercício espiritual. Para conhecer, é preciso transformar a si mesmo.

[146] Por exemplo, *En.*, V, 8, 11, 1-39. Esse conhecimento experiencial do Intelecto reúne certos aspectos da tradição aristotélica, como mostrou P. Merlan, *Monopsychism, Mysticism, Metaconsciousness: Problems of the Soul in the Neoaristoteliand and Neoplatonic Tradition*, La Haye, 1963.

[147] Plotino, *En.*, VI, 7, 36, 6.

[148] Ibidem, VI, 7, 33, 1-2.

[149] Ibidem, VI, 7, 34, 3.

coisas.¹⁵⁰ Opera-se então, num lampejo fugidio, a metamorfose do eu: "Vendo-o então, não mais vê seu objeto, pois, nesse instante, não se distingue mais dele; ele não concebe mais duas coisas, mas *ele, de algum modo, tornou-se outro*, ele não é mais ele mesmo, nem pertence a si mesmo, mas é um com o Um, como o centro de um círculo coincide com um outro centro".¹⁵¹

IV. Aprender a ler

Descrevemos brevemente, bem brevemente, a riqueza e a variedade da prática dos exercícios espirituais na Antiguidade. Pudemos constatar que eles aparentemente apresentam certa diversidade: uns eram apenas práticas destinadas a adquirir bons hábitos morais (os *ethismoi* de Plutarco para refrear a curiosidade, a cólera ou a tagarelice), outros exigiam uma forte concentração mental (as meditações, notadamente na tradição platônica); outros voltavam a alma para o cosmos (a contemplação da natureza, em todas as escolas); outros, enfim, raros e excepcionais, conduziam a uma transfiguração da personalidade (as experiências de Plotino). Pudemos ver igualmente que a tonalidade afetiva e o conteúdo nocional desses exercícios eram muito diferentes segundo as escolas: mobilização da energia e consentimento ao destino nos estoicos, descontração e desapego nos epicuristas, concentração mental e renúncia ao sensível nos platônicos.

Sob essa aparente diversidade, todavia, há uma unidade profunda nos meios empregados e na finalidade buscada. Os meios empregados são as técnicas retóricas e dialéticas de persuasão, as tentativas de domínio da linguagem interior, a concentração mental. A finalidade buscada nesses exercícios por todas as escolas é o aperfeiçoamento, a realização de si. Todas as escolas estão de acordo em admitir que o homem, antes da conversão filosófica,

---

¹⁵⁰ Ibidem, V, 3, 17, 38.
¹⁵¹ Ibidem, VI, 9, 10, 12 ss. Evidentemente seria preciso falar também de toda a tradição pós-plotiniana. Bastará talvez lembrar que um dos últimos escritos da escola neoplatônica, a *Vida de Isidoro*, por Damáscio, está cheio de alusões a exercícios espirituais.

encontra-se num estado de infeliz inquietude, que é vítima da preocupação, lacerado pelas paixões, que ele não vive verdadeiramente, que ele não é ele mesmo. Todas as escolas também concordam em crer que o homem pode se libertar desse estado, que pode alcançar a vida verdadeira, aperfeiçoar-se, transformar-se, visar a um estado de perfeição. Os exercícios espirituais são precisamente destinados a essa formação de si, a essa *paideia*, que nos ensinará a viver não em conformidade com os preconceitos humanos e com as convenções sociais (pois a vida social é ela própria um produto das paixões), mas em conformidade com a natureza do homem que não é outra senão a razão. Todas as escolas, cada uma a seu modo, creem então na liberdade da vontade, graças à qual o homem tem a possibilidade de modificar a si mesmo, de se aperfeiçoar, de se realizar. O paralelismo entre exercício físico e exercício espiritual está subjacente aqui: do mesmo modo que, pela repetição de exercícios corporais, o atleta dá a seu corpo uma forma e uma força novas, por meio de exercícios espirituais o filósofo desenvolve sua força da alma, modifica seu clima interior, transforma sua visão do mundo e, finalmente, todo seu ser.[152] A analogia podia parecer tanto mais evidente porque é no *gymnasion*, isto é, no local em que se praticam os exercícios físicos, que também se dão as lições de filosofia, isto é, que se praticava o treinamento na ginástica espiritual.[153]

Uma expressão plotiniana simboliza bem essa finalidade dos exercícios espirituais, essa busca da realização de si: "esculpir sua própria estátua".[154] Ela é, aliás, frequentemente mal compreendida, pois imagina-se facilmente que essa expressão corresponda a um tipo de estetismo moral; ela significaria: fazer uma pose, escolher uma atitude, compor um personagem. De fato, não é nada disso. Para os Antigos, com efeito, a escultura é uma arte que "retira", em oposição à pintura que é uma arte que "acrescenta": a estátua preexiste no bloco de mármore e basta retirar o supérfluo para

---

[152] A comparação é muito frequente em Epiteto, I, 4, 13; III, 21, 3; II, 17, 29. Frequente também a metáfora dos jogos olímpicos da alma, Epiteto, *Manual*, 51, 2, mas também Platão, *Fedro*, 256b, e Porfírio, *De abstin.*, I, § 31.

[153] J. Delorme, *Gymnasion*, Paris, 1960, p. 316 ss e p. 466: "Os exercícios atléticos são sempre acompanhados de exercícios intelectuais".

[154] Cf. n. 144 anterior.

fazê-la aparecer.¹⁵⁵ Essa representação é comum a todas as escolas filosóficas: o homem é infeliz porque é escravo das paixões, isto é, porque deseja coisas que podem lhe escapar, porque elas lhe são exteriores, estranhas, supérfluas. A felicidade então consiste na independência, na liberdade, na autonomia, isto é, no retorno ao essencial, ao que é verdadeiramente "nós mesmos" e ao que depende de nós. Isso é verdadeiro evidentemente no platonismo no qual se encontra a célebre imagem do deus marinho Glauco, o deus que vive nas profundezas do mar: ele é irreconhecível porque está recoberto de lodo, de algas, de conchas e de seixos: assim ocorre com a alma; para ela, o corpo é um tipo de crosta densa e grossa que a desfigura completamente; sua verdadeira natureza apareceria se ela saísse do mar lançando longe dela tudo que lhe é estranho.¹⁵⁶ O exercício espiritual de aprendizagem para a morte, que consiste em se separar do corpo, de seus desejos, de suas paixões, purifica a alma de todas as adições supérfluas, e basta praticá-lo para que a alma retorne à sua verdadeira natureza e se consagre unicamente ao exercício do pensamento puro. Isso é igualmente verdadeiro no estoicismo. Graças à oposição entre o que não depende de nós e o que depende de nós, pode-se rejeitar tudo que nos é estranho para voltar ao nosso verdadeiro eu: a liberdade moral. Isso é verdadeiro, enfim, no epicurismo: afastando os desejos não naturais e não necessários, volta-se ao núcleo original de liberdade e independência que será definido pela satisfação dos desejos naturais e necessários. Todo exercício espiritual, portanto, é fundamentalmente um retorno a si mesmo, que liberta o eu da alienação na qual as preocupações, as paixões, os desejos o haviam enredado. O eu assim liberto não é mais nossa individualidade egoísta e passional, é nossa personalidade moral, aberta à universalidade e à objetividade, participando da natureza ou do pensamento universais.

Graças a esses exercícios, dever-se-ia chegar à sabedoria, isto é, a um estado de liberação total das paixões, de lucidez perfeita, de conhecimento de si e do mundo. Esse ideal da perfeição humana

---

[155] Cf. K. Borinski, *Die Antike in Poetik uns Kunsttheorie*, Leipzig, 1914, t. I, p. 169 ss.
[156] Platão, *República*, 611d-e.

serve, de fato, em Platão, em Aristóteles, nos epicuristas e estoicos, para definir o estado próprio à perfeição divina, uma condição inacessível ao homem, portanto.[157] A sabedoria é verdadeiramente um ideal ao qual se tende sem esperar chegar a ele, salvo talvez no epicurismo.[158] O único estado normalmente acessível ao homem é a filo-sofia, isto é, o amor pela sabedoria, o progresso em direção à sabedoria.[159] Portanto, os exercícios espirituais deverão sempre ser retomados num esforço sempre renovado.

O filósofo vive assim num estado intermediário: não é sábio, mas não é não sábio. Ele está, pois, constantemente cindido entre a vida não filosófica e a vida filosófica, entre o domínio do habitual e do cotidiano e o domínio da consciência e da lucidez.[160] Na medida em que ela é prática de exercícios espirituais, a vida filosófica é um desenraizamento da vida cotidiana: ela é uma conversão, uma mudança total de visão, de estilo de vida, de comportamento. Nos cínicos, campeões da *askesis*, esse engajamento chegava a ser uma ruptura total com o mundo profano, análogo à profissão monástica no cristianismo; ele se traduzia numa maneira de viver e até de se vestir completamente estranha ao comum dos homens. É por isso que às vezes se dizia que o cinismo não era uma filosofia em sentido próprio, mas um estado de vida (*enstasis*).[161] De fato, porém, de uma maneira mais moderada, cada escola filosófica engajava seus discípulos num novo estado de vida. A prática dos exercícios espirituais implicava uma inversão total dos valores recebidos; renunciava-se aos falsos valores, às riquezas, às honras, aos prazeres para se voltar para os verdadeiros valores, a virtude, a contemplação, a simplicidade de vida, a simples felicidade de existir. Essa oposição radical explicava evidentemente a reação dos não filósofos, que ia da zombaria, da qual encontramos traços

---

[157] Cf. K. Schneider, *Die schweigenden Götter*, Hildesheim, 1966, p. 29-53.

[158] Cf. Lucrécio, V, 8 (a propósito de Epicuro): "*Deus ille fuit*"; Epicuro, *Carta a Meneceu*, § 135: "tu viverás como um deus entre os homens".

[159] O filósofo não é nem sábio, nem não sábio, cf. H.-J. Krämer, *Platonismus und hellenistische Philosophie*, Berlim, 1971, p. 174-75 e 228-29.

[160] As análises de Heidegger, concernentes aos modos, autêntico e inautêntico, de existência podem ajudar a compreender essa situação, cf. A. de Waelhens, *La Philosophie de Martin Heidegger*, op. cit., p. 109 e 169.

[161] Diógenes Laércio, VI, 103.

nos cômicos, à hostilidade declarada, que pôde até chegar ao ponto de provocar a morte de Sócrates.

É preciso conceber bem a profundidade e a amplidão da reviravolta que podia produzir no indivíduo o desenraizamento de seus hábitos, preconceitos sociais, mudança completa de sua maneira de viver, a metamorfose radical de sua maneira de ver o mundo, a nova perspectiva cósmica e "física" que podia parecer fantástica e insensata ao bom senso cotidiano como um todo. Era impossível se manter de uma maneira contínua em tais cumes. Essa conversão devia ser reconquistada sem cessar. É provavelmente por causa dessas dificuldades que o filósofo Salústio, do qual nos fala a *Vida de Isidoro* escrita por Damáscio, declarava que filosofar era impossível aos homens.[162] Provavelmente ele queria dizer que os filósofos não eram capazes de permanecer verdadeiramente filósofos a cada instante de suas vidas, mas que, apesar de manterem essa etiqueta, recaíam nos hábitos da vida cotidiana. Os céticos, aliás, recusavam, de modo explícito, viver filosoficamente, eles escolhiam deliberadamente "viver como todo mundo"[163] (mas após um desvio filosófico suficientemente intenso para que se tenha dificuldade em supor que sua "vida cotidiana" tenha sido tão "cotidiana" quanto eles tinham o ar de pretender sê-lo).

A verdadeira filosofia, portanto, na Antiguidade, é exercício espiritual. As teorias filosóficas são ou explicitamente postas a serviço da prática espiritual, como é o caso no estoicismo e epicurismo, ou tomadas como objetos de exercícios espirituais, isto é, de uma prática da vida contemplativa que é ela própria, em última instância, nada além de um exercício espiritual. Não é possível, pois, compreender as teorias filosóficas da Antiguidade sem levar

---

[162] Damáscio, *Vita Isidori*, p. 127 Zintzen.
[163] Sexto Empírico, *Adv. Math.*, VIII, 355; XI, 49; XI, 165; *Hypotyp.*, III, 2; Diógenes Laércio, IX, 61 e 62: "Ele se conformava à vida cotidiana (*bios*). É o estilo de vida de Pirro que, aparentemente, não se distingue daquele do comum dos mortais (IX, 66): "Ele viveu piedosamente com sua irmã que foi parteira; às vezes, ia vender no mercado frangos e porcos e, com indiferença, arrumava a casa e asseava os porcos". Tudo está na atitude interior, o sábio se conforma, sem ilusões, à "vida", isto é, às opiniões dos não filósofos, mas com indiferença, isto é, com uma liberdade interior que preserva sua serenidade, a paz da alma. É o mesmo Pirro que, assustado com um cão, respondeu a alguém que zombava dele: "É difícil se despojar do homem".

em conta essa perspectiva concreta que lhes dá seu verdadeiro significado. Somos assim conduzidos a ler as obras dos filósofos da Antiguidade prestando uma atenção crescente na atitude existencial que funda o edifício dogmático. Quer sejam elas diálogos, como os de Platão, notas de curso, como as de Aristóteles, tratados, como os de Plotino, comentários, como os de Proclo, as obras dos filósofos não podem ser interpretadas sem levar em conta a situação concreta na qual nasceram: elas emanam de uma escola filosófica, no sentido mais concreto da palavra, na qual um mestre forma discípulos e se esforça para conduzi-los à transformação e à realização de si. A obra escrita reflete, pois, preocupações pedagógicas, psicagógicas, metodológicas. No fundo, ainda que todo escrito seja monólogo, a obra filosófica é implicitamente sempre um diálogo; a dimensão do eventual interlocutor está sempre presente. É isso que explica as incoerências e as contradições que os historiadores modernos descobrem com espanto nas obras dos filósofos antigos.[164] Nessas obras filosóficas, com efeito, o pensamento não pode se exprimir segundo a pura e absoluta necessidade de uma ordem sistemática, mas deve levar em conta o nível do interlocutor, o tempo do *logos* concreto no qual ele se exprime. A economia própria do *logos* escrito condiciona o pensamento; ele é um sistema vivo que, como diz Platão, "deve ter um corpo seu de modo a não ser nem sem cabeça, nem sem pés, mas a ter um meio e extremidades que sejam escritas de maneira a concordar entre si e com o todo".[165] Cada *logos* é um "sistema", mas o conjunto dos *logoi* escritos por um autor não forma um sistema. Isso é evidentemente verdadeiro para os diálogos de Platão. Mas é igualmente verdadeiro para as lições de Aristóteles: são lições, precisamente; e o erro de muitos intérpretes de Aristóteles foi esquecer que suas obras eram notas de cursos e imaginar que se travava de manuais ou de tratados sistemáticos, destinados a propor a exposição completa de uma doutrina sistemática; eles então se espantaram com as inconsequências, até contradições que encontravam

---

[164] Tenho a intenção de voltar um dia a esse problema da história da filosofia antiga. Cf., no que concerne a Platão, V. Goldschmidt, "Sur le Problème du 'Système de Platon'", *Rivista Critica di Storia della Filosofia*, t. V, 1959, p. 169-78. As pesquisas recentes de K. Gaiser e H.-J. Krämer sobre o ensino oral de Platão novamente colocaram o problema do pensamento sistemático na Antiguidade.
[165] Platão, *Fedro*, 264c.

de um escrito ou outro. Mas, como bem mostrou I. Düring,[166] os diferentes *logoi* de Aristóteles correspondem às situações concretas criadas por este ou aquele debate escolar. Cada curso possui condições diferentes, uma problemática determinada; ele tem sua unidade interna, mas seu conteúdo nocional não recobre exatamente o de um outro curso. Aliás, Aristóteles não pensa de modo algum em propor um sistema completo da realidade,[167] ele quer formar seus alunos para utilizar métodos corretos em lógica, na ciência da natureza, na moral. I. Düring descreve com excelência o método aristotélico da seguinte maneira:

> O que caracteriza o estilo de Aristóteles é o fato de que ele está sempre discutindo um problema. Cada resultado importante é quase sempre uma resposta a uma questão posta de uma maneira bem específica e vale apenas como resposta a essa questão particular. O que é realmente interessante em Aristóteles é seu modo de colocar os problemas, não suas respostas. Seu método de pesquisa consiste em se aproximar de um problema ou de uma série de problemas abordando-os sempre de um novo ângulo. Sua fórmula para designar esse método é: "Assumindo agora um outro ponto de partida..." Assumindo assim pontos de partida muito diferentes, ele se engaja em trajetórias de pensamento, elas mesmas também muito diferentes, e finalmente chega a respostas que são evidentemente inconciliáveis entre elas, como chega, por exemplo, no caso de suas pesquisas sobre a alma [...]. Reconhece-se, em todos os casos, que, após reflexão, a resposta resulta exatamente da maneira pela qual o problema foi posto. Pode-se compreender esse tipo de inconsequência como o resultado natural do método utilizado.[168]

Reconhecemos nesse método aristotélico dos "pontos de partida diferentes" o método que Aristófanes atribuía a Sócrates e,

---

[166] I. Düring, *Aristoteles*, Heidelberg, 1966, p. 29, 33, 41, 226.

[167] I. Düring, "Von Aristoteles bis Leibniz", na coletânea *Aristoteles in der neueren Forschung*, op. cit., p. 259: "*In Wirklichkeit war Aristoteles Problemdenker, Methodenschöpfer, Pädagoge und Organisator wissenschaftlicher Zusammenarbeit. Gewiss hatte er einen starken systematischen Trieb, aber was er anstrebte war Problemsystematik... Aber der Gedanke, ein geschlossenes System zu erschaffen, hat ihm gewiss nicht einmal vorgeschwebt*".

[168] I. Düring, "Aristoteles und das platonische Erbe", art. citado, p. 247-48.

como vimos, toda a Antiguidade foi fiel a esse método.[169] É também por isso, *mutatis mutandis*, que essas linhas de I. Düring podem de fato se aplicar a quase todos os filósofos da Antiguidade, pois esse método, que consiste não em expor um sistema, mas em dar respostas específicas a questões específicas e limitadas, é herança, permanente em toda a Antiguidade, do método dialético, isto é, do exercício dialético. Para voltar a Aristóteles, há uma verdade profunda no fato de que ele próprio chamava seus cursos de *methodoi*.[170] Desse ponto de vista, o espírito de Aristóteles corresponde, aliás, ao espírito da Academia platônica que era, antes de tudo, uma escola de formação, com vistas a um eventual papel político, e um instituto de pesquisas conduzidas no espírito da livre discussão.[171] Se passamos agora aos escritos de Plotino, aprendemos com Porfírio que ele extraía o tema dos problemas que se apresentavam em seu ensino.[172] Respostas a questões específicas, situadas numa problemática bem determinada, os diferentes *logoi* de Plotino adaptam-se às necessidades de seus discípulos e buscam produzir neles um certo efeito psicagógico. Não se deve imaginar que eles são capítulos sucessivos de uma vasta exposição sistemática do pensamento de Plotino. É o método espiritual de Plotino que se encontra em cada um dentre eles, mas as incoerências e as contradições de detalhes não faltam, quando são comparados os conteúdos doutrinais dos diferentes tratados.[173] Quando se abordam os comentários de Aristóteles ou de Platão redigidos pelos neoplatônicos, tem-se a impressão, primeiramente, de que sua redação é conduzida unicamente por preocupações doutrinais e exegéticas. Após um exame aprofundado, porém, parece que o método da exegese e seu conteúdo doutrinal são, em cada comentário, função do nível espiritual dos ouvintes aos quais o comentário se dirige. É que existe um percurso no ensino filosófico fundado no progresso espiritual. Não se leem os

---

[169] Cf. n. 92 anterior.

[170] I. Düring, *Aristoteles...*, op. cit., p. 41, n. 253.

[171] Ibidem, p. 5, 289 e 433.

[172] Porfírio, *Vita Plotini*, 4, 11; 5, 60.

[173] Cf., por exemplo, no que concerne à doutrina da alma, H. Blumenthal, "Soul, World-Soul and Individual Soul in Plotinus", na coletânea coletiva *Le Néoplatonisme*, Paris, CNRS, 1971, p. 55-63.

mesmos textos para os iniciantes, os que estão progredindo e os perfeitos, e as noções que aparecem nos comentários também são função das capacidades espirituais do ouvinte. O conteúdo doutrinal pode então variar consideravelmente de um comentário a outro, embora todos os dois tenham sido redigidos pelo mesmo autor. Isso não significa que tenha havido variação doutrinal no comentador, mas que as necessidades dos discípulos eram diferentes.[174] Quando se exortam os debutantes – trata-se do gênero literário da parênese – pode-se, para provocar um certo efeito na alma de seu interlocutor, utilizar os argumentos de uma escola adversária: um estoico, por exemplo, dirá: "Mesmo se o prazer for o bem da alma (como querem os epicuristas), é preciso se purificar das paixões".[175] Marco Aurélio exorta a si mesmo de uma maneira análoga: "Se o mundo não passa de um agregado de átomos, como querem os epicuristas, não se deve temer a morte".[176] Ademais, não se deve jamais esquecer que mais de uma demonstração filosófica obtém sua evidência menos de razões abstratas do que de uma experiência que é um exercício espiritual. Vimos

---

[174] Cf. I. Hadot, "Le système théologique de Simplicius dans son commentaire sur le *Manuel* d'Épictète", na coletânea *Le Néoplatonisme*, op. cit., p. 266 e 279. Retomado em I. Hadot, *Le Problème du Néoplatonisme Alexandrin*, op. cit., p. 47-65 e 147-67.

[175] Cf. a citação do *Therapeutikos* de Crisipo no *Stoic. Vet. Fragm.*, t. III, § 474, citação extraída do *Contra Celsum* de Orígenes, I, 64 e VIII, 51. Destaquem-se as linhas de introdução de Orígenes (I, 64). "Crisipo, para reprimir as paixões das almas humanas sem entrar em considerações acerca do grau de verdade das doutrinas, tenta, em sua *Arte de Curar as Paixões*, seguindo as diferentes escolas, tratar aqueles cuja alma estava mergulhada em paixões." Sobre esse tema, cf. I. Hadot, *Seneca...*, op. cit., p. 3, 21, 44, 54 e 83 e "Épicure et l'ensignement philosophique hellénistique et romain", art. citado, p. 351. Não deve causar espanto, portanto, ver o estoico Sêneca utilizar sentenças de Epicuro para exortar seu discípulo Lucílio, cf. I. Hadot, *Seneca...*, op. cit., p. 83. Encontra-se um testemunho concreto desse ecletismo parenético na segunda parte do manuscrito *Vaticanus Graecus*, 1950. Como nota A.-J. Festugière, *La Révelation d'Hermès...*, op. cit., t. II, p. 90, n. 2: "É interessante notar como a segunda parte do cod. Vatic. gr. 1950 [...], que forma por si mesma um todo completo, contém as *Memoráveis* de Xenofonte (f. 280 ss.), depois *Meditações* de Marco Aurélio (f. 341 ss.), em seguida o *Manual* de Epiteto (f. 392 v.), enfim, após uma página de excertos de retórica (f. 401), a coletânea de sentenças de Epicuro denominada *Gnomologium Vaticanum* (f. 401 v ss.). Todo esse conjunto, incluindo-se aí a coletânea de Epicuro, é obra de um estoico que reuniu assim, para seu uso pessoal, um certo número de textos fundamentais sobre a doutrina moral – como um 'livro de devoção'. Ora, é o Sócrates das *Memoráveis* que vem na frente. Cf. Usener, *Kl. Schrift.*, I (1912), p. 298 e 311-12."

[176] Marco Aurélio, *Meditações*, IX, 39; IV, 3, 5.

que esse era o caso para a demonstração plotiniana da imortalidade da alma: "que a alma pratique a virtude e ela compreenderá que é imortal".[177] Encontra-se um exemplo análogo num escritor cristão. O *De Trinitate* de Agostinho apresenta uma sequência de imagens psicológicas da Trindade que não formam um sistema coerente e que, por essa razão, colocam bons problemas para os comentadores. Mas, de fato, Agostinho não quer apresentar uma teoria sistemática das analogias trinitárias. Ele quer fazer a alma experimentar, por um retorno sobre si mesma, o fato de que ela é imagem da Trindade: "Essas trindades", diz ele próprio, "produzem-se em nós e estão em nós, quando nos lembramos, quando vemos, quando queremos tais coisas".[178] Em última instância, é no triplo ato da lembrança de Deus, do conhecimento de Deus, do amor de Deus, que a alma descobre a imagem da Trindade.

Todos os exemplos precedentes nos deixam entrever a mudança de perspectiva que, na interpretação e na leitura das obras filosóficas da Antiguidade, o cuidado de considerar essas obras na perspectiva da prática dos exercícios espirituais traz. A filosofia aparece então em seu aspecto original, não mais como uma construção teórica, mas como um método de formação de uma nova maneira de viver e de ver o mundo, como um esforço de transformação do homem. Os historiadores da filosofia contemporâneos não apresentam tendência, em geral, a prestar atenção a esse aspecto, embora essencial. Isso porque consideram a filosofia, em conformidade com uma concepção herdada da Idade Média e dos tempos modernos, como uma trajetória puramente teórica e abstrata. Lembremos brevemente como essa representação nasceu. Parece que ela é o resultado da absorção da *philosophia* pelo cristianismo. Desde os primeiros séculos, o cristianismo apresentou-se como uma *philosophia*, na medida em que ele assimilava a prática tradicional dos exercícios espirituais. É o que notadamente se dá em Clemente de Alexandria, em Orígenes, em Agostinho,

---

[177] Cf., n. 143 e n. 144 anteriores.
[178] Agostinho, *De Trin.*, XV, 6, 10: "*Quia in nobis fiunt uel in nobis sunt, cum ista meminimus, aspicimus, uolumus*". Memória, conhecimento, vontade são as três imagens trinitárias. Sobre a *exercitatio animi* em Agostinho, cf. H.-I. Marrou, *Saint Augustin et la Fin de la Culture Antique*, Paris, 1938, p. 299.

no monasticismo.¹⁷⁹ Mas, com a escolástica da Idade Média, *theologia* e *philosophia* distinguiram-se claramente. A teologia tomou consciência de sua autonomia como ciência suprema, e a filosofia, esvaziada dos exercícios espirituais que desde então passaram a fazer parte da mística e da moral cristãs, foi reduzida ao posto de "serva da teologia", fornecendo material conceitual, portanto puramente teórico, à teologia. Quando, na época moderna, a filosofia reconquistou sua autonomia, ela não deixou de manter traços herdados da concepção medieval e, notadamente, seu caráter puramente teórico, que até evoluiu no sentido de uma sistematização cada vez mais avançada.¹⁸⁰ Somente com Nietzsche, Bergson e o existencialismo a filosofia conscientemente volta a ser uma maneira de viver e de ver o mundo, uma atitude concreta. Mas os historiadores contemporâneos do pensamento antigo, por sua vez, em geral permanecem prisioneiros da antiga concepção, puramente teórica, da filosofia e as tendências estruturalistas atuais não os dispõem a corrigir essa representação: o exercício espiritual introduz um aspecto circunstancial e subjetivo que se enquadra mal em seus modelos de explicação.

Voltamos assim à época contemporânea e a nosso ponto de partida, as linhas de G. Friedmann citadas no início de nosso estudo. Àqueles que, como G. Friedmann, se colocam a questão "como praticar exercícios espirituais no século XX?", eu quis recordar a existência de uma tradição ocidental muito rica e muito variada. Evidentemente, não se trata de imitar mecanicamente esquemas estereotipados: Sócrates e Platão não convidavam seus discípulos a encontrar por si mesmos as soluções de que tinham necessidade? Não se pode ignorar, porém, essa experiência milenar. Entre outros, estoicismo e epicurismo parecem corresponder bem a dois polos opostos, mas inseparáveis, de nossa vida interior, a tensão e a descontração, o dever e a serenidade, a consciência moral

---

¹⁷⁹ Sobre a utilização da palavra *philosophia*, no cristianismo, cf. A.-M. Malingrey, *Philosophia*, Paris, 1961. Clemente de Alexandria é um dos melhores testemunhos da tradição antiga dos exercícios espirituais: importância da relação mestre-discípulo (*Strom.*, I, 1, 9, 1), valor da psicagogia (I, 2, 20, 1), necessidade de um exercício, de uma caça da verdade (I, 2, 21, 1: "O verdadeiro se revela pleno de doçura quando foi buscado e obtido com grande trabalho").

¹⁸⁰ Segundo, H. Happ, *Hyle*, Berlim, 1971, p. 66, n. 282, a preocupação com o "sistema" remontaria especialmente a F. Suarez (1548-1617).

e a alegria de existir.[181]. Vauvenargues disse: "Um livro bem novo e bem original seria aquele que fizesse amar velhas verdades".[182] Nesse sentido, desejo ter sido "bem novo e bem original", tentando fazer amar velhas verdades. Velhas verdades... pois há verdades das quais as gerações humanas não chegam a esgotar o sentido; não que elas sejam difíceis de compreender, elas são, ao contrário, extremamente simples,[183] frequentemente até chegam a parecer banais; mas, precisamente, para compreender seu sentido, é preciso vivê-las, é preciso, sem cessar, refazer a experiência delas: cada época deve retomar essa tarefa, aprender a ler e a reler essas "velhas verdades". Passamos nossa vida a "ler", isto é, a fazer exegeses e até exegeses de exegeses ("Vinde me ouvir ler meus comentários... eu farei a exegese de Crisipo como ninguém, darei conta de seu texto por completo. Até acrescentarei, se preciso for, o ponto de vista de Antipater e de Arquedemo. Eis porque os jovens deixam sua pátria e seus pais para te escutar explicar palavras, minúsculas pequenas palavras..."[184]), nós passamos nossa vida a "ler", mas não sabemos mais ler, isto é, parar, libertarmo-nos de nossas preocupações, voltar a nós mesmos, deixar de lado nossas buscas por sutilezas e originalidade, meditar calmamente, ruminar, deixar que os textos falem a nós. É um exercício espiritual, um dos mais difíceis: "As pessoas", diz Goethe, "não sabem quanto custa em tempo e esforço aprender a ler. Precisei de oitenta anos para tanto e sequer sou capaz de dizer se tive sucesso".[185]

---

[181] Cf. K. Jaspers, "Epikur", *Weltbewohner und Weimarianer Festshrift E. Beutler*, 1960, p. 132. Cf. E. Kant, *Die Metaphysik der Sitten. Ethische Methodenlehre*, II, § 53. Kant mostra como o exercício da virtude, a ascética, deve ser praticado ao mesmo tempo com uma energia estoica e uma alegria de viver epicurista.

[182] Vauvenargues, *Réflexions et Maximes*, § 400, a completar com as máximas § 398: "Todo pensamento é novo quando o autor o exprime de uma maneira que é sua" e, sobretudo, § 399: "Há muitas coisas que sabemos mal e que é muito bom que sejam reditas".

[183] "Não há nada mais breve", diz Platão falando de sua própria doutrina (*Carta VII* 344e). "A essência da filosofia é o espírito da simplicidade [...] a complicação sempre é superficial, a construção um acessório, a síntese uma aparência: filosofar é um ato simples" (H. Bergson, *La Pensée et le Mouvant*, Paris, 1946, p. 139). [Em português: H. Bergson, *O Pensamento e o Movente*. Trad. B. Prado Neto. São Paulo, Martins Fontes, 2006.]

[184] Epiteto, III, 21, 7-8 (trad. Souilhé fortemente corrigida).

[185] Goethe, *Entretiens avec Eckermann*, 25 de janeiro de 1830.

EXERCÍCIOS ESPIRITUAIS ANTIGOS E "FILOSOFIA CRISTÃ"

O grande mérito de Paul Rabbow foi mostrar, no seu livro intitulado *Seelenführung. Methodik der Exerzitien in der Antike*,[1] como o método da meditação, tal como exposto e praticado no famoso livro de Inácio de Loyola, *Exercitia Spiritualia*, encontra suas raízes nos exercícios espirituais da filosofia antiga. P. Rabbow expôs bem, primeiramente, os diferentes tipos de procedimentos utilizados nas argumentações retóricas, que eram destinadas, na Antiguidade, a provocar a persuasão do ouvinte: assim, por exemplo, a amplificação oratória ou a descrição viva dos fatos.[2] Sobretudo, porém, ele analisou de uma maneira notável os diferentes tipos de exercícios espirituais praticados pelos estoicos e epicuristas e sublinhou bem o fato de que são exercícios espirituais do mesmo gênero que se encontram em Inácio de Loyola. Sobre esses dois pontos, o livro de Paul Rabbow abriu novos caminhos. Entretanto, talvez o próprio autor não tenha visto todas as consequências de sua descoberta. Primeiramente, ele me parece ter ligado demasiadamente o fenômeno dos exercícios espirituais ao que chama de orientação para o interior (*Innenwendung*)[3] que se produziu no século III a. C. na

---

[1] Paul Rabbow, *Seelenführung. Methodik der Exerzitien in der Antike*, Munique, 1954.

[2] Ibidem, p. 23.

[3] Ibidem, p. 17.

mentalidade grega e que se manifesta pelo desenvolvimento das escolas estoica e epicurista. De fato, o fenômeno é muito mais vasto. Ele se esboça já no diálogo socrático-platônico e se prolonga até o fim da Antiguidade. É que ele está ligado à própria essência da filosofia antiga. É a própria filosofia que os antigos representaram para si mesmos como um exercício espiritual.

Se Paul Rabbow tem a tendência de limitar a extensão desse fenômeno ao período helenístico e romano, é porque, desse fenômeno, ele vê sobretudo o aspecto ético e só observa esse aspecto nas filosofias que, como o estoicismo e epicurismo, aparentemente dão predominância à ética em seu ensino. Com efeito, Paul Rabbow define o exercício espiritual como um exercício moral:[4] "Por exercício moral designamos", diz ele, "uma trajetória, um ato determinado destinado a influenciar a si mesmo, efetuado com o intuito consciente de realizar um efeito moral determinado; ele sempre visa a além de si mesmo enquanto ele próprio se repete ou está vinculado, junto a outros atos, a um conjunto metódico". No cristianismo, esse exercício moral torna-se exercício espiritual: "O exercício espiritual,[5] que parece como um gêmeo, em sua essência e em sua estrutura, ao exercício moral, esse exercício espiritual que foi elevado à sua perfeição e rigor clássicos nos *Exercitia Spiritualia* de Inácio de Loyola, esse exercício espiritual, portanto, pertence propriamente à esfera religiosa, pois visa a fortificar, manter, renovar a vida 'no Espírito', a *vita spiritualis*". É verdade que o exercício espiritual cristão adquire um novo sentido em razão do caráter específico da espiritualidade cristã, inspirada ao mesmo tempo pela morte do Cristo e pela vida trinitária das Pessoas divinas. Falar, porém, de simples "exercício moral" para designar os exercícios filosóficos da Antiguidade é conhecer mal a importância e o significado desse fenômeno. Como dissemos antes, esses exercícios pretendem realizar uma transformação da visão de mundo e uma metamorfose do ser. Eles têm, portanto, um valor não somente moral, mas existencial. Não se trata de um código de boa conduta, mas de uma maneira de ser no sentido mais forte do termo. A denominação de exercícios espirituais é,

---

[4] Ibidem, p. 18.
[5] Ibidem.

finalmente, portanto, a melhor, porque marca bem que se trata de exercícios que engajam todo o espírito.[6]

Ademais, tem-se a impressão, lendo P. Rabbow, que Inácio de Loyola reencontrou o método dos exercícios espirituais graças ao renascimento no século XVI do estudo da retórica antiga.[7] De fato, porém, na Antiguidade, a retórica é apenas um meio entre outros a serviço de exercícios que eram propriamente filosóficos. E, por outro lado, a espiritualidade cristã, desde os primeiros séculos da Igreja, acolheu, em parte, a herança da filosofia antiga e de suas práticas espirituais e, dessa maneira, é na própria tradição cristã que Inácio de Loyola pôde encontrar o método dos *Exercitia*. As páginas que se seguem gostariam de mostrar, com a ajuda de alguns textos escolhidos, como os exercícios espirituais antigos sobreviveram em toda uma corrente do cristianismo antigo, precisamente a corrente que definia o próprio cristianismo como uma filosofia.

Antes de começar este estudo, é preciso especificar a noção de exercício espiritual. "Exercício" corresponde em grego a *askesis* ou a *meletè*. É preciso então sublinhar e determinar bem os limites de nossa investigação. Não falaremos de "ascese" no sentido moderno da palavra, tal como é definido, por exemplo, por K. Heussi: "abstinência completa ou restrição no uso da comida, bebida, do sono, do vestuário, da propriedade, especialmente contenção no domínio sexual".[8] Com efeito, é preciso distinguir cuidadosamente esse emprego cristão, depois moderno, da palavra "ascese" do emprego da palavra *askesis* na filosofia antiga. Nos filósofos da Antiguidade, a palavra *askesis* designa unicamente os exercícios espirituais dos quais falamos,[9] isto é, uma atividade interior do pensamento e da vontade. Que existam em certos filósofos antigos, por exemplo nos cínicos ou neoplatônicos, práticas alimentares ou sexuais análogas à ascese cristã é uma outra questão. Essas práticas são diferentes dos exercícios de pensamento filosóficos.

---

[6] Cf., p. 20-21.
[7] P. Rabbow, *Seelenführung...*, op. cit., p.301 n. 5 e p. 306, n. 14 e 17.
[8] K. Heussi, *Der Ursprung des Mönchtums*, Tübingen, 1936, p. 13.
[9] Cf., p. 21.

Numerosos autores[10] trataram com excelência dessa questão, mostrando as analogias e diferenças entre a ascese (no sentido moderno da palavra) dos filósofos e a dos cristãos. Examinaremos aqui, antes, a recepção no cristianismo da *askesis* no sentido filosófico do termo.

O fato capital para compreender o fenômeno que nos ocupa é que o cristianismo foi apresentado por toda uma parte da tradição cristã como uma *filosofia*.

Essa assimilação começou com os autores cristãos do século II que são chamados de apologistas, particularmente Justino. Para opor essa filosofia que, a seus olhos, o cristianismo é à filosofia grega, eles a chamam "nossa filosofia" ou "filosofia bárbara".[11] Eles não consideram, porém, o cristianismo como uma filosofia ao lado das outras, mas como *a* filosofia. O que se encontra disperso e fragmentado na filosofia grega está sintetizado e sistematizado na filosofia cristã. Para eles, os filósofos gregos possuíram apenas parcelas do Logos,[12] mas os cristãos estão de posse do próprio Logos encarnado em Jesus Cristo. Se filosofar é viver em conformidade à lei da Razão, os cristãos filosofam porque vivem em conformidade à lei do Logos divino.[13] Esse tema será abundantemente retomado por Clemente de Alexandria. Ele associa estritamente filosofia e *paideia*, a educação do gênero humano. Já na filosofia grega, o Logos, divino Pedagogo, operava para educar a humanidade; e o próprio cristia-

---

[10] G. Kretschmar, "Der Ursprung der frühchristlichen Askese", em *Zeitschrift für Theologie und Kirche*, t. 61, 1964, p. 27-67; P. Nagel, *Die Motivierung der Askese in der alten Kirche und der Ursprung des Mönchtums*, Berlim, 1966 (Texte und Untersuchungen zur Geschichte der altchristlichen Literatur, t. 95); B. Lohse *Askese und Mönchtum in der Antike und in der alten Kirche*, Munique-Viena, 1969; Frank (ed.) *Askese und Mönchtum in der alten Kirche*, Wege der Forschung, 409, Darmstadt, 1975; R. Hausser e G. Lanczkowski, art. "Askese", *Historisches Wörterbuch der Philosophie*, t. I, col. 538-541, com uma bibliografia; J. de Guibert, "Ascèse", *Dictionnaire de Spiritualité*, I, col. 936-1010.

[11] Justino, *Dialog.*, 8; Taciano, *Adv. Graecos*, 31, 35, 55; Méliton em Eusébio, *Hist. Eccl.*, IV, 26, 7.

[12] Justino, *Apol.*, II, 10, 1-3; 13, 3. Lactâncio, *Inst.*, VII, 7, 7: "*Particulatim veritas ab his tota comprehensa est*"; VII, 8, 3: "*Nos igitur certioribus signis eligere possumus veritatem, qui eam non ancipiti suspicione colligimus, sed divina traditione cognovimus*".

[13] Justino, *Apol.*, I, 46, 1-4.

nismo, revelação plena do Logos, é a verdadeira filosofia[14] que "nos ensina a nos conduzir de modo a nos assemelhar a Deus e a aceitar o plano divino (*oikonomia*) como princípio diretivo de toda nossa educação".[15] Essa identificação entre cristianismo e verdadeira filosofia inspirará numerosos aspectos do ensino de Orígenes e permanecerá viva em toda a tradição origeniana, notadamente entre os capadócios: Basílio de Cesareia, Gregório Nazianzeno, Gregório de Nissa e igualmente em João Crisóstomo.[16] Eles falam em "nossa filosofia", em "filosofia completa" ou em "filosofia segundo Jesus Cristo". Há de perguntar talvez se uma tal identificação era legítima e se ela não contribuiu fortemente para a famosa "helenização" do cristianismo da qual frequentemente se falou. Não abordarei aqui esse problema complexo. Direi somente que, apresentando o cristianismo como uma filosofia, essa tradição é herdeira, certamente consciente, de uma corrente que já existia na tradição judaica, especialmente em Filo de Alexandria.[17] O judaísmo é por ele apresentado como uma *patrios philosophia*, a filosofia tradicional do povo judeu. Encontra-se o mesmo vocabulário em Flávio Josefo.[18]

Mais tarde, quando o monasticismo aparecer como a realização da perfeição cristã, ele também poderá ser apresentado como uma *filosofia*, a partir do século IV, por exemplo, em Gregório Nazianzeno,[19] em Gregório de Nissa e João Crisóstomo,[20] e concretamente em Evágrio Pôntico.[21] Reencontra-se essa atitude no século V, por exemplo, em Teodoreto de Ciro.[22] Ainda aqui Filo

---

[14] Clemente de Alexandria, *Strom.*, I, 13, 57, 1 – 58, 5; I, 5, 28, 1 – 32, 4.

[15] Ibidem, I, 11, 52, 3.

[16] Os principais textos foram reunidos no livro de A.-N. Malingrey, *Philosophia. Étude d'un Groupe de Mots dans la Littérature Grecque, des Présocratiques au IVe siècle ap. J.-C.*, Paris, 1961.

[17] Filo, *Legatio ad Caium* § 156 e § 245; *Vita Mosis*, II, 216; *De Vita Contemplativa* § 26.

[18] Flávio Josefo, *Antiquit. Iud.*, 18, 11 e 23.

[19] Gregório Nazianzeno, *Apol.* 103, PG 35, 504 A.

[20] João Crisóstomo, *Adv. op. vit. mon.*, III, 13, PG 47, 372.

[21] Cf., adiante, p. 82-83.

[22] Teodoreto de Ciro, *Hist. Philoth.*, II, 3, 1; IV, 1, 9; IV, 2, 19; IV, 10, 15; VI, 13, 1 VIII, 2, 3 Canivet.

de Alexandria[23] havia aberto o caminho dando o nome de "filósofos" aos terapeutas que, diz ele, viviam na solidão meditando a Lei e dedicando-se à contemplação. Como bem mostrou Jean Leclercq,[24] a Idade Média latina continuará, sob a influência da tradição grega, a dar o nome de *filosofia* à vida monástica. É assim que um texto monástico cisterciense nos diz que os discípulos de Bernardo de Claraval eram iniciados por ele "nas disciplinas da filosofia celeste".[25] João de Salisbury afirma que os monges "filosofam" da maneira mais reta e mais autêntica.[26]

Não se poderia insistir demasiadamente sobre a importância capital desse fenômeno de assimilação entre cristianismo e filosofia. Entendamo-nos bem. Não se trata de negar a originalidade incomparável do cristianismo. Retornaremos adiante a esse ponto e, especialmente, ao caráter propriamente cristão dessa "filosofia", assim como ao cuidado que os cristãos tiveram de ligá-la à tradição bíblica e evangélica. Por outro lado, trata-se apenas de uma corrente limitada historicamente, ligada de maneira mais ou menos próxima à tradição dos apologistas e de Orígenes. Enfim, porém, essa corrente existe, ela teve uma importância considerável e teve como consequência a introdução no cristianismo dos exercícios espirituais da filosofia. Com esses exercícios espirituais se introduziu também, no cristianismo, um certo estilo de vida, uma certa atitude espiritual, uma certa tonalidade espiritual que originalmente não se encontrava nele. O fato é muito significativo: ele mostra que, se o cristianismo podia ser assimilado a uma filosofia, é precisamente porque a filosofia já era ela mesma, antes de tudo, um modo de ser, um estilo de vida. Como observa Jean Leclercq:[27] "Na Idade Média monástica tanto quanto na Antiguidade, *philosophia* designa não uma teoria ou uma maneira de conhecer, mas uma sabedoria vivida, uma maneira de viver segundo a razão".

---

[23] Filo, *De Vita Contemplat.*, § 2 e § 30.

[24] J. Leclercq, "Pour l'Histoire de l'Expression 'Philosophie Chrétienne'", *Mélanges de Science Religieuse*, t. IX, 1952, p. 221-226.

[25] *Exordium Magnum Cisterciense* PL 185, 437.

[26] João de Salisbury, *Policraticus* VII, 21, PL 199, 696.

[27] J. Leclercq, "Pour l'Histoire de l'Expression 'Philosophie Chrétienne'", art. citado, p. 221.

Dissemos[28] que a atitude fundamental do filósofo estoico ou platônico era a *prosochè*, a atenção a si mesmo, a vigilância a cada instante. O homem "desperto" está, sem cessar, perfeitamente consciente não somente do que faz, mas do que é, isto é, de seu lugar no cosmos e de sua relação com Deus. Essa consciência de si é, primeiramente, uma consciência moral, ela busca realizar a cada instante uma purificação e uma retificação da intenção: ela vela a cada instante para não admitir nenhum outro motivo para a ação exceto a vontade de fazer o bem. Essa consciência de si, porém, não é somente uma consciência moral, ela é também uma consciência cósmica: o homem "atencioso" vive sem cessar na presença de Deus na "lembrança de Deus", consentindo com alegria à vontade da Razão universal e vendo todas as coisas com o olhar do próprio Deus.

Essa é a atitude filosófica por excelência. Essa é também a atitude do filósofo cristão. Ela aparece já em Clemente de Alexandria numa frase que anuncia o espírito que reinará mais tarde no monasticismo de inspiração filosófica: "É necessário que a lei divina inspire o medo a fim de que o filósofo adquira e conserve a tranquilidade da alma (*amerimnia*), graças à prudência (*eulabeia*) e à atenção a si mesmo (*prosochè*), tornando-se em todas as coisas isento de queda e de erro".[29] Essa lei divina, no espírito de Clemente, é ao mesmo tempo a Razão universal dos filósofos e o Verbo divino dos cristãos; ela inspira um medo, não no sentido de uma paixão, condenada como tal pelos estoicos, mas no sentido de uma circunspecção no pensamento e na ação. Essa atenção a si mesmo traz a *amerimnia*, a tranquilidade da alma, um dos objetivos que serão buscados no monasticismo.

Essa atenção a si mesmo é objeto de um sermão muito significativo de Basílio de Cesareia.[30] Apoiando-se na versão grega

---

[28] Cf., p. 25-26.

[29] Clemente de Alexandria, *Strom*. II, 20, 120 I.

[30] Basílio de Cesareia, *In Illud Attende tibi ipsi* (PG 31, col. 197-217), edição crítica de S. Y. Rudberg *Acta Universitatis Stockholmensis, Studia Graeca Stockholmensia*, 2, Stockholm, 1962. P. Adnès *Dictionnaire de Spiritualité* t. VI, col. 108, art. "Garde du cœur", assinala que muitos sermões se relacionam a esse tema e cita C. Baur "Initia Patrum Graecorum", *Studi e Testi*, Cidade do Vaticano, 1955, t. 181, 2, p. 374.

de uma passagem do Deuteronômio:[31] "Faze atenção para que não haja escondido em teu coração uma palavra de injustiça", Basílio desenvolve toda uma teoria da *prosochè*, fortemente influenciada pelas tradições estoica e platônica. Teremos oportunidade de voltar a esse fenômeno. Por ora, podemos constatar que é porque a expressão do Deuteronômio lhe evoca um termo técnico da filosofia antiga que Basílio a comenta. Essa atenção a si mesmo consiste, para ele, em despertar em nós os princípios racionais de pensamentos e ações que Deus depositou em nossa alma,[32] em velar por nós mesmos, isto é, por nosso espírito e nossa alma, e não pelo que é nosso, isto é, nossas posses.[33] Ela consiste também em ter atenção com a beleza de nossa alma, renovando sem cessar o exame de nossa consciência e o conhecimento de nós mesmos.[34] Assim nós retificamos os juízos que fazemos de nós mesmos: se nos acreditamos ricos e nobres, nós nos relembraremos de que somos feitos de terra e nos perguntaremos onde estão agora os homens célebres que nos precederam. Ao contrário, se somos pobres e desprezados, tomaremos consciência das riquezas e esplendores que o cosmos nos oferece: nosso corpo, a terra, o céu, os astros e pensaremos em nossa vocação divina.[35] Há de se reconhecer facilmente o caráter filosófico desses temas.

Essa *prosochè*, essa atenção[36] a si mesmo, atitude fundamental do filósofo, irá se tornar a atitude fundamental do monge. É assim que, quando Atanásio, em sua *Vida de Antônio*[37] escrita em 357, conta-nos a conversão do santo à vida monástica, contenta-se em dizer que ele passou a "ter atenção a si mesmo". Antônio, morrendo, dirá a seus discípulos: "Vivei como se vós devêsseis morrer a cada dia, tendo atenção consigo mesmos e lembrando-vos de

---

[31] Deuter. 15, 9.

[32] Basílio, *In Illud Attende* 2, 201 B.

[33] Ibidem, 3, 204A. Célebre distinção estoico-platônica.

[34] Ibidem, 3, 204B ; 5, 209B.

[35] Ibidem, 5-6, 209C-213A.

[36] Sobre os exercícios a seguir, consultar-se-ão com proveito os artigos do *Dictionnaire de Spiritualité*: "atenção", "apatheia", "contemplação", "exame de consciência", "direção espiritual", "exercícios espirituais", "corpo", "guarda do coração".

[37] Atanásio, *Vie d'Antoine* PG 26, 844B.

minhas exortações".[38] No século VI, Doroteu de Gaza observa: "Somos tão negligentes que não sabermos por que saímos do mundo [...]. É porque não fazemos progresso [...]. Isso decorre do fato de que não há mais *prosochè* em nosso coração".[39]

Essa atenção, essa vigilância, como vimos,[40] supõe uma concentração contínua sobre o momento presente, que deve ser vivido como se fosse ao mesmo tempo o primeiro e o último. É preciso renovar sem cessar o esforço. Antônio, Atanásio nos diz, não buscava se lembrar do tempo que já havia passado a se exercitar, mas a cada dia ele fazia um esforço novo, como se iniciasse uma nova partida.[41] Portanto, viver o momento presente como se fosse o primeiro, mas também o último. Vimos Antônio dizer a seus monges no momento de morrer: "Vivei como se vós devêsseis morrer a cada dia".[42] Atanásio reporta uma outra de suas palavras: "Se vivermos como se devêssemos morrer a cada dia, não pecaremos". É preciso acordar pensando que talvez não se atingirá a noite, dormir pensando que não se acordará.[43] "Que a morte esteja diante de teus olhos a cada dia", dissera Epiteto, "e tu jamais terás nenhum pensamento baixo nem nenhum desejo excessivo".[44] E Marco Aurélio: "Agir, falar, pensar sempre como alguém que pode na mesma hora deixar a vida".[45] Também Doroteu de Gaza associa estritamente a *prosochè* e a iminência da morte: "Tenhamos então atenção conosco mesmos, irmãos, sejamos vigilantes enquanto tivermos o tempo... Desde o começo de nossa conversa, gastamos duas ou três horas e nos aproximamos da morte, mas vemos sem pavor que perdemos o tempo".[46] Ou ainda:

---

[38] Ibidem, 969B.

[39] Doroteu de Gaza, *Didaskaliai* X, 104, linha 9, L. Regnault e J. de Préville (ed.), Paris, Sources chrétiennes, 1963, t. 92 (citada nas notas seguintes pelo nº do parágrafo e da linha do parágrafo). A noção de *prosochè* desempenha um papel muito importante em toda tradição monástica; cf., por exemplo, Diádoco de Fonticeia, *Kephalaia Gnostika*, p. 27, p. 98, 19 E. des Places.

[40] Cf., p. 25-26.

[41] Atanásio, *Vie d'Antoine*, 853A, 868A, 969B.

[42] Cf. n. 38 anterior.

[43] Atanásio, *Vie d'Antoine*, 872A.

[44] Epiteto, *Manual*, § 21.

[45] Marco Aurélio, *Meditações*, II, 11.

[46] Doroteu de Gaza, § 114,1-15.

"Tenhamos cuidado conosco mesmos, irmãos, sejamos vigilantes, o que nos trará o tempo presente, se o perdermos?".[47]

Essa atenção ao presente é ao mesmo tempo controle dos pensamentos, aceitação da vontade divina e purificação das intenções na relação com outrem. É conhecida a *Meditação* de Marco Aurélio que resume com excelência essa constante atenção ao presente: "Em todos e a cada instante, depende de ti aceitar piedosamente a *presente* conjunção de acontecimentos, conduzir-te com justiça com os homens que estão contigo no *presente*, aplicar à representação *presente* (*phantasia*) as regras do discernimento (*emphilotechnein*) a fim de que nada se infiltre que não seja uma representação verdadeira".[48] Essa vigilância contínua sobre os pensamentos e as intenções se encontra na espiritualidade monástica. Ela será a "guarda do coração",[49] a *nepsis*[50] ou vigilância. Não se trata somente de um exercício da consciência moral: a *prosochè* recoloca o homem no seu ser verdadeiro, isto é, em sua relação com Deus. Ela equivale a um exercício contínuo da presença de Deus. Porfírio, o discípulo de Plotino, havia escrito, por exemplo: "Em toda ação, toda obra, toda palavra, que Deus esteja presente como testemunha e como guardião!".[51] Eis aí um dos temas fundamentais da *prosochè* filosófica: a presença perante Deus e perante si mesmo. "Não tenhas alegria e repouso senão em uma única coisa: progredir de uma ação feita para outrem a uma outra ação feita para outrem, acompanhada da lembrança de Deus."[52] Essa *Meditação* de Marco Aurélio se relaciona ao mesmo tema do exercício da presença de Deus e nos faz conhecer ao mesmo tempo uma expressão que desempenhará mais tarde um grande papel na espiritualidade monástica. A "lembrança de Deus" é uma perpétua referência a Deus a cada instante da vida. Basílio de Cesareia o associa explicitamente à guarda do coração: "É preciso

---

[47] Ibidem, § 104, 1-3.

[48] Marco Aurélio, *Meditações*, VII, 54.

[49] Atanásio, *Vie d'Antoine*, 873C. Basílio, *Regulae Fusius Tractatae* PG 31, 921B: cf., adiante, n. 53. Cassiano, *Collat.*, t. I, (SC, t. 42), p. 84: "*Ut scilicet per illas (virtutes) ab universis passionibus noxiis inlaesum parare cor nostrum et conservare possimus*".

[50] Doroteu de Gaza, § 104 e passim.

[51] Porfírio, *Lettre à Marcella* § 12, p. 18. 10 Pötscher.

[52] Marco Aurélio, *Meditações*, VI, 7.

guardar, com toda vigilância, nossos corações para que jamais deixem escapar o pensamento de Deus".[53] Diádoco de Fonticeia evoca muito frequentemente esse mesmo tema, que, para ele, é totalmente equivalente à *prosochè*: "Só cabe conhecer suas quedas àqueles cujo intelecto não se deixa jamais se afastar da lembrança de Deus".[54] "Desde então (isto é, desde a queda), o intelecto humano não pode mais senão com muito esforço se lembrar de Deus e de seus mandamentos."[55] É preciso "fechar todas as saídas do intelecto para se lembrar de Deus".[56] "O próprio de um homem amigo da virtude é consumir sem cessar pela lembrança de Deus o que há de terrestre em seu coração a fim de que, assim, pouco a pouco, o mal seja dissipado pelo fogo da lembrança do bem e a alma retome perfeitamente seu brilho natural com um maior esplendor."[57]

A lembrança de Deus é evidentemente, de algum modo, a essência da *prosochè*, o meio mais radical de estar presente perante Deus e perante si mesmo. Contudo, a atenção a si não pode, mesmo assim, contentar-se com uma intenção difusa. Vimos Diádoco de Fonticeia falar da "lembrança de Deus e de seus mandamentos". Também na filosofia antiga, a *prosochè* supunha uma meditação e uma memorização da regra de vida (*kanôn*), dos princípios que deviam ser aplicados em cada circunstância particular, em cada momento da vida. Era preciso sem cessar ter "à mão" os princípios de vida, os "dogmas" fundamentais:

É o que encontramos também na tradição monástica. Aqui, o que substitui os "dogmas" filosóficos são os "mandamentos" como regra de vida evangélica, isto é, as palavras do Cristo enunciando os princípios da vida cristã. Ao lado dos mandamentos evangélicos, porém, a regra de vida pode se inspirar nas palavras dos "Antigos", isto é, dos primeiros monges. Antônio, no momento de morrer, recomenda a seus discípulos se lembrarem de suas exortações.[58] "É preciso também interrogar

---

[53] Ver a referência da n. 49 anterior.
[54] Diádoco de Fonticeia, *Kephalaia Gnostika*, 27, p. 98, 11 des Places.
[55] Ibidem, 56, p. 117, 15 des Places.
[56] Ibidem, 59, p. 119, 1-21 des Places.
[57] Ibidem, 97, p. 160, 3 des Places.
[58] Cf. n. 38 anterior.

os caminhos dos monges que nos precederam no bem e nos regrar a partir deles", declara Evágrio Pôntico.[59] Mandamentos evangélicos e palavras dos Antigos se apresentam sob a forma de sentenças curtas, que, como na tradição filosófica, podem ser memorizadas e meditadas facilmente. É a essa necessidade da memória e da meditação que respondem as numerosas coletâneas de apotegmas e de *kephalaia* que encontramos na literatura monástica. Os apotegmas[60] são ditos célebres dos Antigos, dos Padres do deserto, pronunciados numa circunstância determinada. Esse gênero literário existia também na tradição filosófica: encontram-se numerosos exemplos dele na obra de Diógenes Laércio. Quanto aos *kephalaia*,[61] trata-se de coleções de sentenças relativamente curtas, agrupadas na maior parte do tempo em "centúrias". É também um gênero literário ilustre na literatura filosófica tradicional: pertencem a ele, por exemplo, as *Meditações* de Marco Aurélio, as *Sentenças* de Porfírio. Esses gêneros literários respondem à necessidade da meditação.

Como a meditação filosófica, a meditação cristã poderá, ademais, desenvolver-se abundantemente utilizando todos os meios da retórica, da amplificação oratória, mobilizando todos os recursos da imaginação. É assim, por exemplo, que Evágrio Pôntico convida seus discípulos a imaginar sua própria morte, a decomposição de seu corpo, os terrores e os sofrimentos da alma no inferno, o fogo eterno e, por oposição, a "felicidade dos justos".[62]

Em todo caso, a meditação deve ser constante. Doroteu de Gaza insiste fortemente nesse ponto: "Meditai então sem cessar sobre esses conselhos em vossos corações, irmãos. Estudai as palavras dos santos anciãos".[63] "Se guardarmos na memória, irmãos, os ditos dos santos anciãos e os meditarmos sem pausa, será difícil pecarmos."[64] "Se tu queres dispor dessas palavras no momento

---

[59] Evágrio, *Praktikos*, § 91 Guillaumont.
[60] Ver o artigo "Apotegma" na *Reallexikon für Antike und Christentum*, t. I, 1950, p. 545-50 (T. Klauser).
[61] E. Von Ivanka, "Kephalaia" *Byzantinische Zeitschrift*, t. 47, 1954, p. 285-91.
[62] *Apophthegmata Patrum*, PG 65, 173A-B.
[63] Doroteu de Gaza, § 60, 27.
[64] Ibidem, § 69, 2.

oportuno, medita-as constantemente."[65] Há na vida espiritual um tipo de conspiração entre as palavras normativas, meditadas e memorizadas, e os acontecimentos que dão ocasião de colocá-las em prática. Doroteu de Gaza promete a seus monges que, se meditarem sem pausa as "palavras dos santos anciãos", poderão "tirar proveito de todos os acontecimentos".[66] Isso quer dizer, por certo, que se reconhecerá a vontade de Deus nos acontecimentos, graças às palavras dos Padres que também foram inspirados pela vontade de Deus.

A atenção a si mesmo, a vigilância supõem evidentemente a prática do exame de consciência. Já encontramos em Basílio de Cesareia[67] essa ligação estrita entre *prosochè* e exame de consciência. A prática do exame de consciência aparece pela primeira vez, assim parece, na tradição cristã, em Orígenes[68] comentando esta passagem do *Cântico dos Cânticos*: "Se tu não te conheces, ó mulher mais bela das mulheres...". A alma, nos diz Orígenes, deve levar seu exame a seus sentimentos e suas ações. Ela se propõe o bem? Ela busca as diversas virtudes? Está em progresso? Reprimiu totalmente, por exemplo, a paixão da cólera ou da tristeza, do medo, do amor pela glória? Qual é sua maneira de dar e de receber, de julgar a verdade? Essa sequência de questões, na qual não aparece nenhum traço propriamente cristão, situa-se completamente na tradição filosófica do exame de consciência, tal como havia sido recomendado pelos pitagóricos, epicuristas, estoicos, notadamente Sêneca e Epiteto, e outros filósofos mais, como Plutarco ou Galeno.[69] Encontramos essa mesma prática recomendada por João Crisóstomo[70] e, sobretudo, por Doroteu de Gaza:

> Além de nosso exame cotidiano, devemos nos examinar a cada ano, a cada mês, a cada semana e nos perguntar: "Em que ponto

---

[65] Ibidem, § 189, 4-5.
[66] Ibidem, § 60, 30.
[67] Cf. n. 34 anterior.
[68] Orígenes, *In Cant.*, p. 143, 27 Baehrens.
[69] Ver as referências em I. Hadot, *Seneca und die griechish-römische Tradition der Seelenleitung*, Berlim, 1969, p. 66-71.
[70] João Crisóstomo, *Non esse ad gratiam concionandum*, PG 50, 659-660.

me encontro acerca daquela paixão que me oprimia na semana passada?" Do mesmo modo a cada ano: "Fui vencido por tal paixão no ano passado, como estou agora?" "Os Padres disseram quanto era útil para cada um purificar a si próprio periodicamente examinando a cada noite como passara o dia e a cada manhã como passara a noite [...]. Em verdade, porém, nós que cometemos erros numerosos temos muita necessidade, esquecidos que somos, de nos examinar de seis em seis horas para saber como as passamos e em que pecamos."[71]

Encontramos na *Vida de Antônio* por Atanásio um detalhe interessante. Segundo seu biógrafo, Antônio recomendava a seus discípulos anotar por escrito as ações e os movimentos da alma. É verossímil que a prática do exame de consciência escrita já existisse na tradição filosófica.[72] Ela era útil, mesmo necessária, para dar mais precisão à investigação. Em Antônio, porém, trata-se agora, de algum modo, de um valor terapêutico da escrita. "Que cada um anote por escrito", aconselha Antônio, "as ações e os movimentos de sua alma, como se devesse fazer com que outros a conhecessem".[73] Com efeito, prossegue ele, certamente não ousaríamos cometer erros em público diante dos outros. "Que a escrita assuma então o lugar do olho de outrem." Segundo Antônio, o fato de escrever dá a impressão de estar em público, de dar um espetáculo. Esse valor terapêutico da escrita parece se revelar igualmente no texto em que Doroteu de Gaza relata que experimentava "alívio e proveito"[74] pelo simples fato de ter escrito para seu diretor espiritual. Outra nota psicológica interessante: Platão e Zenão haviam notado que a qualidade dos sonhos permite julgar o estado espiritual da alma.[75] Essa observação se encontra também em Evágrio Pôntico[76] e Diádoco de Fonticeia.[77]

---

[71] Doroteu de Gaza, § 111, 13 e 117, 7.

[72] Cf. I. Hadot, *Seneca...*, op. cit., p. 70.

[73] Atanásio, *Vie d'Antoine*, 924 B.

[74] Doroteu de Gaza, § 25.

[75] Cf., p. 28 e p. 46.

[76] Evágrio, *Praktikos*, §§ 54-56. Cf. F. Refoulé, "Rêves et Vie Spirituelle d'après Évrage le Pontique" *Supplément de la Vie Spirituelle*, t. 59, 1961, p. 470-516.

[77] Diádoco de Fonticeia, *Kephalaia Gnostika*, 37, p. 106 des Places.

A *prosochè* supõe, enfim, o domínio de si, isto é, o triunfo da razão sobre as paixões, pois são as paixões que provocam a distração, a dispersão, a dissipação da alma. A literatura monástica insiste muito sobre esses malefícios das paixões frequentemente personificadas em formas demoníacas. Os exercícios monásticos do domínio de si conservam muitas lembranças da filosofia antiga. Vemos Doroteu de Gaza recomendar a seus discípulos, como Epiteto, exercitarem-se primeiramente nas pequenas coisas a fim de criar um hábito[78] ou ainda aconselhá-los a diminuir pouco a pouco o número de seus erros a fim de triunfar assim sobre uma paixão.[79] Vemos também Evágrio[80] propor combater uma paixão pela paixão que lhe é oposta, por exemplo, a fornicação pela preocupação com a boa reputação, esperando poder combater diretamente a paixão pela virtude que lhe é oposta. Esse era já o método que Cícero propunha nas *Tusculanas*.[81]

Dissemos que essa recepção dos exercícios espirituais no cristianismo havia introduzido uma certa atitude espiritual, um certo estilo de vida que nele não se encontrava originalmente. Primeiramente, há a própria noção de exercício. Há no fato de repetir ações, de realizar um *training* para se modificar e transformar a si mesmo uma reflexão, uma distância, que é muito diferente da espontaneidade evangélica. Essa atenção a si, que é a essência da *prosochè*, engendra toda uma técnica da introspecção, uma extraordinária fineza de análise no exame da consciência e do discernimento dos espíritos. Enfim e sobretudo, o ideal buscado, os fins propostos à vida espiritual pintam-se com uma forte coloração estoica e platônica, isto é, neoplatônica, tendo sido a moral estoica integrada pelo neoplatonismo no final da Antiguidade.

A perfeição espiritual é descrita, por exemplo, de uma maneira completamente estoica como uma transformação da vontade que se identifica com a Vontade divina. É o que encontramos em Doroteu de Gaza: "Quem não tem vontade própria faz sempre o que quer. Então, com efeito, dado que ele não tem vontade

---

[78] Doroteu de Gaza, § 20. Os editores citam em nota Epiteto, *Diatribes*, I, 18, 18.
[79] Ibidem, § 120. Os editores citam em nota Epiteto, *Diatribes*, II, 18, 15.
[80] Evágrio, *Praktikos*, § 58. Os editores citam em nota Cícero, *Tuscul.*, IV, 75.
[81] Cf. nota precedente.

própria, tudo que lhe ocorre o satisfaz e ele acha que constantemente realiza sua vontade, pois não quer que as coisas sejam como ele quer, mas quer que seja como são".[82] Os editores recentes de Doroteu de Gaza comparam essa passagem com um texto do *Manual* de Epiteto: "Não busques que os acontecimentos sejam como queres, mas queira que os acontecimentos sejam como são e tu serás sereno".[83]

A perfeição espiritual aparece também como uma *apatheia*, como uma total ausência de paixões, concepção estoica retomada pelo neoplatonismo. Em Doroteu de Gaza, ela é precisamente o resultado da supressão da vontade própria: "Suprimindo a vontade, obtém-se o desapego (*aprospatheia*) e, do desapego, chega-se, com a ajuda de Deus, à *apatheia*".[84] Notemos rapidamente que, no contexto, os meios que Doroteu de Gaza aconselha para suprimir a vontade são de fato idênticos aos exercícios de domínio de si da tradição filosófica: Plutarco, por exemplo, aconselha, para remediar a curiosidade, não ler epitáfios de tumbas, não observar os vizinhos, desviar-se dos espetáculos da rua.[85] Da mesma maneira, Doroteu aconselha não observar o que se gostaria, não perguntar ao cozinheiro o que ele prepara, não se juntar a uma conversa.[86] Eis precisamente o que Doroteu chama de supressão da vontade. Entretanto, é sobretudo em Evágrio que aparece claramente a que ponto a *apatheia* cristã pode estar estritamente ligada a concepções filosóficas. Encontramos no *Praktikos* de Evágrio a seguinte definição: "O reino dos céus é a *apatheia* acompanhada do conhecimento verdadeiro dos seres".[87] Uma tal fórmula, caso se tente comentá-la, mostra qual distância separa essas especulações do espírito evangélico. Sabe-se que a mensagem evangélica consistia no anúncio de um acontecimento escatológico chamado "reino dos céus" ou "reino de Deus". Evágrio começa distinguindo as duas expressões e interpretando-as num sentido muito

---

[82] Doroteu de Gaza, § 102, 12.
[83] Epiteto, *Manual*, § 8.
[84] Doroteu de Gaza, § 20, 11-13.
[85] Plutarco, *De curiositate*, 520D sq.
[86] Doroteu de Gaza, § 20.
[87] Evágrio, *Praktikos*, § 2.

particular. Desenvolvendo a tradição origeniana,[88] ele considera que essas duas expressões designam dois estados interiores da alma, mais precisamente ainda duas etapas do progresso espiritual: "O reino dos céus é a impassibilidade da alma acompanhada da ciência verdadeira dos seres". "O reino de Deus é o conhecimento da santíssima Trindade, coextensivo à substância do intelecto e ultrapassando sua incorruptibilidade."[89] Distinguem-se aqui dois níveis do conhecimento: o conhecimento dos seres e o conhecimento de Deus. Percebe-se então que essa distinção corresponde exatamente a uma divisão das partes da filosofia bem conhecida por Orígenes, mas atestada no platonismo ao menos desde Plutarco.[90] Essa divisão distingue três etapas, três níveis do progresso espiritual, que correspondem a três partes da filosofia. Essas partes da filosofia são respectivamente a ética ou "prática", como diz Evágrio, a física e a teologia. A ética corresponde a uma primeira purificação, a física corresponde ao desapego definitivo do sensível e à contemplação da ordem das coisas; a teologia corresponde enfim à contemplação do princípio de todas as coisas. No esquema evagriniano, a ética corresponde à *praktikè*; a física, ao "reino dos céus" que compreende "a verdadeira ciência dos seres"; a teologia, ao "reino de Deus", que é o conhecimento da Trindade. Segundo as sistematizações neoplatônicas, porém, esses graus correspondem também a graus da virtude. Segundo Porfírio,[91] a alma começa, graças às virtudes políticas, a dominar suas paixões pela *metriopatheia*, depois ela se eleva ao nível das virtudes catárticas; essas começam a desapegar a alma do corpo, mas ainda não completamente: há um início da *apatheia*. É apenas no nível das virtudes teoréticas que a alma alcança uma plena *apatheia* e uma perfeita separação do corpo. É precisamente nesse nível que a alma contempla os seres que estão no Intelecto divino.[92] Esse nível, no qual há *apatheia* e contemplação dos seres,

---

[88] Ver os textos citados por A. e Cl. Guillaumont (SC, t. 171) nas notas do comentário ao *Praktikos*, p. 499, n. 2 e p. 501, n. 3.

[89] Evrágio, *Praktikos*, §§ 2-3.

[90] Cf. P. Hadot, "La Division des Parties de la Philosophie dans l'Antiquité", *Museum Helveticum*, t. 36, 1979, p. 218 ss.

[91] Cf. I. Hadot, *Le Problème du Néoplatonisme Alexandrin*, Paris, 1978, p. 152-58.

[92] Porfírio, *Sent.*, 32, p. 27, 9 Lamberz: a sabedoria consiste na contemplação do que o intelecto contém, na força da *apatheia*.

corresponde ao "reino dos céus" de Evágrio. Nesse nível, segundo Evágrio, a alma contempla a multiplicidade das naturezas (donde a palavra "física"), as naturezas (*phuseis*) inteligíveis e as outras sensíveis em seu *logoi*.[93] A etapa ulterior, que é sobretudo de ordem noética, é então a contemplação do próprio Deus. Evágrio pode, portanto, resumir seu pensamento dizendo: "O cristianismo é a doutrina do Cristo, nosso Salvador, que se compõe da prática, da física e da teologia".[94]

Independentemente dessa construção teórica, a *apatheia* desempenha um papel capital na espiritualidade monástica. O valor de que ela se reveste está estritamente ligado ao da paz da alma, da ausência de preocupação, da *amerimnia*[95] ou da *tranquillitas*.[96] Doroteu de Gaza[97] não hesita em declarar que a paz da alma é tão importante que é preciso, se for necessário, renunciar ao que se faz para não a perder. A paz da alma, a *tranquillitas animi*, era um valor central da tradição filosófica.[98]

Vimos que, em Porfírio, a *apatheia* resultava do desapego da alma com relação ao corpo. Deparamos aqui com o exercício filosófico por excelência. Platão dissera: "Aqueles que, no sentido exato da palavra, se põem a filosofar exercitam-se para morrer".[99] No século VII, encontramos ainda o eco dessa palavra em Máximo, o Confessor: "Em conformidade à filosofia do Cristo, façamos de nossa vida um exercício da morte".[100] Ele próprio, porém, é apenas um herdeiro de uma rica tradição que constantemente identificou filosofia cristã e exercício da morte. Ela já é encontrada em Clemente de Alexandria,[101] que compreende esse exercício da morte em um sentido completamente platônico: é preciso separar

---

[93] Cf. a nota em SC, t. 171, p. 500.

[94] Evrágio, *Praktikos*, § 1.

[95] Cf. Diádoco de Fonticeia, *Kephalaia Gnostika*, 25, p. 97, 7; 30, p. 100, 19; 65, p. 125, 12; 67, p. 127, 22. Doroteu de Gaza, por exemplo, § 68, 2.

[96] Cassiano, *Collat.*, I, 7, t. I, p. 85 ou XIX, 11, t. III, p. 48 Pichery.

[97] Doroteu de Gaza, §§ 58-60.

[98] Cf. os tratados de Plutarco e de Sêneca que trazem esse título.

[99] Platão, *Fédon*, 67e.

[100] Máximo, o Confessor, *Commentaire sur le Pater*, PG 90, 900A.

[101] Clemente de Alexandria, *Strom.*, V, 11, 67, 1.

espiritualmente a alma do corpo. O conhecimento perfeito, a gnose, é um tipo de morte que separa a alma do corpo, que a promove a uma vida inteiramente consagrada ao bem e lhe permite aplicar-se à contemplação das verdadeiras realidades com um espírito purificado. O mesmo tema se encontra em Gregório Nazianzeno: "Viver, fazendo desta vida, como diz Platão, um exercício da morte e separando, tanto quanto possível, a alma do corpo, para falar como ele".[102] Eis a "prática da filosofia". Quanto a Evágrio,[103] ele se exprime em termos muito próximos de Porfírio: "Separar o corpo da alma só cabe a quem os uniu; mas separar a alma do corpo só cabe a quem deseja a virtude. Nossos Padres, com efeito, falam de anacorese (isto é, a vida monástica), exercício da morte e fuga do corpo". Ainda aqui vê-se bem que a noção platônica de fuga do corpo, que seduzirá também o jovem Agostinho, é um elemento que se acrescenta ao cristianismo, mas não lhe é essencial, e orienta toda sua espiritualidade num sentido muito particular.

Constatamos até aqui a permanência de certos exercícios espirituais filosóficos no cristianismo e no monasticismo e tentamos esclarecer a tonalidade particular que essa recepção no cristianismo havia introduzido nele. Não se deveria, porém, exagerar no alcance desse fenômeno. Primeiramente, como dissemos, ele se manifesta apenas num meio bastante circunscrito, entre os autores cristãos que receberam uma cultura filosófica. Mesmo entre eles, porém, a síntese final é essencialmente cristã. Primeiramente, mas é o menos importante, esforçam-se o mais possível para cristianizar esses aportes. Eles acreditam reconhecer neste ou naquele texto da escritura o exercício espiritual que aprenderam a conhecer pela filosofia. É assim, como vimos, que Basílio de Cesareia ligava a noção de *prosochè* a um texto do Deuteronômio.[104] A *prosochè* torna-se, aliás, a "guarda do coração", na *Vida de Antônio* por Atanásio, e em toda literatura monástica, sob a influência de um texto dos Provérbios, IV, 23:

---

[102] Gregório Nazianzeno, *Carta* 31, t. I, p. 39 Gallay (PG 37, 68 C).

[103] Evrágio, *Praktikos*, § 53, Porfírio, *Sent.*, 8, p. 3, 6 Lamberz: "O que natureza uniu, ela desune, mas o que a alma uniu é a alma que desune. A natureza uniu o corpo à alma, a alma ligou a si própria ao corpo; a natureza, portanto, desune o corpo da alma, mas a alma desune a si mesma do corpo".

[104] Cf. n. 31 anterior.

"Acima de tudo, guarda teu coração".[105] O exame de consciência é frequentemente justificado pela Segunda Epístola aos Coríntios (13,5): "Experimentai a vós mesmos";[106] a meditação da morte é aconselhada fazendo-se apelo à Primeira aos Coríntios (15,31): "Morro a cada dia".[107] Entretanto, seria um erro pensar que essas referências bastam para cristianizar os exercícios. De fato, se os autores cristãos prestaram atenção a esses textos da Bíblia, é precisamente porque eles já conheciam os exercícios espirituais da *prosochè*, da meditação da morte ou do exame de consciência. Por si mesmos, os textos da escritura não teriam podido fornecer um método para praticar esses exercícios. E, frequentemente, esses textos da escritura não têm senão uma relação bastante distante com o exercício espiritual em questão.

É mais importante ver o espírito geral no qual são praticados os exercícios espirituais cristãos e monásticos. Esses exercícios supõem sempre o apoio da graça de Deus e fazem da humildade a primeira das virtudes: "Quanto mais nos aproximamos de Deus", diz Doroteu de Gaza, "mais nos vemos pecadores".[108] A humildade leva a considerar-se como inferior aos outros, a guardar uma extrema reserva na conduta e na linguagem, a tomar atitudes corporais significativas, como, por exemplo, a prostração diante dos outros monges. Virtudes igualmente fundamentais: a penitência e a obediência: a primeira é inspirada pelo medo e amor de Deus e pode se manifestar em mortificações extremamente rigorosas. A lembrança da morte não é somente destinada a fazer tomar consciência da urgência da conversão, mas a desenvolver o medo de Deus, e ela está ligada à meditação sobre o juízo final, portanto à virtude da penitência. Dá-se o mesmo com o exame de consciência. A obediência é uma renúncia à vontade própria por uma submissão absoluta às ordens de um superior. Ela transforma totalmente a prática filosófica da direção espiritual. Vê-se na *Vida de Dositeu*[109] até que ponto a obediência pode chegar.

---

[105] Atanásio, *Vie d'Antoine*, 873 C.

[106] Ibidem, 924 A.

[107] Ibidem, 872 A.

[108] Doroteu de Gaza, § 151, 47.

[109] Doroteu de Gaza, *Oeuvres Spirituelles* (SC, t. 92), *Vie de Dosithée*, §§ 5-9, p. 129 ss.

O diretor de consciência decide absolutamente sobre a maneira de viver, a alimentação, o que seu discípulo pode possuir. Enfim, as dimensões transcendentes do amor de Deus e do Cristo transfiguram todas essas virtudes. O exercício da morte, separação da alma e do corpo, é também uma participação na morte do Cristo. A renúncia à vontade é aderência ao amor divino.

De uma maneira geral, pode-se dizer que o monasticismo no Egito e na Síria[110] nasceu e se desenvolveu num meio cristão, de uma maneira espontânea, sem a intervenção de um modelo filosófico. Os primeiros monges não eram pessoas cultas, mas cristãos que queriam atingir a perfeição cristã por uma prática heroica dos conselhos evangélicos e pela imitação da vida do Cristo. Naturalmente, eles tiraram do Antigo e do Novo Testamento suas práticas de perfeição. Contudo, sob a influência alexandrina, aquela distante de Filo e aquela mais próxima de Clemente e Orígenes, magnificamente orquestrada pelos capadócios, certas práticas espirituais filosóficas foram introduzidas na espiritualidade cristã e monástica e descreveu-se, definiu-se e, em parte, praticou-se o ideal cristão, assumindo modelos e vocabulário da tradição filosófica grega. Essa corrente se impôs por suas qualidades literárias e filosóficas. Foi ela que transmitiu para a espiritualidade cristã da Idade Média e dos tempos modernos a herança dos exercícios espirituais antigos.

---

[110] A. Vööbus, *History of Ascetism in the Syrian Orient*, Corpus Script. Christ. Orient., vol. 184, Subsidia, t. 14, Louvain, 1958, e vol. 197, Subsidia, t. 17, Louvain, 1960.

PARTE II

SÓCRATES

A FIGURA DE SÓCRATES[1]

Para tratar o tema que nos foi proposto este ano, "Futuro e devir das normas", concentrei minhas pesquisas e reflexões na figura do Sábio na tradição ocidental. Com efeito, desde o início do pensamento grego, o Sábio aparece como uma norma viva e concreta, como nota Aristóteles, em uma passagem do *Protréptico*: "Que medida, que norma mais exata possuímos, no que concerne ao Bem, senão o Sábio?".[2] Essas pesquisas, essas reflexões sobre o Sábio como norma se fixaram pouco a pouco, por muitas razões, na figura única de Sócrates. Inicialmente, eu encontrava nele uma figura que exerceu sobre toda tradição ocidental uma influência universal, de imenso alcance. A seguir, e sobretudo, a figura de Sócrates, ao menos aquela que Platão desenhou, apresentava aos meus olhos a vantagem única de ser a de um mediador entre o ideal transcendente da Sabedoria e a realidade humana concreta. Paradoxo, e ironia completamente socrática, Sócrates não é

---

[1] Esta conferência foi publicada como livro independente na França (Paris, Éditions Allia, 2007) e no Brasil (São Paulo, Editora Loyola, 2012, Trad. L. Oliveira, F. F. Loque) com o título "Elogio de Sócrates". O texto publicado nos *Exercícios Espirituais* é, fundamentalmente, o mesmo, razão pela qual há que se agradecer à Editora Loyola por ter permitido sua reprodução. Entretanto, além da modificação dos títulos, há diferenças entre os dois textos, que foram preservadas pelos tradutores. (N. T.)

[2] Aristóteles, *Protreptique*, fragm. 5, em *Aristotelis Fragmenta Selecta*, W. D. Ross (ed.), Oxford, 1955. Ver a tradução alemã em I. Düring, *Aristóteles*, Heidelberg, 1966, p. 414 (e n. 87).

um sábio, mas um "filósofo", isto é, um amante da sabedoria, da norma ideal e transcendente.

Falar de Sócrates é, evidentemente, expor-se a todos os tipos de dificuldades de ordem histórica. Os testemunhos que possuímos sobre Sócrates, os de Platão, os de Xenofonte, transformaram, idealizaram, deformaram o Sócrates histórico.[3] Não busco aqui encontrar, reconstruir o Sócrates histórico. O que tentarei apresentar-lhes agora é a figura de Sócrates tal como ela agiu na nossa tradição ocidental, concentrando-me todavia – pois trata-se de um fenômeno gigantesco – na figura de Sócrates tal como aparece no *Banquete* de Platão, e tal como é percebida por esses dois grandes socráticos que são Kierkegaard[4] e Nietzsche.[5]

I. Sileno

Sócrates, como eu disse, aparece como um mediador entre a norma ideal e a realidade humana. A ideia de mediação, de

---

[3] Sobre o problema do Sócrates histórico, cf. O. Gigon, *Sokrates, sein Bild in Dichtung und Geschichte*, Berna, 1945; Magalhães-Vilhena, *Le Problème de Socrate. Le Socrate Historique et Le Socrate de Platon*, Paris, 1952. Assinalemos, em uma literatura imensa, duas preciosas pequenas introduções a Sócrates: A. J. Festugière, *Socrate*, Paris, Flammarion, 1934, e M. Sauvage, *Socrate et la Conscience de l'Homme*, Paris, Seuil, 1970.

[4] Sobre Kierkegaard e Sócrates, cf. J. Himmelstrup, *S. Kierkegaards Sokrates-Auffassung*, Neumünster, 1927; J. Wild, "Kierkegaard and Classic Philology", em *Philosophical Review*, t. 49, 1940, p. 536-37; J. Wahl, *Études Kierkegaardiennes*, Paris, 1938; E. Pivcevic, *Ironie als Daseinsform bei Sören Kiekergaard*, Gütersloh, 1960; T. Bohlin, *Sören Kierkegaard, L'Homme et l'Oeuvre*, trad. P. H. Tisseau, Bazoges en Pareds (Vendée), 1941.

[5] Sobre Nietzsche e Sócrates, cf. E. Bertram, *Nietzsche. Versuch einer Mythologie*, 9. ed., Bonn, 1985 (trad. R. Pitrou, *Nietzsche. Essai de Mythologie*, Paris, 1932; 2. ed., Paris, Le Félin, 1991); H. Hasse, *Das Problem des Sokrates bei F. Nietzsche*, Leipzig, 1918; K. Hildebrandt, *Nietzsches Wettkampf mit Sokrates und Platon*, Dresden, 1922; E. Sandvoss, *Sokrates und Nietzsche*, Leiden, 1966; H. J. Schmidt, *Nietzsche und Sokrates*, Meisenheim, 1969. Sobre o conjunto do vasto fenômeno constituído pela repercussão da figura de Sócrates no Ocidente, encontraremos uma cômoda coletânea de textos em H. Spiegelberg, *The Socratic Enigma*, The Library of Liberal Arts, 1964, e, no que concerne aos séculos XVIII e XIX, poderemos recorrer a B. Böhm, *Sokrates im achtzehnten Jahrhundert. Studien zum Werdegang des modernen Persönlichkeitsbewusstseins*, Leipzig, 1929, e a H.-G. Seebeck, *Das Sokratesbild vom 19. Jahrhundert*, Göttingen, 1947.

intermediário, evoca as de justo meio e de equilíbrio. Espera-se ver aparecer uma figura harmoniosa, mesclando em refinadas nuanças traços divinos e traços humanos. Não é nada disso. A figura de Sócrates é confusa, ambígua, inquietante. O primeiro choque que ela nos reserva é a feiura física, que é bem atestada pelos testemunhos de Platão, de Xenofonte e de Aristófanes.[6] "É significativo", escreve Nietzsche, "que Sócrates tenha sido o primeiro grego ilustre feio".[7] "Tudo nele é excessivo, bufão, caricatural..."[8] E Nietzsche evoca "seus olhos de lagostim, seus grossos lábios, sua pança".[9] Ele se compraz em contar que o fisionomista Zopiro dissera a Sócrates que ele era um monstro e escondia em si os piores vícios e os piores apetites, e a quem Sócrates teria se contentado em responder: "Como me conheces bem".[10] O Sócrates do *Banquete* de Platão assemelha-se a um sileno,[11] o que bem pode conduzir a essas suspeitas. Silenos e sátiros eram na representação popular demônios híbridos, metade animais, metade humanos, que formavam o cortejo de Dioniso. Impudentes, bufões, lascivos, eles constituíam o coro dos dramas satíricos, gênero literário do qual o "Ciclope" de Eurípides permanece um dos raros testemunhos. Os silenos representam, então, o ser puramente natural, a negação

---

[6] Platão, *Banquete* 215b-c; Xenofonte, *Banquete* IV, 19 e V, 7; Aristófanes, *As Nuvens* 362 (obliquidade dos olhares), a aproximar de Platão, *Fédon* 117b.

[7] F. Nietzsche, *Socrate und die Tragödie* (trad. fr. G. Bianquis, in F. Nietzsche, *La Naissance de la Tragédie*, Paris, NRF, "Idées", 1949, p. 213). [Em português: F. Nietzsche, *O Nascimento da Tragédia ou Helenismo e Pessimismo*. 2. ed. Trad. J. Guinsburg. São Paulo, Companhia das Letras, 1992.] Para referências mais precisas aos textos de Nietzsche e Kierkegaard, ver o índice das citações dos dois autores.

[8] F. Nietzsche, *Götzen-Dämmerung, Das Problem des Sokrates*, §§ 3-4 (trad. fr. J.-Cl. Hémery, in F. Nietzsche, *Œuvres Philosphiques Complètes, Le Cas Wagner, Crépuscule des Idoles...*, § 4, Paris, NRF, 1974, p. 71). [Em português: F. Nietzsche, "O Problema de Sócrates", in: *Crepúsculo dos Ídolos*, trad. P. C. de Souza. São Paulo, Companhia das Letras, 2006, cap. II.] Em todas as notas seguintes, a referência a essa tradução francesa será simplesmente assinalada pela sigla trad. NRF.

[9] F. Nietzsche, *Socrate und die Tragödie* (trad. G. Bianquis, p. 212).

[10] F. Nietzsche, *Götzen-Dämmerung, Das Problem des Sokrates*, § 3 (trad. NRF, t. VIII, p. 71). Sobre essa história, cf. Cícero, *De fato* V, 10; *Tusculan. Disput.* IV, 37, 80, e Alexandre de Afrodísia, *De fato*, p. 171, II, Bruns. Segundo Zopiro, Sócrates teria sido estúpido e pesado de espírito porque não possuía fossas nas clavículas. Essa representação talvez se encontre também na descrição que faz C. G. Carus do "tipo beócio" em *Symbolik der menschlichen Gestalt*, 1858 (reed., Hildesheim/Darmstadt, 1962), p. 266.

[11] Cf. nota 6 anterior.

da cultura e da civilização, a bufonaria grotesca, a licenciosidade dos instintos.[12] Kierkegaard dirá: Sócrates era um traquinas.[13]

É verdade que essa figura de sileno é apenas uma aparência, tal como Platão nos permite entendê-la, uma aparência que esconde outra coisa. No famoso elogio de Sócrates no final do *Banquete*,[14] Alcibíades compara Sócrates aos silenos que, nas lojas dos escultores, servem de cofres para guardar pequenas estatuetas de deuses. Assim, o aspecto exterior de Sócrates, a aparência quase monstruosa, feia, bufona, impudente, é apenas uma fachada e uma máscara.

Isso nos conduz a um novo paradoxo: depois da feiura, a dissimulação. Como diz Nietzsche: "Tudo nele é dissimulado, retorcido, subterrâneo".[15] Assim, Sócrates se mascara e também serve de máscara aos outros.

Sócrates se mascara a si mesmo: é a famosa ironia socrática, da qual ainda teremos que extrair o significado. Sócrates finge a ignorância e a impudência: "Ele passa seu tempo", diz Alcibíades, "a se fazer de ingênuo e infantil com as pessoas".[16] "As palavras, as frases que formam o envelope exterior dos seus discursos se parecem com a pele de um sátiro impudente."[17] Suas aventuras amorosas e seu ar ignorante "são as exterioridades com as quais ele se cobre, como o sileno esculpido".[18] Sócrates triunfou mesmo tão perfeitamente nessa dissimulação que se mascarou

---

[12] O próprio Nietzsche insiste fortemente, em *Die Geburt der Tragödie*, § 8, na aliança da sabedoria e do instinto primitivo na figura dos silenos e sátiros. Tema que é necessário aproximar das observações de C. G. Jung sobre a aliança da sabedoria e da bufonaria no ser cuja natureza é de elfo (C. G. Jung, *Von den Wurzeln des Bewusstseins*, Zürich, 1954, p. 42). Cf. a nota seguinte.

[13] S. Kierkegaard, *Über den Begriff der Ironie mit ständiger Rücksicht auf Sokrates*, Berlim, 1929, p. 7. [Em português: S. Kierkegaard, *O Conceito de Ironia*, trad. A. Valls. Petrópolis, Vozes, 1991.]

[14] Platão, *Banquete*, 215b.

[15] Nietzsche, F. *Götzen-Dämmerung, Das Problem des Sokrates*, op. cit., § 4 (trad. NRF).

[16] *Banquete* 216e. As traduções das citações de Platão foram extraídas da edição das obras de Platão publicada na coleção C. U. F., Paris, Les Belles Lettres. Às vezes, elas foram ligeiramente modificadas.

[17] Ibidem, 221e.

[18] Ibidem, 216d.

definitivamente para a História. Nada escreveu, contentou-se em dialogar, e todos os testemunhos que possuímos sobre ele o ocultam mais do que o revelam a nós, precisamente porque Sócrates sempre serviu de máscara àqueles que falaram dele.

Por se mascarar a si mesmo, Sócrates tornou-se o *prosopon*, a máscara, de personalidades que tiveram necessidade de se proteger atrás dele. Ele lhes deu ao mesmo tempo a ideia de se mascarar e a de tomar como máscara a ironia socrática. Existe aí um fenômeno extremamente complexo por suas implicações literárias, pedagógicas e psicológicas.

O núcleo desse fenômeno é, então, a ironia do próprio Sócrates. Eterno questionador, Sócrates levava seus interlocutores, por hábeis interrogações, a reconhecer a ignorância deles. Ele os enchia assim de uma perturbação que os levava eventualmente a colocar em questão toda a sua vida. Depois da morte de Sócrates, a lembrança das conversações socráticas inspirou um gênero literário, os *logoi sokratikoi*, que imita as discussões orais que Sócrates mantivera com os interlocutores mais variados. Nesses *logoi sokratikoi*, Sócrates torna-se então um *prosopon*, isto é, um interlocutor, um personagem, uma máscara então, se nos lembramos do que é o *prosopon* no teatro. O diálogo socrático, muito especialmente sob a forma sutil e refinada que Platão lhe deu, tende a provocar no leitor um efeito análogo àquele que os discursos vivos de Sócrates provocavam. O leitor encontra-se, ele também, na situação do interlocutor de Sócrates, porque não sabe onde as questões de Sócrates vão conduzi-lo. A máscara, o *prosopon*, de Sócrates, desconcertante e inatingível, introduz uma perturbação na alma do leitor e a conduz a uma tomada de consciência que pode ir até à conversão filosófica. Como bem mostrou K. Gaiser,[19] o próprio leitor é convidado a se refugiar atrás da máscara socrática. Em quase todos os diálogos socráticos de Platão sobrevém um momento de crise no qual o desencorajamento toma os interlocutores. Eles não têm mais confiança na possibilidade de continuar a discussão; o diálogo corre o risco de se romper. Então Sócrates intervém: ele toma para si a perturbação, a dúvida,

---

[19] K. Gaiser, *Protreptik und Paränese bei Platon. Untersuchungen zur Form des platonischen Dialogs*, Stuttgart, 1959, p. 26, 149 ss. e 197.

a angústia dos outros, os riscos da aventura dialética; ele inverte assim os papéis. Se há um revés, isso será sua própria dificuldade. Ele apresenta assim aos interlocutores uma projeção do próprio eu deles; os interlocutores podem assim transferir a Sócrates sua perturbação pessoal e reencontrar a confiança na pesquisa dialética, no próprio *logos*.

Acrescentemos que, nos diálogos platônicos, Sócrates serve de máscara para Platão; Nietzsche dirá, de "semiótica".[20] Como bem notou P. Friedländer,[21] não obstante o "Eu" tivesse feito sua aparição havia muito tempo na literatura grega, com Hesíodo, Xenófanes, Parmênides, Empédocles, os sofistas, o próprio Xenofonte, que não se privaram de falar em primeira pessoa, Platão, da sua parte, em seus *Diálogos*, apaga-se totalmente atrás de Sócrates e evita sistematicamente o emprego do "Eu". Há aí uma relação extremamente sutil da qual não podemos compreender perfeitamente todo o significado. É preciso, com K. Gaiser e H. J. Krämer,[22] supor que Platão distinguia cuidadosamente entre o próprio ensinamento, oral e secreto, reservado aos membros da Academia, e os diálogos escritos, nos quais, utilizando a máscara de Sócrates, exortava seus leitores à filosofia? Ou é preciso admitir que Platão utiliza a figura de Sócrates para apresentar sua doutrina com certa distância, certa ironia? Seja como for, essa situação original marcou fortemente a consciência ocidental, e quando os pensadores ficaram conscientes – e apavorados – da renovação radical que eles traziam, utilizaram, por seu turno, uma máscara e, de preferência, a máscara irônica de Sócrates, para afrontar seus contemporâneos.

Em seus *Sokratische Denkwürdigkeiten*, no século XVIII, Hamann faz o elogio de Sócrates, como ele mesmo diz: *mimice*,[23]

---

[20] F. Nietzsche, *Ecce Homo. Die Unzeitgemässe*, § 3.

[21] P. Friedländer, *Plato*, vol. I, New York, 1958, p. 126.

[22] K. Gaiser, *Platons ungeschriebene Lehre. Studien zur systematischen und geschichtlichen Begründung der Wissenschaften in der Platonischen Sule*, Stuttgart, 1963 (2. ed., 1968). H. J. Krämer, *Arete bei Platon und Aristoteles. Zum Wesen und zur Geschichte der platonischen Ontologie*, Heidelberg, 1959 (2. ed., Amsterdam, 1967). Para um histórico e uma posição sobre a questão, cf. *Das Problem der ungeschriebenen Lehre Platons*, editado por von Jürgen Wippern, Darmstadt (Wege der Forschung, t. 186), 1972. Cf. também M.-D. Richard, *L'Enseignement Oral de Platon*, Paris, 1986.

[23] J. G. Hamann, *Sokratische Denkwürdigkeiten*, explicado por von F. Blanke, Gütersloh, 1959, p. 74.

isto é, tomando ele próprio a máscara de Sócrates – o racionalista puro aos olhos dos filósofos do século XVIII[24] – para deixar entrever por trás dessa máscara uma figura profética de Cristo. O que em Hamann é apenas um procedimento passageiro torna-se atitude fundamental e existencial em Kierkegaard. Essa atitude se manifesta nele em primeiro lugar pelo procedimento da pseudonímia. Sabemos que a maior parte da obra de Kierkegaard foi publicada sob pseudônimos: Victor Eremita, Johannes Climacus etc. Não se trata de um artifício de editor; esses pseudônimos correspondem a níveis: "estético", "ético", "religioso", nos quais presumivelmente situa-se o autor, que vai falar sucessivamente do cristianismo como esteta, depois como moralista, a fim de fazer seus contemporâneos tomarem consciência do fato de que não são cristãos. "Ele se recobre com a máscara do artista e do moralista meio-crente para falar das suas mais profundas crenças."[25] Kierkegaard é perfeitamente consciente do caráter socrático do procedimento:

> Do ponto de vista global da obra inteira, a produção estética é uma fraude na qual as obras pseudonímicas adquirem seu sentido profundo. Uma fraude! É muito feio! A que eu respondo para que não se use mal a palavra. Pode-se enganar um homem em vista do verdadeiro e, para lembrar o velho Sócrates, enganá-lo pode levá-lo ao verdadeiro. É mesmo a única maneira quando ele é vítima de uma ilusão.[26]

Trata-se de fazer o leitor sentir seu erro, não o refutando diretamente, mas o expondo a ele de tal modo que sua absurdidade lhe apareça claramente. É completamente socrático. Contudo, ao mesmo tempo, pela pseudonimia, Kierkegaard dá a palavra a todos os personagens que nele estão. Ele objetiva assim seus diferentes eus sem se reconhecer em nenhum, como Sócrates, por suas hábeis questões, objetiva o eu de seus interlocutores, sem se

---

[24] Sobre esse ponto, cf. a obra de B. Böhm citada na nota 5 anterior.
[25] J. Wahl, *Études Kierkegaardiennes*, p. 282.
[26] S. Kierkegaard, *Point de Vue Explicatif de mon Oeuvre* (título da trad. alemã: *Der Gesichtspunkt für meine Wirksamkeit als Schriftsteller*), trad. fr. de P. H. Tisseau, Bazoges-en-Pareds, 1940, p. 35. [Em português: S. Kierkegaard, *Ponto de Vista Explicativo da Minha Obra como Escritor*, trad. J. Gama, rev. A. Mourão. Lisboa, Edições 70, 1986.]

reconhecer neles. Kierkegaard escreve: "Minha melancolia fez que, durante anos, eu não tenha podido dizer 'tu' a mim mesmo. Entre a melancolia e este 'tu' residia todo um mundo de fantasia. Eu o esgotei em parte nos meus pseudônimos".[27] Kierkegaard, porém, não se contenta em se mascarar detrás dos pseudônimos. Sua verdadeira máscara é a própria ironia socrática, é o próprio Sócrates: "Ó, Sócrates!... Tua aventura é a minha". "Eu estou só. Minha única analogia é Sócrates. Minha tarefa é uma tarefa socrática."[28]

Kierkegaard chamava esse método socrático de método de comunicação indireta.[29] Nós o reencontramos em Nietzsche. É a seus olhos o método do grande educador: "Um educador nunca diz o que pensa, mas sempre e exclusivamente o que ele pensa de uma coisa quanto à sua utilidade para aquele que ele educa. Essa dissimulação, não é necessário adivinhá-la".[30] Método justificado pela missão transcendente do educador: "Todo espírito profundo necessita de uma máscara; e mais, uma máscara se forma perpetuamente em torno de todo espírito profundo, graças à interpretação continuamente falsa, isto é, rasa, dada a todas as suas palavras, a todas as suas trajetórias, a todas as manifestações da sua vida".[31] A essa teoria da máscara, a máscara do sileno socrática serve de modelo: "Tal era, creio", escreve Nietzsche nos textos inéditos do último período da sua vida, "o charme diabólico de Sócrates. Ele tinha uma alma, mas por trás uma outra ainda, e por trás ainda uma outra. Na primeira, Xenofonte se instala para dormir; na segunda, Platão; na terceira, ainda Platão, mas Platão com sua segunda alma. Platão, por seu turno, é um homem cheio de cavernas ocultas e de fachadas".[32] Como em Kierkegaard, há em Nietzsche uma necessidade pedagógica, mas também uma necessidade psicológica: "Existem homens" (e Nietzsche faz parte deles) "que não querem ser

---

[27] Citado por J. Wahl, *Études Kierkegaardiennes*, op. cit., p. 52.

[28] S. Kierkegaard, *L'Instant* (título alemão: *Der Augenblick*), trad. fr. de P.-H. Tisseau, 1948, p. 174-76.

[29] Sobre a comunicação indireta, cf. J. Wahl, *Études Kierkegaardiennes*, op. cit., p. 281-88 e p. 684 (sobre a teoria da máscara em Nietzsche).

[30] Citado por E. Bertram, *Nietzsche*, op. cit., p. 341 (trad. Pitrou, p. 408).

[31] F. Nietzsche, *Jenseits von Gute und Böse*, § 40 (trad. G. Bianquis). [Em português: F. Nietzsche, *Além do Bem e do Mal*. 2. ed. Trad. P. C. de Souza. São Paulo, Companhia das Letras, 1992.]

[32] Citado por E. Bertram, *Nietzsche*, op. cit., p. 188 (trad. Pitrou, p. 240).

vistos de outro modo a não ser meio velados por outros. Há aí muita sabedoria".[33] Assim Nietzsche, como ele próprio reconhece em *Ecce Homo*,[34] tomou por máscara, escrevendo suas *Unzeitgemässe Betrachtungen*, seus mestres Schopenhauer e Wagner, como Platão, diz ele, serviu-se de Sócrates como semiótica. Há, de fato, uma relação comparável àquela que existe entre Sócrates e Platão: Nietzsche fala de um Wagner ideal e de um Schopenhauer ideal que não são outros além do próprio Nietzsche. E, precisamente, como bem mostrou E. Bertram,[35] uma das máscaras de Nietzsche é certamente o próprio Sócrates, Sócrates que ele persegue com o mesmo ódio amoroso que Nietzsche experimenta contra Nietzsche, Sócrates que, diz ele, "se assemelha tanto a ele que deve combatê-lo quase constantemente".[36] Em Sócrates, Nietzsche detesta o Nietzsche que dissolve o mito para colocar no lugar dos deuses o conhecimento do bem e do mal, o Nietzsche que reconduz os espíritos às coisas humanas demasiado humanas, e ele ama, ele inveja em Sócrates o que ele próprio gostaria de ser: o sedutor, o educador, o condutor de almas. Voltaremos a falar desse ódio amoroso.

Essa máscara socrática é a máscara da ironia. Se examinamos os textos de Platão,[37] de Aristóteles[38] ou de Teofrasto[39] nos quais aparece a palavra *eironeia*, podemos deduzir deles que a ironia é uma atitude psicológica na qual o indivíduo busca parecer inferior ao que ele é: ele se autodeprecia. No uso e na arte do discurso, essa disposição se manifesta por uma tendência a fingir dar razão ao interlocutor, a fingir adotar o ponto de vista do adversário. A figura retórica da *eironeia* consistirá então em empregar palavras ou em desenvolver discursos que o ouvinte esperaria antes encontrar na boca do adversário.[40] É bem assim que se apresenta

---

[33] Ibidem, p. 181 (trad. Pitrou, p. 234).

[34] F. Nietzsche, *Ecce Homo. Die Unzeitgemässe*, § 3.

[35] E. Bertram, *Nietzsche*, op. cit., p. 182 (trad. Pitrou, p. 235). Todo o capítulo de Bertram sobre a máscara de Nietzsche vale ser lido.

[36] Citado ibidem, p. 319 (trad. Pitrou, p. 385).

[37] Platão, *República*, 337a; *Banquete* 216e5; *Apologia* 38a1.

[38] Aristóteles, *Ética a Nicômaco* 1108 a 22; 1127 a 22.

[39] Teofrasto, *Caracteres*, § 1.

[40] Cf. H. Lausberg, *Handbuch der literarischen Rhetorik*, Munich, 1960, § 582 e 902, onde se encontram todas as referências. Um dos mais belos exemplos da

a ironia socrática; "Sócrates, autodepreciando-se", nos diz Cícero, "concedia mais do que era necessário aos interlocutores que ele queria refutar; assim, pensando uma coisa e dizendo outra, ele tinha prazer em usar habitualmente essa dissimulação a que os gregos chamam 'ironia'".[41] Trata-se então de uma autodepreciação fingida, que consiste, de início, em se fazer passar exteriormente por alguém completamente comum e superficial. Como diz Alcibíades em seu elogio de Sócrates: "Seus discursos são muito semelhantes aos silenos que se entreabrem. Ainda que bem queiramos escutá-los, à primeira impressão, certamente não deixaremos de achá-los absolutamente ridículos [...]. Ele nos fala de burros de carga, de ferreiros, de sapateiros, de correeiros, ele dá ares de repetir sempre a mesma coisa, de modo que não há no mundo ignorante ou imbecil que não faça dos seus discursos objeto de chacota".[42] Banalidade de assuntos, banalidade também de interlocutores! Ele busca e encontra seus ouvintes nos mercados, nos ginásios, nas oficinas de artesãos, nas lojas. É um homem da rua. "A mediocridade", dirá Nietzsche, "é a máscara mais feliz que pode carregar o espírito superior".[43]

Sócrates fala, discute, mas se recusa a ser considerado como um mestre: "Quando as pessoas vinham a ele", observa Epiteto, "para lhe pedir que as apresentassem a outros filósofos, ele o fazia de bom grado e aceitava com prazer não ser ele próprio notado".[44] Se Sócrates se recusa a ser considerado como um mestre – e aqui tocamos o coração da ironia socrática –, se ele se recusa a ensinar, é que ele não tem nada a dizer, que ele não tem nada a comunicar, pela boa e simples razão de que ele nada sabe, tal como proclama frequentemente. Não tendo nada a dizer, não tendo tese a defender, Sócrates só pode interrogar, recusando-se totalmente a

---

utilização retórica da ironia é o elogio da escravidão dos negros por Montesquieu, *Esprit des Lois*, XV, 5.

[41] Cícero, *Luculus* 15; *Brutus* 292-300.

[42] Platão, *Banquete* 221e.

[43] F. Nietzsche, *Menschiches, Allzumenschliches, Der Wanderer und sein Schatten*, § 175 (trad. NRF, t. III, 2, p. 231). [Em português: F. Nietzsche, "O Andarilho e sua Sombra", in: *Humano, Demasiado Humano II*. Trad. P. C. de Souza. São Paulo, Companhia das Letras, 2008, Segunda Parte.]

[44] Epiteto, *Manual*, § 46. Cf. F. Schweingruber, "Sokrates und Epiktet", *Hermes*, t. 78, 1943, p. 52-79.

responder a questões: "Eis tua *eironeia* habitual", brada o Trasímaco do primeiro livro da *República*, "eu bem sabia, eu predissera: tu recusas responder às questões, tu encontras escapatórias".[45] Aristóteles descreve ainda mais claramente a situação: "Sócrates assumia sempre o papel do interrogador, jamais do respondedor, pois ele declarava nada saber".[46]

Não podemos saber exatamente como se desenrolaram as discussões de Sócrates com os atenienses. Os diálogos de Platão, mesmo os mais "socráticos", são delas apenas uma imitação duplamente enfraquecida. De início, eles são escritos, não falados, e, como observou Hegel, "no diálogo escrito, as respostas estão inteiramente sob o controle do autor; mas encontrar na realidade pessoas que respondem dessa maneira é outra coisa".[47] Ademais, podemos reconhecer nos diálogos platônicos, sob o charme da ficção literária, o traço dos exercícios escolares da Academia platônica. Aristóteles codificou em seus *Tópicos* as regras dessas disputas dialéticas.[48] Nesses exercícios de argumentação, questionador e respondedor tinham papel bem determinado, e as regras dessa esgrima intelectual eram definidas com rigor. Não temos de buscar o que, historicamente, pode ser propriamente socrático nas discussões narradas por Platão, mas temos de extrair o significado da ironia socrática tal como a tradição a conheceu, os movimentos da consciência aos quais ela corresponde.

Otto Apelt[49] caracterizou bem o mecanismo da ironia socrática: *Spaltung und Verdoppelung*; Sócrates desdobra-se para "cortar"

---

[45] Platão, *República* 337a (*Górgias* 489e; *Teeteto* 150c).

[46] Aristóteles, *Elencos sofísticos*, 183b8.

[47] G. W. F. Hegel, *Vorlesungen über die Geschichte der Philosophie*, Bd. II, 65 (trad. P. Garniron, t. 2, p. 291). As páginas consagradas a Sócrates nessa obra de Hegel são de grande profundidade, completamente penetradas do grande problema da ironia romântica.

[48] P. Moraux, "La Joute Dialectique d'après le Huitième Livre des Topiques", in *Aristotle on Dialectic, Proceedings of the Third Symposium Aristotelicum*, Oxford, 1968, p. 277-311. Sobre o significado filosófico das disputas dialéticas, cf. E. Weil, "La Place de la Logique dans la Pensée Aristotélicienne", *Révue de Métaphysique et de Morale*, t. 56, 1951, p. 283-315. Ver também E. Hambruch, "Logische Regeln der Platonischen Schule in der Aristotelischen Topik", in: *Wissenschaftliche Beilage zum Jahresbericht des Askanischen Gymnasiums zu Berlin*, Berlin, 1904.

[49] O. Apelt, *Platonische Aufsätze*, Berlin, 1912, p. 96-108. Sobre a ironia socrática, consultaremos também a muito importante obra de M. Landmann, *Elenktik und*

o adversário em dois. Sócrates desdobra-se: há de um lado o Sócrates que sabe de antemão como vai terminar a discussão, mas há do outro lado o Sócrates que vai percorrer o caminho, todo o caminho dialético com seu interlocutor. Este último não sabe aonde Sócrates o conduz. Está aí a ironia. Sócrates, percorrendo o caminho com seu interlocutor, exige incessantemente um acordo total de seu parceiro. Tomando como ponto de partida a posição desse parceiro, ele o faz admitir pouco a pouco todas as consequências dessa posição. Exigindo a cada instante esse acordo, que é fundado sobre as exigências racionais do Discurso sensato, do Logos,[50] ele objetiva a trajetória em comum e conduz o interlocutor a reconhecer que sua posição inicial era contraditória. Em geral, Sócrates escolhe como tema de discussão a atividade que é familiar a seu interlocutor e busca definir com ele o saber prático que é requerido para exercer essa atividade: o general deve saber combater corajosamente, o adivinho deve saber se comportar com piedade em relação aos deuses. E eis que, ao fim do caminho, o general não sabe mais o que é a coragem, o adivinho não sabe mais o que é a piedade. O interlocutor se dá conta então de que ele não sabe verdadeiramente por que age. Todo o seu sistema de valores lhe parece bruscamente sem fundamento. Até então ele se identificava de algum modo com o sistema de valores que comandava sua maneira de falar. Agora se opõe a ele. O interlocutor está então cortado em dois: há o interlocutor tal qual ele era antes da discussão com Sócrates e há o interlocutor que, no constante acordo mútuo, se identificou com Sócrates e, doravante, não é mais o que ele era antes.

O ponto capital, nesse método irônico, é o caminho percorrido em conjunto por Sócrates e seu interlocutor.[51] Sócrates finge querer aprender algo com seu interlocutor: é aí que reside a autodepreciação irônica. Mas, de fato, não obstante ele pareça se identificar com seu interlocutor, entrar totalmente em seu discurso,

---

Maieutik, Bonn, 1950, e o excelente artigo de R. Schaerer, "Le Mécanisme de l'Ironie dans ses Rapports avec la Dialectique", *Révue de Métaphysique et de Morale*, t. 49, 1941, p. 181 ss. Sobre a ironia em geral, cf. V. Jankélévitch, *L'Ironie*, Paris, 1964.

[50] Esse *logos* comum a Sócrates e a seu interlocutor é personificado em Platão, *Protágoras* 361a.

[51] Ver nota precedente.

no final das contas é o interlocutor que, inconscientemente, entra no discurso de Sócrates, identifica-se com Sócrates, isto é, com a aporia e a dúvida, não esqueçamos, pois Sócrates nada sabe, ele sabe somente que nada sabe. Ao final da discussão, então, o interlocutor não aprendeu nada. Ele não sabe mais nada. Durante todo o tempo da discussão, porém, ele experimentou o que é a atividade do espírito, melhor ainda, ele foi o próprio Sócrates, isto é, a interrogação, o pôr em questão, o recuo em relação a si mesmo, isto é, finalmente, a consciência.

Esse é o sentido profundo da maiêutica socrática. Sabemos que no *Teeteto* Sócrates conta que tem a mesma profissão de sua mãe. Ela era parteira e assistia aos nascimentos corporais. Ele é parteiro de espíritos: assiste-os em seu nascimento. Ele mesmo nada engendra, pois nada sabe; somente ajuda os outros a engendrar a si próprios.[52] A maiêutica socrática inverte totalmente as relações entre mestre e discípulo, como bem viu Kierkegaard: "Ser mestre não é martelar afirmações, nem dar lições para aprender etc.; ser mestre é verdadeiramente ser discípulo. O ensino começa quando tu, mestre, aprendes com o discípulo, quando tu te instalas naquilo que ele compreendeu, na maneira como ele compreendeu".[53]

> O discípulo é a ocasião para o mestre se autocompreender, o mestre é a ocasião para o discípulo se autocompreender. Em sua morte, o mestre nada tem a reivindicar acerca da alma do discípulo, não mais que o discípulo acerca da de seu mestre... O melhor modo de compreender Sócrates é justamente compreender que não lhe devemos nada, é isso que Sócrates prefere e que é bom ter podido preferir.[54]

Tocamos em um dos significados possíveis da enigmática profissão de fé de Sócrates: "Sei apenas uma coisa, é que eu não sei nada".[55] Ela pode querer dizer de fato: Sócrates não possui

---

[52] Platão, *Teeteto* 150a.

[53] S. Kierkegaard, *Point de Vue Explicatif de mon Oeuvre*, trad. Tisseau, p. 28.

[54] S. Kierkegaard, *Riens Philosophiques* (título da trad. alemã: *Philosophische Brocken*), trad. Ferlov e Gateau, Paris, Gallimard, "Idées", 1948, pp. 68 e 119. [Em português: S. Kierkegaard, *Migalhas Filosóficas*. 2. ed. Trad. E. Reichmann, A. Valls. Petrópolis, Vozes, 2008.]

[55] Platão, *Apologia* 21d5.

nenhum saber transmissível, não pode fazer passar ideias de seu espírito ao espírito de outrem. Como diz o Sócrates do *Banquete* de Platão: "Que felicidade seria, Agatão, se o saber fosse coisa de tal sorte que, daquele que é mais pleno, pudesse ser vertido naquele que é mais vazio".[56] Nas *Memoráveis*, de Xenofonte, Hípias diz a Sócrates: em lugar de questionar sempre sobre a justiça, valeria mais nos dizer de uma vez por todas o que ela é. A que Sócrates responde: "Na falta da palavra, eu faço ver o que é a justiça por meus atos".[57] Sócrates, é verdade, é um apaixonado pela palavra e pelo diálogo. No entanto, ele quer também apaixonadamente mostrar os limites da linguagem. Nunca compreenderemos a justiça se não a vivermos. Como toda realidade autêntica, a justiça é indefinível. É precisamente o que Sócrates quer fazer seu interlocutor compreender ao convidá-lo a "viver" a justiça. O questionamento do discurso leva de fato a um questionamento do indivíduo, que deve decidir se tomará ou não a resolução de viver segundo a consciência e a razão. Como diz um interlocutor de Sócrates: "Ele nos conduz em um circuito de discursos sem fim, até que nele se venha a ter que dar razão de si mesmo, seja da maneira como se vive presentemente, seja daquela como se viveu a existência passada".[58] O indivíduo é assim posto em questão nos próprios fundamentos de sua ação; ele toma consciência do problema vivo que ele mesmo é para si. Todos os valores são assim invertidos e o interesse que lhes atribuíamos: "Não tenho nenhum cuidado", diz Sócrates na *Apologia de Sócrates* escrita por Platão,

> não tenho nenhum cuidado com aquilo de que a maioria das pessoas cuida, negócios de dinheiro, administração de bens, cargos de estratégia, sucessos oratórios em público, magistraturas, coalizões, facções políticas. Engajei-me não nesta via... mas naquela onde, a cada um dos senhores em particular, eu farei o maior bem tentando persuadi-lo de se preocupar menos com o que tem do que com o que é, para tornar-se tão excelente e razoável quanto possível.[59]

---

[56] Platão, *Banquete* 175d.
[57] Xenofonte, *Memoráveis* IV, 4, 10.
[58] Platão, *Laques* 187e.
[59] Platão, *Apologia* 36b.

Por esse apelo ao ser do indivíduo, a trajetória socrática é existencial. Eis por que, cada qual à sua maneira, Kierkegaard e Nietzsche quiseram repeti-la. Esse questionamento do indivíduo, esse "Cuida de ti mesmo"[60] que Sócrates repete incansavelmente, como não o reencontrar nesse texto de Nietzsche no qual, descrevendo o homem segundo Schopenhauer, ele o mostra isolado em meio à inconsciência de seus contemporâneos: "Sob cem máscaras diversas, jovens, adultos, velhos, pais, cidadãos, padres, funcionários, comerciantes ostentam e só refletem sobre a comédia que dão todos juntos sem pensar o mínimo sequer em si próprios. À questão 'por que vivem?', responderiam imediatamente com orgulho: para tornar-me um bom cidadão, um erudito, um homem de Estado!".[61] "Todas as instituições humanas não estão destinadas a impedir os homens de sentir sua vida, graças à dispersão constante de seus pensamentos?"[62] "A pressa é geral porque todos querem escapar de si próprios."[63] Já o Alcibíades do *Banquete* dizia: "Sócrates me obriga a reconhecer para mim mesmo que, ainda que eu seja deficiente sob tantos pontos, persisto em não cuidar de mim mesmo e em me ocupar somente dos negócios dos atenienses".[64] Aqui se entrevê o teor político da inversão dos valores, da mudança das normas diretivas da vida. O cuidado do destino individual não pode deixar de provocar um conflito com a Cidade.[65] Esse será o sentido profundo do processo e da morte de Sócrates. A ironia socrática torna-se dramática quando nós a vemos, graças ao testemunho da *Apologia de Sócrates*, exercer-se às custas dos acusadores do filósofo e provocar, de algum modo, sua condenação à morte.[66]

---

[60] Platão, *Alcibíades* 120d4; *Apologia* 36c.

[61] Fr. Nietzsche, *Unzeithemässe Betrachtungen*, III, 4, trad. fr. de G. Bianquis, Paris, Aubier, 1966, p. 79.

[62] Ibidem, p. 79.

[63] Ibidem, p. 87.

[64] Platão, *Banquete* 216a.

[65] Hegel insiste fortemente nesse ponto em *Vorlesungen über die Geschichte der Philosophie* (*Leçons sur l'Histoire de la Philosophie*, trad. P. Garniron, t. 2, p. 333): "Nenhum povo e menos ainda um povo livre, de uma liberdade como aquela do povo ateniense, tem de reconhecer um tribunal da consciência moral".

[66] Essa vontade de morrer, em Sócrates, colocará um problema para Nietzsche, do qual falaremos mais à frente.

Está aí, precisamente, a "seriedade da existência" da qual fala Kierkegaard.[67] O mérito de Sócrates, a seus olhos, é ter sido um pensador enraizado na existência, não um filósofo especulativo que esquece o que é existir.[68] A categoria fundamental da existência para Kierkegaard é o Indivíduo, é o Único,[69] a solidão da responsabilidade existencial. Para ele, Sócrates foi seu inventor.[70] Reencontramos aqui uma das razões profundas da ironia socrática. A linguagem direta é impotente para comunicar a experiência de existir, a consciência autêntica do ser, a seriedade do vivido, a solidão da decisão. Falar é ser condenado duplamente à banalidade.[71] Inicialmente, não há comunicação direta da experiência existencial: toda palavra é "banal". E, de outra parte, a banalidade, sob a forma da ironia, pode permitir a comunicação indireta.[72] Como diz Nietzsche: "Creio sentir que Sócrates era profundo (sua ironia correspondia à necessidade de se dar um ar superficial para poder permanecer em relação com os homens)".[73] Para o pensador existencial, a banalidade e o superficial são, com efeito, uma necessidade vital: trata-se de permanecer em contato com os homens, ainda que estejam inconscientes. Entretanto, são também artifícios pedagógicos: os desvios e os circuitos de ironia, o choque da aporia podem penetrar a seriedade da consciência existencial, sobretudo se a ela se junta, como veremos, a potência de Eros. Sócrates não tem um sistema para ensinar. Sua filosofia é inteiramente exercício espiritual, novo modo de vida, reflexão ativa, consciência viva.

Talvez seja preciso dar um significado ainda mais profundo à fórmula socrática: "Sei que nada sei". Isso nos reconduz ao

---

[67] Cf. J. Wahl, *Études Kierkegaardiennes*, op. cit., p. 350 ss.

[68] Sobre esse tema, cf. Kierkegaard, *Post-scriptum non Scientifique* (título da trad. alemã: *Abschliessende unwissenchaftliche Nachschrift*), trad. Paul Petit, Paris, 1941, p. 47 ss.

[69] Cf. J. WAHL, *Études Kierkegaardiennes*, p. 270.

[70] S. Kierkegaard, *Point de Vue Explicatif de mon Oeuvre*, op. cit., II parte, cap. II, B, p. 50.

[71] Sobre o tema da banalidade, cf. L. Jerphagnon, *De la Banalité*, Paris, 1965.

[72] Cf. J. Wahl, *Études Kierkegaardiennes*, p. 281 ss, e notadamente as observações sobre as relações entre o incógnito divino e o incógnito do escritor, p. 285, n. 1.

[73] F. Nietzsche, *Inédits de 1882-1888*, Leipzig, 1903, t. XIII, p. 327.

nosso ponto de partida. Sócrates diz que não é um sábio.[74] Sua consciência individual desperta desse sentimento de imperfeição e inacabamento. Sobre esse ponto, Kierkegaard pode nos ajudar a compreender todo o significado da figura socrática. Kierkegaard afirma que só sabe uma coisa, que não é cristão. Ele está intimamente persuadido de que não o é, pois ser cristão é ter uma verdadeira relação pessoal e existencial com Cristo, é ter se apropriado plenamente dessa relação, é tê-la interiorizado em uma decisão que emanou das profundezas do eu. Dada a extrema dificuldade dessa interiorização, não há cristão. Somente Cristo é cristão. Ao menos, aquele que tem a consciência de não ser cristão é o melhor cristão, na medida em que reconhece que não é cristão.[75] A consciência de Kierkegaard, como toda consciência existencial, está então dividida. Ela só existe na consciência que tem de não existir verdadeiramente. Essa consciência kierkegaardiana é a consciência socrática: "Ó, Sócrates, tu tinhas a maldita vantagem de poder, graças à tua ignorância, pôr a lume que os outros eram ainda menos sábios que tu: eles não sabiam sequer que eram ignorantes. Tua aventura é a minha. Exasperaram-se contra mim vendo-me capaz de mostrar que os outros são ainda menos cristãos que eu; eu, todavia, sou tão respeitador do cristianismo que vejo e declaro que não sou cristão".[76]

A consciência socrática é também dividida e dilacerada, não pela figura do Cristo, mas pela figura do Sábio, norma transcendente. A justiça, como vimos, não se define, vive-se. Todos os discursos do mundo não poderão exprimir a profundidade da decisão do homem que escolhe ser justo. No entanto, toda decisão humana é precária e frágil. Escolhendo ser justo em tal ou tal ato, o homem tem o pressentimento de uma existência que seria justa, de maneira plena. Essa seria a do Sábio. Sócrates tem consciência de não ser sábio. Ele é não *sophos*,

---

[74] Platão, *Apologia* 23b: "Ó, homens, dentre os senhores o mais sábio (*sophotatos*) é aquele que sabe, como Sócrates, que na verdade ele não é bom em nada acerca da sabedoria (*sophia*)".

[75] Cf. J. Wahl, *Études Kierkegaardiennes*, p. 387 e p. 409, n. 1, sobre a teologia negativa.

[76] S. Kierkegaard, *L'Instant* (título da trad. alemã: *Der Augenblick*), op. cit., nº 10, p. 176.

mas *philosophos*, não um sábio, mas alguém que deseja a sabedoria, porque dela está privado.

Como diz excelentemente P. Friedländer, "a ironia socrática exprime a tensão entre a ignorância (isto é, a impossibilidade de exprimir com palavras o que é a justiça) e a experiência direta do desconhecido, isto é, da existência do homem justo, cuja justiça atinge o nível divino".[77] Como Kierkegaard só é cristão por sua consciência de não ser cristão, Sócrates só é sábio por sua consciência de não ser sábio. Desse sentimento de privação nasce um imenso desejo. Eis por que Sócrates, o filósofo, revestirá, para a consciência ocidental, os traços de Eros, o eterno vagabundo em busca da verdadeira beleza.

II. Eros

Poder-se-ia dizer que Sócrates é o primeiro indivíduo da história do pensamento ocidental. Como bem sublinhou W. Jaeger,[78] a literatura socrática, notadamente as obras de Platão e Xenofonte, buscando fazer o retrato literário de Sócrates, esforça-se por mostrar sua originalidade, sua unicidade. Essa necessidade nasce certamente da experiência extraordinária que representa o encontro com uma personalidade incomparável. Está bem aí, como observou Kierkegaard,[79] o sentido profundo das expressões *atopos*, *atopia*, *atopotatos*, que ressurgem muito seguidamente nos diálogos de Platão[80] para descrever o caráter de Sócrates, por exemplo no *Teeteto* (149a): "Diz-se que eu sou *atopotatos* e que eu só crio a *aporia*". A palavra significa etimologicamente "fora de lugar", logo estranho, extravagante, absurdo, inclassificável, desconcertante. Em seu elogio de Sócrates no *Banquete*, Alcibíades insiste nessa particularidade. Existem normalmente, nos diz

---

[77] P. Friedländer, *Plato*, op. cit., vol. 1, p. 153.

[78] W. Jaeger, *Paideia*, Berlin, 1954, t. II, p. 64. [Em português: W. Jaeger, *Paideia. A Formação do Homem Grego*, 4. ed., trad. A. M. Parreira. São Paulo, Martins Fontes, 2001.]

[79] S. Kierkegaard, *Point de Vue Explicatif sur mon Oeuvre*, op. cit., p. 50.

[80] Platão, *Banquete* 215a; *Fedro* 229-230; *Alcibíades* 106a.

ele, classes de homens, tipos ideais aos quais correspondem os indivíduos; por exemplo, há o tipo "grande general nobre e corajoso", seus representantes são, na Antiguidade homérica, Aquiles e, entre os contemporâneos, o chefe espartano Brásidas; há o tipo "homem de Estado eloquente e precavido", seus representantes são, na Antiguidade homérica, o grego Nestor, o troiano Antenor e, entre os contemporâneos, Péricles. Sócrates, no entanto, não se encaixa em nenhuma classe. Não se pode compará-lo a nenhum homem, conclui Alcibíades, quiçá aos silenos e aos sátiros.[81] Sim, Sócrates é o Indivíduo, o Único, esse Indivíduo tão caro a Kierkegaard que ele queria que se inscrevesse sobre o próprio túmulo: "Ele foi o Indivíduo".[82]

E, todavia, apesar desse caráter incomparável, veremos Sócrates revestir-se com os traços míticos de Eros.[83] É verdade que esse será um Eros concebido como uma projeção da figura de Sócrates.

Intimamente ligada à ironia do diálogo, há em Sócrates uma ironia do amor que conduz a inversões de situação totalmente análogas àquelas da ironia do discurso. Lembremos ainda que o amor aqui em questão é o amor homossexual, precisamente porque ele é um amor educador. Na Grécia do tempo de Sócrates, o amor masculino é uma lembrança e uma sobrevivência da educação guerreira arcaica, na qual o jovem nobre se formava nas virtudes aristocráticas, no quadro de uma amizade viril, sob a direção de um mais velho. A relação mestre-discípulo é concebida na época sofística a partir do modelo dessa relação arcaica e se exprime de bom grado em uma terminologia erótica. A parte da retórica e da ficção literária nessa maneira de falar não deve ser esquecida.[84]

A ironia amorosa de Sócrates consiste evidentemente em fingir estar enamorado, até que aquele por ele perseguido nas suas

---

[81] Platão, *Banquete* 221e-d.
[82] S. Kierkegaard, *Point de Vue Explicatif sur mon Oeuvre*, op. cit., p. 100.
[83] Sobre esse tema: Sócrates e Eros, cf. J. Hillman, "On Psychological Creativity", in: *Eranos*, t. 35, 1996, p. 370-98, notadamente sob o aspecto demoníaco do Eros socrático. Nossas pesquisas, parece-me, completam-se mutuamente.
[84] Cf. H. I. Marrou, *Histoire de l'Éducation dans l'Antiquité*, Paris, 1971 (6. ed.), cap. III "Da Pederastia como Educação". [Em português: H. I. Marrou, *História da Educação na Antiguidade*. Trad. M. L. Casanova. São Paulo, Brasília, EPU/INL, 1975.]

galanterias, pela inversão da ironia, torne-se ele próprio enamorado. É o que conta Alcibíades em seu elogio de Sócrates. Enganado pelas numerosas declarações que lhe fez Sócrates, Alcibíades, crendo que era sério, convidou-o uma noite para seduzi-lo. Ele deslizou em seu leito, abraçou-o. E eis que Sócrates permaneceu perfeitamente mestre de si e não se deixou absolutamente seduzir. Desde esse tempo, diz Alcibíades, eu fui reduzido à escravidão, estou no estado de um homem mordido por uma víbora.[85]

> Pois foi no coração, ou na alma, ou seja lá como isso se chame, foi aí que me atingiu o dente, a mordida dos discursos filosóficos. Quando o ouço, o coração me bate bem mais que nos coribantes em seus transes, suas palavras fazem correr minhas lágrimas... Não sou o único com quem ele se conduziu dessa maneira, mas também com Cármides... Eutidemo... e outros em número muito grande, os quais ele engana fazendo-se de enamorado, enquanto assume de preferência o papel do bem-amado que aquele do amante.[86]

Que melhor comentário a esse texto além deste de Kierkegaard:

> Dever-se-ia, talvez, chamá-lo nesse sentido um sedutor: ele fascinava a juventude, despertava nela aspirações que ele não satisfazia. Enganava-os todos, como enganou Alcibíades. Ele atraía os jovens, mas, quando esses se voltavam para ele, quando queriam encontrar junto dele o repouso, ele havia partido, o charme havia passado, e eles sentiam as profundas dores do amor infeliz, sentiam que haviam sido enganados, que não era Sócrates que os amava, mas eles é que amavam Sócrates.[87]

O amor irônico de Sócrates consiste, pois, em fingir estar enamorado. Na ironia dialética, Sócrates aparentava, formulando suas questões, desejar que seu interlocutor lhe comunicasse seu saber ou sua sabedoria. Contudo, o interlocutor descobria no jogo de questões e respostas que era incapaz de remediar a ignorância de Sócrates, pois, de fato, não tinha nem saber, nem sabedoria para dar a Sócrates. Era então na escola de Sócrates, isto é, de fato, na escola da consciência do não saber, que o interlocutor desejava

---

[85] Platão, *Banquete* 217-18.
[86] Ibidem, 215e, 218a, 222b.
[87] Citado por J. Wahl, *Études Kierkegaardiennes*, p. 60.

se colocar. Na ironia amorosa, Sócrates aparenta, por suas declarações amorosas, desejar que aquele que finge amar lhe dê não tanto seu saber, mas sua beleza corporal. Situação compreensível: Sócrates não é belo; o jovem é belo. Dessa vez, porém, o amado, ou pretendido como tal, descobre, pela atitude de Sócrates, que é incapaz de satisfazer o amor de Sócrates, pois não tem em si a verdadeira beleza. Descobrindo então o que lhe falta, ele se enamora de Sócrates, isto é, não pela beleza, pois Sócrates não a tem, mas pelo amor que é, segundo a definição dada por Sócrates no *Banquete*,[88] o desejo da Beleza da qual se está privado. Assim, estar enamorado de Sócrates é estar enamorado do amor.

Este é, precisamente, o sentido do *Banquete* de Platão.[89] O diálogo está construído de maneira que faz adivinhar a identidade entre a figura de Eros e a de Sócrates. Platão imagina que, segundo o costume, todos os convivas, indo da esquerda para a direita, vão pronunciar, cada um a seu turno, o elogio de Eros. É o que fazem sucessivamente Fedro e Pausânias, depois o médico Eriximaco, o poeta cômico Aristófanes, o poeta trágico Agatão. Quanto a Sócrates, quando é chegada sua vez, não pronuncia diretamente o elogio do Amor (isso seria contrário ao seu método), mas relata a conversa que teve outrora com Diotima, a sacerdotisa de Mantineia, que lhe contou o mito do nascimento de Eros. Normalmente o diálogo deveria terminar aí, mas bruscamente irrompe, na sala do festim, Alcibíades, coroado de violetas e de folhas de hera e bastante ébrio. Ele se submete assim mesmo à lei do banquete, mas, no lugar de fazer o elogio de Eros, pronuncia o de Sócrates.

Aqui a identidade entre Sócrates e Eros não é somente marcada pelo fato de que o elogio de Sócrates toma lugar na sequência e na linha dos elogios de Eros já pronunciados, mas igualmente pelo fato de que os traços comuns ao retrato de Eros traçado por Diotima e ao retrato de Sócrates traçado por Alcibíades são numerosos e significativos.

---

[88] Platão, *Banquete* 200-201.
[89] Sobre esse tema, cf., antes de tudo, L. Robin em sua introdução a Platão, *Le Banquet*, Paris, Les Belles Lettres, 1951, p. CI-CIX, e em sua obra *La Théorie Platonicienne de l'Amour*, Paris, 1933, p. 195; P. Friedländer, *Plato*, v. 1, cap. II, "Demon and Eros".

No dia do nascimento de Afrodite, conta Diotima, houve um banquete na morada dos deuses. No final da refeição, Penia, isto é, "Pobreza", "Privação", veio para mendigar. Ela então viu Poros, isto é, "Meio", "Expediente", "Riqueza", embriagado de néctar e adormecido no jardim de Zeus. Para remediar sua miséria, Penia decidiu ter um filho de Poros. Ela se deitou perto de Poros adormecido e concebeu assim o Amor.

Essa genealogia de Eros permitirá a Diotima fazer seu retrato de uma maneira tão sutil que a descrição poderá ser interpretada em muitos níveis. Imediatamente, conforme à letra do mito, reconhecemos em Eros os traços do seu pai e os da sua mãe: do lado paterno, ele tem seu espírito inventivo e astuto, sua euporia; do lado materno, ele tem seu estado de pobreza e de mendicância, sua aporia. Certa concepção do Amor se revela por meio dessa descrição. Enquanto os outros convivas descreveram Eros de maneira idealizada, Sócrates relata a conversa que teve com Diotima para restaurar uma visão mais realista do Amor. O Amor não é belo, como quisera o poeta trágico Agatão. Sem isso, ele não seria mais o Amor. Pois Eros é essencialmente desejo e só se pode desejar aquilo de que se está privado. Eros não pode ser belo: filho de Penia, ele está privado de beleza; mas, filho de Poros, ele sabe remediar essa privação. Agatão confundiu o Amor com seu objeto, isto é, com o amado. Contudo, para Sócrates, o Amor é amante. Não é, então, um deus, como pensa a maioria das pessoas, mas somente um *daímon*, um ser intermediário entre o divino e o humano.

Eis por que a descrição de Eros por Diotima tem algo de cômico. Reconhece-se o gênero de vida exaustivo ao qual condena o Amor. É o famoso tema: "*Militat omnis amans*". O enamorado monta guarda na porta do amado, passa a noite ao relento. É um mendigo e um soldado. Todavia, também é fértil em invenções, feiticeiro, mágico, hábil discursador, porque o Amor torna engenhoso. Para ele, desencorajamento e esperança, necessidade e saciedade sucedem-se sem interrupção com os sucessos e as derrotas de seu amor. É Eros o ignóbil, insolente, teimoso, tagarela, selvagem, esse verdadeiro monstro do qual a poesia grega, até o período bizantino, terá prazer em contar os maus atos.[90]

Nessa figura de Eros caçador, no entanto, Platão, com surpreendente mestria, faz aparecer os traços de Sócrates, isto é, do "filósofo". Eros, nos diz Diotima, longe de ser delicado e belo, como pensa Agatão, é sempre pobre, rude, sujo, descalço. O Sócrates do qual Alcibíades faz o elogio é, ele também, descalço, coberto por um manto grosseiro que mal o protege do frio do inverno.[91] E nós aprendemos no contexto do diálogo que Sócrates, excepcionalmente, se banhou para vir ao banquete.[92] Os poetas cômicos ridicularizarão seus pés nus e seu velho manto.[93] Essa figura de Sócrates como Eros mendicante será a do filósofo cínico, a de Diógenes, errando sem eira nem beira, com seu manto e sua bolsa, esse "Sócrates furioso", como, parece, ele definia a si próprio.[94] Assim como observou P. Friedländer,[95] esse Eros descalço evoca também o homem primitivo, tal como o descrevem o *Protágoras* (321c5) e a *República* (272a5). Nós somos assim conduzidos à figura do sileno, isto é, do ser puramente natural, da força primitiva, anterior à cultura e à civilização. Não é indiferente que esse componente faça parte do complexo retrato de Sócrates-Eros. Pois ele corresponde bem à inversão de valores que a consciência socrática provoca. Para aquele que cuida de sua alma, o essencial não se situa nas aparências, no costume ou no conforto, mas na liberdade.

---

[90] Cf. sobre a genealogia de Eros, M. Detienne, J.-P. Vernant, *Les Ruses de l'Intelligence. La* mètis *des Grecs*, Paris, 1974, p. 140 [em português: M. Detienne, J.-P. Vernant, *Métis: as Astúcias da Inteligência*. Trad. F. Hirata. São Paulo, Odysseus, 2008]. Sobre o tema "*Militat omnis amans*", cf. A. Spies, *Militat omnis amans. Ein Beitrag zur Bildersprache der antinken Erotik*, Tübingen, 1930. Sobre Eros, o Ignóbil, cf. *Anthologia Palatina*, livro V, epigramas 176-80.

[91] Platão, *Banquete* 203c-d e 220b. Sobre o tema de Sócrates-Eros, cf. V. Jankélévitch, *L'Ironie*, op. cit., p. 122-25, e T. Gould, *Platonic Love*, London, 1963, p. 57.

[92] Platão, *Banquete* 174a.

[93] Cf. os textos citados por Diógenes Laércio, *Vies des Philosophes*, II, 27-28.

[94] Sobre o gênero de vida de Diógenes, o Cínico, cf. Diógenes Laércio, *Vie des Philosophes*, VI, 20 ss. O texto que contém a definição de Diógenes como "Sócrates furioso" (VI, 54) está mal atestado criticamente, mas a palavra tem sua verdade psicológica.

[95] P. Friedländer, *Plato*, v. 1, p. 368, n. 6.

Diotima, todavia, também nos diz que Eros tem traços de seu pai: "Ele faz armadilhas para nobres almas, pois ele é audacioso, insolente, resistente. É um caçador perigoso, incessantemente encontrando alguma astúcia, desejoso de ser hábil,[96] pleno de recursos (*porimos*), meditando sem cessar algum estratagema, terrível feiticeiro, mágico e sofista".[97] Crer-se-ia escutar o Estrepsíades de *As Nuvens* de Aristófanes descrevendo o que ele espera tornar-se graças à educação socrática: "Audacioso, bom de lábia, insolente, impudente... jamais carente de palavras, uma verdadeira raposa".[98] Em seu elogio de Sócrates, Alcibíades o trata como impudente sileno,[99] e já antes dele Agatão premiou Sócrates com este epíteto: *hybristes*.[100] Para Alcibíades, Sócrates é um mágico,[101] um homem bom de lábia, hábil em atrair a atenção dos belos jovens.[102] Quanto à robustez de Eros, nós a reencontramos no retrato que Alcibíades traça de Sócrates no exército: ele resiste ao frio, à fome, ao medo, sendo ao mesmo tempo capaz de suportar tanto o vinho como a meditação prolongada.[103] Quando da retirada de Delos, conta Alcibíades, Sócrates caminhava tão à vontade como se estivesse nas ruas de Atenas, com o andar que Aristófanes descreve quando o representa "se pavoneando, lançando olhares de revés, pés descalços, apesar do que isso pode ter de árduo, e a fronte austera".[104]

Eis aqui, então, um retrato de Sócrates-Eros que não é muito elogioso. Evidentemente, estamos em plena ironia platônica, se não socrática. Essa figura, no entanto, possui ainda um profundo significado psicológico.

---

[96] Os termos empregados em grego são voluntariamente ambíguos: Eros aparece desejoso de *phrónesis*, isto é, de sabedoria, pleno de recurso (*porimos*) e "filosofando" ao longo de toda a sua vida.

[97] Platão, *Banquete* 203d.

[98] Aristófanes, *As Nuvens* 445 ss.

[99] Platão, *Banquete* 221e.

[100] Ibidem, 175e.

[101] Ibidem, 215c, *Mênon* 80a3, *Cármides* 155e, *Fédon* 77e.

[102] Platão, *Banquete* 218a-b.

[103] Ibidem, 220a-d.

[104] Ibidem, 221b, e Aristófanes, *As Nuvens* 362.

Eros é um *daímon*, nos diz Diotima, isto é, um intermediário entre os deuses e os homens. Somos conduzidos, uma vez mais, ao problema da situação de intermediário e constatamos novamente o quanto essa situação é desconfortável. O demônio Eros, que nos descreve Diotima, é indefinível e inclassificável, como Sócrates, o *atopos*. Ele não é nem deus, nem homem; nem belo, nem feio; nem sábio, nem insensato; nem bom, nem mau.[105] Contudo, ele é desejo, pois, como Sócrates, tem consciência de não ser belo e de não ser sábio. É porque ele é filo-sofo, amante da sabedoria, isto é, desejoso de atingir um nível de ser que seria aquele da perfeição divina. Na descrição que Diotima faz dele, Eros é assim desejo da própria perfeição, de seu verdadeiro eu. Ele sofre por ser privado da plenitude do ser e aspira atingi-la. Do mesmo modo, quando os outros homens amam Sócrates-Eros, quando amam o Amor, revelado por Sócrates, o que eles amam em Sócrates é a aspiração, é o amor dele pela Beleza e pela perfeição do ser. Eles encontram então em Sócrates o caminho em direção à própria perfeição.

Como Sócrates, Eros é somente um chamado, uma possibilidade que se abre, mas ele não é a Sabedoria, nem a Beleza em si. É verdade que os silenos dos quais fala Alcibíades se revelam, se são abertos, repletos de estátuas de deuses.[106] Todavia, os próprios silenos não são as estátuas. Eles se abrem somente para permitir atingi-las. Poros, o pai de Eros, significa etimologicamente "passagem", "acesso", "saída". Sócrates é apenas um sileno que se abre sobre algo que está além dele. Tal é o filósofo: um apelo à existência. Sócrates diz ironicamente ao belo Alcibíades: "Se tu me amas, é por ter percebido em mim uma beleza extraordinária que não se assemelha em nada à graça das formas que estão em ti. Mas examina as coisas com mais cuidado para evitar te iludir sobre mim e meu nada real".[107] Sócrates põe assim Alcibíades em guarda; amando Sócrates, ele só ama Eros, o filho de Penia e Poros, e não Afrodite. Mas, se ele o ama, é por pressentir que Sócrates lhe abre um caminho em direção a uma beleza extraordinária, que

---

[105] Platão, *Banquete* 203-204. Sobre a dimensão filosófica dessas negações simultâneas, cf. H.-J. Krämer, *Platonismus und hellenistische Philosophie*, Berlin, 1971, p. 174-75 e 229-30.
[106] Platão, *Banquete* 215b.
[107] Ibidem, 218e.

transcende todas as belezas terrestres. As virtudes de Sócrates, as estátuas de deuses escondidas no sileno irônico, as virtudes de Sócrates que Alcibíades admira[108] são apenas um reflexo, uma amostra da Sabedoria perfeita que Sócrates deseja e que Alcibíades deseja por meio de Sócrates.

Encontramos então assim, no *eros* socrático, a mesma estrutura fundamental da ironia socrática, uma consciência desdobrada que sente apaixonadamente que não é o que deveria ser. É desse sentimento de separação e de privação que nasce o Amor.

Será sempre um dos grandes méritos de Platão, inventando o mito de Sócrates-Eros, ter sabido introduzir a dimensão do Amor, do desejo e do irracional na vida filosófica. Há inicialmente a experiência mesma do diálogo, tão tipicamente socrático, a vontade de esclarecer em conjunto um problema que apaixona os dois interlocutores. Fora do movimento dialético do *logos*, o caminho percorrido em conjunto por Sócrates e pelo interlocutor e a vontade comum de se pôr de acordo já são amor, e a filosofia reside bem mais nesse exercício espiritual do que na construção de um sistema. A tarefa do diálogo consiste essencialmente em mostrar os limites da linguagem, a impossibilidade para a linguagem de comunicar a experiência moral e existencial. Contudo, o próprio diálogo, como evento, como atividade espiritual, já foi uma experiência moral e existencial. É que a filosofia socrática não é elaboração solitária de um sistema, mas despertar de consciência e ascensão a um nível de ser que só podem se realizar em uma relação de pessoa para pessoa. Eros também, como Sócrates, o irônico, nada ensina, pois é ignorante: não torna mais sábio, mas torna outro. Ele também é maiêutico. Ele ajuda as almas a se engendrar a si próprias.

Há algo de muito emocionante em encontrar ao longo da história a lembrança do Eros socrático;[109] por exemplo, na

---

[108] Alcibíades enumera sucessivamente a temperança e a força, ibidem, 217-21.

[109] Por exemplo, Kierkegaard, citado por J. Wahl, *Études Kierkegaardiennes*, op. cit., p. 100, n. 1 (*Discours Chrétiens* VII, OC, t. XV, p. 226): "Quando minhas leituras me faziam reencontrar Sócrates, meu coração batia como o do jovem que conversava com ele. O pensamento de Sócrates entusiasmava minha juventude e preenchia minha alma". Ver igualmente a palavra de Goethe, citada na nota 115, adiante.

Alexandria do século III d.C., o cristão Gregório, o Taumaturgo, fará o elogio de seu mestre Orígenes nestes termos: "Tal uma faísca lançada no meio das nossas almas, eis que se acendiam e se inflamavam em nós o amor pelo Logos e o amor por esse homem, amigo e intérprete desse Logos, esse homem", diz ele mais à frente, "que sabia à maneira de Sócrates nos domar como cavalos selvagens com sua elêntica".[110] E como mostrou E. Bertram,[111] em páginas magníficas, é essa tradição do Eros socrático, essa tradição do demonismo educador, que reencontramos em Nietzsche. Três fórmulas, segundo E. Bertram, exprimem perfeitamente essa dimensão erótica da pedagogia, uma do próprio Nietzsche: "Somente do amor nascem as visões mais profundas"; uma de Goethe: "Só se aprende de quem se ama"; e uma de Hölderlin: "Com amor o mortal dá o melhor de si"; as três fórmulas mostram que é no amor recíproco que se atinge a verdadeira consciência.[112]

Essa dimensão do amor, do desejo, mas também do irracional, é, poder-se-ia dizer, retomando o vocabulário de Goethe, o "demoníaco". Essa dimensão, Platão a havia encontrado no próprio Sócrates. O *daímon* de Sócrates era, nós sabemos, a inspiração que se impunha por vezes a ele de maneira completamente irracional, como um signo negativo que o proibisse de realizar tal ou tal ação. Era, de algum modo, seu "caráter" próprio, seu verdadeiro eu. Esse elemento irracional da consciência socrática provavelmente não é estranho, aliás, à ironia socrática. Se Sócrates afirmava nada saber, talvez fosse porque ele se remetia, na ação, ao próprio *daímon* e porque confiava no *daímon* de seus interlocutores. Seja como for, e J. Hillman insistiu bem nesse ponto em 1966, é muito provavelmente porque Platão havia encontrado em Sócrates um homem demoníaco que pôde dar a Sócrates a figura do grande *daímon* Eros.[113]

---

[110] Gregório, o Taumaturgo, *Remerciements à Origène* (*Prosphonetikos*) VI, 83 e VII, 97; todo o capítulo VI é consagrado a esse tema.

[111] E. Bertram, *Nietzsche*, op. cit. (trad. Pitrou, p. 393 ss). P. Friedländer (*Plato*, op. cit., t. I, p. 50) também faz alusão a essas páginas.

[112] E. Bertram, *Nietzsche*, op. cit., p. 327 (trad. Pitrou, p. 394).

[113] J. Hillman, "On Psychological Creativity", artigo citado, p. 380.

Como descrever essa dimensão do demoníaco? Nosso melhor guia nessa matéria somente pode ser Goethe, que por toda a sua vida foi fascinado e inquietado pelo mistério do "demoníaco". É, aliás, provavelmente nos *Sokratische Denkwürdigkeiten* de Hamann[114] que ele teve seu primeiro encontro com o demoníaco, na pessoa do *daímon* do próprio Sócrates, esse Sócrates tão fascinante para Goethe que, em uma carta a Herder, em 1772, lemos este grito extraordinário: "*Wär'ich einen Tag und eine Nacht Alzibiades und dann wollt'ich sterben*".[115]

O demoníaco de Goethe tem todos os traços ambivalentes e ambíguos do Eros socrático. É, de acordo com o vigésimo livro de *Dichtung und Wahrheit*, uma força que não é nem divina, nem humana; nem diabólica, nem angelical; que separa e que une todos os seres. Como o *Eros* do *Banquete*, só se pode defini-la por negações simultâneas e opostas. Contudo, é uma força que dá àqueles que a possuem uma potência incrível sobre os seres e as coisas. O demoníaco representa no universo a dimensão do irracional, do inexplicável, uma espécie de magia natural. Esse elemento irracional é a força motriz indispensável a toda realização, é a dinâmica cega, mas inexorável, que é preciso saber utilizar, mas da qual não se pode escapar. Do *daímon* do indivíduo, Goethe disse nos *Urworte*: "*So musst du sein, dir kannst du nicht entfliehen... und keine Zeit und keine Macht zerstückelt Geprägte Form die lebend sich entwickelt*".[116] Em Goethe, os seres que mais representam o elemento demoníaco aparecem com traços do *Eros* do *Banquete*. Como bem mostrou A. Raabe, isso é verdade muito especialmente para Mignon.[117] Como Eros,

---

[114] J. G. Hamann, *Sokratische Denkwürdigkeiten*, p. 149 ss. Sobre a influência dessa obra sobre Goethe, cf. A. Raabe, *Das Erlebnis des Dämonischen in Goethes Denken und Schaffen*, Berlin, 1942, p. 30.

[115] "Ser um dia e uma noite Alcibíades e depois morrer!" Carta a Herder de julho de 1772. Sobre esse tema, cf. A. Raabe, *Das Erlebnis des Dämonischen...*, op. cit., p. 26-31.

[116] "Assim é necessário que tu sejas, de ti mesmo tu não podes escapar... e nenhum tempo e nenhuma potência fragmenta a forma assinalada que vivendo se desenvolve." Trad. C. du Bois, em C. du Bois, *Goethe*, Paris, 1949, p. 38 (ver também p. 28 ss).

[117] A. Raabe, *Das Erlebnis des Dämonischen...*, op. cit., p. 142. A aspiração de Mignon, cf. Goethe, *Wilhelm Meisters Lehrjahre*, VIII, 2: "*So lasst mich scheinen, bis ich werde / Zieht mir das weisse Kleid nicht aus / Ich eile von der*

Mignon é indigente e aspira à pureza e à beleza. Suas roupas são pobres e grosseiras, enquanto seus dons musicais revelam sua riqueza interior. Como Eros, ela dorme sobre a terra nua, ou sobre a entrada da casa de Wilhelm Meister. E, como Eros, ela é a projeção, a encarnação da nostalgia que Wilhelm sente de uma vida superior. A Otília das *Wahlverwandtschaften* é também um ser demoníaco. Ela é apresentada como uma força natural, potente, estranha, fascinante. Sua relação profunda com Eros é mais discretamente indicada que no caso de Mignon, mas é também muito real. Seria necessário também evocar a figura hermafrodita de Homúnculo, que o segundo ato do Segundo Fausto põe tão claramente em relação com Eros.[118]

Elemento ambíguo, ambivalente, indeciso, o demoníaco não é nem bom, nem mau. Somente a decisão moral do homem lhe dará seu valor definitivo. Esse elemento, porém, irracional e inexplicável, é inseparável da existência. Não se pode eludir o encontro com o demoníaco, o jogo perigoso com Eros.

III. Dioniso

É-nos necessário agora retornar ao estranho ódio amoroso de Nietzsche por Sócrates. É verdade que sobre esse ponto

---

schönen Erde / Hinab in jenes feste Haus / Dort ruh'ich, eine Kleine Stille / Dann öffnet sich der frische Blick / Ich lasse dann die reine Hülle / Den Gürtel und den Kranz zurück / Und jene himmlischen Gestalten / Sie fragen nicht nach Mann und Weib / Und keine Kleider, keine Falten / Umgeben den verklärten Leib". Cf. M. Delcourt, "Utrumque-Neutrum", in *Mélanges H.-Ch. Puech*, Paris, 1974, p. 122: "Criança furtada, infeliz, vestida de menino e odiando seu sexo, Mignon aparece como um *zwitterhaftes Wesen*. Reconciliada enfim com si mesma, ela faz o papel de um anjo numa festa de criança e canta um *lied* no qual anuncia sua morte próxima. *Ich eile vor der schönen Erde...* 'Deixo às pressas a bela Terra – por esta sólida morada – e as formas celestes que a habitam – não perguntando se somos homem ou mulher – e nenhum vestido, nem véu – envolve o corpo transfigurado'". Sobre a figura de Mignon, cf. W. Emrich, *Die Symbolik von Faust II*, Frankfurt, 1957, p. 172, e a bibliografia citada nas notas, p. 459.

[118] Sobre a figura de Otília e o demoníaco, cf. W. Emrich, *Die Symbolik...*, op. cit., p. 214 (em relação à noção de "*Ungeheures*"). Sobre o hermafroditismo, cf. ibidem, p. 171-76.

E. Bertram[119] disse o essencial, mas talvez se possa compreender melhor a atitude complexa de Nietzsche considerando certos elementos menos notados da figura de Sócrates no *Banquete*.

Nietzsche conhecia bem a estranha sedução exercida por Sócrates, "esse encantador de ratos", dizia, "esse ateniense malicioso e enamorado que fazia tremer e soluçar os jovens mais cheios de si mesmos".[120] Ele buscava demonstrar o mecanismo dessa sedução: "Dei a entender em que Sócrates podia parecer repugnante; o que torna mais necessário explicar de que maneira exercia fascínio".[121] Propõe assim várias explicações. Sócrates, com sua dialética, encorajou o gosto da luta nos gregos, foi erótico, compreendeu o papel histórico que podia desempenhar, fornecendo o remédio da racionalidade para a decadência dos instintos. Na verdade, todas essas explicações nada têm de fascinante. Nietzsche, porém, propõe uma mais profunda. A sedução exercida por Sócrates sobre toda a posteridade proviria de sua atitude diante da morte, mais especialmente ainda do caráter quase voluntário de sua morte. Desde sua primeira obra, *O Nascimento da Tragédia*, Nietzsche reuniu em uma imagem grandiosa as últimas páginas do *Fédon* e do *Banquete*:

> É o próprio Sócrates que, em toda lucidez, sem o arrepio natural que toma o homem diante da morte, parece ter obtido a condenação à morte e não ao exílio: encontrou-a com a calma que lhe empresta a descrição de Platão quando, último de todos os convivas, deixa o banquete às primeiras luzes da aurora, para começar uma nova jornada, ao passo que, atrás dele, nos bancos e no chão, os convivas adormecidos ficam para trás a sonhar com Sócrates, o verdadeiro Erótico. Sócrates, morrendo, tornou-se o ideal novo, nunca antes encontrado pela elite da juventude.[122]

---

[119] E. Bertram, *Nietzsche*, op. cit., cap. sobre "Sokrates". Sem poder entrar numa discussão longa, parece-me que a posição de Bertram sobre as relações entre Nietzsche e Sócrates não foi superada pelos trabalhos mais recentes sobre o tema.

[120] F. Nietzsche, *Die frölische Wissenchaft*, op. cit., § 340. [Em português: F. Nietzsche, *A Gaia Ciência*. Trad. P. C. de Souza. São Paulo, Companhia das Letras, 2001.]

[121] F. Nietzsche, *Götzen-Dämmerung; Das Problem des Sokrats*, § 8 (trad. NRF).

[122] F. Nietzsche, *Die Geburt der Tragödie*, op. cit., § 13.

Nietzsche pressentiu e entreviu no final do *Banquete* de Platão um símbolo da morte de Sócrates. Por certo, as palavras de Platão são muito simples:

> Somente Agatão, Aristófanes e Sócrates continuavam despertos e bebendo em uma grande taça que passavam da esquerda para a direita. Sócrates conversava então com eles... ele os obrigava progressivamente a reconhecer que pertence ao mesmo homem a capacidade de compor comédia e tragédia... Foi Aristófanes que dormiu primeiro, depois Agatão, já quando rompia o dia. Sócrates... se levantou e partiu. Tomou o caminho do Liceu e após algumas abluções passou o resto do dia, como teria feito em outras ocasiões.[123]

A respeito dessa sóbria página, os poetas sentem um simbolismo ambíguo. É a figura de Sócrates morrendo que C. F. Meyer entrevê nessa aurora na qual somente o filósofo continua desperto:

> *Da mit Sokrates die Freunde tranken,*
> *Und die Häupter auf die Polster sanken,*
> *Kam ein Jüngling, kann ich mich entsinnen,*
> *Mit zwei schlanken Flötenbläserinnen*
> *Aus den Kelchen schütten wir die Neigen,*
> *Die gesprächesmüden Lippen schweigen,*
> *Um die welken Kränze zieht ein Singen...*
> *Still! Des Todes Schlummerflöten klingen!*[124]

É o contrário da figura de Sócrates amante da vida que aparece aqui aos olhos de Hölderlin:

> *Nur hat ein jeder sein Mass*
> *Denn schwer ist zu tragen*

---

[123] Platão, *Banquete*, 223c. Sobre esse texto e também sobre o discurso de Alcibíades no *Banquete* e, de maneira mais geral, sobre os diálogos de Platão, ver o admirável livro de K. Gaiser, *Platone come Scrittore Filosofico. Saggi sull'Ermeneutica dei Dialoghi Platonici*. Napoli (Istituto Italiano per gli Studi Filosofici, Lezioni della Scuola di Studi Superiori in Napoli 2), 1984.

[124] C. F. Meyer, *Gedichte*, IV, *Reise, das Ende des Festes*. "Enquanto seus amigos bebiam com Sócrates / E que as cabeças já se inclinavam sobre as almofadas / Entrou um jovem, posso me lembrar dele / Acompanhado de duas esguias flautistas / Dos cálices esvaziamos as últimas gotas / Fatigados do diálogo, os lábios se calavam / Em torno das coroas murchas erra um canto... / Silêncio! As flautas fazem ressoar o acalanto da morte!" (trad. do autor).

Das Unglück, aber schwerer das Glück
Ein Weiser aber vermocht es
Vom Mittag bis in die Mitternacht
Und bis der Morgen erglänzte
Beim Gastmahl helle zu bleiben.[125]

E tal é bem o enigma que Sócrates coloca a Nietzsche. Por que Sócrates, amante da vida, parece, em sua vontade de morte, detestar a existência?

Pois Nietzsche conhece e gosta do Sócrates amante da vida: "Se tudo vai bem", escreve ele em *O Viajante e sua Sombra*,

> chegará o tempo em que se preferirá, para aperfeiçoar-se na moral e na razão, recorrer às *Memoráveis* de Sócrates ("o livro mais atraente da literatura grega", dizem os inéditos de julho de 1879) mais que à Bíblia, em que Montaigne e Horácio servirão como guias sobre a via que conduz à compreensão do sábio e do mediador mais simples e mais imperecível de todos, Sócrates. É a ele que conduzem os caminhos dos modos de vida filosófica mais diversos... Sobre o fundador do cristianismo, a vantagem de Sócrates é o sorriso que nuança sua gravidade e a sabedoria plena de malícia, que dão ao homem o melhor estado de alma.[126]

A sabedoria cheia de malícia é a do Sócrates dançando que aparece no *Banquete* de Xenofonte,[127] é a do Sócrates brincalhão e irônico que põem em cena os diálogos de Platão, é o filósofo amante da vida do qual fala Hölderlin em seu poema "Sócrates e Alcibíades":

Warum huldigest du, heiliger Sokrates,
Diesem Jünglinge stets? Kennest du Grösseres nicht?
Warum sieht mit Liebe
Wie auf Götter, dein Aug'auf ihn?

---

[125] F. Hölderlin, *Der Rhein*. "Mas a cada um sua medida / Pesado é o fardo da infelicidade / Mais pesada ainda a felicidade / Houve um sábio no entanto / Que soube permanecer lúcido no banquete / Do meio-dia ao coração da noite / E até as primeiras luzes da aurora." (trad. G. Bianquis, Paris, Aubier, 1943, p. 391-93).

[126] F. Nietzsche, *Menschliches, Allzumenschliches, Der Wanderer und sein Schatten*, op. cit., § 86 (trad. NRF).

[127] Xenofonte, *Banquete* II, 16.

Wer das Tiefste gedacht, liebt das Lebendigste
Hohe Jugend versteht, wer in die Welt geblickt
Und es neigen die Weisen
Oft am Ende zu Schönem sich.[128]

Em *Schopenhauer Educador*, essa figura do Sócrates amante do mais vivo virá recobrir a de Schopenhauer. Falando da alegria do sábio, é aos versos de Hölderlin que ele recorre para fazer sua descrição nestas linhas extraordinárias:

Während dem Menschen nichts Fröhlicheres und Besseres zu Theil werden kann, als einem jener Siegreichen nahe zu sein, die, weil sie das Tiefste gedacht, gerade das Lebendigste lieben müssen und als Weise am Ende sich zum Schönen neigen... Sie bewegen sich und leben wirklich... Weshalb es uns in ihrer Nähe wirklich einmal menschlich uns natürlich zu Muthe ist und wir wie Goethe ausrufen möchten: 'Was is doch ein Lebendiges für ein herrliches köstliches Ding! wie abgemessen zu seinem Zustande, wie wahr, wie seiend!'[129]

Um *Sócrates músico!* Nietzsche acreditou pressentir sua vinda em *O Nascimento da Tragédia*. Respondendo ao apelo das divindades que, em seus sonhos, convidaram o filósofo a se consagrar à música, a figura de Sócrates músico reconciliaria a lucidez irônica da consciência racional e o entusiasmo demoníaco. Seria

---

[128] "Por que, divino Sócrates, render tais homenagens / a este jovem? Tu não conheces nada maior? / Por que o contemplas com amor / como contemplam-se os deuses? / – O pensamento mais profundo ama a vida mais viva / É depois de ter atravessado o mundo com seus olhares / que se pode compreender a nobre juventude / E os sábios, bem frequentemente, terminam por se ligar à Beleza" (trad. G. Bianquis, p. 152, ligeiramente modificada, notadamente na leitura do verso 6; o texto original de Hölderlin traz, com efeito, *Hohe Jugend*).

[129] F. Nietzsche, *Unzeitgemässe Betrachtungen, Schopenhauer als Erziehr*, § 2. "Nada de mais jubiloso nem de melhor pode ser dado ao homem além de se aproximar de um desses vitoriosos que, por terem se entregado *aos pensamentos mais profundos, amam ainda melhor a realidade mais viva e que, no fim da vida, são bastante sábios para se interessar sobretudo pelo belo...* Eles se movem e vivem verdadeiramente... eis por que reencontramos enfim, no contato com eles, uma impressão de humanidade e de naturalidade, e nós gostaríamos de exclamar com Goethe: 'Que coisa magnífica e deliciosa é um ser vivo! Que é bem adaptado à sua condição, que é verdadeiro, que é existente!'" (trad. Bianquis, Paris, Aubier, 1966, p. 37). [Em português: F. Nietzsche, "Schopenhauer Educador", in: *Escritos sobre Educação*, trad. N. C. de M. Sobrinho, São Paulo, Rio de Janeiro, Loyola, PUC-Rio, 2003.]

verdadeiramente "o homem trágico", dizem os Inéditos.[130] Nesse Sócrates músico, Nietzsche projeta seu próprio sonho, sua nostalgia de uma reconciliação entre Apolo e Dioniso.

E em *Sócrates moribundo*, Nietzsche vê ainda se refletir o próprio drama. Sócrates quis morrer e morrendo ele pronunciou esta frase enigmática: "Ó, Críton, eu devo um galo a Asclépio", como se, curado de alguma doença, ele fosse devedor de algo ao deus da saúde.[131] "Última fala grotesca e terrível", brada Nietzsche,

> que significa para qualquer um que tiver ouvidos: Ó, Críton, a existência é uma doença! É possível! Um homem de sua têmpera... um tal homem era pessimista! Ele se contentou somente em fazer uma boa figura para a vida e, durante essa vida, ele havia dissimulado seu último veredito, seu sentimento mais profundo! Sócrates, Sócrates sofreu com a vida! E, no final, ele se vingou dela com essa palavra velada, terrível, essa piedosa blasfêmia. Eu gostaria que ele tivesse permanecido silente até os últimos momentos de sua vida – talvez então fosse classificado em um nível superior de espíritos?[132]

Como mostrou admiravelmente E. Bertram, aqui Nietzsche deixa adivinhar seu segredo, sua dúvida íntima, o drama de sua existência. Ele, Nietzsche, que quis ser o cantor da alegria de existir e de viver, não suspeita, não teme também, finalmente, que a existência só seja uma doença? Sócrates traiu esse segredo. Ele deixa entender o que pensa da vida terrestre. Nietzsche, porém, quer pertencer a "uma classe superior de espíritos", aqueles que sabem calar esse segredo terrível. "Seu ditirambo inflamado, dionisíaco, sobre a vida e nada mais que a vida", escreve E. Bertram, "não seria apenas a forma de silêncio sob a qual um grande Educador da vida não acreditava na vida?".[133] Em uma última

---

[130] F. Nietzsche, *Die Geburt der Tragödie*, op. cit., § 15. O sonho de Sócrates, a quem os deuses ordenam em sonho que se consagre à música, é relatado em *Fédon* 60-61: "Der tragische Mensch als der musiktreibende Sokrates", *Nachlass*, ed. Kröner, t. IX, p. 129.

[131] *Fédon* 118a.

[132] F. Nietzsche, *Die fröhliche Wissenschaft*, op. cit., § 340, citado por E. Bertram, *Nietzsche*, op. cit., p. 339 (trad. Pitrou, p. 407).

[133] Ibidem, p. 341 (trad. Pitrou, p. 408).

inversão, *Crepúsculo dos Ídolos* fornece uma nova interpretação da última fala de Sócrates. A doença da qual Sócrates será curado não é a vida tal qual, mas o gênero de vida que levava: "Sócrates não é um médico, murmurou para si mesmo. Só a morte é um médico. Sócrates apenas esteve doente muito tempo".[134] Desta vez, seria a lucidez socrática, a moral socrática, que seria a doença que rói a vida. Mas aqui ainda essa doença de Sócrates não seria a doença do próprio Nietzsche, sua lucidez que dissolve os mitos, sua consciência implacável? O ódio amoroso de Nietzsche em relação a Sócrates é bem idêntico ao ódio amoroso que Nietzsche sente em relação a si próprio. E a ambiguidade da figura de Sócrates em Nietzsche não está fundada, finalmente, sobre a ambiguidade da figura central da mitologia nietzschiana, a de Dioniso, o deus da morte e da vida?

De maneira finalmente bastante misteriosa para nós, Platão, no *Banquete*, colocou toda uma constelação de símbolos dionisíacos em torno da figura de Sócrates.[135] Poder-se-ia mesmo chamar o diálogo inteiro de *O julgamento de Dioniso*, pois Agatão declara a Sócrates que, no concernente a saber se é ele ou Sócrates que possui mais sabedoria, eles se submeterão ao julgamento de Dioniso, isto é, aquele que beber mais e melhor ganhará essa competição de *sophía*, de sabedoria e de saber, colocada sob o signo do deus do vinho.[136] Mais tarde, Alcibíades, irrompendo na sala do banquete, aparece coroado de violetas e folhas de hera como Dioniso.[137] Mal tendo entrado, Alcibíades coloca em torno da cabeça de Sócrates uma coroa de fitas, como é usual fazer para o vencedor de um concurso de poesia.[138] Ora, Dioniso é o deus da tragédia e da comédia. Fazendo o elogio de Sócrates, o próprio Alcibíades compõe o que Sócrates chama a seguir de "um drama de Sátiros e de Silenos",[139] pois foi a esses

---

[134] F. Nietzsche, *Götzen-Dämmerung, Das Problem des Sokrates*, op. cit., § 12 (trad. NRF).

[135] Sobre esse tema, cf. Helen H. Bacon, "Socrates Crowned", *The Virginia Quarterly Review*, t. 35, 1959, p. 415-30.

[136] Platão, *Banquete* 175e.

[137] Ibidem, 212e. Cf. Th. Gould, *Platonic Love*, op. cit., p. 40.

[138] Platão, *Banquete*, 213e.

[139] Ibidem, 222d.

seres que ele comparou Sócrates. Ora, sátiros e silenos formam o cortejo de Dioniso, e o drama satírico tinha originalmente por centro a paixão de Dioniso. Na cena final, Sócrates fica a sós com Agatão, o poeta trágico, e Aristófanes, o poeta cômico, e os obriga progressivamente a admitir que cabe a um mesmo homem ser poeta trágico e poeta cômico.[140] Ora, Agatão disse em seu elogio de Eros que o Amor é o maior dos poetas.[141] Assim, Sócrates, que se distingue no domínio de Eros, distingue-se também no de Dioniso. Aliás, ele é incomparável no suportar o vinho[142] e ganha a competição de sabedoria, graças ao "julgamento de Dioniso", pois somente ele fica desperto no fim do banquete.[143] É preciso também reconhecer um traço dionisíaco nos longos êxtases, nos arroubos que, por duas vezes, o diálogo menciona?[144]

Há então no *Banquete* de Platão, de maneira que parece consciente e voluntária, todo um conjunto de alusões ao caráter dionisíaco da figura de Sócrates que culmina na cena final do diálogo, na qual Sócrates, o melhor poeta e o melhor bebedor, triunfa no julgamento de Dioniso.

Não surpreende que, paradoxal, secreta e inconscientemente, talvez, a figura de Sócrates venha a coincidir finalmente, em Nietzsche, com a figura de Dioniso. Ao fim de *Além do Bem e do Mal*, Nietzsche dedica a Dioniso um extraordinário elogio do "Gênio do Coração"[145] e, em *Ecce Homo*[146] repete esse texto para ilustrar sua mestria psicológica, recusando-se dessa vez a dizer a quem se dirige. Nesse hino ressoa de algum modo um eco do *Veni Sancte Spiritus*, do antigo elogio medieval do Espírito Santo, do qual, aos olhos de Hamann,[147] o demônio socrático era uma figura: "*Flecte quod est rigidum, fove quod est frigidum, rege quod est devium*". O Gênio do Coração tem a maravilhosa delicadeza de suavizar, de

---

[140] Ibidem, 223d.

[141] Ibidem, 196e.

[142] Ibidem, 176c, 220a, 223d.

[143] Ibidem, 223d.

[144] Ibidem, 174d e 220c.

[145] F. Nietzsche, *Jenseits von Gute und Böse*, § 295.

[146] F. Nietzsche, *Ecce Homo. Warum ich so gute Büche schreibe*, § 6.

[147] J. G. Hamann, *Sokratische Denkwürdigkeiten*, p. 149 ss.

reaquecer, de corrigir. Nesse retrato do diretor de almas com poder demoníaco, Nietzsche queria descrever a ação de Dioniso. Entretanto, como suspeitou E. Bertram,[148] não pensava ele também, consciente ou inconscientemente, em Sócrates quando pronunciava esse elogio que nos dará nossa conclusão, pois ele reúne admiravelmente todos os temas de nossa exposição?

> O Gênio do Coração, tal como o possui esse grande Misterioso, este deus tentador, nascido para ser o encantador de ratos das consciências,[149] cuja voz sabe descer até o mundo subterrâneo de cada alma... que não diz uma palavra, não lança um olhar onde não se esconde uma intenção secreta de seduzir... o Gênio do Coração, que impõe silêncio aos barulhentos e aos soberbos e ensina-lhes a escutar, que pule as almas rugosas e as faz experimentar um desejo novo, o de permanecer lisas e imóveis como um espelho para refletir o céu profundo... Após seu toque, cada um parte enriquecido, não de um presente recebido por graça ou por surpresa, nem de uma felicidade estranha com a qual se sentiria oprimido, mas mais rico de si mesmo, renovado aos seus próprios olhos... acariciado e desnudado pelo sopro morno do degelo, talvez também mais incerto, mais vulnerável, mais frágil, mais quebradiço, cheio de esperanças que ainda não têm nome.[150]

---

[148] E. Bertram, *Nietzsche*, op. cit., p. 346 (trad. Pitrou, p. 413).
[149] Cf. o texto citado anteriormente, nota 120.
[150] A tradução foi extraída em parte de Geneviève Bianquis, em parte de Robert Pitrou.

PARTE III

MARCO AURÉLIO

A FÍSICA COMO EXERCÍCIO ESPIRITUAL OU PESSIMISMO E OTIMISMO EM MARCO AURÉLIO

Folheando o conjunto das *Meditações*[1] de Marco Aurélio, não se pode deixar de ficar espantado com a abundância de declarações pessimistas que nela se encontram. Amargura, desgosto, "náusea", mesmo ante a existência humana, nela são expressas em fórmulas impactantes, por exemplo esta aqui: "Observa teu banho: óleo, suor, sujeira, água viscosa, todas essas coisas repugnantes. Assim é cada momento da vida, assim são todos os objetos" (VIII, 24).

Esse gênero de expressão depreciativa está primeiramente relacionado ao corpo, à carne, chamadas de "lama", "terra", "sangue impuro" (II, 2). Ele também é aplicado às coisas que os homens consideram como valores: "Essa iguaria sofisticada é apenas cadáver de peixe ou de ave ou de porco; esse Falerno, suco de uva; essa púrpura, pelo de ovelha impregnado com o sangue de um marisco; a união dos sexos, uma fricção do ventre com ejaculação, num espasmo, de um líquido viscoso" (VI, 13). O mesmo olhar sem ilusão se dirige às atividades humanas:

---

[1] As traduções dos textos de Marco Aurélio que se seguem serão feitas a partir do texto crítico estabelecido por W. Theiler em sua edição de Marco Aurélio, *Wege zu sich selbst*, Zurich, 1951. Uma nova edição crítica do texto grego das *Meditações* de Marco Aurélio foi recentemente publicada: *Marci Aurelii Antonini Ad se Ipsum Libri XII*, J. Dalfen (ed.), Leipzig, Teubner, 1979, provida de um excelente aparato crítico. Mas, quanto ao essencial, pode-se ficar com o texto de W. Theiler, que é acompanhado de uma excelente tradução e de notas preciosas.

"Tudo de que se faz tanto caso na vida é vazio, podridão, mesquinharia, mordiscadas recíprocas de pequenos cães, lutas de crianças que riem e depois choram" (V, 33, 2). A guerra pela qual Marco Aurélio defende as fronteiras do império é uma caça aos Sármatas, comparável à caça da mosca pela aranha (X, 10). Sobre a agitação desordenada das marionetes humanas, Marco Aurélio lança um olhar impiedoso: "Imaginar como eles são quando comem, quando dormem, quando fazem amor ou defecam. Em seguida, quando se dão ares de grandeza, gesticulam orgulhosamente ou se encolerizam e repreendem as pessoas com um ar superior" (X, 19). Agitação humana tanto mais derrisória quanto dura apenas um lampejo e se reduz a pouca coisa: "Ontem um pouco de muco, amanhã cinzas ou esqueleto" (IV, 48, 3).

Duas palavras bastam para resumir a comédia humana: tudo é banal, tudo é efêmero. Tudo é banal porque não há nada de novo sob o sol:

> Considera incessantemente como todos os acontecimentos que ocorrem no momento presente ocorreram idênticos também no passado e ainda ocorrerão. Como são monótonos esses dramas e essas cenas que tu conheces por tua experiência pessoal ou pela história antiga. Faze revivê-los diante de teus olhos, por exemplo, toda a corte de Adriano, toda a corte de Antonino, toda a corte de Filipe, de Alexandre e de Creso. Todos esses espetáculos eram os mesmos que os de hoje. Somente os atores eram diferentes. (X, 27)

Banalidade, tédio que chegam ao enjoo: "O que tu vês no anfiteatro e em lugares análogos te enjoa: sempre as mesmas coisas, a uniformidade deixa o espetáculo fastidioso. Experimentar a mesma impressão diante do conjunto da vida. De cima a baixo, tudo é sempre a mesma coisa feita das mesmas coisas. Até quando?" (VI, 46). As coisas humanas são não somente banais, mas efêmeras. Marco Aurélio se esforça para fazer reviver pela imaginação o fervilhamento humano de épocas inteiras do tempo passado (IV, 32), por exemplo, o de Vespasiano, o de Trajano: os casamentos, as doenças, as guerras, as festas, o comércio, a agricultura, as ambições, as intrigas. Todas essas massas humanas e sua atividade se apagaram e delas não resta mais traço algum. Esse processo incessante de destruição, Marco Aurélio tenta representá-lo por meio daqueles que o circundam (X, 18 e 31).

O homem se consolará da brevidade de sua existência esperando sobreviver no nome que deixará para a posteridade? Mas o que é um nome? "Um simples som, frágil como um eco" (V, 33). E essa pobre coisa fugidia se transmitirá apenas a gerações que durarão cada uma delas somente um lampejo no infinito do tempo (III, 10). Ao invés de se iludir, vale mais repetir com Marco Aurélio: "Quantos homens ignoram até seu nome, quantos o esquecerão em breve" (IX, 30). Melhor ainda: "Em breve tu terás tudo esquecido, em breve todos terão te esquecido" (VII, 21).

O que é, aliás, o mundo humano no conjunto da realidade? Um pequeno pedaço da terra o contém e a própria terra é apenas um pequeno ponto na imensidão do espaço, ao passo que uma vida humana não é senão um instante fugidio no duplo infinito de tempo que se estende à frente e atrás de nós. Nessa imensidão, todas as coisas são levadas impiedosamente pela torrente impetuosa das metamorfoses, pelo rio infinito da matéria e do tempo (IV, 43).

Assim todas as coisas humanas são apenas fumaça e nada (X, 31). E, para além dos séculos e das diferenças de cultura, Marco Aurélio parece fazer eco ao Eclesiastes: "Vaidade das vaidades, tudo é vaidade".

Não deve surpreender, portanto, que muitos historiadores tenham falado com alguma complacência do pessimismo de Marco Aurélio. P. Wendland[2] evoca "sua morna resignação", J.-M. Rist,[3] seu ceticismo. E. R. Dodds[4] insiste sobre a perpétua autocrítica que Marco Aurélio exerce sobre si mesmo. Ele relaciona essa tendência com um sonho do imperador que nos foi relatado por

---

[2] P. Wendland, *Die hellenistisch-römische Kultur in ihren Beziehungen zu Judentun und Christentum*, Tübingen, 4. ed., 1972, p. 238.

[3] J. M. Rist, *Stoic Philosophy*, Cambridge, 1969, p. 286.

[4] E. R. Dodds, *Païens et Chrétiens dans un Âge d'Angoisse*, trad. fr. H.-D. Saffrey, Paris, 1979, p. 43, n. 2 (E. R. Dodds faz alusão às *Meditações* em VIII, 1, 1; X, 8, 1-2; XI, 18, 5; V, 10, 1).

Díon Cássio.⁵ Ele teria sonhado, na noite de sua adoção, que tinha ombros de marfim. Tudo isso, segundo E. R. Dodds,⁶ sugere que Marco Aurélio sofreu, sob uma forma aguda, o que os psicólogos modernos chamam de crise de identidade. Recentemente, o doutor R. Dailly, psicólogo psicossomático, e H. van Effenterre,⁷ buscaram, numa pesquisa em comum, diagnosticar no "Caso Marco Aurélio" aspectos patológicos de ordem psíquica e fisiológica. Apoiando-se no testemunho de Díon Cássio,⁸ eles supõem que Marco Aurélio sofria de uma úlcera gástrica e que a personalidade do imperador corresponde às correlações psicológicas dessa doença:

> O ulceroso é um homem voltado para si mesmo, inquieto, preocupado [...]. Um tipo de hipertrofia do eu o afasta de seus próximos [...] é a si mesmo, no fundo, que ele busca nos outros [...]. Consciencioso até os mínimos detalhes, ele se interessa mais pela perfeição técnica da administração que pelas relações humanas das quais ela deveria ser apenas um aspecto. Se ele é um homem de pensamento, ele estará inclinado à busca de justificativas, à composição de personagens superiores, às atitudes estoicas ou farisaicas.⁹

Aos olhos dos autores desse artigo, as *Meditações* respondem a uma necessidade de "autopersuasão", de "justificativa a seus próprios olhos".¹⁰

É precisamente aqui que melhor aparece, creio eu, o erro de interpretação em razão do qual se acredita poder extrair, da leitura das *Meditações*, conclusões concernentes à psicologia do imperador estoico. Essa obra é representada como um tipo de diário íntimo, no qual o imperador abriria sua alma. Imagina-se, de uma maneira bastante romântica, o imperador, na atmosfera trágica da guerra contra os bárbaros, escrevendo ou ditando, de noite, suas reflexões desiludidas sobre o espetáculo das coisas humanas,

---

[5] Díon Cássio, LXXI, 36, 1.

[6] E. R. Dodds, *Païens et Chrétiens dans un Âge d'Angoisse*, op. cit., p. 43, n. 2.

[7] R. Dailly, H. Van Effenterre, "Le Cas Marc Aurèle. Essai de Psychosomatique Historique", *Revue des Études Anciennes*, t. LVI, 1954, p. 347-365.

[8] Díon Cássio, LXXII, 6, 4.

[9] R. Dailly e H. Van Effenterre, "Le Cas Marc Aurèle. Essai de Psychosomatique Historique", art. cit., p. 354.

[10] Ibidem, p. 355.

ou tentando perpetuamente se justificar ou se persuadir para remediar a dúvida que o corrói.

Mas não é nada disso. Para compreender o que são as *Meditações*, é preciso reconhecer o gênero literário ao qual elas pertencem e recolocá-las na perspectiva geral do ensino e da vida filosófica na época helenística.[11] A filosofia é, nessa época, essencialmente, direção espiritual: ela não visa a promover um ensino abstrato, mas todo "dogma" está destinado a transformar a alma do discípulo. É por isso que o ensino filosófico, mesmo se ele se desenvolve em longas pesquisas ou em vastas sínteses, é inseparável de um retorno contínuo aos dogmas fundamentais, apresentados, se possível, em curtas fórmulas impactantes, sob a forma de *epítome* ou de catecismo, que o discípulo deve saber de cor para rememorar incessantemente.[12]

Um momento importante da vida filosófica, portanto, é o exercício de meditação: "meditar dia e noite",[13] como diz a *Carta de Epicuro a Meneceu*. Graças a essa meditação, trata-se de ter incessantemente "à mão", isto é, presentes, os dogmas fundamentais da escola a fim de que seu efeito psicológico poderoso se exerça sobre a alma. Essa meditação pode tomar a forma de um exercício escrito,[14] que será um verdadeiro diálogo consigo mesmo: *eis heauton*.[15]

Uma grande parte das *Meditações* de Marco Aurélio corresponde a esse exercício: trata-se de ter presentes no espírito, de uma maneira viva, os dogmas fundamentais do estoicismo. São pedaços do sistema estoico[16] que Marco Aurélio rediz "para si mesmo".

---

[11] Encontra-se em G. Misch, *Geschichte der Autobiographie*, I, 2, Berna, 1950, p. 479 ss, não somente uma excelente apresentação do conjunto da obra de Marco Aurélio, mas um bom esclarecimento acerca de seu "pessimismo". Sobre a direção e os exercícios espirituais na Antiguidade, cf. P. Rabbow, *Seelenführung. Methodik der Exerzitien in der Antike*, Munique, 1954; I. Hadot, *Seneca und die griechisch-römische Tradition der Seelenleitung*, Berlim, 1969, e, da mesma autora, "Epicure et l'Enseignement Philosophique Hellénistique et Romain", *Actes du VIIe Congrès de l'Association Guillaume Budé*, Paris, 1969, p. 347-353.

[12] Cf. I. Hadot, "Epicure et l'Enseignement Philosophique...", art. cit., p. 349.

[13] Diógenes Laércio, X, 135.

[14] Epiteto, *Diatribes*, III, 24, 103; III, 5, 11.

[15] Trata-se do título em grego das *Meditações* de Marco Aurélio. Pode-se traduzir: "para si mesmo".

[16] Marco Aurélio, *Wege zu sich selbst*, W. Theiler (ed.), op. cit., p. 14.

A essa "memorização" dos dogmas se acrescentam, no imperador filósofo, outros exercícios espirituais escritos, também eles completamente tradicionais. Em primeiro lugar, há o exame de consciência no qual se observa seu progresso espiritual.[17] Depois, há o exercício da *praemeditatio malorum*[18] destinado a evitar que o sábio seja surpreendido inesperadamente pelos acontecimentos. Para tanto, representam-se muito vivamente os acontecimentos aflitivos que poderiam acontecer, demonstrando-se para si mesmo que eles nada têm de temíveis.

As *Meditações* de Marco Aurélio são, portanto, um documento extremamente precioso. Com efeito, elas conservam para nós um notável exemplo de um gênero escrito que deve ter sido muito frequente na Antiguidade, mas que estava fadado, por sua própria característica, a desaparecer facilmente: os exercícios de meditação consignados por escrito. Como veremos agora, as fórmulas pessimistas de Marco Aurélio não são a expressão de visões pessoais do imperador desiludido, mas exercícios espirituais praticados segundo métodos rigorosos.

No presente estudo, concentraremos nossa atenção em um exercício espiritual muito emblemático, que consiste em fazer para si mesmo uma representação exata, "física", dos objetos ou dos acontecimentos. Seu método é definido no seguinte texto:

> É sempre preciso elaborar para si mesmo uma definição ou descrição do objeto que se apresenta na representação a fim de vê-lo em si mesmo, tal qual é em sua essência, desnudado inteiramente e em todas as suas partes seguindo o método da divisão, e dizer para si mesmo seu verdadeiro nome e o nome das partes que o compõem e nas quais ele será decomposto.
>
> Pois nada é mais capaz de produzir a grandeza de alma do que poder examinar com método e verdade cada um dos objetos que se apresentam a nós na vida e vê-los sempre de tal maneira que se tenha sempre presentes ao espírito, ao mesmo tempo, as seguintes questões: "Qual é este universo? Para um tal universo, qual

---

[17] Cf. Epiteto, *Diatribes*, II, 18, 12.
[18] Cícero, *Tuscul.*, III, 29 e IV, 37. Cf. P. Rabbow, *Seelenführung...*, op. cit., p. 160, I. Hadot, *Seneca...*, op. cit., p. 60 ss.

é a utilidade do objeto que se apresenta? Que valor ele tem com relação ao Todo e com relação ao homem?". (III, 11)

O exercício consiste, portanto, em primeiro lugar, em definir o objeto ou o acontecimento em si mesmo, tal qual é, separando-o das representações convencionais que os homens habitualmente fazem dele. Ao mesmo tempo, aplicar-se-á um método de divisão que, como veremos, poderá possuir duas formas: divisão em partes quantitativas, se o objeto ou acontecimento são realidades contínuas e homogêneas; divisão em partes constituintes, isto é, elemento causal e elemento material, na maior parte dos casos. Enfim, considerar-se-á a relação do objeto ou do acontecimento com a totalidade do universo, seu lugar no tecido das causas.

A parte do método que consiste em definir o objeto "em si mesmo" e a nos dizer seu verdadeiro nome nos explica certos textos de aparência pessimista que havíamos citado no começo do presente estudo. É assim que as definições dos alimentos, do vinho, da púrpura, da união sexual (VI, 13) pretendem ser definições puramente "naturais", técnicas, médicas dos objetos em questão. Notadamente a definição de união sexual lembra a fórmula: "A união sexual é uma pequena epilepsia", atribuída por Aulo Gélio a Hipócrates e por Clemente de Alexandria a Demócrito.[19] Do mesmo modo, quando Marco Aurélio imagina impiedosamente a vida íntima das pessoas arrogantes "quando comem, quando dormem, quando fazem amor ou defecam" (X, 19), ele se esforça para dar uma definição física da realidade humana. O mesmo método é aplicado à representação da morte: "Quem considera o fato de morrer isoladamente, em si mesmo, dissolvendo pela análise do conceito as falsas representações que a ele estão ligadas, não julgará mais que a morte seja outra coisa senão uma obra da natureza" (II, 12). Várias vezes reaparecem nas *Meditações* a tentativa de dar um nome "científico" a essa obra da natureza de uma maneira que esteja em conformidade com uma teoria geral da física cósmica: "Ou dispersão, se a teoria dos átomos é verdadeira; ou extinção ou transformação, se a teoria da unidade do todo é verdadeira" (VII, 32; cf. VI, 4 e 10; VI, 24; IV, 14).

---

[19] Aulo Gélio, XIX, 2; Clemente de Alexandria, *Pedagog.*, II, 10, 94, 3.

Tais representações, nota Marco Aurélio, "atingem as coisas em sua corporeidade". "Muito mais, elas os trespassam de uma ponta a outra, de tal modo que as coisas são vistas tais quais são em si mesmas [...]. Quando as coisas parecem demasiadamente sedutoras, desnuda-as, vê face a face o pouco valor que têm, arranca delas as histórias que se contam sobre elas e das quais elas se orgulham" (VI, 13).[20]

Um outro modo de conhecimento exato dos objetos é a divisão,[21] seja em partes quantitativas, seja em partes constituintes. As *Meditações* nos fornecem um exemplo do primeiro modo de divisão:

> Um ar melodioso, se tu o dividires em cada um de seus sons e se te demandares, a propósito de cada um deles, se tu és incapaz de lhes resistir, tu te ruborizarias ao reconhecê-lo. Ocorrerá o mesmo se fizeres isso com a dança, decompondo-a em cada movimento ou figura. Mesma coisa para o pancrácio. Em síntese, exceto pela virtude e pelo que se relaciona à virtude, lembra-te bem de ir o mais rápido às partes consideradas nelas mesmas e de chegar, pela divisão que fazes dessas coisas, a desprezá-las. Transpõe também esse método para o conjunto da vida. (XI, 2)

É nesse método de análise dos "contínuos" em partes quantitativas que tem origem um dos temas mais caros a Marco Aurélio, o da fugacidade do instante presente.[22] Com efeito, o pensamento que acabamos de citar aconselhava: "Transpõe esse método [de decomposição em momentos] para o conjunto da vida". E vemos Marco Aurélio aplicá-lo concretamente: "Não te deixes perturbar pela representação global de toda a tua vida" (VIII, 36). Do mesmo modo que é uma ilusão representar para

---

[20] Com P. Rabbow, *Seelenführung...*, op. cit., p. 328, mantenho a lição dos manuscritos, *historian*, e a entendo no sentido de "tagarelice".

[21] Anatole France, *Le Livre de mon Ami*, XI, Œuvres, t. I, Paris, Gallimard, "Bibliothèque de la Pléiade", p. 515: "Minha mãe tinha o costume de dizer que, detalhando-os, as feições da senhora Gance não tinham nada de extraordinário. Cada vez que minha mãe exprimia essa opinião, meu pai balançava a cabeça com incredulidade. É que ele, esse excelente pai, certamente fazia como eu: não detalhava as feições da senhora Gance. E, qualquer que fosse o detalhe, o conjunto era charmoso".

[22] Sobre esse tema, cf. V. Goldschmidt, *Le Système Stoïcien et l'Idée de Temps*, Paris, 1953, p. 168 ss.

si um canto como outra coisa senão uma sequência de notas, a dança, uma sequência de figuras sucessivas, é um erro funesto deixar-se perturbar pela representação global de toda sua vida, pelo acúmulo de todas as dificuldades e de todas as provas que nos esperam. Nossa vida é, como todo contínuo, em última instância, divisível ao infinito.[23] Cada instante de nossa vida se esvai quando queremos apreendê-lo: "O presente se reduz ao máximo se tentamos delimitá-lo" (VIII, 36). Daí o conselho de Marco Aurélio, tantas vezes repetido: "Delimita o presente" (VII, 29). Isso quer dizer: tenta entrever o quanto é infinitesimal o instante em que o futuro torna-se passado.

O método utilizado aqui consiste, portanto, em isolar pelo pensamento um momento de uma continuidade temporal, depois em passar da parte ao todo: um canto são apenas notas; uma vida, instantes fugidios. Reencontra-se a aplicação do mesmo princípio em certas declarações "pessimistas" citadas há pouco. Passa-se de um momento ao conjunto da vida, dos espetáculos fastidiosos do anfiteatro a toda a duração da existência (VI, 46), do aspecto repugnante da água do banho à totalidade dos instantes da vida (VIII, 24). O que legitima um tal raciocínio? É a ideia de que o desenrolar temporal nada muda no conteúdo da realidade, isto é, que a realidade como um todo está dada a cada instante; dito de outro modo, que a duração é totalmente homogênea. A melhor ilustração dessa concepção é o seguinte pensamento: "Considera quantas coisas ocorrem em cada um de nós num instante infinitesimal, tanto no domínio corporal como no domínio psíquico. Então, tu não ficarás surpreso se muito mais coisas ainda ou, antes, se todos os efeitos da natureza ocorrerem simultaneamente nessa unidade e nessa totalidade que chamamos de cosmos" (VI, 25).

---

[23] Exatamente, os estoicos afirmavam que o tempo é divisível ao infinito e, portanto, que não há presente em sentido estrito, mas admitiam uma "espessura" (*platos*) do presente vivido pela consciência humana. E precisamente a consciência humana pode "delimitar o presente", o que tem um duplo sentido: por um lado, separar o que depende de nós (o presente) do que não depende de nós (o passado e o futuro); por outro, reduzir a um instante fugidio (mas tendo, ainda assim, uma "espessura", por menor que seja), uma coisa que poderia nos perturbar: em suma, dividir as dificuldades em lugar de se deixar inquietar pela representação global de todas as dificuldades da vida.

O outro modo de divisão consiste em distinguir os constituintes essenciais do objeto ou do acontecimento. É por isso que muitas vezes Marco Aurélio enumera as questões que é preciso se colocar em presença da coisa que se apresenta a nós. São quatro essas questões e elas correspondem bastante bem ao que se convencionou chamar de "categorias" estoicas: qual é o elemento material da coisa? Qual é seu elemento causal? Qual é sua relação com o cosmos? Qual é sua duração natural?[24] Esse método tem como efeito, portanto, situar o acontecimento ou o objeto numa perspectiva "física", no quadro geral da ciência física. Por exemplo, este pensamento: "Sou formado pela união de um elemento causal e de um elemento material.[25] Nenhuma dessas partes será aniquilada, porque não vieram do nada. Mas cada parte de mim mesmo será integrada, por uma transformação, a uma outra parte do universo e esta a uma outra até o infinito" (V, 13). Nessa perspectiva, o nascimento e a morte do indivíduo tornam-se momentos da metamorfose universal com a qual a natureza se compraz (IV, 36) e que ela se dá como tarefa (VIII, 6). A visão do rio impetuoso da matéria universal e do tempo infinito que carregam as vidas humanas se liga então, finalmente, a esse método de divisão. Graças a ele, o acontecimento que se apresenta, o sofrimento, a injúria ou a morte, perde seu significado puramente humano para ser ligado à sua verdadeira causa física, a vontade inicial da Providência e o encadeamento necessário das causas que dela resultam.[26] "O que te acontece, isso estava preparado desde toda a eternidade e, desde toda a eternidade, a trama das causas ligou tua aparição concreta e esse acontecimento" (X, 5).

O método proposto por Marco Aurélio, portanto, muda totalmente nossa maneira de avaliar os objetos e os acontecimentos da vida humana. Os homens aplicam habitualmente, quando querem avaliar as coisas, um sistema de valores puramente

---

[24] II, 4; III, 11; IV, 21, 5; VII, 29; VIII, 11; IX, 25; IX, 37; X, 9; XII, 10, 18, 29. O elemento material corresponde à primeira categoria; o elemento causal, à segunda categoria; a relação com o cosmos, à terceira (= maneira de ser, cf. *Stoic. Veter. Fragm.*, t. II, § 550); a duração, à quarta (= maneira de ser relativa). Cf. O. Rieth, *Grundbegriffe der stoischen Ethik*, Berlim, 1933, p. 70 ss.

[25] O elemento material é o corpo e o *pneuma*; o elemento causal, a razão.

[26] Cf. IV, 26; V, 8, 12.

humanos, frequentemente herdado da tradição, falseado pelos elementos passionais. É isso que Marco Aurélio chama de *tuphos*, a pretensão da opinião (VI, 13). Pode-se então dizer, num certo sentido, que o método de definição "física" busca eliminar o antropomorfismo, entendendo-se aqui por "antropomorfismo" o humano demasiado humano que o homem acrescenta às coisas, quando ele as representa para si: "Não te digas nada além do que as primeiras representações te fazem conhecer do objeto. Por exemplo, te contam que um determinado homem te calunia. Isso é o que te contam. Mas isto: 'isso é um dano para mim' não te é contado" (VIII, 49). Um fato objetivo é apresentado a nosso conhecimento: alguém disse tal coisa. Isso é a primeira representação, mas, por si mesmos, a maior parte dos homens lhe acrescenta uma segunda representação, vinda do interior, exprimindo-se em um discurso interior: "Essa palavra caluniosa é uma injúria para mim." Ao juízo da existência acrescenta-se então um juízo de valor, juízo de valor que, para Marco Aurélio e os estoicos, não está fundado na realidade, pois o único mal possível que pode atingir o homem é o erro moral que ele poderia cometer: "Atenha-te sempre às primeiras representações, conclui então Marco Aurélio, e nada acrescentes que seja tirado somente de teu próprio interior; assim nada te acontecerá. Ou, antes, não acrescentes alguma coisa a menos que estejas familiarizado com cada um dos acontecimentos que ocorrem no mundo" (VIII, 49). Portanto, há aqui duas etapas: primeiramente, ater-se à primeira representação, poder-se-ia dizer ingênua, isto é, ater-se à definição do objeto ou do acontecimento tomado em si mesmo, sem lhe acrescentar um valor falso; em seguida, dar ao objeto ou ao acontecimento seu verdadeiro valor, relacionando-o a suas causas naturais: a vontade da Providência e a vontade do homem. Vemos aparecer aqui um tema caro a Marco Aurélio: o da familiaridade do homem com a Natureza; o sábio que pratica o método da definição "física" acha tudo "natural", porque está familiarizado com as vias da Natureza: "Como é ridículo, como é estranho ao mundo aquele que se surpreende com qualquer coisa que acontece na vida" (XII, 13). "Todo acontecimento é tão habitual e familiar como a rosa na primavera e o fruto no verão" (IV, 44).

Em última instância, é na perspectiva cósmica da Natureza universal que os objetos e acontecimentos são recolocados:

> Um imenso campo livre se abrirá diante de ti, pois tu abraças pelo pensamento a totalidade do universo, tu percorres a eternidade da duração, tu consideras a rápida metamorfose de cada coisa individual, a brevidade do tempo que se esvai do nascimento à dissolução, a infinidade que precedeu o nascimento, a infinidade que se seguirá à dissolução. (IX, 32)

O olhar da alma[27] acaba por coincidir com o olhar divino da Natureza universal.[28] Assim como respiramos o ar que nos circunda, é preciso que pensemos com o Pensamento do qual estamos banhados.[29]

Essa transformação do olhar devida à prática do conhecimento "físico" das coisas não é senão a grandeza de alma. No texto citado anteriormente (III, 11), Marco Aurélio diz explicitamente: "Nada é mais capaz de produzir a grandeza de alma do que poder examinar com método e verdade cada um dos objetos que se apresentam a nós na vida". Marco Aurélio não dá uma longa definição dessa virtude. Além disso, nota ele (X, 8) que o termo *hyperphrôn* (pode-se traduzir como "nobre", "magnânimo") implica "a elevação da parte pensante acima das emoções doces ou violentas da carne, acima da vanglória, da morte e de outras coisas desse gênero". Uma tal definição está muito próxima daquela que os estoicos tradicionalmente davam da grandeza de alma: "A grandeza de alma é a virtude ou o saber que nos eleva acima do que pode acontecer tanto aos bons quanto aos maus",[30] isto é, acima do que a linguagem técnica dos estoicos chamava de coisas "indiferentes". Para os estoicos, com efeito, eram indiferentes as coisas que não eram nem boas nem más. Para eles, o único bem era a virtude, o único mal era o vício. Virtude e vício dependiam

---

[27] Cf. XI, 1, 3 e XII, 8.

[28] Cf. XII, 2.

[29] Cf. VIII, 54.

[30] *Stoic. Veter. Fragm.*, t. III, § 264. Sobre a noção estoica de "indiferentes", cf. *Stoic. Vete. Fragm.*, t. I, § 47; t. III, § 70-71 e 117. Sobre as origens e o significado dessa noção, cf. O. Luschnat, "Das Problem des ethischen Fortschritts", *Philologus*, t. CII, 1958, p. 178-214.

da nossa vontade, estavam em nosso poder, mas todo o resto, a vida, a morte, a riqueza, a pobreza, o prazer, a dor, o sofrimento, o renome não dependiam de nós. Essas coisas, independentemente de nossa vontade, estranhas, portanto, à oposição entre Bem e Mal, eram indiferentes. Elas advinham indiferentemente aos bons e maus em razão da decisão inicial da Providência e do encadeamento necessário das causas.

Dizer que o método da definição "física" engendra a grandeza de alma significa então dizer que ele nos faz descobrir que tudo o que não é a virtude é indiferente. É o que um pensamento de Marco Aurélio explicitamente sublinha:

> Passar a vida da melhor maneira: o poder de fazê-lo reside na alma, caso sejamos capazes de ser indiferentes às coisas indiferentes. Seremos indiferentes às coisas indiferentes, se considerarmos cada uma dessas coisas segundo o método da divisão e da definição,[31] lembrando-nos de que nenhuma delas é capaz de gerar por si mesma uma avaliação a seu respeito e que não podem chegar até nós, mas que as coisas permanecem imóveis; somos nós que formamos juízos a respeito delas [...]. (XI, 16)

O significado do método que estudamos aparece aqui sob uma nova luz. Definir ou dividir o objeto de uma maneira puramente "física", de uma maneira conforme a parte "física" da filosofia é retirar dele o falso valor que a opinião humana lhe atribui. É, portanto, reconhecê-lo como "indiferente", isto é, como independente de nossa vontade, mas dependente da vontade divina; é, assim, fazê-lo passar da esfera banal e mesquinha dos interesses humanos à inelutável esfera da ordem da natureza.

Destaque-se a fórmula "ser indiferente às coisas indiferentes". Não parece que todo estoico a tenha admitido. Com efeito, os estoicos admitiam que, entre as coisas indiferentes, uma escolha era possível, que algumas eram "preferíveis" em razão de sua maior ou menos conformidade à natureza: eles preferiam, por exemplo, a paz à guerra, a salvação da pátria à sua destruição. Mas a fórmula "ser indiferente às coisas indiferentes" lembra a definição da

---

[31] Leio *horikôs* com W. Theiler. Caso se quisesse manter *holikôs*, seria preciso supor que esse termo significa um método que recoloca o objeto na totalidade do universo.

finalidade da vida segundo Aríston de Quios, o estoico herético do III a. C.: "Viver numa disposição de indiferença com relação às coisas indiferentes".[32] Aríston queria dizer com isso que, fora da virtude, não há coisas preferíveis por natureza; as coisas não podiam ser preferíveis senão em razão das circunstâncias.[33] Como bem mostrou J. Moreau,[34] Aríston queria ser absolutamente fiel ao princípio fundamental do estoicismo, o qual reconhece como único Bem, como único valor, apenas a virtude. Ele teria pretendido que a razão fosse capaz de reconhecer seu dever em cada circunstância sem ter necessidade do conhecimento da natureza. Ora, sabemos que foi a leitura dos escritos de Aríston que provocou a conversão de Marco Aurélio à filosofia.[35]

Especifiquemos bem, por outro lado, o sentido que Marco Aurélio dá a essa "indiferença às coisas indiferentes". Ela consiste em não fazer diferença; ela é igualdade de alma e não falta de interesse ou de apego. Para o sábio, as coisas indiferentes não são sem interesse, bem ao contrário – e reside aqui o principal benefício do método de definição "física" –, a partir do momento no qual o sábio descobriu que as coisas indiferentes não dependem da vontade do homem, mas da vontade da Natureza universal, elas adquirem para ele um interesse infinito, ele as aceita com amor, mas com um amor igual por todas, ele as considera belas, mas com a mesma admiração por todas. Reside aqui um dos aspectos essenciais da grandeza de alma, mas é também o ponto no qual, qualquer que tenha sido a influência que sofreu, Marco Aurélio

---

[32] *Stoic. Veter. Fragm.*, t. I, § 351.

[33] Cf. Sexto Empírico, *Adv. Math.*, XI, 61.

[34] J. Moreau, "Ariston et le Stoïcisme", *Revue des Études Anciennes*, t. L, 1948, p. 27-48.

[35] Carta de Marco Aurélio a Frontão, § 35, linha 12, L. Pepe, *Marco Aurelio Latino*, Naples, 1957, p. 129: "*Aristonis libri me hac tempestate bene accipiunt atque idem habent male: cum docent meliora, tum scilicet bene accipiunt; cum vero ostendunt ab his melioribus ingenium meum relictum sit, nimis quam saepe erubescit discipulus tuus sibique suscenset, quod viginti quinque natus annos nihildum bonarum opinionum et puriorum rationum animo hauserim. Itaque poenas do, irascor, tristis sum,* zêlotupô, *cibo careo*": Sobre o papel de Aríston na conversão de Marco Aurélio, cf. o resumo de meu curso na École Pratique des Hautes Études, Vᵉ Section, *Sciences Religieuses. Résumés des Conférences et Travaux*, t. 92, 1983-1984, p. 331-336: a carta de Marco Aurélio a Frontão não relata a "conversão" de Marco Aurélio, mas bem parece provar uma leitura de Aríston por Marco Aurélio. Eu seria agora menos afirmativo acerca da influência de Aríston sobre Marco Aurélio.

difere profundamente do que sabemos de Aríston de Quios. Este último rejeitava a parte "física" da filosofia,[36] pois queria fundar o dever de uma maneira que fosse independente do conhecimento da natureza. Ao contrário, Marco Aurélio funda a grandeza de alma e a indiferença às coisas indiferentes na contemplação do mundo físico. O exercício espiritual de definição "física", ao qual consagramos o presente estudo, é a concretização da parte física da filosofia estoica.

A estreita ligação entre grandeza de alma e conhecimento da natureza se encontra particularmente em Sêneca.[37] No prefácio de seu tratado intitulado *Questões Naturais*, ele expõe a utilidade dessa pesquisa física, que será precisamente a grandeza de alma: "A virtude à qual aspiramos produz a grandeza, porque liberta a alma, prepara-a ao conhecimento das coisas celestes e a torna digna de partilhar a condição divina".[38] Sobre esse ponto, os estoicos juntavam-se à tradição platônica, inaugurada pelo famoso texto da *República*[39] que o próprio Marco Aurélio cita da seguinte forma: "Àquele que possui a grandeza de alma e que contempla a totalidade do tempo e a totalidade do ser, tu crês que a vida possa lhe parecer alguma coisa de grande?" (VII, 35). A grandeza de alma está ligada aqui a um tipo de voo do espírito longe das coisas terrestres. Ainda que Marco Aurélio, citando esse texto, tenha deixado entender que situava a si mesmo nessa tradição platônica, não é menos verdadeiro que, em última instância, sua concepção dos fundamentos especulativos da grandeza de alma é radicalmente diferente do tema platônico do sobrevoo imaginativo da alma. Com efeito, o estoicismo fornece a Marco Aurélio uma física do acontecimento particular, do *hic et nunc*, e é essa física que, antes de tudo, funda a virtude da grandeza de alma.

O acontecimento presente, que o método da análise quantitativa do contínuo temporal tornava quase evanescente, reencontra,

---

[36] *Stoic. Veter. Fragm.*, t. I, § 351-354.
[37] Cf. I. Hadot, *Seneca...*, op. cit., p. 115.
[38] Sêneca, *Nat. Quaest.*, I, 6. Ver também *Carta a Lucílio*, CXVII, 19.
[39] Platão, *República*, 486a. Sobre o tema "grandeza de alma e contemplação do mundo físico", cf. A.-J. Festugière, *Révélation d'Hermès Trimégiste*, t. II, p. 441 ss, e, para uma apresentação abrangente, cf. R.-A. Gauthier, *Magnanimité. L'Idéal de la Grandeur dans la Philosophie Païenne et la Théologie Chrétienne*, Paris, 1951.

pelo método de análise em constituintes essenciais, um valor, poder-se-ia dizer, infinito. Com efeito, ao analisarem-se suas causas, cada acontecimento aparece como a expressão da vontade da Natureza desenvolvida ou repercutida no encadeamento das causas que constituem o Destino. "Circunscrever o presente" é, em primeiro lugar, libertar a imaginação das representações passionais do arrependimento e da esperança, libertar-se assim de inquietações ou de preocupações inúteis, mas é sobretudo praticar um verdadeiro exercício da "presença da Natureza" renovando a cada instante o consentimento de nossa vontade à Vontade da Natureza universal. Assim, toda atividade moral e filosófica se concentra no instante: "Eis o que basta: o juízo fiel à realidade que tu emites no instante presente, a ação comunitária que realizas no instante presente, a disposição a acolher com benevolência no instante presente todo acontecimento que a causa exterior produz" (IX, 6).

Vistas nessa perspectiva, pode-se dizer que as coisas são transfiguradas. Não se faz mais "diferença" entre elas: são igualmente aceitas, igualmente amadas: "A terra ama a chuva; ele, o venerável Éter, também ama.[40] Quanto ao Universo, ele ama produzir o que deve nascer. Então, digo também ao Universo: 'Amo contigo'. Não dizemos também de cada coisa: ela ama acontecer?"[41] (X, 21).

Há pouco, tudo parecia banal, fastidioso, até repugnante, por causa da eterna repetição das coisas humanas, a duração era homogênea; cada instante continha todo o possível. Mas agora o que era tedioso ou amedrontador adquire um novo aspecto. Tudo torna-se familiar para o homem que identifica sua visão àquela da Natureza: ele não é mais um estrangeiro no universo. Nada o surpreende porque ele está em sua casa "na cara cidade de Zeus".[42] Ele aceita, ama cada acontecimento, isto é, cada instante presente, com benevolência, com gratidão, com piedade.[43] A palavra *hileôs*, cara a Marco Aurélio, exprime bem esse clima interior e é com essa palavra que as *Meditações* terminam: "Parte com serenidade, pois aquele que se liberta está ele mesmo pleno de serenidade" (XII, 36, 5).

---

[40] Eurípides, fragm. 898 Nauck.
[41] Ver também IV, 23 e VII, 57.
[42] IV, 29; VIII, 15; XII, I, 5; IV, 23.
[43] VII, 54.

A transformação do olhar leva, portanto, a uma reconciliação entre o homem e as coisas. Ao olhar do homem familiarizado com a natureza, em tudo se encontra uma beleza nova e é uma estética realista a que Marco Aurélio desenvolve no seguinte pensamento:

> É preciso notar também coisas desse gênero: mesmo as consequências secundárias dos fenômenos naturais têm algo de gracioso e atraente. Por exemplo, quando o pão é cozido, certas partes se rebentam na superfície; e, todavia, são precisamente essas rachaduras, que, de algum modo, parecem ter escapado às intenções que governam a confecção do pão, são essas mesmas rachaduras que, de algum modo, nos agradam e excitam nosso apetite de uma maneira muito particular. Ou ainda os figos: quando eles estão bem maduros, eles se racham. E nas azeitonas maduras é justamente a aproximação do apodrecimento que acrescenta uma beleza particular ao fruto. E as espigas se inclinando na direção na terra, e a testa enrugada do leão e a espuma que escorre do focinho do javali: essas coisas e muitas outras ainda, se consideradas somente em si mesmas, estariam longe de ser belas para ver. Todavia, dado que esses aspectos secundários acompanham os processos naturais, eles acrescentam um novo ornamento à beleza desse processo e eles nos alegram o coração; de modo que, se alguém possui a experiência e o conhecimento aprofundado dos processos do universo, não haverá quase nenhum fenômeno que acompanha por concomitância os processos naturais que não lhe pareça se apresentar, sob um certo aspecto, de uma maneira prazerosa. Esse homem não terá menos prazer em contemplar, em sua realidade nua, as bocas escancaradas das feras do que todas as imitações que os pintores e os escultores propõem delas. Seus olhos puros serão capazes de ver um tipo de maturidade e florescimento na mulher ou homem de idade, um tipo de charme amável nas crianças pequenas. Ocorrerão muitos casos desse gênero: não é o recém-chegado que aí encontrará prazer, mas somente aquele que estiver verdadeiramente familiarizado com a natureza e com suas obras.[44] (III, 2)

---

[44] A. S. L. Farquharson (*The Meditations of the Emperor Marcus Antonius*, t. I, Oxford, 1944, p. 36) compara corretamente esse texto com Aristóteles, *Part. Animal.*, 645a11.

Estamos agora bem longe das declarações pessimistas citadas no começo de nosso estudo. E, todavia, essas declarações pessimistas faziam parte do mesmo exercício espiritual que os hinos à beleza da Natureza que acabamos de ler. Uns e outros correspondem, com efeito, a um exercício espiritual que consiste em definir, em si mesmo, o objeto que se apresenta, em dividi-lo em partes quantitativas ou integrantes, em considerá-lo então segundo a perspectiva própria à parte física da filosofia. Esse exercício espiritual de definição "física" tem precisamente o efeito de nos tornar indiferentes diante das coisas indiferentes, isto é, de nos fazer renunciar a fazer diferenças entre as coisas que não dependem de nós, mas que dependem da vontade da Natureza universal. Não mais fazer diferenças é então, em primeiro lugar, renunciar a atribuir a certas coisas um valor falso, medidas unicamente a partir da escala humana. Esse é o sentido das declarações aparentemente pessimistas. Mas não mais fazer diferenças é descobrir que todas as coisas, mesmo aquelas que nos pareciam repugnantes, têm um valor igual, se medidas a partir da escala da Natureza universal, é observar as coisas com o próprio olhar com que a Natureza as olha. Esse é o sentido das declarações otimistas, pelas quais é exaltada a beleza de todos os fenômenos naturais, pelas quais também é expresso um consentimento amoroso pela vontade da Natureza. Essa atitude interior pela qual a alma não faz diferenças permanece igual diante das coisas, corresponde à grandeza de alma.

 O próprio Marco Aurélio era pessimista ou otimista? Ele sofria de uma úlcera no estômago?[45] As *Meditações* não nos permitem responder a essa questão. Elas nos dão a conhecer exercícios espirituais que eram tradicionais na escola estoica, mas não nos revelam quase nada sobre o "caso Marco Aurélio".

---

[45] Sobre um problema análogo, cf. P. Hadot, "Marco Aurélio era Opiômano?", *Mémorial de A.-J. Festugière*, Genebra, 1984, p. 33-50.

Uma chave das *Meditações* de Marco Aurélio:

Os três *topoi* filosóficos segundo Epiteto

O valor literário das *Meditações* de Marco Aurélio é, com razão, célebre. O vigor das fórmulas, a vivacidade das expressões, a severidade do tom retêm a atenção do leitor a cada página. No entanto, inicialmente o modo de composição das *Meditações* lhe escapa. As sentenças parecem se suceder sem ordem, ao ritmo das impressões e dos estados de alma do imperador filósofo. Aliás, por que buscar uma ordem em uma sequência de *Meditações* que não tencionam se apresentar de uma maneira sistemática?

O presente estudo gostaria de mostrar, no entanto, que, sob essa desordem aparente, oculta-se uma lei rigorosa que explica o conteúdo das *Meditações*. Essa lei é, aliás, expressa claramente em um esquema ternário que reaparece frequentemente em certas sentenças. Mas esse esquema não foi inventado por Marco Aurélio: ele corresponde exatamente aos três *topoi* filosóficos que Epiteto distingue em suas *Diatribes*. Esse esquema ternário inspira toda a composição das *Meditações* do imperador: cada sentença desenvolve seja um, sejam dois, sejam três desses *topoi* característicos.

I. O esquema ternário em Marco Aurélio

Reconhece-se facilmente nos três textos seguintes (assinalamos cada um dos temas desse esquema ternário com um número: 1, 2, 3, que permitirá reconhecer cada um dos casos):

VII, 54: Em todos os lugares e constantemente, depende de ti

1) comprazer-te piedosamente com a presente conjunção dos acontecimentos,

2) conduzir-te com justiça em relação aos homens presentes,

3) aplicar à representação presente as regras de discernimento, a fim de que nada que não seja objetivo[1] se infiltre nela.

IX, 6: Te são suficientes

3) o juízo presente de valor, à condição que ele seja objetivo,[2]

2) a ação presente, à condição que seja cumprida a serviço da comunidade humana,

1) a disposição interior presente, à condição que ela encontre sua alegria em toda conjunção de acontecimentos produzida pela causa exterior.

VIII, 7: A natureza racional segue bem a via que lhe é própria

3) se, no que concerne às representações (*phantasiai*), ela não dá seu assentimento nem ao que é falso, nem ao que é obscuro,

2) se ela dirige suas tendências (*hormai*) somente em direção às ações que servem a comunidade humana,

---

[1] As citações de Marco Aurélio no presente artigo são feitas a partir do texto grego estabelecido por W. Theiler em sua edição de Marco Aurélio, *Wege zu sich selbst*, Zurich, 2. ed., 1974; a tradução é original. Empreguei o termo "objetivo" para traduzir a expressão técnica *katalêptikê* que qualifica a *phantasia*, em vez de retomar a expressão francesa estabelecida "representação compreensiva". "Objetivo" tem o inconveniente de não corresponder à etimologia da palavra, mas tem a vantagem de mostrar bem que uma tal representação só contém seu objeto e nada de estranho e, por isso, que ela é digna de assentimento.

[2] Ver nota precedente.

1) se ela só tem desejo (*orexis*) e aversão pelo que depende de nós enquanto acolhe com alegria tudo o que lhe é dado em partilha pela natureza universal.

É fácil reconhecer nessas três meditações uma estrutura ternária idêntica. Uma primeira regra relaciona-se à atitude que é preciso ter em relação aos acontecimentos, que resultam do curso da natureza universal, da ação da "causa exterior", da ordem do cosmo. É preciso acolher com alegria, com piedade e complacência, tudo o que depende da natureza universal e só desejar aquilo que depende de nós, isto é, para os estoicos, o que é ação moral reta. Uma segunda regra dirige as relações inter-humanas: é preciso agir com justiça, a serviço da comunidade humana. Uma terceira regra, enfim, determina a conduta que se deve ter na ordem do pensamento: criticar a representação, para assentir só ao que é objetivo. É fácil constatar que essas três regras se referem às três relações fundamentais que definem a situação do homem. O primeiro tema, com efeito, determina a relação do homem com o cosmos; o segundo, a relação do homem com os outros homens; o terceiro, a relação do homem consigo mesmo, na medida em que a parte essencial do homem se situa na sua faculdade de pensar e de julgar, em oposição ao corpo, que produz em nós representações que requerem ser criticadas. Há que reconhecer essas três relações em VIII, 27:

Três relações:

3) a primeira, com o invólucro que nos envolve,[3]

1) a segunda, com a causa divina, a partir da qual todos os acontecimentos concorrem[4] para todos os seres,

2) a terceira, com aqueles que vivem conosco.

---

[3] "O invólucro que nos envolve": trata-se evidentemente do corpo; dele vêm as sensações e as representações: a crítica das representações, objeto do terceiro tema, corresponde a uma crítica do que penetra na alma pelo corpo.

[4] Esta tradução de *sumbainein* alude ao sentido dado a esse termo por Marco Aurélio em V, 8, 3: "enquadrar", "harmonizar-se". Os acontecimentos não se contentam em "ocorrer", eles "ocorrem" por um concurso harmonioso.

A essas três relações fundamentais correspondem, enfim, três funções da alma racional: o desejo (*orexis*), a tendência voluntária (*hormè*), a representação (*phantasia*), como mostra claramente o terceiro texto (VIII, 7) citado acima. Essa tripartição das funções da alma racional é uma doutrina bem atestada em Epiteto, por exemplo, em *Diatribes* IV, 11, 6:

Os atos da alma são:

2) ter uma tendência positiva (*horman*) ou negativa (*aphorman*),

1) desejar (*oregesthai*) ou fugir (*ekklinein*),

2) preparar-se para agir (*paraskeuazesthai*), ter o propósito de agir (*epiballesthai*),[5]

3) assentir às representações (*sunkatatithesthai*).

Esses são atos da alma racional porque correspondem sempre a uma representação e a um juízo sobre a representação.[6] O primeiro tema preconiza então uma disciplina do desejo (*orexis*): renunciar a desejar o que não depende de nós, mas do curso geral do universo, só desejar o bem que depende de nós, isto é, a ação moral boa; aceitar com alegria tudo o que vem da Natureza universal, porque ela no-lo deu em partilha, porquanto ela é a Razão perfeita.[7] O segundo tema relaciona-se à tendência (*hormè*) e à ação: não se deixar levar por vontades desordenadas, mas agir conforme ao instinto profundo da comunidade humana e da justiça que está inscrito em nossa natureza racional. Quanto ao terceiro tema, ele corresponde a um bom uso das representações (*phantasia*), a uma disciplina do assentimento.

---

[5] As citações de Epiteto foram feitas a partir do texto estabelecido por J. Souilhé (Epiteto, *Entretiens*, Paris, Les Belles Lettres, 1948-1965). A tradução de J. Souilhé foi modificada com frequência. As duas preparações para a ação são especificações da tendência (*hormè*) e correspondem então ao segundo tema, cf. A. Bonhöffer, *Epictet und die Stoa*, Stuttgart, 1890, p. 257-59.

[6] Cf. ibidem, p. 24, n. 1 e p. 92. Cf. Epiteto, III, 22, 4 e cf., adiante, n. 23. Deixo de lado aqui um problema importante: o das eventuais influências platônicas que teriam modificado a doutrina das funções psicológicas em Marco Aurélio. O essencial me parece já ter sido dito por A. Bonhöffer, *Epictet und die Stoa*, op. cit., p. 30-32 e 93-94.

[7] Cf. Marco Aurélio, IX, I, 6-10; III, 12, 1: "Nada esperar, nada evitar".

Encontram-se frequentemente em Marco Aurélio sentenças que apresentam essa estrutura ternária.[8] Ela é reconhecível também em certas enumerações de virtudes: ao primeiro tema corresponde então a ataraxia ou a temperança; ao segundo, a justiça ou o amor pelos homens; ao terceiro, a verdade ou a ausência de precipitação no juízo.[9] Por vezes também pode-se reconhecer esse esquema nos nomes de vícios que Marco Aurélio recomenda evitar.[10]

II. Os três topoi filosóficos segundo Epiteto

Marco Aurélio não é o criador desse sistema ternário. O imperador filósofo aqui é discípulo consciente do escravo filósofo, o estoico Epiteto. As *Meditações* de Marco Aurélio nos conservam, aliás, um fragmento de Epiteto que enuncia, sob a mesma forma ternária, a mesma regra fundamental de vida (XI, 37):

3) É preciso encontrar um método no que tange ao assentimento.

2) E no lugar (*topos*) concernente às tendências (*hormai*), é necessário manter a atenção desperta a fim de que as tendências operem "sob reserva"[11] a serviço da comunidade e em conformidade com o valor dos objetos.

1) E, finalmente, é preciso abster-se totalmente do desejo (*orexis*) e ignorar a aversão pelas coisas que não dependem de nós.

Os três temas, distintos em Marco Aurélio, aqui são facilmente reconhecíveis em seus objetos e nas funções da alma que põem

---

[8] Cf. II, 2, 3; II, 13, 2; III, 6, 2; III, 9; III, 16, 3; IV, 29, 2-3; IV, 33; VI, 16, 10; VII, 29; VII, 55; VII, 66, 3; VIII, 26 (onde o tema nº 1 é desdobrado); VIII, 51, 1; IX, 1; X, 24; XII, 3, 3.

[9] Por exemplo, XII, 15: verdade, justiça, temperança; III, 9, 2: ausência de precipitação no juízo, amor pelos homens, obediência (*akolouthia*) aos deuses (sobre esse tema, ver adiante n. 49 e n. 74); VIII, 32, 2: "Com justiça, com temperança, com razão".

[10] Por exemplo, II, 5; X, 24: "Vazio de inteligência, separado da comunidade [...], partilhando as agitações da carne".

[11] Sobre o sentido dessa expressão, cf. adiante, n. 22.

em jogo. Nas *Diatribes* de Epiteto que nos foram conservadas por Arriano, encontra-se frequentemente a enumeração desses três temas, designados, como aqui, pelo termo *topoi*.[12] Esses são os domínios nos quais deve situar-se a prática dos exercícios espirituais filosóficos, por exemplo (I, 4, 11):

Onde se encontra tua tarefa própria?

1) Ela se situa no desejo e na aversão, a fim de que tu não falhes no teu objetivo e não caias no que temes.

2) Ela se situa nas tendências positivas e negativas, a fim de que tu ajas sem erro na ação.

3) Ela se situa no assentimento (*prosthesis*)[13] e na suspensão do assentimento (*epokhè*) a fim de que não estejas no erro.

Tais são os três *topoi* primordiais e o que há de mais necessário.

Dentre as numerosas passagens paralelas contidas nas *Diatribes*, pode-se citar ainda esta (III, 2, 1):

Há três domínios nos quais aquele que quer se tornar perfeito deve se exercer:

1) o lugar que se relaciona aos desejos e às aversões, a fim de não ser frustrado nos seus desejos e de não cair no que se busca evitar;

2) o lugar que se relaciona às tendências positivas e negativas, em suma, aquele que se relaciona às ações apropriadas (*kathekonta*)[14] a fim de agir de uma maneira ordenada, racional, atenta;

3) o terceiro é aquele que se relaciona à ausência de erro e de celeridade, em uma palavra, aos assentimentos.

---

[12] A palavra *topos* é empregada na tradição estoica para designar as partes da filosofia, cf. Diogenes Laércio, VII, 39, 43, 84, 137, 160, 189; Clemente de Alexandria, *Strom.*, IV, 25, 162, 5.

[13] Sobre esse sentido da palavra, que não aparece na tradução de J. Souilhé, cf. o índex de J. Schweighaüser, em seus *Epicteti Philosophiae Monumenta*, Leipzig, 1799, t. III, p. 433.

[14] Sobre essa tradução, cf. adiante, n. 54.

Diferentemente de Marco Aurélio, Epiteto estabelece uma ordem entre esses três *topoi*. Ele recomenda começar pelo tema que se relaciona aos desejos, que é o mais necessário, porque nos purifica das nossas paixões; depois, continuar pelo *topos* relativo às tendências, para terminar por aquele da disciplina do assentimento, reservado aos que estão progredindo.

Nas alusões que faz ao terceiro tema, que concerne à disciplina do assentimento, Epiteto deixa a entender que ele comporta um ensino concernente às formas mais complexas do silogismo: "Os filósofos do nosso tempo deixam de lado o primeiro tema e o segundo tema para se ocuparem do terceiro: os raciocínios que mudam de valor com o tempo, aqueles que chegam a conclusões por meio de interrogações, os raciocínios hipotéticos e os sofismas".[15] Temos aqui uma preciosa indicação concernente ao verdadeiro significado dos três *topoi*. Com efeito, constatamos que o terceiro tema corresponde àquela parte da filosofia estoica que se chamava lógica e que constituía um método de educação do discurso exterior e interior. Essa primeira identificação nos coloca na via das duas outras. O segundo tema, é fácil reconhecer, corresponde à ética estoica, dedicada muito especialmente à teoria das "ações apropriadas" (*kathekonta*). Vê-se esse termo técnico aparecer várias vezes na descrição que Epiteto dá dos três *topoi*.[16] A relação entre o primeiro tema e a física (que, ao lado da lógica e da ética, também é uma das três partes da filosofia,[17] segundo os estoicos) é mais difícil de apreender e, no entanto, para a reflexão, é totalmente evidente. A disciplina do desejo conduz, por um lado, a só desejar o que depende de nós; por outro lado, a aceitar com alegria o que não depende de nós, mas provém da ação da natureza universal, isto é, para os estoicos, do próprio Deus. Essa aceitação exige então uma visão "física" dos acontecimentos, capaz de despojar esses

---

[15] Epiteto, *Diatribes*, III, 2, 6. Sobre os raciocínios que mudam de valor com o tempo, cf. *Stoic. Vet. Fragm.*, t. II, § 206 e § 954, linha 42. Os raciocínios que chegam a conclusões por meio de interrogação correspondem ao método tradicional da dialética, desde Aristóteles.

[16] Epiteto, *Diatribes*, II, 8, 29; II, 17, 15 e 31; III, 2, 2 e 4; IV, 4, 16; IV, 10, 13. Sobre o sentido da expressão, cf. adiante, n. 54. Sobre o lugar das "ações apropriadas" na ética estoica, cf. *Stoic. Vet. Fragm.*, t. III, § 1.

[17] Cf. ibidem, t. II, § 35-44.

acontecimentos das representações emotivas e antropomórficas que projetamos sobre eles, para recolocá-los na perspectiva da ordem universal da natureza, em uma visão cósmica. Trata-se então de uma física, não teórica e científica, mas concebida como um exercício espiritual.[18]

Podemos então concluir que os três *topoi* de Epiteto correspondem às três partes da filosofia estoica,[19] consideradas, em seu sentido profundo, como exercícios espirituais: não física ou ética ou lógica teórica, mas física que transforma o olhar lançado sobre o mundo, ética que se exerce na justiça da ação, lógica que produz a vigilância no juízo e a crítica das representações. Os três *topoi* de Epiteto, como as três partes da filosofia estoica, cobrem todo o campo da realidade, assim como o conjunto da vida psicológica. As fórmulas de Epiteto, como as de Marco Aurélio, enumerando brevemente os três *topoi*, tentam fornecer uma regra de vida concentrada, que possa estar facilmente "à mão" em qualquer circunstância, resumindo em algumas poucas palavras os princípios que permitirão resolver, em cada momento, os problemas que a vida nos coloca.

Como as partes da filosofia ou as virtudes no sistema estoico, nossos três *topoi* implicam-se mutuamente.[20] Há uma estreita interdependência entre a disciplina do assentimento (ou "lógica") e a disciplina do desejo (ou "física"). Com efeito, a disciplina do assentimento impõe somente admitir as representações objetivas; mas só são objetivas as representações físicas dos objetos, isto é, os juízos pelos quais atribuímos às coisas seus verdadeiros predicados, seus predicados naturais, logo "físicos", em vez de projetar sobre elas falsos predicados, que são apenas o reflexo das paixões e das convenções humanas: "A púrpura é pelo de ovelha impregnado com o sangue de um marisco; a união dos sexos, uma fricção do ventre com ejaculação, num espasmo, de um líquido

---

[18] Cf. P. Hadot, "A Física como Exercício Espiritual ou Pessimismo e Otimismo em Marco Aurélio", neste volume.

[19] Essa já era a conclusão de A. Bonhöffer, *Epictet und die Stoa*, op. cit., p. 23-27, com algumas nuanças e restrições.

[20] Sobre essa implicação mútua como esquema estoico, cf. P. Hadot, *Porphyre et Victorinus*, Paris, 1968, t. I, p. 240-245, e V. Goldschmidt, *Le Système Stoïcien et l'Idée de Temps*, Paris, 1953, p. 66 ss.

viscoso".²¹ A disciplina do assentimento, assim como a disciplina do desejo, ambas exigem que as coisas sejam recolocadas na perspectiva geral do curso da Natureza. Isso é igualmente o que exige a disciplina das tendências (ou "ética"). Ela convida a agir "sob reserva", isto é, tomando consciência do fato que os resultados das nossas ações não dependem de nós, mas do entrelaçamento das causas universais, da marcha geral do cosmos.²² Assim, num certo sentido, tudo se reporta à física. Mas pode-se dizer também que tudo se reporta à lógica. Com efeito, os desejos e as tendências, objetos dos dois primeiros temas, estão, em Epiteto e Marco Aurélio, em conformidade com a tradição estoica, estritamente solidários com as representações e os juízos:²³ "Tudo é juízo e o juízo depende de ti".²⁴ A disciplina dos desejos e a disciplina das tendências se reportam, todas as duas, a uma disciplina da representação, isto é, a uma mudança na maneira de ver as coisas: trata-se precisamente, como acabamos de ver, de recolocar os objetos na perspectiva geral da natureza universal ou da natureza racional humana; trata-se igualmente de separar a representação da emoção (isto é, da falsa representação) que a acompanha e que provoca em nós perturbação, tristeza ou medo. Por essa razão, a palavra "representação" (*phantasia*) é frequentemente carregada, em Marco Aurélio, de um certo valor afetivo, porque designa não somente a imagem de um objeto, mas a imagem de um objeto acompanhado de um falso juízo concernente a este objeto.²⁵ Tudo é "física", tudo é "lógica", mas, finalmente, tudo é "ética", porquanto "física" e "lógica" são exercícios espirituais concretos, que engajam nossa vontade e nossa liberdade.

---

[21] Marco Aurélio, VI, 13. Cf. P. Hadot, "A Física como Exercício Espiritual...", neste volume.

[22] Agir "sob reserva": a mesma expressão se encontra em Marco Aurélio em IV, 1, 2; V, 20, 2; VI, 50, 2; VIII, 41, 4. Para seu sentido, cf. *Stoic. Vet. Fragm.*, t. III, § 564-565, notadamente o texto de Sêneca, *De beneficiis*, IV, 34, 4: "O sábio empreende todas as coisas "sob reserva" (*cum exceptione*): à condição que nada intervenha para impedir o resultado da ação. Se dizemos que de tudo obtém um bom resultado e que nada lhe acontece contra sua expectativa, é porque ele pressupõe em espírito que algo pode intervir que impeça a realização de seu desígnio... Esta "reserva", sem a qual ele nada projeta e nada empreende, é o que lhe protege".

[23] Cf. n. 6 anterior.

[24] Marco Aurélio, XII, 22. Traduzo *hupolepsis* por "juízo".

[25] Marco Aurélio, II, 5, 1; V, 2; V, 22, 2; V, 36; VII, 17; IX, 7.

III. Os três topoi, *chave das* Meditações *de Marco Aurélio*

Os três *topoi* herdados de Epiteto não aparecem nas *Meditações* de Marco Aurélio somente de uma maneira episódica. Do livro II ao livro XII, cada uma das *Meditações* é um exercício de atualização e de assimilação que versa ou sobre os três *topoi* tomados em conjunto, ou sobre dois dentre eles, ou sobre um só. Epiteto havia definido esses três *topoi* como os três temas fundamentais da *askesis*, do exercício espiritual.[26] As *Meditações* de Marco Aurélio, que são exercícios espirituais, se conformam totalmente a esse princípio geral de forma ternária: disciplina do desejo, disciplina da tendência, disciplina do assentimento. M. Pohlenz, que não observou esse fenômeno em Marco Aurélio, bem notou que o *Manual*, redigido por Arriano com as sentenças de Epiteto, é construído segundo esse modelo: os capítulos 1 a 29 correspondem ao primeiro *topos*; os capítulos 31-33, ao segundo *topos*; o capítulo 52, ao terceiro *topos*.[27]

É evidentemente impossível, no âmbito deste estudo, mostrar, a respeito de todas as sentenças de Marco Aurélio, como elas se ligam a esse esquema geral. Mas podemos, ao menos, descrever brevemente os temas e variações que, em Marco Aurélio, se relacionam a cada um desses *topoi*, para depois nos limitar ao estudo das sentenças do livro IV, tomado como exemplo.

O primeiro tema, o tema da disciplina do desejo, funda-se num dogma essencial do estoicismo: a distinção entre o que depende de nós e o que não depende de nós.[28] Dependem de nós os atos livres, isto é, as três funções da alma racional: desejo, tendência, assentimento. Não dependem de nós todas as coisas cuja realização escapa à nossa liberdade: a saúde, a glória, a riqueza, todos os acidentes que supõem a intervenção de causas exteriores a nós, os outros homens, a ordem geral do cosmos dirigida pela Razão

---

[26] Epiteto, *Diatribes*, III, 12, 1-17.
[27] M. Pohlenz, *Die Stoa*, t. II, nota à página 378, primeiro parágrafo.
[28] Cf. Epiteto, *Manual*, § 1. Marco Aurélio, VI, 41; VIII, 28.

universal. Só há bem e mal no que depende de nós; o bem é a virtude, o mal é o vício. Assim sendo, é preciso desejar apenas nosso verdadeiro bem, isto é, se retomamos a enumeração que fizemos: um bom desejo, uma boa tendência, um bom juízo. Reencontramos nossos três *topoi*: um desejo conforme a vontade da natureza, uma tendência conforme a nossa natureza racional, um juízo conforme a realidade das coisas. No que concerne às coisas que não dependem de nós, tais como a saúde, a riqueza, a glória, desejá-las é expor-se à tortura do desejo insatisfeito, porque não somos mestres da realização desses desejos. Por isso, no que concerne às coisas que não dependem de nós, o primeiro tema recomenda não ter nem desejo nem aversão, mas permanecer na indiferença.[29] Indiferença, aliás, não significa desinteresse. Ser indiferente é não fazer diferença, ou seja, é amar igualmente tudo o que nos ocorre e não depende de nós. Por que amar? É que a Natureza ama a si própria e os acontecimentos são o resultado do encadeamento necessário das causas que, em seu conjunto, constituem o Destino[30] e decorrem, assim, da vontade da Natureza universal.[31]

Existe um acordo fundamental da Natureza consigo mesma: ela ama a si própria e nós, que somos uma parte da Natureza, participamos desse amor (X, 21):

A terra "ama" a chuva;[32] ele "ama" também, o venerável Éter!
Quanto ao Universo, ele "ama" produzir tudo o que deve se

---

[29] Marco Aurélio, II, 11, 6; VI, 32; VII, 31; IX, 16, 1.

[30] Cf. Marco Aurélio, V, 8, 4: "Em suma, há somente uma harmonia, e da mesma maneira que é pela totalidade dos corpos que o Cosmos, enquanto é 'tal' corpo, encontra seu acabamento, da mesma maneira é pela totalidade das causas que o Destino (*Heimarmenè*), enquanto é 'tal' causa, encontra também seu acabamento".

[31] Marco Aurélio, V, 8, 12: "Esse acontecimento ocorreu contigo, foi coordenado a ti, foi posto em relação contigo, já tendo sido urdido desde o começo, a partir das causas mais antigas". IV, 26: "Tudo o que te ocorreu foi, enquanto parte do Todo, codestinado e urdido para ti desde a origem" X. 5: "O que quer que ocorra, isso foi preparado de antemão para ti por toda eternidade e o entrelaçamento das causas tem, desde sempre, urdido junto tua substância e a realização deste acontecimento". VIII, 7. 1: "A natureza racional segue sua via própria, se ela só tem desejo e aversão pelo que depende de nós, enquanto acolhe com alegria tudo o que lhe é dado em partilha pela natureza universal".

[32] Marco Aurélio alude aqui a Eurípedes, fragm. 890, 7-9 Nauck: "A terra ama a chuva quando o campo estéril pela seca necessita de umidade. O céu majestoso, ele também, cheio de chuva, é possuído pelo desejo de se difundir sobre a terra pelo poder de Afrodite". A Natureza universal adquire aqui os traços míticos de Afrodite.

produzir! Então digo ao Universo: "Amo" contigo! Não dizemos, aliás: isso "ama" ocorrer?

Apoiando-se em uma formulação familiar da língua grega, Marco Aurélio deixa a entender que o próprio acontecimento "ama" ocorrer: devemos "amar" vê-lo ocorrer porque a Natureza universal "ama" produzi-lo. A mesma disposição se encontra em IV, 23:

> Tudo o que está em acordo contigo está em acordo comigo, ó Mundo! Nada do que, para ti, se dá oportunamente não ocorre para mim muito cedo ou muito tarde. Tudo o que tuas estações produzem, ó Natureza, é fruto para mim.

A palavra-chave do primeiro tema é *eurastein* e seus derivados ou sinônimos, isto é, todas as palavras que designam uma complacência alegre e amante.[33] A disciplina do desejo culmina nesse amor, nessa complacência afetuosa com os acontecimentos, desejados pela Natureza. Mas para atingir essa disposição fundamental é preciso mudar completamente nossa maneira de ver os acontecimentos, é preciso perceber sua relação com a Natureza. É preciso então reconhecer o encadeamento das causas que os produzem, é preciso olhar cada acontecimento como decorrente, por um encadeamento necessário, das causas primeiras, como urdido pelo Destino.[34] A disciplina do desejo torna-se assim uma "física" que recoloca toda a vida humana em uma perspectiva cósmica (VIII, 52):

> Quem não sabe o que é o mundo não sabe onde está; e aquele que não sabe porque o mundo existe não sabe o que ele próprio é. Aquele a quem falta uma dessas questões não pode dizer porque ele próprio existe.

---

[33] Cf. Marco Aurélio, III, 4, 4; III, 16, 3; IV, 25; V, 8, 10; V, 27; VII, 54; VIII, 7, 1; IX, 3, 1; IX, 6; X, 6, 4 e 6.

[34] Cf. III, 4, 5; III, 16, 3; IV, 26, 4; V, 8, 12; VII, 57; VIII, 23; X, 5; III, 11, 4: "Este acontecimento provém para mim de Deus, este outro se produz em virtude do sorteio, do entrelaçamento serrado dos fios do destino, e também do encontro fortuito e da fortuna; este outro acontecimento provém para mim de um homem que é da raça humana como eu, que é meu parente, que está em comunidade comigo, mas que ignora o que é para ele conforme à natureza". Cf. também n. 30 anterior.

Para realizar essa "física", parte integrante da disciplina do desejo, Marco Aurélio pretende seguir um método rigoroso,[35] que será aplicável acerca de cada objeto ou de cada acontecimento (III, 11):

> É sempre preciso elaborar para si mesmo uma definição ou descrição do objeto que se apresenta na representação a fim de vê-lo em si mesmo, tal qual é em sua essência, desnudado inteiramente e em todas as suas partes seguindo o método da divisão, e dizer para si mesmo seu verdadeiro nome e o nome das partes que o compõem e nas quais ele será decomposto.
>
> Pois nada é mais capaz de produzir a grandeza de alma do que poder examinar com método e verdade cada um dos objetos que se apresentam a nós na vida e vê-los sempre de tal maneira que se tenha sempre presentes ao espírito, ao mesmo tempo, as seguintes questões: "Qual é este universo? Para um tal universo, qual é a utilidade do objeto que se apresenta? Que valor ele tem com relação ao Todo e com relação ao homem?".

Para situar o objeto na totalidade do universo, o acontecimento no tecido das causas e dos efeitos,[36] o método consiste então em defini-lo em si mesmo separando-o das representações convencionais que os homens fazem habitualmente para si.[37] Consiste também em dividir esse objeto, seja em partes quantitativas,[38] se o objeto ou o acontecimento são realidades contínuas e homogêneas, seja em partes constituintes,[39] isto é, sobretudo o elemento causal e o elemento material, na maior parte dos casos.

A perspectiva cósmica implica uma contemplação incessantemente renovada das grandes leis da Natureza, notadamente da

---

[35] Cf. P. Hadot, "A Física como Exercício Espiritual...", neste volume.
[36] Cf. II, 4; II, 9: III, 11; X, 11; X, 17; X, 18; XII, 32, entre outros. Cf. também n. 5 a 8 anteriores.
[37] Cf. II, 12, 3; IV, 14; IV, 41; V, 33; VI, 13 (muito importante); VI, 14; VI, 15; VII, 3; VIII, 11; VIII, 24; X, 10; XI, 16; XII, 10; XII, 18; XII, 29.
[38] Cf. XI, 2; VIII, 36; cf. V. Goldschmidt, *Le Système Stoïcien et l'Idée de Temps*, op. cit., p. 168 ss.
[39] Cf. II, 4; II, 17; III, 11; IV, 21, 5: V, 13; VII, 29; VIII, 11; IX, 25; IX, 37; X, 9; XII, 10; XII, 18; XII, 29.

perpétua metamorfose de todas as coisas,[40] da infinitude do tempo, do espaço e da matéria,[41] uma meditação intensa da unidade viva do cosmos,[42] da harmonia que faz todas as coisas corresponderem entre elas.[43]

Essa "física" conduz, pouco a pouco, à "familiaridade" com a Natureza (outra palavra-chave do primeiro tema), porque uma longa experiência permitiu conhecer as vias e as leis da Natureza.[44] Graças a essa familiaridade com a Natureza, todo acontecimento natural torna-se familiar, quando deveria surpreender; todo processo natural torna-se belo, quando à primeira vista só apresenta feiura.[45]

Essa "física" engendra a grandeza de alma,[46] isto é, o sentimento da pequenez das coisas humanas; assim são conduzidas às suas justas proporções as coisas que não dependem de nós: a saúde, a riqueza, a glória[47] e finalmente a morte:[48] a meditação sobre a morte é parte integrante do primeiro tema.

A disposição fundamental do consentimento alegre em relação ao mundo corresponde, finalmente, a uma atitude de piedade, piedade em relação à Natureza, piedade em relação aos deuses,[49]

---

[40] Cf. II, 17, 5; IV, 36; IV, 42-43; V, 13; VI, 15; VII, 18; VII, 23 e 25; VIII, 6; IX, 28; IX, 29; IX, 32; IX, 35; X, 11; X, 18; XI, 17; XII, 21.

[41] Cf. IV, 50, 5; V, 23; V, 24; VI, 36; IX, 32; X, 17; X, 31; XII, 7; XII, 32.

[42] Cf. IV, 40; VI, 25; VII, 9; IX, 8; XII, 30.

[43] Cf. IV, 45; V, 8; VI, 38; VII, 9.

[44] Cf. III, 2, 6; IV, 33; IV, 44; VII, 29, 4; VII, 66; VII, 68; VIII, 49, 4.

[45] Cf. III, 2 que expõe toda uma estética realista.

[46] Cf. III, 11, 2 e X, 11, 1 repetição literal. Sobre a ligação entre grandeza de alma e contemplação do mundo físico, cf. I. Hadot, *Seneca und die griechisch-römische Tradition der Seelenleitung*, Berlin, 1969, p. 115.

[47] Cf. II, 11, 6; III, 6, 4; III, 10, 2: IV, 3, 7-8; IV, 19; IV, 33: V, 33; VI, 16; VI, 18; VI, 36; VII, 21; VIII, 1; VIII, 8; VIII, 21; VIII, 44; VIII, 52, 3; X, 10; X, 19; XII, 2; XII, 24, 3.

[48] II, 12, 3; II, 14; II, 17, 4-5; III, 3; IV, 5; IV, 14; IV, 15 e 17; IV 47-48; IV, 50; V, 4; V, 33; VI, 10; VI, 24; VI, 28; VI, 49; VI, 56; VII, 21; VII, 32; VII, 50; VIII, 18; VIII, 25; VIII, 31; VIII, 58; IX, 3; IX, 33; IX, 37; X, 7; X, 29; X, 36; XI, 3; XII, 7; XII, 21.

[49] Cf. III, 9; VI, 16, 10; VII, 31, 3; XII, 27, 2; XII, 31, 2. Observar também VII, 54: "Comprazer-te piedosamente" e toda a sentença IX, 1, na qual os erros contra a justiça (tema nº 2), contra a verdade (tema nº 3), contra a ataraxia (tema nº 1) são apresentados como impiedades.

que são um tipo de manifestação da Natureza. Seguir a Natureza é então seguir os deuses, obedecer aos deuses, praticar a piedade.

Tais são os múltiplos aspectos, fortemente estruturados, sob os quais se apresenta o primeiro tema em Marco Aurélio. A importância da física no tema aparece muito mais nitidamente em Marco Aurélio do que em Epiteto.

O segundo tema, o da disciplina das tendências, funda-se sobre um outro dogma essencial do estoicismo – o que afirma a existência de um instinto fundamental, graças ao qual toda natureza, e especialmente a natureza humana racional, está em acordo consigo mesma, tende a se conservar a si mesma, ama a si mesma.[50] Se o primeiro tema estava centrado em torno da Natureza universal, o segundo se apoia sobre a noção de natureza racional. Essa tendência profunda da natureza racional, essa *hormè*, leva-a a agir a serviço dos outros representantes da natureza racional; logo, a serviço da comunidade humana[51] e conforme a justiça[52] que corresponde à interdependência dos seres humanos. Como o primeiro tema, o segundo tema adquire, em Marco Aurélio, uma forte tonalidade afetiva: é preciso amar os outros homens com todo o coração (VII, 13, 3) considerando que os seres racionais não são somente partes de um mesmo todo, mas os membros de um mesmo corpo. Esse amor se estenderá inclusive àqueles que cometem erros contra nós;[53] pensaremos que são da raça humana como nós, que pecam por ignorância e involuntariamente (VII, 22).

---

[50] Cf. Cícero, *De finibus*, III, 5, 16 ss; Marco Aurélio, II, 1, 4; IV, 3, 4; IV, 29, 3; V, 1, 5; V, 9, 3; V, 16, 3; V, 20, 1; V, 30; VI, 33; VII, 13; VII, 55, 2; IX, 1, 1; IX, 9, 1-12; X, 2; XI, 1, 4.

[51] Cf. II, 2, 4; III, 5, 1; III, 9, 2; III, 11, 5; IV, 29, 2; IV, 33, 3; V, 6, 6; V, 30, 1; VI, 7; VI, 14, 2; VI, 16, 10; VI, 23, 1; VI, 30, 4; VII, 5, 3; VII, 52; VII, 55, 3; VII, 72; VIII, 7, 1; VIII, 12; IX, 6; IX, 23, 2; IX, 31, 2; X, 6, 5; XI, 4; XI, 21, 3; XII, 20; XII, 30, 6.

[52] Cf. III, 16, 3; IV, 12, 2; IV, 22; IV, 25; IV, 26, 5; IV, 37; VI, 47, 6; VII, 54; VII, 66, 3; VIII, 39; IX, 1; IX, 31; XII, 3, 3.

[53] Cf. Epiteto, *Diatribes*, III, 22, 54, acerca do cínico: "Assim surrado, ele deve amar aqueles que o surram". Texto citado por R. Joly, *Christianisme et Philosophie*, Bruxelles, 1973, p. 225.

O domínio próprio do segundo tema é o vasto campo dos *kathekonta*, das "ações apropriadas".[54] São ações (logo, algo que depende de nós) que versam sobre coisas que não dependem de nós (os outros homens, os ofícios, a política, a saúde, etc.); portanto, sobre coisas que constituem uma matéria indiferente,[55] mas essas ações, de acordo com uma justificativa razoável, podem ser julgadas conformes ao instinto profundo que leva a natureza humana racional a agir para se conservar. Elas são apropriadas, convenientes à nossa natureza racional. Para serem boas, essas ações devem ser feitas em um espírito comunitário, por amor à humanidade, em conformidade com a justiça.

O segundo tema será reconhecido então, em Marco Aurélio, cada vez que estiver em questão a natureza racional, uma ação justa e comunitária, de uma maneira geral, cada vez que os problemas das relações entre os homens forem propostos, também cada vez que conselhos sobre a maneira de agir forem dados. Ele será reconhecido também nas máximas que recomendam não dispersar a ação, não "agitar-se como um títere",[56] mas agir com um objetivo determinado.[57] Esse tema engloba também, como em Epiteto, a noção de ação "sob reserva":[58] é preciso tudo fazer para obter êxito, mas sabendo bem que o êxito não depende de nós, mas do conjunto das causas, isto é, do Destino.

O terceiro tema, o da disciplina do assentimento, repousa sobre o dogma estoico, tão bem expresso por Epiteto (*Manual*, § 5): "Não são as coisas que perturbam o homem, mas seu juízo acerca das coisas". Tudo é questão de juízo e o juízo depende de

---

[54] Tomo essa tradução de empréstimo a I. G. Kidd, "Posidonius on Emotions", na coletânea *Problems in Stoicism*, A. A. Long (ed.), Londres, 1971, p. 201. Essa tradução tem o mérito de mostrar que esses *kathekonta* que têm por matéria as coisas indiferentes são apropriados, correspondem profundamente à tendência fundamental da natureza. A tradução habitual "dever" deixa escapar esse aspecto. Sobre os *kathekonta*, pode-se ler na mesma coletânea o artigo de I. G. Kidd, "Stoic Intermediates and the End for Man". Ver igualmente I. Hadot, *Seneca...*, op. cit., p. 72-78.

[55] Cf. Marco Aurélio, IV, 1, 2: indiferença da liberdade em relação aos objetos da ação; VII, 68, 3; VII, 58, 3.

[56] Cf. VII, 29; II, 2, 4; VI, 16, 1; VI, 28.

[57] Por exemplo, II, 16, 6 ou XII, 20.

[58] Cf. n. 22 anterior.

nós. Numerosas sentenças denunciam, portanto, o que os juízos de valor acrescentam falsamente à realidade.[59] Esse tema impõe uma disciplina do *logos* interior, isto é, da maneira de pensar, mas ele comporta também uma disciplina do *logos* exterior, isto é, da maneira de se expressar. A virtude fundamental que ele propõe é a verdade,[60] entendida como retidão do pensamento e do discurso. A mentira, mesmo involuntária, é o resultado de uma deformação da faculdade de julgar.[61] Esse terceiro tema também é facilmente reconhecível nas *Meditações*, seja porque Marco Aurélio fala explicitamente da representação (*phantasia*), do juízo e do assentimento, seja porque ele evoca o dever da verdade.

Essa descrição, muito breve, dos diferentes aspectos sob os quais os três temas aparecem nas *Meditações* nos permitirá melhor identificá-los no livro IV, tomado como exemplo.

Inicialmente, encontra-se nele, duas vezes, o enunciado completo dos três *topoi*. Com efeito, eles serão reconhecidos muito facilmente na seguinte fórmula (IV, 79, 2-3):

2) É um desertor aquele que foge da razão política.

3) É um cego aquele que fecha o olho da inteligência.

1) É um abscesso do mundo aquele que se retira e se separa da razão da natureza universal, recusando-se a acolher com amor as conjunções dos acontecimentos.

A sentença seguinte é ainda mais explícita (IV, 33):

Em que é preciso exercitar-se? Em uma só coisa:

2) uma intenção justa, ações a serviço da comunidade;

3) um discurso que nunca pode enganar;

---

[59] Cf. III, 9; IV, 3, 10; IV, 7; IV, 11; IV, 22; V, 2; V, 16; V, 19; V, 26; VI, 3; VI, 52; VII, 2; VII, 14; VII, 16; VII, 17; VII, 29, 1; VII, 54; VIII, 7, 1; VIII, 26; VIII, 29; VIII, 40; VIII, 47; VIII, 48; VIII, 49; VIII, 50; IX, 6; IX, 7; IX, 13; IX, 15; IX, 32; XI, 11; XI, 16; XII, 22; XII, 25.

[60] Cf. II, 11, 1 (discursos e pensamentos); II, 16, 5; III, 12, 1; III, 16, 3; IV, 33; VI, 21; IX, 1, 2; XII, 15.

[61] Cf. IX, 1, 2.

1) uma disposição interior que acolha com amor toda conjunção de acontecimentos, reconhecendo-a como necessária, como familiar, como decorrente de um princípio e de uma fonte que são tais como são.⁶²

O primeiro e o segundo temas, que se relacionam respectivamente à disciplina do desejo e à da ação, estão agrupados juntos em várias sentenças. Em IV, 1, é afirmada a liberdade soberana do princípio diretor que está em nós, tanto em relação aos acontecimentos (é nosso primeiro tema) como em relação às ações (é nosso segundo tema): de tudo ele tira matéria para a elevação moral. Estreita ligação também entre o tema dos acontecimentos e o tema das ações em IV, 10: assim como todo acontecimento ocorre justamente porque a natureza é justa, também em toda ação é preciso agir como homem de bem. O homem de bem, diz-nos Marco Aurélio, em IV, 25, se compraz na parte do todo que lhe foi reservada pelo Destino (primeiro tema) e encontra seu contentamento na ação justa e na disposição de benevolência (segundo tema). Em IV, 26, o primeiro tema é fortemente expresso: "Tudo o que te ocorre foi a ti reservado, como parte do Todo, desde o começo, e foi urdido para ti". A conclusão é, então: "É preciso tirar proveito do presente"; mas aqui se introduz o segundo tema: "Tirar proveito do presente, sim, mas com reflexão e justiça". Em IV, 31, a confiança nos deuses corresponde ao nosso primeiro tema; a atitude de liberdade com os homens ("nem tirano, nem escravo!"), ao segundo tema. A sentença seguinte (IV, 32) é, antes de tudo, dedicada ao segundo tema: a descrição muito imagética da agitação dos homens sob Vespasiano e Trajano é destinada, sobretudo, a mostrar a vacuidade de uma ação que não é conforme à constituição racional do homem; no entanto, a evocação da morte que está estritamente ligada a essa descrição corresponde ao primeiro tema. Em IV, 37, vemos reunidos, em uma mesma urgência moral, a ataraxia (primeiro tema) e a prática da justiça (segundo tema). Em IV, 4, passa-se do tema da comunidade dos seres racionais

---

⁶² Traduzo dessa maneira um termo (*toioutos*) que retorna frequentemente em Marco Aurélio, por exemplo, no texto citado anteriormente n. 30, para expressar a ideia que as coisas são o que são, que elas são determinadas efetivamente desta ou daquela maneira; dito de outro modo, que o mundo, entre todos os possíveis, é o que ele é.

(segundo tema) àquele da cidade do Universo de onde provém nossa inteligência (primeiro tema).

O segundo e o terceiro temas estão reunidos de maneira muito clara na sentença seguinte (IV, 22): "Não girar como um pião longe do objetivo, mas, na ocasião de cada impulso para a ação, realizar a justiça e, na ocasião de cada representação, conservar dela apenas o que é objetivo". O segundo tema é aqui facilmente identificável nas noções características de impulso para a ação (*hormè*) e de justiça; o terceiro tema, nas noções não menos características de representação (*phantasia*) e de objetividade (*kataleptikon*). A imagem do pião[63] parece valer ao mesmo tempo para a desordem na ação e para a desordem no pensamento.

As sentenças mais numerosas são dedicadas ao primeiro tema, o da disciplina dos desejos, tratado isoladamente. Encontra-se, inicialmente, o dogma fundamental: só há bem no bem moral, só há mal no mal moral; logo, tudo o que não torna o homem mau, moralmente não é mau para o homem (IV, 8 e 49). Não é então necessário desejar o que não depende de nós, por exemplo, a glória (19-20). Mas é preciso amar tudo o que nos advém em virtude da vontade da Natureza: "Tudo o que está em acordo contigo, está em acordo comigo, ó Natureza!" (IV, 23). É a utilidade do Universo inteiro que produz necessariamente este ou aquele acontecimento (9). Há uma ordem racional do mundo, apesar do que dizem os epicuristas: como o mundo estaria em desordem enquanto em nós existe uma ordem interior (27)? É preciso consentir a essa ordem universal que urdiu os fios do nosso destino. "Abandona-te a Cloto de bom grado, deixando-a fabricar seu fio com todos os acontecimentos, quaisquer que sejam, que lhe agradará escolher" (34). O mundo é um ser vivo único no seio do qual todas as coisas concorrem para a produção dos acontecimentos, de modo que esses constituem um tecido de fios cerrados e entrelaçados (40). A contemplação das grandes leis da natureza é um elemento essencial da disciplina do desejo: todas as coisas

---

[63] Sobre este tema, cf. A.-J. Festugière, "Une Expression Hellénistique de l'Agitation Spirituelle", *Annuaire de l'École Pratique des Hautes Études, Ve Section des Sciences Religieuses, Année 1951-1952*, Paris, 1951, p. 3-7. Em Marco Aurélio, cf. II, 7, 1 e III, 4, 1.

se transformam umas nas outras na torrente do tempo (35, 36, 47, 43, 46), mas a sequência dos acontecimentos não é regida por uma necessidade cega, ela revela uma afinidade admirável entre seus diferentes momentos (45). Dessa contemplação resulta a familiaridade com a natureza: "Tudo o que ocorre é tão habitual e familiar como a rosa na primavera e o fruto no verão" (44 e 46). Essa meditação "física" pode se aplicar ao problema da sobrevivência das almas (21), mas serve sobretudo para exercitar-se em considerar a morte como um "mistério" da natureza (5), como um fenômeno natural (14, 15) sempre iminente (17), cuja data, em relação à infinitude do tempo, pouco importa (15, 47, 48, 50). Para se familiarizar com esse fenômeno natural, Marco Aurélio evoca sua universalidade, a morte dos médicos, dos astrólogos, dos filósofos, dos príncipes, daqueles que não queriam morrer (48 e 50). O homem, como dizia Epiteto, é apenas uma pequena alma carregando um cadáver (41). "Não há, portanto, questão. Olha atrás de ti o enorme abismo da eternidade, diante de ti, um outro infinito. Em relação a eles, em que diferem a criança de três dias e o homem que tem três vezes a idade de Nestor?" (50). Encontram-se em IV, 3 exemplos de sentenças curtas e essenciais, graças às quais poder-se-á, a qualquer instante e em qualquer lugar, fazer "retiro espiritual",[64] graças às quais poder-se-á usufruir do bem-estar, da prosperidade e da liberdade de espírito, isto é, finalmente da impassibilidade.[65] Esse tema é, então, fundamentalmente o da disciplina dos desejos, nosso primeiro tema, e a maioria das máximas enumeradas corresponde efetivamente a esse tema. Toda perturbação, toda agitação, toda inquietação se dissiparão ao rememorar-se que, em qualquer hipótese (que o mundo seja racional ou irracional), não há razão para lamentar-se do lote que nos foi designado; que, por outro lado, não é preciso desejar o que não depende de nós, o prazer ou a glória; que as coisas humanas são bem pequenas sobre esta Terra que, ela própria, é apenas um ponto no cosmos; que todas as coisas se transformam perpetuamente em uma incessante metamorfose. Porém, a serviço da

---

[64] Sobre o tema do "retiro espiritual", cf. P. Rabbow, *Seelenführung...*, op. cit., p. 91 ss.

[65] Marco Aurélio fala em *eumareia*, como Epiteto, II, 2, 2, onde essa disposição de espírito está ligada à ataraxia.

disciplina dos desejos, isto é, da busca da liberdade do espírito e da impassibilidade, aparecem também máximas tomadas de empréstimo aos outros temas. Para permanecer calmo, há que recordar que "as coisas não tocam a alma, mas permanecem imóveis fora dela; é apenas do juízo que provém as perturbações". Reconhece-se aqui o princípio essencial da disciplina do juízo e do assentimento, nosso terceiro tema. Para evitar experimentar o desprazer por causa dos outros homens, há que se recordar que a paciência é uma das partes da virtude da justiça, que os erros dos homens são involuntários e que somos feitos uns para os outros. Desta vez, reconhecemos princípios fundamentais do segundo tema, mas postos, eles também, a serviço da disciplina dos desejos. Não há nada aí que deva nos espantar, porquanto, como vimos, os três *topoi* se implicam mutuamente e porque tudo é, ao mesmo tempo, assunto da "física", da "lógica" e da "ética". As diferenças, como em todos os esquemas estoicos de implicação mútua, vêm da predominância de um aspecto sobre os demais.[66]

Tomado isoladamente, o segundo tema, o da disciplina das tendências, inspira também algumas sentenças que propõem preceitos concernentes à ação na comunidade humana: não agir sem objetivo (2), suprimir o que não é indispensável (24, 51), retornar aos princípios racionais da ação (12, 13, 16), compreender os motivos das ações de outrem (6, 38), representar para si mesmo o que podemos nos tornar, se não controlamos nossas tendências (28), agir justamente sem se ocupar com o que os outros fazem (18).

O terceiro tema é o menos desenvolvido: o mal não está nas coisas, mas no juízo que fazemos sobre as coisas (7 e 39); é preciso criticar seu próprio juízo sem se deixar influenciar pelos juízos de outrem (11); a razão basta ao filósofo, e ele não necessita de conhecimentos inúteis (30).

Todas as sentenças do livro IV são, portanto, exercícios espirituais de atualização dos três *topoi* de Epiteto. Como vimos, por vezes elas enunciam os três *topoi*; por vezes elas aludem a dois dentre eles; por vezes elas são dedicadas a um ou a outro desses *topoi*, tomados isoladamente. O que é verdadeiro para o livro IV é

---

[66] Cf. P. Hadot, *Porphyre et Victorinus*, op. cit., t. I, p. 240.

verdadeiro para o conjunto da obra de Marco Aurélio. Notemos, de passagem, que se no livro IV não encontramos sentenças reunindo os temas 1 e 3, encontramos exemplos dessa ligação em outros livros, por exemplo, em IX, 37 (crítica do juízo, tema nº 3, e visão cósmica, tema nº 1). Pode-se tomar como princípio para a interpretação de toda a obra (à exceção de algumas raras sentenças que são frequentemente citações de outros autores) o esquema dos três *topoi* de Epiteto: cada sentença tenta atualizá-los, torná-los vivos, seja todos juntos, seja em pares, seja separadamente.

Em conclusão, examinaremos as posições dos historiadores que se interessaram pelos três *topoi* de Epiteto ou pelos enunciados binários ou ternários da regra de vida em Marco Aurélio. É preciso remontar quase noventa anos atrás para encontrar o primeiro autor que notou uma relação entre o esquema ternário de Epiteto e as sentenças ternárias de Marco Aurélio. Trata-se de A. Bonhöffer.[67] Mas ele não notou que essa relação permitia explicar todas as *Meditações* de Marco Aurélio. Não restam dúvidas, contudo, de que suas análises mantêm seu grande valor. Ele desenvolveu magistralmente o conteúdo dos três *topoi* de Epiteto,[68] reconheceu claramente que esta divisão em três *topoi* era uma obra original de Epiteto[69] e viu bem que Marco Aurélio reproduziu essa divisão nos seus esquemas ternários.[70] Ele sublinhou explicitamente o fato de que os paralelos com esses três *topoi* que se poderia pensar descobrir em Cícero e em Sêneca são de fato extremamente diferentes da divisão que propõem Epiteto e na sequência Marco Aurélio.[71] É estranho que esse notável trabalho de Bonhöffer tenha sido praticamente ignorado por seus sucessores, M. Pohlenz, W. Theiler e H. R. Neuenschwander. Estamos em presença de um exemplo interessante na história das ciências humanas: ele nos permite denunciar a ilusão que existiria em crer que essas ciências progridem de acordo com um movimento uniformemente acelerado. É bem preciso reconhecer que, neste ou

---

[67] A. Bonhöffer, *Epictet und die Stoa*, Stuttgart, 1890, e *Die Ethik des Stoikers Epictet*, Stuttgart, 1894.

[68] A. Bonhöffer, *Die Ethik*, op. cit., p. 18-127.

[69] A. Bonhöffer, *Epictet...*, op. cit., p. 27.

[70] Ibidem, p. 27.

[71] Ibidem, p. 27-28. Cf., adiante, n. 76, 77 e 78.

naquele domínio, acontece de se produzir uma regressão, geralmente resultante da confusão introduzida neste ou naquele problema por este ou aquele erudito. A figura, mais ou menos mítica, de Posidônio desempenhou um papel nefasto no que concerne ao nosso problema. Ela impediu W. Theiler,[72] e na sua sequência H. R. Neuenschwander,[73] de ver a estreita relação que existia entre Marco Aurélio e Epiteto, e, sobretudo, de reconhecer a originalidade de Epiteto. W. Theiler se deixou hipnotizar por certos esquemas binários que aparecem em Marco Aurélio e que agrupam, na nossa interpretação, os temas nº 1 e nº 2, isto é, o consentimento à vontade da Natureza universal e a ação conforme à natureza racional. Dentre esses esquemas, aliás, ele só reteve aqueles nos quais Marco Aurélio exorta a "seguir os deuses" e a "ser justo em relação aos homens", aqueles nos quais, portanto, ele reuniu a "piedade" e a "justiça".[74] Ele acreditou poder reconhecer nessas fórmulas um eco do *Teeteto* 176b, que também reunia piedade e justiça, e detectar paralelos em Cícero que testemunhariam a origem posidoniana desse esquema. Para ele, os esquemas ternários são apenas uma extensão[75] das fórmulas binárias: a adição da crítica das representações corresponderia a uma extensão análoga do esquema em Sêneca, e então, uma vez mais, à influência de Posidônio. Tudo o que dissemos acima nos permite refutar facilmente essa interpretação. Inicialmente, W. Theiler não viu a relação fundamental que existe entre os esquemas ternários de Marco Aurélio e os três *topoi* de Epiteto. Portanto, ele não viu que as fórmulas ternárias são originais, porque elas correspondem a uma estrutura completa, sistemática, tão fechada em si mesma como o sistema das três

---

[72] W. Theiler, *Die Vorbereitung des Neuplatonismus*, Berlin, 1930, p. 111-123. Ver igualmente Marco Aurélio, *Wege zu sich selbst*, W. Theiler (ed.), Zurich, 1974, 2. ed.

[73] H. R. Neuenschwander, *Mark Aurels Beziehungen zu Seneca und Poseidonios*, Berne, 1951, p. 60-65.

[74] W. Theiler, *Die Vorbereitung...*, op. cit., p. 114-116; edição de Marco Aurélio, *Wege zu sich selbst*, op. cit., p. 19.

[75] W. Theiler, *Die Vorbereitung...*, op. cit., p. 121; edição de Marco Aurélio, *Wege zu sich selbst*, op. cit., p. 19. A primeira obra descreve corretamente essa pretendida adição: trata-se de uma atitude reta da representação em relação às coisas, mas a segunda obra apresenta falsamente essa adição como uma "atitude do homem em relação às coisas exteriores e sua influência" (p. 19). Essa descrição é errada: ela corresponde ao tema nº 1 e não ao tema nº 3, mas W. Theiler se engana porque ele está influenciado por um paralelo inexato com Sêneca, cf. nota seguinte.

partes da filosofia. A seguir, ele não viu que o esquema binário que reteve sua atenção é apenas um caso particular ao lado de outros esquemas binários: Marco Aurélio não reuniu somente os temas 1 e 2, mas também 2 e 3 e 1 e 3. O esquema estudado por W. Theiler não pode então ser privilegiado e é apenas uma derivação de uma estrutura ternária primitiva. Além disso, a oposição piedade-justiça é só uma das formas de que se reveste esse esquema binário nas *Meditações*. Marco Aurélio, muito naturalmente, encontrou, para representar o agrupamento dos temas 1 e 2, fórmulas tradicionais que remontam certamente a Platão, mas que haviam se tornado um tipo de representação comum na época helenística: unir a piedade em relação aos deuses e os deveres em relação aos homens. De fato, os temas 1 e 2 (consentimento à vontade da Natureza universal e ação racional) apresentam em Marco Aurélio aspectos muito mais ricos e diversos. Enfim, as aproximações com Sêneca[76] são pouco convincentes. O mesmo vale para os paralelos entre os três *topoi* de Epiteto e as estruturas ternárias em Cícero,[77]

---

[76] Sêneca, *Carta* 95, 47-59. Sêneca propõe princípios fundamentais (e não preceitos particulares) em três domínios (aparentemente): os deveres em relação aos deuses (é preciso imitá-los), os deveres em relação aos homens (é preciso saber viver em comum), a atitude em relação às coisas (saber qual opinião é preciso ter sobre a pobreza, a riqueza, etc.). Primeira dificuldade para estabelecer um verdadeiro paralelo, e ela é decisiva: Sêneca não propõe uma divisão tripartite, mas após os deuses, os homens, as coisas, ele passa às virtudes. Segunda dificuldade: mesmo admitindo limitar-se às três primeiras subdivisões, com efeito, a atitude em relação às coisas não corresponde à disciplina do assentimento, mas junta-se ao tema nº 1, o do consentimento à Natureza, logo, dos deveres em relação aos deuses, na perspectiva de Marco Aurélio e de Epiteto. Para facilitar o paralelo, W. Theiler, em sua edição de Marco Aurélio, *Wege zu sich selbst*, p. 19, deforma o sentido do tema nº 3 em Marco Aurélio, cf. nota precedente.

[77] Cícero, *De off.*, II, 18 (= Panécio): toda virtude se desenvolve em três domínios; o primeiro consiste em reconhecer em cada coisa o que é verdadeiro; o segundo, em conter os desejos e as tendências (*pathè* e *hormai*); o terceiro, em saber agir habilmente com os homens. Como já havia dito claramente A. Bonhöffer, *Epictet*, op. cit., p. 27, mesmo podendo-se aproximar o primeiro tema de Panécio ao tema da disciplina do assentimento em Epiteto e aproximar o terceiro tema de Panécio ao tema da disciplina da ação e das relações com os homens em Epiteto, não é menos verdadeiro que o segundo tema em Panécio funde *hormè* e *pathos*, tendência e paixão, ao passo que Epiteto e Marco Aurélio os distinguem radicalmente. O conteúdo desses temas, sobretudo, é muito diferente; é bastante espantoso ver um estoico como Panécio compreender a atitude em relação aos seus irmãos de raça da seguinte maneira: "Obter à saciedade e em abundância, graças a seu zelo, o que a natureza pede e [...] por seu intermédio afastar todo dano que nos seria trazido". Há, finalmente, apenas uma vaga semelhança de estrutura.

Sêneca[78] e Eudoro[79] que M. Pohlenz[80] assinala, sem comentário. Podemos então manter nossa conclusão: os três *topoi* de Epiteto são uma das chaves das *Meditações* de Marco Aurélio. Essa conclusão tem sua importância no que concerne à interpretação geral que podemos dar da obra do imperador filósofo. Já se sabia que as *Meditações* eram exercícios espirituais. Mas aparece claramente agora que esses exercícios espirituais foram praticados por Marco Aurélio de acordo com um método rigoroso, o mesmo método que Epiteto havia formulado. Cada vez que escreve uma sentença, Marco Aurélio sabe com precisão o que faz: ele se exerce na disciplina do desejo ou da ação ou do assentimento. Fazendo isso, ele filosofa: ele faz física, ética, lógica. O conteúdo das *Meditações* aparece-nos assim sob uma forma muito mais estruturada e muito mais rigorosa. Ao mesmo tempo, entrevemos, em um caso particular, a importância dos métodos de prática dos exercícios espirituais[81] na Antiguidade.

---

[78] Sêneca, *Carta* 89, 14. Divisão da moral: 1º examinar o valor das coisas; 2º regrar suas tendências; 3º colocar em acordo ação e tendência. Sobre esse ponto ainda, Bonhöffer disse o essencial: inicialmente, trata-se de uma divisão da ética e não de toda a filosofia; a seguir, o primeiro ponto não corresponde exatamente à disciplina do assentimento; enfim, a noção de desejo não aparece claramente.

[79] Eudoro, em Estobeu, II, 7, t. II, p. 42, 13 Wachsmuth, apresenta uma divisão bem paralela à de Sêneca, citada na nota precedente. Trata-se de uma divisão da ética em pesquisa concernente ao valor e em lugares concernentes à tendência e à ação.

[80] M. Pohlenz, *Die Stoa*, op. cit., t. II, nota à página 328, primeiro parágrafo.

[81] Sobre esse tema geral, cf. "Exercícios Espirituais", neste volume.

Michelet e Marco Aurélio

Em 1820, Michelet tem 24 anos. No ano anterior, tornara-se doutor em Letras apresentando uma tese em francês intitulada *Exame das* "*Vidas dos Homens Ilustres*" *de Plutarco*;[1] e uma tese em latim, *De Percipienda Infinitate Secundum Lockium*.[2] Desde 1817, é monitor nas aulas de Humanidade e de Retórica em uma escola católica, a Instituição Briand. Vive uma amizade romântica com Paul Poinsot: os dois amigos fazem longas caminhadas durante as quais trocam ideias e confidências; correspondem-se assiduamente.[3] Michelet tem como amante Pauline Rousseau,[4] um pouco mais velha, que ele desposará quatro anos mais tarde, em 20 de maio de 1824.

Desde 4 de maio de 1820, ele mantém um diário íntimo "das suas paixões e das suas emoções",[5] como ele próprio diz, e, desde junho de 1818, um diário das suas ideias e projetos literários,[6] assim como um diário das suas leituras.[7] Esses preciosos documentos permitem-nos seguir com precisão a formação intelectual e a evolução interior de Michelet, antes do encontro decisivo com a

---

[1] J. Michelet, *Œuvres Complètes*, P. Viallaneix (ed.) (abreviado nas notas seguintes: J. Michelet, *O. C.*), Paris, 1971, t. I, p. 29-43.

[2] Ibidem, t. I, p, 47-57.

[3] J. Michelet, *Écrits de Jeunesse*, P. Viallaneix (ed.), Paris, 1959, p. 253-269: correspondência entre Michelet e Poinsot.

[4] Ibidem, p. 341, n. 1 de P. Viallaneix.

[5] Ibidem, p. 75-173.

[6] Ibidem, p. 221-48.

[7] Ibidem, p. 303-31.

obra de Vico, nos anos 1823-1825. Mais tarde, de 1828 a 1874, isto é, até sua morte, Michelet continuará escrevendo um diário no qual relata suas observações, suas viagens, suas leituras, mas também os detalhes da vida íntima da sua segunda esposa, Athénaïs Mialaret.[8] Esse documento capital, rico e estranho, confirma o que os escritos de juventude deixam a entender claramente: o papel fundamental que desempenharam, na vida interior de Michelet, as *Meditações* de Marco Aurélio. "Virgílio e Vico",[9] tais eram, aos olhos de Michelet, os pais do seu pensamento. Mas penso que a esses dois nomes é preciso acrescentar o de Marco Aurélio, que, desde 1820, exerceu uma profunda influência sobre a evolução espiritual do jovem Michelet e que continuou, durante toda sua existência, a lhe fornecer os "dois grandes pontos de vista" que dominaram sua vida, como veremos.

I. (1820-1824) – *Exercícios espirituais segundo Marco Aurélio*

No verão de 1820, Michelet encontra, pela primeira vez, a obra de Marco Aurélio. Ele está, nesse momento, em um período de

---

[8] J. Michelet, *Journal*, t. I e II, P. Viallaneix (ed.), Paris, 1959-1962; t. III e IV, C. Digeon (ed.), Paris, 1976.

[9] Cf. a nota escrita por J. Michelet em 4 de maio de 1854 e publicada por G. Monod em *Jules Michelet*, Paris, 1905, p. 15-16: "Com quinze anos, tive Virgílio; com vinte anos, tive Vico, também um italiano. Ele fez da história uma arte. Vico ensina como os Deuses se fazem e se refazem, a arte de fazer os Deuses, as cidades, a mecânica viva, que trama o duplo fio do destino humano, a religião e a legislação, a fé e a lei. O homem fabrica incessantemente sua terra e seu céu. Eis o mistério revelado. Vico faz surpreendentes esforços para acreditar que ainda é um crente. O cristianismo, religião verdadeira, permanece como única exceção à qual ele presta reverência. Virgílio e Vico são não cristãos, mais do que cristãos. Virgílio é a melodia plangente da morte dos Deuses; Vico é a mecânica pela qual os deuses se refazem. Com o direito, ele faz os Deuses. Traduzindo Vico, esperava ainda pôr em acordo ciência e religião; mas, desde já em 1833, estabeleci a morte temporária do cristianismo e, em 1848, de todas as religiões. Tive graças à Itália uma educação muito livre, não cristã, Virgílio, Vico e o Direito. Passei dez anos (1830-1840) refazendo a tradição da Idade Média, o que me mostrou seu vazio. Empreguei dez anos (1840-1850) para refazer a tradição anticristã, antimessiânica". As citações de Virgílio no *Diário* são numerosas. Quanto a Vico, encontram-se as traduções que Michelet fez em J. Michelet, *O. C.*, t. I, p. 259-605.

inquietação moral, anotando, por exemplo, em seu *Diário*, de 22 de julho de 1820: "Tenho grande necessidade de ler, mais de uma vez, os estoicos e sobretudo de meditar sobre seus princípios. Sinto-me com uma fraqueza de alma de dar dó".[10]

E, no dia 26, ele acrescenta: "Leio as *Meditações* de Marco Aurélio".[11] O que o *Diário das Minhas Leituras* do dia 17 de agosto de 1820 confirmará: "*Meditações* de Marco Aurélio, traduzidas por Joly".[12] Essa tradução, publicada em 1803, era uma reedição daquela que Jean-Pierre de Joly publicara pela primeira vez em 1770.[13] Ela tinha a particularidade de subverter a sequência tradicional das *Meditações* agrupando-as de acordo com uma ordem sistemática.

No domingo, 30 de julho, Michelet se apressa para ir a Bicêtre, onde morava seu caro Poinsot, para partilhar sua descoberta:

> Lá (no Petit-Gentilly), falamos muito de belas coisas: *A Imitação de Jesus Cristo* e, sobretudo, Marco Aurélio. Com uma citação desse homem divino, vi Poinsot tomado de entusiasmo. As "funções do homem" o tocaram.[14]

A passagem mencionada por Michelet é certamente o texto assim traduzido por Joly:

> Vê estas plantas, estes pássaros, estas formigas, estas aranhas, estas abelhas que, orquestradamente, enriquecem o mundo, cada qual com sua obra; e tu te recusas a cumprir tuas funções de homem?[15]

Michelet viu corretamente; esse tema é fundamental para o imperador filósofo. Cada espécie tem uma função própria no universo e ela colabora, vivendo como formiga, como aranha, como abelha, para a organização do mundo. O que cada espécie

---

[10] J. Michelet, *Écrits de Jeunesse*, op. cit., p. 98.
[11] Ibidem, p. 100.
[12] Ibidem, p. 309.
[13] *Pensées de l'Empereur Marc Aurèle*, traduzido por M. de Joly, Paris, 1803.
[14] J. Michelet, *Écrits de Jeunesse*, op. cit., p. 101.
[15] Marco Aurélio, V, 1, 3; ver também X, 8, 6. Na tradução de Joly, Paris, 1803, cap. XXIV, p. 199.

faz às cegas, por sua constituição natural, o homem deve fazer consciente, racional e voluntariamente. Sua ação deve ser ao mesmo tempo natural e racional, posta a serviço da comunidade humana, isto é, da cidade dos homens, e da comunidade cósmica, isto é, da cidade do mundo.

Nos dias que seguem, a vida moral de Michelet é completamente inspirada pelas *Meditações*:

> O fogo, se diz, tomou Bicêtre. Eu deliberei se iria. Uma meditação de Marco Aurélio me determinou: "Quando se trata de um bem a fazer, não digas: não tenho tempo".[16]

Ele pratica também um exercício espiritual diversas vezes recomendado por Marco Aurélio, o da análise das representações. Michelet escreve no seu *Diário*:[17]

> Analisemos as coisas, diz Marco Aurélio, para que elas não nos seduzam.[18] O que então são os objetos que nos enfeitiçam? O que eles são do ponto de vista físico? A mesma matéria que a deste inseto horrível que tu temerias tocar.

Reconhecemos aqui aquele exercício do qual falamos anteriormente,[19] a definição "física" das coisas: não olhar para os objetos e os acontecimentos de um ponto de vista antropomórfico, com preconceitos ou paixões puramente humanas, mas vê-los tais como eles são na perspectiva geral da natureza. Michelet compreende bastante bem seu sentido aqui, quando evoca essa mesma matéria da qual são feitos os objetos que nos enfeitiçam e o horrível inseto repugnante. Esse método de definição "física", Marco Aurélio aplica-o, por exemplo, da seguinte maneira:

---

[16] J. Michelet, *Écrits de Jeunesse*, op. cit., p. 102. Michelet provavelmente cita Marco Aurélio de memória. Encontram-se em Marco Aurélio fórmulas análogas em VI, 2: pouco importam as circunstâncias, quando é preciso fazer seu dever (na tradução de Joly, cap. XXVI, p. 204); ou em I, 12: Alexandre, o Platônico, não se esquivava de seus deveres sob pretexto de que estava assoberbado de afazeres (Joly, cap. I, p. 51).

[17] J. Michelet, *Écrits de Jeunesse*, op. cit., p. 102.

[18] Michelet cita aqui também ainda de memória. Para a ideia, cf. Marco Aurélio, IV, 21 (Joly, cap. XV p. 143); III, 11 (Joly, cap. XV, p. 148).

[19] Cf. p. 160-61.

Essa iguaria sofisticada é apenas cadáver de peixe ou de ave ou de porco; esse Falerno, suco de uva; essa púrpura, pelo de ovelha impregnado com o sangue de um marisco.[20]

Michelet esforça-se no seu *Diário*, então, para praticar este exercício espiritual:[21]

> Estes belos olhos tão doces, esta boca, estas maçãs do rosto, *stethea d'himeroenta*[22] e tudo o que imaginas, de tudo isso é feito um cadáver. Esse ser perfeito, divino, segundo tu, está sujeito às mais sujas necessidades, aos mais desagradáveis sentimentos. Essa posse prazerosa? "Uma fricção do membro, uma pequena convulsão, uma ejeção de sêmen",[23] diz Marco Aurélio.

Michelet cita aqui a sequência do texto de Marco Aurélio que acabamos de evocar para ilustrar a noção de definição "física". Mas as linhas do *Diário* que vêm a seguir mostram que ele se equivoca sobre o sentido do método de Marco Aurélio. O imperador filósofo não quer nos fazer desgostar do amor carnal para nos converter a um amor da "eterna beleza", como pensa Michelet. Ele quer, simplesmente, nos ensinar a ser "indiferentes", isto é, a não fazer diferença, a amar igualmente tudo o que a Natureza nos traz, os objetos que nos agradam tanto como aqueles que não nos agradam, a amá-los igualmente, precisamente porque nos são dados pela mesma e única Natureza. Michelet pensa, ao contrário, que o exercício espiritual deve nos fazer desgostar do amor físico para nos fazer descobrir um outro amor superior. Passamos aqui de Marco Aurélio a Santo Agostinho:

> Esse ato, pelo qual tua louca paixão amolecerá, te enfraquecerá, tu não encontrarás o que buscas aí. O prazer te enganará; nunca poderás realizar essa união que é a quimera dos amantes. Morderás de desespero esse corpo adorado com o qual não poderás

---

[20] Marco Aurélio, VI, 13 (Joly, cap. XV, p. 143); cf. também IX, 14 e 36.
[21] J. Michelet, Écrits de *Jeunesse*, op. cit., p. 102.
[22] "Estes seios desejáveis", Homero, *Ilíada*, III, 397.
[23] Marco Aurélio, VI, 13 (Joly, cap. XV, p. 144, dá neste lugar a tradução italiana do cardeal Barberini, "a delicadeza da nossa língua não permitindo traduzir este lugar do texto"). Michelet pensa provavelmente nesse texto de Marco Aurélio, mas dessa vez para recusá-lo, quando escreve em 1856, em seu *Diário* de 22 de julho de 1856 (*Journal*, t. II, p. 302): "Não, o amor não é a convulsão".

te confundir. Dessa impotência vêm a melancolia do amor e os pensamentos de morte que nela se mesclam a cada instante. *O mihi tum quam molliter ossa quiescant!*[24]

[...] Tens razão de chorar, infeliz, tu que limitas tua felicidade a um ser infinitamente finito (se posso dizê-lo) e que esqueces a eterna beleza aberta ao amor e à posse de todos os homens,[25] sem limite e sem fim, tu que te entregas todo a teu prazer, quando os maiores objetos chamam teu espírito e teu coração, a contemplação da natureza, a ajuda a teus irmãos e, enfim, Deus, que te circunda por todos os lados, que te penetra em todos os sentidos com seus benefícios, em quem tu és, tu vives.

Passa-se aqui de Marco Aurélio a Santo Agostinho, isto é, do amor, sem diferença, pelo que é "natural", ao amor privilegiado, pela eterna beleza. Mas retorna-se finalmente a Marco Aurélio, quando Michelet opõe o "prazer" aos "grandes objetos" que chamam o espírito e o coração, a contemplação da natureza,[26] o cuidado com os outros homens e o Deus difundido através de todas as coisas.

Não se deveria imaginar que esse texto exprime o pensamento profundo ou a psicologia mais secreta de Michelet. Seria um erro tirar daí conclusões sobre a evolução das suas ideias ou da sua personalidade. É verdade que, se Michelet se interessa pela passagem de Marco Aurélio que dá a definição física do ato sexual, é porque está então perturbado pelo amor que Pauline Rousseau lhe demonstra: "*In me tota ruens Venus*", escreverá ele alguns dias

---

[24] Virgílio, *Bucol.*, X, 33. O verso que Michelet cita é tirado da Xª *Bucólica* de Virgílio, poema do amor e da morte, no qual Galo, traído por Licóris, canta sua dor. Sua única consolação seria saber que, depois da sua morte, os pastores da Arcádia cantarão seus amores: "Em que doce paz meus ossos repousarão se vossa flauta um dia ressoar meus amores!" Esse verso volta à memória de Michelet, quando da exumação do corpo de Pauline (cf. o *Diário* de 4 de setembro de 1839 – *Journal*, t. I, p. 315).

[25] É o tema agostiniano, ilustrado pela célebre fórmula de *Conf.*, I, 1, 1: "*Fecisti nos ad te et inquietum est cor nostrum donec requiescat in te*". A felicidade do homem só pode ser assegurada por um bem que não muda (já presente em *De Beata Vita*, II, 11).

[26] Por exemplo, Marco Aurélio, VIII, 26, na tradução de Joly, cap. XXXI, p. 245: "A alegria do espírito humano consiste em fazer o que é o próprio do homem. Ora, o próprio do homem é amar seu próximo, desprezar tudo o que afeta os sentidos, distinguir o especioso do verdadeiro, enfim, contemplar a natureza universal e suas obras".

mais tarde.[27] Mas basta ler esse texto para perceber o caráter retórico e artificial dessa meditação. Michelet, por exemplo, jamais teria dito de Pauline que ela era "um ser perfeito, divino", ele que iria escrever alguns dias depois que ela não era "nem bela, nem graciosa, mas gentil".[28] Estamos então em presença de um pastiche de Marco Aurélio, realçado pelo condimento platônico ou agostiniano, e isso é tudo.

É bem mais emocionante pensar que, vinte anos mais tarde, tudo isso, que era apenas "palavras", se tornará "coisas", que a definição "física" se tornará a nua realidade. Michelet escrevera em 1820: "Estes belos olhos tão doces [...] de tudo isso é feito um cadáver". Em 26 de julho de 1839, ele escreverá no seu *Diário*,[29] à morte de Pauline:

> Que pena, o odor já estava forte, o ventre verdáceo, o nariz enegrecia. Eu sentia horrivelmente, e até a medula, a palavra de Jó: "Eu disse aos vermes: 'vocês são meus irmãos'; à podridão: 'Tu és minha irmã'[30]..." Que pena! A natureza, os sentidos começavam a desfalecer. Sentia aversão (é preciso confessar?) pelo triste cadáver que foi esta mulher desejada, adorada, por esta forma amável que, durante vinte anos, renovou uma insaciável paixão...

E, algumas semanas depois, em 4 de setembro de 1839, na ocasião da exumação do corpo de Pauline, ele escreveu ainda:

> Que pena, só vi vermes [...]. É o lado repugnante ao olho [...]. Que expiação, tanto para o orgulho da beleza, como para as tentações do desejo.

---

[27] J. Michelet, *Écrits de Jeunesse*, op. cit., p. 105. Por toda a sua vida, Michelet guardará uma lembrança ardente do amor de Pauline, mas mais especialmente ainda na sua velhice. Aos 69 anos, ele anota em seu *Diário* de 25 de agosto de 1867 (*Journal*, t. III, p. 517): "Passei diante da choupana onde, em 1818, *inivi septies Paulinam meam*". Ou ainda (17 de novembro de 1862 – *Journal*, t. III, p. 155): "Recordei-me de sua docilidade charmosa e sua complacência em aceitar minhas exigências; ela possuía um chapéu de veludo, cujas belas plumas negras não tiveram dificuldade de se curvar bem baixo". Ou enfim (11 de janeiro 1868 – *Journal*, t. IV, p. 6): "Tendo falado de M. Ét. Coquerel e sua esposa, rica, grosseira, apaixonada; confesso que isso me aprazeria. Eu pensava em minha Pauline que às vezes... (sequência do texto ilegível)".

[28] Ibidem, p. 106.

[29] J. Michelet, *Journal*, op. cit., t. I, p. 309.

[30] Jó, 17, 14.

Todas as meditações sobre a morte do ser amado que Michelet consigna no seu *Diário* durante o final do ano de 1839 têm outro tom, de autenticidade e de sinceridade, diferente do exercício retórico de 1820.[31]

II. Um texto de Marco Aurélio e "dois grandes pontos de vista"

Em 2 de abril de 1866, Michelet anota no seu *Diário*:[32]

> Tenho pensado nos dois grandes pontos de vista que dominam minha vida: a continuação das minhas energias em todos os sentidos – e o equilíbrio, a harmonização com a ordem geral e divina, com a transformação próxima.

Teremos que explicar o que significam essas expressões um pouco enigmáticas que, veremos, resumem excelentemente o essencial da vida e do pensamento de Michelet. Desde já, contudo, podemos dizer que esses "dois pontos de vista" são inspirados por uma só e mesma *Meditação* de Marco Aurélio que aparece em 1825 na obra de Michelet e que reaparece ao longo do *Diário*, como um *leitmotiv* autorizando múltiplas e ricas variações. Trata-se da seguinte *Meditação*, que citamos na tradução feita pelo próprio Michelet, em uma nota da *Introdução à História Universal*:[33]

> Ó mundo, tudo o que se harmoniza contigo se harmoniza comigo! Para mim, nada é muito cedo, nada muito tarde, desde que se dê no teu tempo. Ó natureza, o que tuas estações trazem é sempre

---

[31] Outras alusões a Marco Aurélio nos anos de juventude: as *Meditações* o ajudam a superar a impressão deprimente experimentada lendo as obras de Byron (*Écrits de Jeunesse*, op. cit., p. 104); em 17 de março de 1821 (*Écrits de Jeunesse*, op. cit., p. 311), ele parece ter começado a leitura do texto grego das *Meditações*, talvez na edição (toda em grego, título e introdução, exceto um elogio a Marco Aurélio em francês, escrito por Thomas) publicada em Paris em 1816 pelo patriota grego Adamantios Coraes; enfim, em 12 de julho de 1823, ele escreve: "Falo sempre de virtude com entusiasmo, com delicadeza, eu leio Marco Aurélio. E sou fraco e vicioso" (*Écrits de Jeunesse*, op. cit., p. 173).

[32] J. Michelet, *Journal*, op. cit., t. III, p. 381.

[33] J. Michelet, *O. C.*, t. II, p. 296.

um fruto. Tudo de ti, tudo em ti, tudo para ti. O outro dizia: "Cara cidade de Cécrops!". Já tu dirias: "Ó cara cidade de Júpiter!".

Essa passagem, que Michelet diz ser talvez a mais bela de Marco Aurélio,[34] concentra em algumas linhas os temas fundamentais das *Meditações*. O mundo é um organismo único, ordenado e animado pela Razão universal e a evolução desse organismo, isto é, a relação entre as diferentes partes desse organismo, a evolução desse organismo, portanto, decorre necessariamente da ordem desejada pela Razão universal. Viver conforme a Razão é então reconhecer que o que está "no tempo" para o mundo está "no tempo" para nós mesmos, que o que "se harmoniza" com o mundo "se harmoniza" conosco, que o ritmo do mundo deve ser nosso ritmo. Assim, como Marco Aurélio diz alhures,[35] nós "amaríamos" tudo o que o mundo "ama" produzir, nós nos harmonizaríamos com a harmonia da própria natureza. Mas essa harmonia não é somente a de um organismo vivo, é a de uma cidade. A Razão humana, fundamento da comunidade social, é a emanação da Razão universal, fundamento da comunidade cósmica. Há, portanto, analogia entre a cidade humana e o mundo. Se a razão humana produz a cidade humana, a Razão produz a cidade universal do cosmos. Pode-se conceber o mundo como uma cidade regida por leis análogas àquelas da cidade humana, existe então um parentesco profundo entre as leis da natureza e as leis da sociedade. Como o Ateniense dizia com amor pensando na sua pátria, "cara cidade de Cécrops",[36] o homem pode dizer com amor "cara cidade de Júpiter", pensando no universo.

Esse paralelismo entre a pátria humana e a pátria cósmica é fundamental para Michelet. Para ele, é ao mesmo tempo um princípio de pensamento: a unidade da consciência através do duplo mundo, social e natural; e um princípio de vida: a aprendizagem da harmonização com o universo graças ao amor à pátria. A ideia de unidade da ciência engendra o universalismo do espírito (a "continuação das minhas energias em todos os sentidos"), o amor

---

[34] Ibidem.
[35] Marco Aurélio, X, 21.
[36] É uma citação de uma comédia de Aristófanes, *Camponeses*, da qual só possuímos fragmentos, incluindo este texto (fr. 100).

à pátria universal conduz ao universalismo do coração ("o equilíbrio, a harmonização com a ordem geral").

III. (1825) – O heroísmo do espírito

Em 1822, Michelet obteve um cargo de professor no Colégio Sainte-Barbe, e no dia 17 de agosto de 1825 pronunciou, por ocasião da distribuição de prêmios, um discurso que foi publicado no ano seguinte, em uma revista suíça, sob o título "Discurso sobre a Unidade da Ciência".[37] Vemos se esboçarem, nesse discurso, alguns dos temas maiores do pensamento do futuro historiador.

É a história que faz a identidade do gênero humano, "o tesouro da experiência geral, preciosa herança que cresce sempre, passando de mão em mão".[38] Por isso "a educação deve ligar o presente ao passado e preparar o futuro". Essa será a obra do estudo da história, das línguas e da literatura:

> Filhos do mundo antigo, rejeitaríamos em vão a herança dos nossos pais; suas numerosas lembranças estão demasiado misturadas a nossa existência; elas nos cercam, nos penetram, por assim dizer; nós as recebemos de todas as partes. Querer se isolar desses elementos que se incorporaram a nós mesmos é uma empresa quimérica e, se tivéssemos a infelicidade de chegar a esse ponto, não teríamos obtido nada além de constituir num enigma incompreensível o mundo moderno, que só o antigo pode explicar.[39]

A filosofia[40] virá coroar essa formação graças às diferentes partes que Michelet não nomeia, mas descreve sucessivamente: a lógica, que ensina a generalizar e a sistematizar, a psicologia, que analisa as faculdades humanas, a moral, que ensina o bom uso da vontade, a filosofia natural, que descobre

---

[37] Cf. J. Michelet, *O. C.*, t. I, p. 249-55.
[38] J. Michelet, *O. C.*, t. I, p. 250.
[39] Ibidem, t. I, p. 251.
[40] Ibidem, t. I, p. 253.

o espetáculo do universo, a metafísica, enfim, que faz perceber o espírito coletivo da humanidade e a existência de "aquele", diz Michelet, "cuja vontade forma todas as relações entre os seres, que une tudo no tempo e no espaço, o mundo físico por sua ação toda poderosa, o mundo moral por um laço de benefícios e de reconhecimento".[41]

> Com qual movimento de amor e de entusiasmo, continua Michelet, o jovem não ficará afetado com a visão desse grande espetáculo! Primeiro, ele não poderá apreender a sua acachapante majestade; mas, logo a seguir, unindo-se de coração a essa ordem admirável e tomado por um transporte sublime, ele escreverá com Marco Aurélio: "Saudações, augusta cidade da Providência!". Doravante, ele não tem mais que buscar o princípio que deve ligar todos os conhecimentos: na unidade da intenção divina, ele encontrou a unidade da ciência tanto quanto a do mundo. Quer ele observe as leis invariáveis da física ou as leis não menos regulares às quais estão sujeitas as tarefas humanas em sua mutabilidade aparente, ele reconhece uma mesma concepção, uma mesma vontade.[42]

Na citação de Marco Aurélio, deveras modificada, reconhecemos a "cara cidade de Júpiter" da *Meditação* que acabamos de ler. O que Michelet guarda dela aqui, antes de tudo, é o paralelismo entre a cidade dos homens e a cidade do mundo. É ele que justifica a unidade da ciência, fundamentada sobre a unidade da vontade – da Razão, diria Marco Aurélio –, que fundamentou as leis da cidade e as leis do mundo. Mas a unidade da ciência é um chamado ao universalismo. É impossível compreender uma coisa sem compreender a ordem universal na qual ela se inscreve. Marco Aurélio dissera:

> Todas as coisas estão entrelaçadas umas nas outras e essa conexão é sagrada: de algum modo, nenhuma é estranha a outra, pois cada uma está coordenada às outras e ela contribui para ordenar a ordem do mundo, pois uma só ordem do mundo resulta de todas as coisas e um só Deus percorre todas as coisas e uma só

---

[41] Ibidem, t. I, p. 254.
[42] Ibidem.

substância e uma só lei: a Razão que é comum a todos os viventes dotados de pensamento.⁴³

É, portanto, o espírito de Marco Aurélio que inspira essa bela exortação com a qual Michelet termina seu "Discurso sobre a Unidade da Ciência":

> Quer ele observe as leis invariáveis da física ou as leis não menos regulares às quais estão sujeitas as tarefas humanas em sua mutabilidade aparente, ele reconhece uma mesma concepção, uma mesma vontade. A ciência então aparece a ele como um sistema sagrado, do qual se deve temer separar as diversas partes. Ele só divide para recompor, só estuda os detalhes para elevar-se à inteligência do conjunto; ser fraco, é bem necessário que ele consagre mais especialmente seus trabalhos a um ramo dos conhecimentos; mas infeliz dele se tentasse se isolar de todo o resto! Ele poderia observar fatos, não poderia apreender o espírito que os vivifica. Ele se tornaria erudito talvez, jamais esclarecido; a dignidade, a moralidade da ciência permaneceriam estranhas a ele. Longe de vocês, jovens alunos, essa ciência morta e infecunda! Preparados pelos estudos clássicos para aqueles da vida, vocês carregarão o distanciamento que nós lhes inspiramos por esta parcialidade do espírito, por essa estrita preocupação, que favorece um exercício do espírito em detrimento de todos os outros; vocês não dirão as Ciências, mas a Ciência; vocês não esquecerão que o conhecimento dos fatos isolados é estéril e frequentemente funesto; que o dos fatos ligados sob suas verdadeiras relações é todo luz, todo moral, todo religião.⁴⁴

Tal será precisamente o espírito de Michelet ao longo de toda sua vida, sua necessidade de apreender, sempre de um ponto mais elevado, a perspectiva geral da ordem universal, suas múltiplas passagens dos estudos da história aos estudos da natureza,⁴⁵ sua sede de estender suas energias em todos os sentidos. Quando, nos anos seguintes, Michelet descobrir Vico, ele dará um nome a esse

---

⁴³ Marco Aurélio, VII, 9.
⁴⁴ J. Michelet, *O. C.*, t. I, p. 254.
⁴⁵ Sobre a alternância entre a História e a Natureza, ver a nota de 11 de julho de 1867, citada por C. Digeon, em J. Michelet, *Journal*, op. cit., t. III, p. 725-726.

impulso do espírito em direção ao todo e em direção à unidade; será o heroísmo do espírito:

> Vico fez um discurso *De mente heroica*[46] sobre o heroísmo do espírito, sobre a disposição corajosa segundo a qual o jovem deve estar, disposição de abraçar todas as ciências e todos os tempos, sobre a impossibilidade de em nada ser um homem especial se não se é um homem universal. Com efeito, tudo contém tudo; nenhuma especialidade que não toque com suas bordas a universalidade das coisas. Muitos anos antes de ter lido esse admirável discurso, eu fizera um, fraco e medíocre, sobre o mesmo tema. O que Vico recomenda, eu o tinha como instintivo em mim... Eu me dirigia ao todo, eu amava o todo.[47]

IV. Da pátria humana à pátria do mundo

Universalismo do espírito, acabamos de vê-lo, mas também universalismo do coração, eis o que inspira em Michelet a meditação de Marco Aurélio que, como acabamos de ver, é agora o tema fundamental da sua vida e do seu pensamento.

A ideia já aparece em 1831, no final da *Introdução à História Universal*, em termos ainda bastante próximos do "Discurso sobre a Unidade da Ciência":

> A unidade, desta vez, a livre unidade, reaparecendo no mundo social, a ciência tendo, pela observação dos detalhes, adquirido um fundamento legítimo para elevar seu majestoso e harmônico edifício, a humanidade reconhecerá o acordo do duplo mundo natural e civil na inteligência benevolente que os enlaçou.

> Mas é *sobretudo pelo sentido social que ela retornará à ideia de ordem universal.* Uma vez sentida a ordem na sociedade limitada

---

[46] Michelet citou dele um fragmento em sua coletânea, *Extraits de Divers Opuscules de Vico*, inserida na sua tradução das *Œuvres Choisies de Vico*, na segunda edição em 1835, cf. J. Michelet, *O. C.*, t. I, p. 376.

[47] Texto citado por P. Viallaneix, em sua obra *La Voie Royale. Essai sur l'Idée de Peuple dans l'Oeuvre de Michelet*, Paris, 1971, p. 230.

da pátria, a mesma ideia se estenderá à sociedade humana, à república do mundo. *O Ateniense dizia: "Saudações, cidade de Cécrops!" Já tu dirás: "Saudações, cidade da providência!"*[48]

Vê-se como o universalismo do espírito, baseado na ideia do paralelismo entre as leis do mundo social e do mundo natural, prolonga-se em um universalismo do coração. É o amor à pátria, escola do sentido social, que inicia o amor à ordem universal, à pátria cósmica.

Ainda aqui encontramos um tema caro a Marco Aurélio: "Como Antonino, minha cidade e minha pátria é Roma; como homem, é o universo. Os interesses dessas duas cidades são meus únicos bens".[49]

Essa ideia reveste-se de uma importância capital aos olhos de Michelet, pois ela responde a uma questão fundamental que se coloca para ele: como o homem moderno poderá encontrar o sentido do universal, que é indispensável ao homem? Essa interrogação surge precisamente em 1831, no *Diário*:

> O geral, o universal, o eterno, eis a pátria do homem. É a ti que pedirei socorro, meu nobre país: é preciso que tu ocupes para nós o lugar do Deus que nos escapa, que tu preenchas em nós o incomensurável abismo que o cristianismo extinto deixou. Deve-nos o equivalente do infinito. Todos sentimos a individualidade morrer em nós. Que possa recomeçar o sentimento da generalidade social, da universalidade humana, daquela do mundo! Então talvez nos elevemos para Deus.[50]

Por toda sua vida Michelet recusará o humanitarismo que queria suprimir a primeira etapa indispensável: o amor à pátria,[51] mas ele ascenderá constantemente da pátria humana à pátria universal, à "grande cidade", "ao acolhimento da natureza universal".[52] O fim último consistirá sempre em se harmonizar

---

[48] J. Michelet, *O. C.*, t. II, p. 256. Sublinhei a frase sobre o "sentido social" para marcar sua importância.

[49] Marco Aurélio, VI, 44, § 6.

[50] *Diário* de 7 de agosto de 1831 (*Journal*, t. I, p. 83).

[51] Cf. a nota de C. Digeon, em J. Michelet, *Journal*, t. III, p. 723.

[52] J. Michelet, *Journal*, op. cit., t. III, p. 475 (4 de agosto de 1867 e "Montauban 1863").

com a ordem universal; reconhecemos aí um dos grandes pontos de vista dos quais falamos.

V. Harmonizar-se com a História

O tema da harmonização, já esboçado em 1831, e inspirado por Marco Aurélio, vai se desenvolver intensamente a partir de 1842, sempre em relação com a mesma passagem das *Meditações*. Michelet o interpretará inicialmente no sentido de um consentimento alegre com o movimento da história. Ele escreve, por exemplo, em 4 de abril de 1842, no seu *Diário*:[53]

> Benevolência pelo progresso, pelas ideias novas, pela juventude (pois é nossa filha), resignação ao abandono do que é efêmero em nós (corpo, ideia, sistema), fé no futuro de Deus, na fecundidade maravilhosa e desconhecida dos meios da providência, eis o que é envelhecer generosamente e caminhar alegremente em direção à morte. *Quem crê em mim não pode morrer.*[54] E o que impede que, no caminho, aceitemos um sangue jovem? A inesgotável juventude do mundo, o grande fluxo da vitalidade eterna nos renovariam, se nós não nos fechássemos, tristes e invejosos, na nossa personalidade estreita, isto é, no que temos de mais efêmero...
>
> "Tudo o que trazes, ó mundo, diz Marco Aurélio, aceito como um fruto para mim. Cai, chuva fecunda, querida chuva de Júpiter."

Reconhecemos aqui, uma vez mais, o texto, o grande texto de Marco Aurélio aos olhos de Michelet, citado de memória, aliás, e contaminado com uma outra passagem das *Meditações*. A ideia fundamental permanece a de harmonização, mas apresentada sob a metáfora da estação, do bom momento que dá os frutos e a chuva. O que produz a evolução do mundo vem sempre em bom momento, é sempre um fruto maduro, que devemos acolher como tal, se conformamos nossa razão à razão universal. A metáfora da chuva provém de outro pensamento de Marco

---

[53] Ibidem, t. I, p. 391.
[54] João, 11, 26.

Aurélio que Michelet cita aqui de modo bastante inexato. O verdadeiro texto é o seguinte: "Prece dos Atenienses: Que chova, que chova, caro Zeus, sobre os campos e as pradarias dos Atenienses. Ou não é preciso orar, ou é preciso fazê-lo assim: sem egoísmo e sem subserviência".[55] Qualquer que seja o sentido original dado por Marco Aurélio a essa sentença, Michelet bem parece pensar que essa prece é dita no momento em que a chuva cai, isto é, que é uma prece de aceitação, uma "prece de harmonização", conforme a expressão que o próprio Michelet empregará mais tarde. Nessas fórmulas, Michelet obtém confiança do "grande fluxo da vitalidade eterna", "na inesgotável juventude do mundo". Esta última expressão, que soa de uma maneira tão moderna, vem, ela também, de Marco Aurélio, em um sentido que corresponde exatamente ao que Michelet quer dizer: o que assegura a juventude do mundo é a metamorfose, por isso não é necessário apegar-se ao efêmero. "Todas as coisas que vês", escreve Marco Aurélio, "a natureza que governa o todo vai metamorfoseá-las no mesmo instante e, da substância dessas outras coisas, uma vez mais outras coisas, a fim de que o mundo seja sempre jovem."[56] Não é um mal para uma ação, diz alhures Marco Aurélio, parar no momento que convém e, da mesma maneira, não é um mal para a vida, que é o sistema de todas as ações, parar no momento que convém; "este momento que convém, este termo definido, é a natureza que o fixa, por vezes a natureza individual, como na velhice, mas, em todo caso, a natureza universal: do fato que suas partes se metamorfoseiam, o mundo, em sua totalidade, guarda uma juventude e uma vitalidade eternas. O que convém ao todo é sempre belo e em plena florescência".[57]

---

[55] Marco Aurélio, V, 7. A tradução de Joly (cf. VI, p. 74) é muito diferente também do texto de Michelet: "A prece de cada Ateniense era: 'Faze chover, ó bom Júpiter, faze chover sobre nossos campos e sobre todo o território de Atenas. Com efeito, não é preciso orar de modo algum, ou orar deste modo, simples e nobremente'". Também há talvez uma contaminação com a *Meditação*, X, 21, que alude ao amor da terra pela chuva.

[56] Marco Aurélio, VII, 25.

[57] Marco Aurélio, XII, 23. Cf. J. Michelet, *Journal*, op. cit., t. II, p. 533: "O sentido da vida móvel e da metamorfose. Tudo muda e tu por que não? Por que manter esta forma? Por que não aceitar tua transformação próxima e permanecer lá, no rio, temeroso dos mundos desconhecidos?".

Nesses textos de Marco Aurélio, Michelet encontra primeiro o otimismo, a fé na Razão que conduz o mundo, otimismo inquebrantável, mesmo quando "a fecundidade... dos meios da providência" permanece-nos desconhecida e incompreensível. Esse otimismo só tem sentido com uma mudança total do ponto de vista, que nos faz renunciar à nossa visão particular e parcial de indivíduo, para abrir-nos à universalidade, à perspectiva grandiosa do cosmos e da humanidade. Nossa individualidade (isto é, diz Michelet: nosso corpo, nossas ideias, nossos sistemas) se identificam com o efêmero, ou seja, com o que se afunda inexoravelmente no passado. Abrir-se à universalidade é então acolher a novidade do presente, com benevolência e amor. O tema é caro a Marco Aurélio e seguidamente retorna nas *Meditações*, mas Michelet decididamente lhe confere uma coloração moderna insistindo no acolhimento do presente, na sua própria modernidade. Ele escreve no seu *Diário*[58] de 11 de agosto de 1850, dirigindo-se a Athenaïs: "Harmoniza-te com a sabedoria do jovem mundo, com seu imenso progresso, com as ciências que são de ontem, com os estudos da natureza, à medida que possas, com a música, com a arte própria do nosso tempo".

Mas, nessa abertura ao universal, renunciar ao efêmero e acolher o presente não acarreta ignorar o que há de durável no passado. A universalidade implica o sentido da totalidade e da continuidade, a íntima ligação entre o passado, o presente e o futuro. Esse tema da identidade da humanidade, assegurado pela consciência histórica, esse tema, já presente em "Discurso sobre a Unidade da Ciência", reaparece magnificamente orquestrado nas páginas do *Diário*[59] de 4 de abril de 1842, que estamos comentando:

> Sim, um laço íntimo une todas as épocas. Mantemo-nos, gerações sucessivas, não como os anéis de uma corrente, não como esses corredores, de que fala Lucrécio, que passam a tocha um para o outro. Mantemo-nos bem de outro modo. Estivemos todos nas costas dos primeiros pais, nos seios das mães de outrora, seja isso tomado ou não no sentido material, não importa. Um

---

[58] Ibidem, t. II, p. 116.
[59] Ibidem, t. I, p. 393.

mesmo espírito fluido corre de geração a geração. Movimentos instintivos nos fazem estremecer pelo passado, pelo futuro, nos revelam a profunda identidade do gênero humano.

Quem nada sentiria disso, quem se isolaria em um momento da vida do mundo, negando que pertenceu às gerações passadas, este, se pudesse, se reduziria a muito pouca coisa. Permaneceria no estado infantil. *Nescire historiam id est semper esse puerum*: mas como querer escapar à história, nada dever ao passado?

Tocamos aqui, quiçá, no voto mais profundo, o mais intenso de Michelet: ser ele mesmo, enquanto historiador, "o laço dos tempos". Em outra página magnífica do *Diário*,[60] datada de 2 de setembro de 1850, ele define perfeitamente a tarefa que fixou para si, "fazer circular a seiva para o futuro":

"Meu trabalho" pouco serve para o mundo presente. O presente é inquieto, é pouco capaz de entender, como que ensurdecido por um pensamento... A ideia fixa[61] domina. Não sendo nem louco, nem fanático, é preciso ficar à parte, é preciso esperar. Não *esperar esperando*, como dizem os místicos, esperar produzindo sempre. Produzir e conservar. Sob o reino da ideia fixa, o depósito do bom senso. Produzir e conservar, no esquecimento em que o mundo está do seu passado, o laço dos tempos, esse laço tão necessário, essa cadeia vital que do passado aparentemente morto faz circular a seiva para o futuro... Portanto, minha vida está traçada. Pouco sucesso, não importa. Que eu seja o laço dos tempos! Sob o reino da ideia fixa que logo vai invadir o mundo, fico aqui para protestar em nome da história e da natureza, a natureza eterna que retornará amanhã. Meu direito é minha simpatia imparcial pelos tempos e pelas ideias, o grande afeto que tive por todos, o direito mais sagrado: o amor.

Se insisto sobre esse aspecto, aliás fundamental, do pensamento de Michelet, é porque, nesse esforço para dispor, ao lado do acolhimento do presente, o respeito pelo passado, é ainda Marco

---

[60] Ibidem, t. II, p. 125.
[61] Essa ideia fixa é o medo do socialismo, "do grande golpe, que, amanhã, será dado na propriedade".

Aurélio que permanece seu modelo. Em uma meditação sobre a morte,[62] datada de 26 de março de 1842, Michelet escreve:

> Fecundidade, vitalidade da morte, para os homens e para os sistemas. Ela tria, ela separa, isto é, ela distancia o mal, libera o bem para que subsista, ela assegura a verdadeira perpetuidade, a verdadeira vida.
>
> Mas nessa parte pior e menos verdadeira, que morre como individual, houve vida, que é uma bondade ao menos como causa, o que deve nos faz consagrar na nossa memória aqueles que nos prepararam. Respeito pelo passado, terno respeito!
>
> Assim um laço íntimo de afeição une todas as épocas. Do mesmo modo que Marco Aurélio, começando, agradece a cada um dos seus preceptores de cada virtude, como eu não agradeceria cada século pelas potências que estão em mim?

No primeiro livro das suas *Meditações*, Marco Aurélio enumera, com efeito, tudo o que deve a seus ancestrais, a seus pais, a seus preceptores e aos deuses: "Do meu avô Vero: sua bondade e sua equidade de alma [...]. Da minha mãe: sua piedade, sua liberalidade...".[63] É ao mesmo tempo expressão da gratidão, do reconhecimento de uma herança, e esse "terno respeito pelo passado" de que fala Michelet. Prestar tal homenagem aos séculos é o que Michelet queria, sentindo que eles continuam a viver nele, como ele mesmo preexistiu neles.

VI. A prece segundo Marco Aurélio ou a harmonização com o mundo

Após o casamento com Athénaïs Mialaret, a experiência do amor vai dar uma tonalidade mais cósmica e sobretudo mais religiosa ao tema da harmonização. Será essa "a prece harmonizante de Marco Aurélio". Um texto do *Diário* (24 de março de 1851)

---

[62] J. Michelet, *Journal*, op. cit., t. I, p. 385.
[63] Marco Aurélio, I, 1 ss.

resume bem essa nova atmosfera: "Duas almas *harmonizadas*, isso já é uma *cidade*. Já é um *mundo*. O acordo encontrado uma vez é o mesmo daqui às estrelas, o mesmo por toda a Via Láctea".[64]

"Como orar?", pergunta a Michelet a jovem Athénaïs.[65] Michelet exporá seguidamente para ela sua teoria da prece segundo Marco Aurélio. Ele se apoia para tanto sempre na mesma *Meditação* que conhecemos bem: "Ó mundo, tudo o que se harmoniza contigo se harmoniza comigo!". Mas ele poderia ter citado ainda outros textos, sobretudo este:

> Ou os deuses não têm nenhum poder ou eles têm. Mas, se eles não têm nenhum poder, por que oras? E, se eles têm poder, por que não orar para que te concedam não temer nenhuma dessas coisas, não desejar nenhuma delas, não te afligir com nada disso tudo, em lugar de orar para que tal coisa não se produza ou se produza?
>
> Esse homem ora a eles dizendo: "Que eu possa deitar com esta mulher!" Mas tu: "Que eu não deseje deitar com ela!". Um outro: "Que eu possa me desfazer de tudo isso!". Mas tu: "Que eu não tenha o desejo de me desfazer disso!". Um outro: "Possa eu não perder meu filho!". Mas tu: "Que eu não tema perdê-lo!". De modo geral, modifica assim tuas preces e vê o que acontece.[66]

Marco Aurélio opõe, pois, a prece de pedido que busca modificar o curso do destino à prece de consentimento, que só deseja encontrar-se em acordo com a ordem universal, com a vontade da Razão universal: isto é a harmonização.

Michelet também opõe prece de pedido e prece de harmonização:

> "Que seja feita tua vontade", eis a harmonização. Mas ele acrescenta: "Dê-nos nosso pão". Eis o pedido mais ou menos justo: cada um pedirá segundo sua paixão... O primeiro artigo é idêntico às palavras de Marco Aurélio: "Ó mundo, tudo o que trazes é

---

[64] J. Michelet, *Journal*, op. cit., t. II, p. 154. Sublinho as palavras-chave.
[65] Ibidem, t. II, p. 112.
[66] Marco Aurélio, IX, 40.

para mim um bem". Por que o segundo? Se ele é justo, está contido no primeiro.⁶⁷

E Michelet define com exatidão essa prece: "A prece moderna, mais desinteressada, será uma harmonização do indivíduo com o amor universal que faz a unidade das coisas".⁶⁸

Depois acrescenta:

> Ainda que cada um hoje deva fazer sua prece, sua harmonização segundo suas necessidades, eu gostaria, no entanto, que se fizesse um livro para colocar a alma sobre a via da harmonização ativa e voluntária no momento da morte. Essa harmonização supõe que a pessoa se volte para si mesma e se resuma para oferecer o que ela tem de melhor ao amor universal que tira disso o progresso do mundo, para lamentar e expiar e desejar sua expiação... para esperar sem pedir, Deus sabendo mais o que é melhor e não podendo favorecer sem sair da imparcialidade do amor, sem cessar de ser verdadeiramente Deus, de ser amor proporcional – e, sobretudo, para se situar, para não exagerar a importância da sua vida individual, da vida ou da morte.⁶⁹

Esse tema da prece de harmonização retorna ao longo de todo o *Diário*:

> 26 de agosto de 1850: "É uma das grandes misérias deste tempo: o mundo busca preces, ele não as encontra... A prece é sempre a grande necessidade do mundo como harmonização do homem com Deus. Ela reconstitui nossa unidade com ele".⁷⁰

> 14 de abril de 1854: "Prece nas noites transparentes. Para obter? Não, mas para se harmonizar e harmonizar o Todo: pátria e pátria total".⁷¹

> 22 de novembro de 1865: "Falei (com Athénaïs) da prece harmonizante de Marco Aurélio".⁷²

---

⁶⁷ J. Michelet, *Journal*, op. cit., t. II, p. 225.
⁶⁸ Ibidem, t. II, p. 224.
⁶⁹ Ibidem.
⁷⁰ Ibidem, t. II, p. 122.
⁷¹ Ibidem, t. II, p. 244.
⁷² Ibidem, t. III, p. 356.

24 de novembro de 1866: "Ontem pela manhã, fiz seriamente minha prece, não de pedido, mas de harmonização (a prece de Marco Aurélio)".[73]

Essa prece harmonizante é então um verdadeiro exercício espiritual que consiste em transformar nossa visão do mundo e nossas disposições interiores para nos elevar à visão da ordem universal e para nos fazer consentir a "esse amor universal que faz a unidade das coisas".

Harmonizar-se é, ao mesmo tempo, integrar-se na comunidade humana, praticando a justiça, e integrar-se na comunidade cósmica, aceitando a universal metamorfose desejada pela harmonia da natureza.[74] Esse é precisamente todo o sentido das *Meditações* de Marco Aurélio. O seu ideal é um homem "bem harmonizado (*euharmoston*) com os homens com quem ele deve viver em sociedade" e "em harmonia (*sumphonon*) com os deuses", isto é, com a Razão universal.[75]

A qual Deus se dirige então essa prece harmonizante? Seria necessário um longo estudo para responder a essa questão, pois o pensamento religioso de Michelet comporta consideráveis nuanças.[76] Digamos simplesmente que o essencial da religião de Michelet é um ato de fé, incessantemente renovado, que o faz admitir apaixonadamente que o amor e a harmonia são ao mesmo tempo o objetivo da humanidade e o sentido último do cosmos: "Acreditar no mundo harmônico, sentir-se harmônico com ele, eis a paz. É a festa interior".[77]

---

[73] Ibidem, t. III, p. 420.

[74] Cf. n. 57 anterior.

[75] Cf. Marco Aurélio, VI, 16 § 6.

[76] Sobre esse tema, pode-se consultar, entre outros, J. L. Cornuz, *Jules Michelet. Un Aspect de la Pensée Religieuse au XIXᵉ Siècle*, Genebra, 1955. P. Viallaneix, *La Voie Royale*, op. cit., p. 343-468. Um dos pontos mais difíceis consiste, parece-me, na apreciação exata do caráter divino da Natureza para Michelet, por exemplo, *Journal*, op. cit., t. I, p. 119, onde a Natureza é uma Circe (cf. também, t. II, p. 38).

[77] J. Michelet, *Nos Fils*, livro I, cap. VI, citado por J. Viallaneix, *La Voie Royale*, op. cit., p. 445. Ver também: "Não posso passar sem Deus. O eclipse momentâneo da alta Ideia central ensombrece este maravilhoso mundo moderno das ciências e das descobertas. Tudo é progresso, tudo é força, e a tudo falta grandeza [...]. Não posso passar sem Deus. Eu dizia, há dez anos, a um ilustre pensador de quem aprecio a audácia e a enérgica austeridade: "O senhor é descentralizador". E o sigo em um sentido, pois quero viver, e a centralização rigorosa mataria toda vida individual.

Qual é a potência misteriosa em direção à qual se eleva esse ato de fé? Michelet fala da "Grande Harmonia" das coisas, da "alma amante dos mundos", da "alma universal".[78] É em direção a ela que se eleva sua invocação. Aqui ainda estamos bem próximos de Marco Aurélio. Quando se sabe que, para os estoicos, há uma estrita relação entre a Alma do Mundo, a Providência e o Destino, compreende-se melhor o parentesco profundo que existe entre este pensamento de Marco Aurélio:

> Em suma, só há uma Harmonia e, da mesma maneira que o Cosmos, tal como ele é, integra a totalidade dos corpos, da mesma maneira, o Destino, enquanto causa determinada, integra a totalidade das causas.[79]

e este de Michelet:

> [...] o princípio e a necessidade da centralização, não somente administrativa e política, não somente nacional, mas universal, centralização que produz a solidez e a solidariedade do todo, seu encadeamento, centralização não material e mecânica, mas viva. Desde então é a das causas vivas, na grande causa viva que é a Providência.[80]

Mas a amorosa unidade do mundo, longe de matá-la, a suscita; por isso esta Unidade é o Amor. Uma tal centralização, quem não a quer, quem não a sente, daqui até as estrelas?". Esse texto é extraído de *La Femme*, livro II, cap. XIII, e citado por P. Viallaneix, *La Voie Royale*, op. cit., p. 456 [em português: *A Mulher*, trad. M. E. G. Pereira. São Paulo, Martins Fontes, 1995]. Ver a mesma obra, p. 379 a 465, sobre esse tema do amor e da harmonia.

[78] Cf. J. Michelet, *La Mer*, livro IV, cap. VI: "Aceitemos a livre troca que, no indivíduo, existe entre seus diversos membros. Aceitemos a lei superior que une os membros vivos de um mesmo corpo: humanidade. E, acima, a lei suprema que nos faz cooperar, criar com a Grande Alma, associados (em nossa medida) à amorosa Harmonia dos mundos, solidários na vida de Deus" (*Diário*, 19 de agosto de 1866 – *Journal*, t. III, p. 413): "Dei muito ao sentimento individual, a esta paixão muito viva (por Athénaïs). Mas quanta força eu recebia! Que isso seja apreciado na grande harmonia das coisas. O amor não é um meio para a alma amante dos mundos?" (*Diário*, 23 de agosto de 1869 – *Journal*, t. IV, p. 156): "Estou grato pela alma universal, pela grande harmonia, que, no total, tanto fez por mim". Cf. também as *Cartas* a Athénaïs (*Journal*, t. II, p. 631): "Ah! A natureza, e a natureza completa, é a poesia suprema e a mesma de Deus... Tudo o que ele fez é bem feito, harmônico e, por isso mesmo, uma parte da maior poesia, que é a harmonia do mundo".

[79] Marco Aurélio, V, 8, § 4.

[80] J. Michelet, *Journal*, op. cit., t. II, p. 154. Sobre o tema da centralização, cf. n. 77 anterior, e *Journal*, t. IV, p. 437: "A vida centraliza! A vida harmônica está no acordo livre e doce de todos os órgãos ao mesmo tempo".

Vemos melhor agora o sentido dos dois grandes pontos de vista de que falava Michelet: "a continuação das minhas energias em todos os sentidos" e "o equilíbrio, a harmonização com a ordem geral e divina, com a transformação próxima". O primeiro é universalismo do pensamento, heroísmo do espírito, vontade de ser um homem universal. O segundo é universalismo do coração, superação da individualidade egoísta para aceitar a ordem universal, para se sacrificar ao verdadeiro amor, para ser amado, para a pátria, para a humanidade, para o cosmos, para a alma do mundo. Esses dois universalismos se inspiram, vimos, em uma só *Meditação* – mas que *Meditação*! – de Marco Aurélio. Compreende-se bem que Marco Aurélio tenha inspirado em Michelet o tema da harmonização e do universalismo do coração, a ideia de uma superação do individual no universal, mas talvez seja surpreendente ver Marco Aurélio insuflar também em Michelet o heroísmo do espírito, esse impulso aventureiro e intrépido em direção às aventuras do pensamento. Mas isso seria desconhecer todo o significado do esforço de Marco Aurélio para elevar-se do ponto de vista do indivíduo àquele da Natureza universal. Seria esquecer os frequentes apelos de Marco Aurélio ao seu próprio pensamento, para que ele abrace a totalidade do cosmos, para que ele pense com o pensamento que engloba todas as coisas, para que ele se lance nos espaços cósmicos e contemple do alto o espetáculo da natureza e do mundo dos homens.[81] Certamente não se trata, em Marco Aurélio, de uma exploração científica como a que Michelet empreende de maneira intrépida. Mas a inspiração fundamental já está ali, o impulso da alma em direção à totalidade, à vontade de ver todas as coisas em uma perspectiva cósmica e universal. Foi então de Marco Aurélio que Michelet recebeu o duplo chamado: ao universalismo do espírito e ao universalismo do amor.

Foi igualmente em Marco Aurélio que Michelet encontrou a inspiração do seu ato de fé, também ele heroico, na harmonia profunda que existe entre a ordem humana e a ordem cósmica. É preciso compreender bem todo o significado desse ato de fé. Ele

---

[81] Cf. Marco Aurélio, IX, 32: "Um imenso campo livre se abrirá diante de ti..."; VIII, 54: "Devemos 'copensar' com a inteligência que abraça todas as coisas"; VII, 47 "Abraça com o olhar o curso dos astros, como se eles te levassem em suas revoluções..."; X, 30: "Contemplar do alto...".

quer dizer que a exigência humana de justiça se fundamenta, em última instância, na adesão à ordem do cosmos. Um ano antes da sua morte, em 1873, Michelet escreverá:

> Minhas aspirações nesse sentido (*sc.* da justiça) não vêm somente do coração. Elas são autorizadas por uma séria consideração do mundo. Este mundo apresenta em tudo leis análogas, uma identidade admirável nos seus métodos, seus procedimentos. Os pretensos sábios que negam isto não se apercebem que eles fazem dois mundos diferentes, um submetido à regra e ao perfeito equilíbrio, o outro todo desarmônico, desordenado, um verdadeiro caos. Eu só conheço um mundo e, vendo em toda parte o equilíbrio, a correção nas coisas físicas, não duvido que haja igualmente equilíbrio e correção nas coisas morais.[82]

P. Viallaneix resume excelentemente essa mensagem de Michelet: "O impulso por justiça da humanidade está como que de acordo com a ordem da Criação".[83] Essa ideia de um acordo profundo entre a aspiração à justiça e a ordem do mundo, entre a harmonia humana e a harmonia universal, Michelet a deve, precisamente, a Marco Aurélio.[84]

---

[82] J. Michelet, *Histoire du XIXᵉ Siècle*, t. II, Prefácio (3ª parte), citado por P. Viallaneix, *La Voie Royale,* op. cit., p. 450.

[83] P. Viallaneix, *La Voie Royale*, op. cit., p. 465. O mesmo autor, p. 93, assinala igualmente a influência sobre Michelet da *Meditação* de Marco Aurélio, XI, 8, § 6: "Permaneçamos unidos, mas pensemos cada um à parte", na tradução de Joly (cap. XIX, p. 178); exatamente: "Crescer sobre o mesmo tronco (*homothamnein*), mas não admitir os mesmos princípios (*homodogmatein*)". Essa meditação de Marco Aurélio inspira o curso do Collège de France de 1850: "Tão solitários e silenciosos, os senhores querem as mesmas coisas, os senhores permanecem em sociedade". Não era o sentido da *Meditação* de Marco Aurélio. Ele queria dizer: "é preciso viver com os homens, considerando-os como irmãos, saídos da mesma fonte (*homothamnein*), mas não é preciso partilhar seus erros (*homodogmatein*)".

[84] Cf. a *Meditação* XI, 10, na qual a "Gênese da justiça" é explicada pela arte da natureza universal.

PARTE IV

CONVERSÃO

Conversão

Segundo seu significado etimológico, conversão (do latim, *conversio*) significa "giro", "mudança de direção". O termo serve, pois, para designar toda espécie de giro ou transposição. É assim que, em lógica, o termo é empregado para designar a operação pela qual se invertem os termos de uma proposição. Em psicanálise, o termo foi utilizado para designar "a transposição de um conflito psíquico e a tentativa de resolução deste em sintomas somáticos, motores ou sensitivos" (Laplanche e Pontalis, *Vocabulário da Psicanálise*). O presente artigo estudará a conversão em sua acepção religiosa e filosófica; tratar-se-á então de uma mudança de ordem mental, que poderá ir da simples modificação de uma opinião até a transformação total da personalidade. O termo latino *conversio* corresponde, de fato, a dois termos gregos de sentidos diferentes: por um lado, *epistrophè*, que significa "mudança de orientação" e implica a ideia de um retorno (retorno à origem, retorno a si); por outro lado, *metanoia*, que significa "mudança de pensamento", "arrependimento" e implica a ideia de uma mutação e renascimento. Portanto, na noção de conversão, há uma oposição interna entre a ideia de "retorno à origem" e a ideia de "renascimento". Essa polaridade fidelidade-ruptura marcou profundamente a consciência ocidental desde o surgimento do cristianismo.

Ainda que a representação que habitualmente se faz do fenômeno da conversão seja bastante estereotipada, esse fenômeno não deixou de sofrer uma certa evolução histórica e pode se manifestar sob um grande número de formas diferentes. Será preciso, portanto, estudá-lo sob múltiplas perspectivas: psicofisiológica, sociológica, histórica, teológica, filosófica. Em todos esses níveis, o fenômeno da conversão reflete a irredutível ambiguidade da realidade humana. Por um lado, ele testemunha a liberdade do ser humano, capaz de se transformar totalmente reinterpretando seu passado e seu futuro; por outro lado, ele revela que essa transformação da realidade humana resulta de uma invasão de forças exteriores ao eu, quer se trate da graça divina ou de um constrangimento psicossocial. Pode-se dizer que a ideia de conversão representa uma das noções constitutivas da consciência ocidental: com efeito, pode-se conceber toda a história do Ocidente como um esforço incessantemente renovado para aperfeiçoar as técnicas de "conversão", isto é, as técnicas destinadas a transformar a realidade humana, seja reconduzindo-a a sua essência original (conversão-retorno), seja modificando-a radicalmente (conversão-mutação).

I. Formas históricas da conversão

A Antiguidade pré-cristã

Na Antiguidade, o fenômeno da conversão aparece menos na ordem religiosa que nas ordens política e filosófica. É que todas as religiões antigas (exceto o budismo) são religiões de equilíbrio, para retomar a expressão de Van der Leeuw: nelas, os ritos asseguram um tipo de troca de serviços entre Deus e o homem. A experiência interior que poderia corresponder a esses ritos, que poderia ser, de algum modo, seu reverso psicológico, não desempenha um papel essencial. Essas religiões, portanto, não reivindicam a totalidade da vida interior de seus adeptos e são largamente tolerantes, na medida em que admitem ao lado delas uma multiplicidade de outros ritos e de outros cultos. Às vezes se produzem certos fenômenos de contágio ou de propaganda, tal como a propagação dos cultos dionisíacos ou, no final da Antiguidade, a dos cultos de mistérios. Esses movimentos religiosos dão lugar a fenômenos extáticos nos quais o deus toma posse do iniciado. Entretanto, mesmo nesses casos extremos, não há "conversão" total e exclusiva. Somente talvez a iluminação budista revista-se desse caráter de reviravolta profunda de todo o indivíduo. É por isso que as inscrições do rei indiano Açoka (268 a. C.) são tão interessantes. Vê-se nelas o rei fazer alusão à sua própria conversão ao budismo, mas também à transformação moral que se operou em todos os seus súditos depois de sua iluminação.

É sobretudo no domínio da política que os homens da Grécia antiga fizeram a experiência da conversão. A prática da discussão judiciária e política, na democracia, revelou-lhes a possibilidade de "mudar a alma" do adversário pelo manejo hábil da linguagem, pelo emprego dos métodos de persuasão. As técnicas da retórica, arte da persuasão, constituem-se e se codificam pouco a pouco. Descobre-se a força política das ideias, o valor da "ideologia", para retomar uma expressão moderna. A guerra do Peloponeso é um exemplo desse proselitismo político.

Ainda mais radical, mas menos difundida, é a conversão filosófica. Ela está, aliás, em suas origens, estritamente ligada à conversão política. Com efeito, a filosofia platônica é, fundamentalmente, uma teoria da conversão política: para mudar a cidade, é preciso transformar os homens, mas somente o filósofo é realmente capaz disso porque ele próprio está "convertido". Vê-se aparecer aqui, pela primeira vez, uma reflexão sobre a noção de conversão (*República*, 518c). O próprio filósofo está convertido porque soube desviar seu olhar das sombras do mundo sensível para voltá-lo na direção da luz que emana da ideia do Bem. Toda educação é conversão. Toda alma tem a possibilidade de ver essa luz do Bem. Seu olhar, contudo, está mal orientado e a tarefa da educação consistirá em voltar esse olhar na boa direção. A isso se seguirá então uma transformação total da alma. Se os filósofos governarem a cidade, assim a cidade inteira será "convertida" na direção da ideia do Bem.

Depois de Platão, nas escolas estoica, epicurista e neoplatônica, tratar-se-á menos de converter a cidade que de converter os indivíduos. A filosofia torna-se essencialmente um ato de conversão. Essa conversão é um acontecimento provocado na alma do ouvinte pelo discurso de um filósofo. Ela corresponde a uma ruptura total com a maneira habitual de viver: mudança de costume e frequentemente de regime alimentar, às vezes renúncia aos afazeres políticos, mas sobretudo transformação total da vida moral, prática assídua de numerosos exercícios espirituais. Assim, o filósofo chega à tranquilidade da alma, à liberdade interior; em uma palavra, à beatitude. Nessa perspectiva, o ensino filosófico tende a tomar a forma de uma predicação na qual os meios da retórica ou da lógica são postos a serviço da conversão das almas. A filosofia antiga, portanto, não é jamais a edificação de um sistema abstrato, mas aparece como um apelo à conversão por meio da qual o homem reencontrará sua natureza original (*epistrophè*) em um violento desenraizamento da perversão na qual vive o comum dos mortais e numa profunda reviravolta de todo o ser (aqui já se trata da *metanoia*).

Judaísmo e cristianismo

A experiência interior da conversão atinge sua intensidade mais alta nas religiões da "consciência infeliz", para retomar a expressão de Hegel, isto é, nas religiões tais como o judaísmo e o cristianismo, nas quais há uma ruptura entre o homem e a natureza, nas quais o equilíbrio das trocas entre o humano e o divino foi rompido. A conversão religiosa reveste-se nessas religiões de um aspecto radical e totalitário que as assemelha à conversão filosófica. Ela assume, porém, a forma de uma fé absoluta e exclusiva na palavra e na vontade salvadora de Deus. No Antigo Testamento, pela boca dos profetas, Deus frequentemente convida seu povo a se "converter", isto é, a se voltar na direção dele, a regressar à aliança outrora feita no Sinai. Portanto, a conversão é também aqui, por um lado, retorno à origem, a um estado ideal e perfeito (*epistrophè*), por outro lado, desenraizamento de um estado de perversão e pecado, penitência e contrição, reviravolta total do ser na fé na palavra de Deus (*metanoia*).

Também a conversão cristã é *epistrophè* e *metanoia*, retorno e renascimento. Contudo, ela se situa, ao menos em sua origem, numa perspectiva escatológica: é preciso se arrepender antes do julgamento de Deus que se aproxima. O acontecimento interior, aliás, está aqui indissoluvelmente ligado ao acontecimento exterior: o rito do batismo corresponde a um renascimento em Cristo e a conversão é a experiência interior desse novo nascimento. A conversão cristã é provocada pela fé no reino de Deus anunciado pelo Cristo, isto é, na irrupção da potência divina que se manifesta pelos milagres da realização das profecias. Esses sinais divinos serão os primeiros fatores da conversão. Contudo, muito cedo a predicação cristã, dirigindo-se ao mundo greco-romano, incorporará numerosos temas da predicação filosófica e os dois tipos de conversão tenderão a se superpor, tal como aparece claramente no seguinte texto de Clemente de Alexandria. Comentando a palavra evangélica: "Quem perde sua alma a encontrará", Clemente escreve: "Encontrar sua alma é conhecer a si mesmo. Essa conversão em direção às coisas divinas, os estoicos dizem que ela se faz por uma mutação brusca, a alma se transformando em sabedoria; quanto a Platão, ele diz que ela se faz pela rotação da alma em direção ao melhor e que a conversão dela a desvia da obscuridade" (*Stromatas*, IV, vi, 27, 3).

Missões, guerras de religião, despertares

Toda doutrina (religiosa ou política) que exige de seus fiéis uma conversão total e absoluta se pretende universal e, portanto, missionária; ela utiliza uma predicação, uma apologética e, segura de sua retidão e de sua verdade, ela pode se deixar levar pela tentação de se impor pela violência. A ligação entre conversão e missão é já perceptível no budismo. Todavia, ela aparece muito nitidamente sobretudo no próprio cristianismo e nas outras religiões que nascem após a era cristã. Os movimentos de expansão do cristianismo e do islamismo são bem conhecidos. Não se deve, porém, esquecer o extraordinário desenvolvimento das missões maniqueístas: do IV ao VIII séculos, elas se estenderam da Pérsia à África e à Espanha, por um lado, e à China, por outro.

A evolução dos métodos de conversão na história das missões permanece mal conhecida. As missões cristãs, por exemplo, assumiram aspectos extremamente diferentes segundo os países e as épocas. Os problemas missionários se colocaram de maneiras muito diversas na época de Gregório, o Grande, na época das grandes descobertas, na era do colonialismo, na era da descolonização.

O fenômeno da conversão se manifesta igualmente nos movimentos de reforma e nos "despertares" religiosos. Os movimentos de reforma nascem da conversão de um reformista que pretende reencontrar e redescobrir o cristianismo primitivo e autêntico rejeitando os desvios, os erros e os pecados da Igreja tradicional: portanto, há ao mesmo tempo "retorno à origem" e "novo nascimento". A conversão do reformista engendra outras conversões; essas conversões assumem a forma de adesão a uma Igreja reformada, isto é, a uma sociedade religiosa cuja estrutura, cujos ritos, cujas práticas foram purificados. Nos "despertares" religiosos (o metodismo, o pietismo) intervém também, no ponto de partida, a conversão de uma personalidade religiosa que pretende regressar ao autêntico e ao essencial, mas as conversões são, então, menos adesões a uma nova Igreja que a entrada numa comunidade na qual Deus torna-se sensível ao coração, na qual o Espírito se manifesta. Essa experiência religiosa comunitária pode dar ensejo a fenômenos de entusiasmo coletivo e de êxtase; ela se traduz sempre numa exaltação da sensibilidade religiosa.

Se a força, política ou militar, coloca-se a serviço de uma religião ou de uma ideologia particular, ela tende a utilizar métodos violentos de conversão, que podem adquirir graus mais ou menos intensos, desde a propaganda até a perseguição, a guerra de religião ou a cruzada. A história está cheia de exemplos dessas conversões forçadas, desde a conversão dos Saxões por Carlos Magno, passando pela guerra santa muçulmana, a conversão dos judeus da Espanha, as perseguições aos protestantes por Luís XIV, para culminar nas modernas lavagens cerebrais. A necessidade de conquistar as almas por todos os meios talvez seja a característica fundamental do espírito ocidental.

II. Os diferentes aspectos do fenômeno

Sob qualquer aspecto que se aborde o fenômeno da conversão, é preciso utilizar testemunhos e documentos com muita precaução. Há, com efeito, um "estereótipo" da conversão. A conversão é tradicionalmente representada segundo um certo esquema fixo que, por exemplo, opõe fortemente as longas hesitações, os erros da vida que precede à conversão, à iluminação decisiva recebida de repente.

As *Confissões* de Agostinho, notadamente, desempenharam um papel capital na história desse gênero literário. Esse estereótipo corre o risco de influenciar não somente a maneira pela qual se faz o relato da conversão, mas a maneira com que ela é experimentada.

Aspectos psicofisiológicos

Os primeiros estudos psicológicos do fenômeno da conversão remontam ao final do século XIX e ao início do XX. A conversão era interpretada, na perspectiva das teorias de então, como um remanejo total do campo da consciência, provocado pela irrupção de forças provenientes da consciência subliminar (W. James). Muitos testemunhos e documentos foram reunidos nessa época.

A pesquisa contemporânea mira antes os aspectos fisiológicos do fenômeno. Estuda-se a influência do condicionamento fisiológico (utilização de reflexos condicionados) ou da cirurgia cerebral (lobotomia) sobre as transformações da personalidade. Certos regimes políticos já utilizaram métodos psicofisiológicos para a "conversão" dos opositores (lavagem cerebral).

Numa perspectiva psicanalítica, enfim, a representação do "retorno à origem" e do "novo nascimento" pode ser interpretada como uma forma de aspiração a reintroduzir-se no seio materno.

Aspectos sociológicos

Na perspectiva sociológica, a conversão representa um desenraizamento de um meio social específico e a adesão a uma nova comunidade. Eis aí um aspecto extremamente importante do fenômeno. Com efeito, essa mudança dos laços sociais pode contribuir muito para dar ao acontecimento da conversão um caráter de crise e explica em parte a reviravolta da personalidade que dela resulta: o remanejo do campo da consciência está indissoluvelmente ligado a um remanejo do ambiente, do *Umwelt*. Os missionários modernos puderam experimentar, em toda sua acuidade, o drama que constitui, para o membro de uma sociedade tribal, o desenraizamento de seu meio vital que a conversão ao cristianismo representa. Esse problema se colocou de uma maneira quase constante na história das missões. De modo geral, a passagem de uma comunidade a outra é acompanhada de escrúpulos morais (impressão de trair e de abandonar uma tradição familiar ou nacional), de dificuldades de adaptação (sensação de exílio) e de compreensão. É possível, por outro lado, que as individualidades desenraizadas, aquelas que, por uma razão ou por outra, foram arrancadas momentânea ou definitivamente de seu meio natal, estejam mais dispostas que outras à conversão. Inversamente, é preciso observar que um dos móbiles mais potentes da conversão reside na atração que a comunidade de acolhida exerce, pela atmosfera de caridade ou de carisma que nela pode reinar: foi esse o caso do cristianismo primitivo, é ainda o de algumas comunidades provenientes de movimentos de "despertar" religioso. A influência dessas comunidades provoca um fenômeno de contágio que pode se desenvolver muito rapidamente.

Aspectos religiosos

O fenômeno da conversão caracteriza sobretudo as religiões de "ruptura", nas quais a iniciativa de Deus irrompe no mundo e introduz uma novidade radical no curso da história. A Palavra que Deus dirige ao homem e que com frequência é consignada num livro sagrado exige uma adesão absoluta, uma ruptura total com o passado, uma consagração de todo o ser. Essas religiões são missionárias porque elas se pretendem universais e porque reivindicam a totalidade do homem. Nelas, a conversão é uma "repetição" não somente no sentido de um novo início, de um renascimento, mas também no sentido de uma repetição do acontecimento original sobre o qual se funda a religião à qual se dá a conversão; é a irrupção do divino no curso da história que se repete na história individual. A conversão assume assim o sentido de uma nova criação, se é verdadeiro que o ato criador original era uma iniciativa divina absoluta. Agostinho, nas suas *Confissões* (XIII), identifica o movimento pelo qual a matéria criada por Deus recebe iluminação e formação e se converte em direção a Deus ao movimento pelo qual sua alma foi arrancada do pecado, iluminada e se voltou na direção de Deus.

Colocando a teologia da conversão na perspectiva mais geral da teologia da criação, Agostinho indicava a via que permitiria resolver o problema teológico da conversão: como conciliar a liberdade humana e a iniciativa divina? Numa teologia do ato criador, tudo é "graça", pois tudo repousa na decisão livre e na iniciativa absoluta de Deus. O ato de conversão, portanto, é totalmente livre, mas sua liberdade, como toda realidade, foi criada por Deus. O mistério da graça se identifica, em última análise, com o mistério da transcendência divina.

Aspectos filosóficos

Na Antiguidade, a filosofia era essencialmente conversão, isto é, retorno a si, à sua verdadeira essência, por um violento desenraizamento da alienação da inconsciência. É a partir desse fato fundamental que a filosofia ocidental se desenvolveu. Por um lado, ela se esforçou para elaborar uma física ou uma metafísica da conversão. Por outro, e sobretudo, ela permaneceu sempre uma atividade espiritual que tem a característica de uma verdadeira conversão.

Já a filosofia antiga propunha uma física ou uma metafísica da conversão. Como é possível que uma alma possa regressar a ela mesma, retornar para si, reencontrar sua essência original? É a essa questão implícita que as doutrinas estoica e neoplatônica respondiam. Para os estoicos, era a própria realidade sensível que estava dotada desse movimento de conversão. O universo inteiro, vivo e racional, animado pelo Logos, estava dotado de um movimento vibratório indo do interior ao exterior e do exterior ao interior. A conversão da alma filosófica estava então em acordo com a conversão do universo e, finalmente, da razão universal. Para os neoplatônicos, somente a verdadeira realidade, isto é, a realidade espiritual é capaz desse movimento da reflexividade. Para se realizar, o espírito sai de si mesmo para regressar a si mesmo, ele se extasia na vida e se reencontra no pensamento. Esse esquema dominará todas as filosofias dialéticas.

Para Hegel, a história é a odisseia do espírito e a história conceituada na filosofia é o retorno do espírito ao interior de si mesmo (*Erinnerung*), entendamos por isso sua "conversão" que Hegel, fiel nesse ponto ao espírito do cristianismo, identifica ao ato redentor que é a paixão do Homem-Deus: "A história conceituada é o *retorno ao interior* e o calvário do espírito absoluto, a efetividade, a verdade e a certeza de seu trono sem o qual ele seria a solidão sem vida" (última frase da *Fenomenologia do Espírito*). Para Marx, é a realidade humana que está dotada desse movimento de alienação e de retorno, de perversão e de conversão: "O comunismo é o retorno do homem para si [...] realizado *no interior* de toda riqueza da evolução realizada até aqui".[1]

Mais e melhor que uma teoria da conversão, a própria filosofia permaneceu sempre essencialmente um ato de conversão. É possível acompanhar as formas de que esse ato se reveste ao longo da história da filosofia, reconhecê-lo, por exemplo, no *cogito* cartesiano, no *amor intellectualis* de Espinosa ou ainda na intuição bergsoniana da duração. Sob todas essas fórmulas, a conversão filosófica é desenraizamento e ruptura com relação ao cotidiano, ao familiar, à atitude falsamente "natural" do senso comum; ela é retorno ao original e ao originário, ao autêntico, à interioridade, ao essencial; ela é recomeço absoluto, novo ponto de partida que transmuta o passado e o futuro. Esses mesmos traços se reencontram na filosofia contemporânea, notadamente na redução fenomenológica que propuseram, cada um à sua maneira, Husserl, Heidegger e Merleau-Ponty. Sob qualquer aspecto com que ela se apresente, a conversão filosófica é acesso à liberdade interior, a uma nova percepção do mundo, à existência autêntica.

O fenômeno da conversão revela de uma maneira privilegiada a ambiguidade insuperável da realidade humana e a pluralidade irredutível dos sistemas de interpretação que se pode aplicar a ele. Alguns verão na conversão o sinal da transcendência divina, a revelação da graça que funda a única verdadeira liberdade.

---

[1] K. Marx, *Économie Politique et Philosophie*, manuscrito de 1844.

Outros, um fenômeno puramente psicofisiológico ou sociológico, cujo estudo talvez permitisse aperfeiçoar as técnicas de sugestão e os métodos de transformação da personalidade. O filósofo terá tendência em pensar que a única verdadeira transformação do homem é a conversão filosófica.

Bibliografia

ALLIER, R. *Psychologie de la Conversion chez les Peuples Non Civilisés.* Paris, 1925.

BILLETTE, A. *Récits et Réalités d'une Conversion.* Montréal, 1975.

BLOCH, J. *Les Inscriptions d'Asoka.* Paris, 1950.

BRUNSCHVICG, L. *De la Vraie et de la Fausse Conversion.* Paris, 1950.

JAMES, W. "The Varieties of Religious Experience". *Gifford Lectures,* 1902 [trad. fr., Paris, 1906].

KEYSSER, C. *Eine Papua-Gemeinde.* Neuendetteslau, 1950.

NOCK, A. D. *Conversion. The Old and the New in Religion from Alexander the Great to Augustine of Hippo.* Oxford, 1933.

SARGANT, W. *Physiologie de la Conversion Religieuse et Politique (Battle for the Mind. A Physiology of Conversion and Brain-Washing).* Paris, 1967.

SCHLUMBERGER, D.; ROBERT, L.; DUPONT-SOMMER, A.; BENVÉNISTE, É. *Une Bilingue Gréco-Araméenne d'Asoka.* Paris, 1958.

VAN DER LEEUW, G. *La Religion dans son Essence et ses Manifestations. Phénoménologie de la Religion.* Paris, 1948.

WARNECK, J. *Die Lebenskräfte des Evangeliums. Missionserfahrungen innerhalb des animistischen Heidentums.* Berlin, 1908.

PARTE V

TEOLOGIA NEGATIVA

Apofatismo e teologia negativa

Talvez fosse preferível falar de apofatismo (do grego *apophasis*, "negação") ou de método aferético (do grego *aphairesis*, "abstração") a teologia negativa; pois, se tradicionalmente chama-se "teologia negativa" a um método de pensamento que se propõe conceber Deus aplicando-lhe proposições que negam todo predicado concebível, disso deveria resultar logicamente que a teologia negativa negasse a própria divindade do seu objeto, pois se trataria ainda de uma determinação concebível. A palavra "teologia" (isto é, "discurso sobre Deus") não se justificaria. O termo apofatismo, ao contrário, tem a vantagem de designar apenas o sentido geral de uma trajetória do espírito visando uma transcendência através de proposições negativas. A trajetória apofática, cuja teoria já está em germe em Platão, foi sistematizada na teologia platônica, depois na teologia cristã, na medida em que esta é herdeira do platonismo. Mas descobre-se a existência dela em outras correntes de pensamento, mesmo no positivismo lógico de Wittgenstein ou na filosofia de Jaspers. Essa extensão do apofatismo pode-se explicar pela própria condição da linguagem humana, que se choca com limites insuperáveis se quer exprimir pela linguagem aquilo que se exprime na linguagem: o apofatismo é um signo, uma marca do indizível mistério da existência.

I. Método de abstração e intuição intelectual

Para ser ainda mais preciso, seria melhor falar de método aferético do que de método apofático, ao menos para o período que se estende até o século IV d.C. Com efeito, durante todo esse tempo, a teologia negativa foi designada pelo termo *aphairesis*, que designa uma operação intelectual de abstração, mais que pelo termo *apophasis*. Precisamente por isso é difícil definir com clareza a exata situação epistemológica da teologia negativa na Antiguidade.[1] Com efeito, na tradição da antiga Academia e em Aristóteles, a noção de *aphairesis* é extremamente complexa e os modernos muito discutiram sobre a verdadeira natureza da abstração aristotélica.[2] Em todo caso, tanto na antiga Academia como em Aristóteles, a *noesis* consiste na intuição de uma forma ou de uma essência, e essa apreensão da forma implica uma supressão do que não é essencial: é próprio do pensamento poder efetuar essa separação. Esse método de separação e de supressão é, precisamente, a abstração; ela é muito especialmente utilizada por esses filósofos para definir as entidades matemáticas: pela supressão da profundidade define-se a superfície; pela supressão da superfície define-se a linha; pela supressão da extensão define-se o ponto.[3] Essa operação do espírito permite assim, por um lado, definir a quantidade matemática enquanto tal; por outro, estabelecer uma hierarquia entre as realidades matemáticas, indo da tridimensionalidade espacial à incorporeidade

---

[1] A literatura sobre a teologia negativa é considerável. Assinalemos, entre outros, H. A. Wolfson, "Albinus and Plotinus on Divine Attributes", *Harvard Theological Review*, t. 45, 1952, p. 115 ss; H. A. Wolfson, "Infinitive and Privative Judgements in Aristotle, Averroes and Kant", *Philosophy and Phenomenological Research*, t. 8, 1947, p. 173 ss; H. J. Krämer, *Der Usprung der Geistmetaphysik*, Amsterdam, 1967, p. 105-108, 343-350, 359-361; John Whittaker, "Neopythagoreanism and Negative Theology", *Symbolae Oslœnses*, t. 44, 1969, p. 109-125; H. Theil-Wunder, *Die archaische Verborgenheit. Die philosophischen Wurzeln der negative Theologie*, Munich, Humanistische Bibliothek, I, 8, 1970; J. Hochstaffl, *Negative Theologie. Ein Versuch zur Vermittlung des patristischen Begriffs*, Munich, 1976; M. J. Krahe, *Von der Wesenheit negativer Theologie*, Diss. Munich, 1976.

[2] Cf., por exemplo, P. Merlan, *From Platonism to Neoplatonism*, 2ª ed., La Haye, 1960, p. 85 ss, e H. Happ, *Hyle. Studien zum aristotelichen Materie-Begriff*, Berlin, 1971, p. 615-39.

[3] Cf. H. Happ, *Hyle...*, op. cit., p. 186.

da unidade primeira. Ora, pode-se conceber essa operação de supressão, em uma perspectiva lógica, como uma operação de negação. Pode-se representar a atribuição de um predicado a um sujeito como uma adição[4] e a negação do predicado como a supressão da adição. Eis por que o método de abstração pôde ser considerado como um método negativo.

Essa abstração é um verdadeiro modo de conhecimento. Suprime-se e nega-se um "mais" que foi acrescido a um elemento simples. Nessa análise, ascende-se então do complexo ao simples e da realidade visível – o corpo físico – às realidades invisíveis e puramente pensadas que fundam sua realidade. A hierarquia e a gênese das realidades são estabelecidas conforme seu grau de complexidade ou de simplicidade. O complexo provém do simples por adições de elementos que, tais como as dimensões espaciais, materializam a simplicidade original. Eis por que a ascensão em direção ao incorporal e ao inteligível se efetua subtraindo essas adições materializantes. Essa ascensão tem, então, um aspecto negativo: a subtração dessas adições; e um aspecto positivo: a intuição das realidades simples. Esse método permite a elevação de um plano ontológico inferior aos planos ontológicos superiores em uma progressão hierárquica.

Desde os primeiros séculos da nossa era, em autores pagãos (Albino,[5] Celso,[6] Máximo de Tiro,[7] Apuleio[8]) e cristãos (Clemente de Alexandria[9]), encontra-se uma teoria sistematizada dos

---

[4] Cf. Aristóteles, *Peri Hermen.*, 21b 27 e 30.

[5] Albino, *Didaskalikos*, 10, Platonis Opera, Teubner (ed.), t. VI, p. 164, 6 Hermann. O texto de Albino e os textos das notas seguintes estão traduzidos em A.-J. Festugière, *La Révélation d'Hermès Trismégiste*, t. IV, p. 95 ss.

[6] Celso, *Alethes Logos*, em Orígenes, *Contra Celsum*, VI, 62-66; VII, 36, 42, 45; VIII, 63.

[7] Máximo de Tiro, *Quis deus secundum Platonem*, *Disc.* XVII (Dübner) = XI (Holbein), p. 137, 16 ss. Holbein.

[8] Apuleio, *De deo Socratis*, 124, p. 23 Beaujeu; *De Platone*, 190, p. 64 Beaujeu; *Apologie*, p. 64, 7 Thomas.

[9] Clemente de Alexandria, *Strom.*, V, 11, 71, 2-5, com o comentário de A. Le Boulluec (*Sources Chrétiennes*, t. 279, p. 244 ss) e R. Mortley, *Connaissance Religieuse et Herméneutique chez Clément d'Alexandrie*, Leyde, 1973, p. 87 ss. Sobre a teologia negativa dos Gnósticos, cf. A. Orbe, *Estudios Valentinianos*, Roma, 1958, p. 3-37.

métodos teológicos que integram esse método aferético. Albino, por exemplo, distingue quatro vias pelas quais o espírito humano pode se elevar a Deus, isto é, ele nos diz, à realidade que só pode ser apreendida pelo intelecto[10] e que é totalmente incorpórea.[11] Essas quatro vias são o método afirmativo (que atribui a Deus predicados positivos), o método de analogia (que, por exemplo, compara Deus ao sol), o método de transcendência (que se eleva de uma qualidade visível à sua ideia), o método negativo enfim (que diz de Deus o que ele não é). O próprio fato de que haja quatro vias de acesso ao Divino mostra bem que o método negativo não deve ser compreendido aqui como o reconhecimento de um Incognoscível absoluto. Ao contrário, como deixamos entrever ao falar do método de abstração, ele é um método rigoroso de definição e de intuição que permite passar do conhecimento sensível ao conhecimento intelectual. Albino e Clemente de Alexandria, aliás, ligam-se ambos explicitamente à tradição platônica do método aferético. Atinge-se Deus da mesma maneira que se atinge a superfície, abstraindo a profundidade; que se atinge a linha, abstraindo a largura; que se atinge o ponto, abstraindo a extensão; e, acrescenta Clemente, que se atinge a mônada, suprimindo sua posição espacial.

Neste método derivado de Platão e codificado nos séculos I e II, estamos em presença de um procedimento de abstração que se exerce em relação ao sensível e ao corporal. Mas essa abstração não conduz a "abstrações". As negações são de fato afirmações, porque elas são negações de negações, ou a supressão de uma subtração. As abstrações podem então conduzir à intuição intelectual de uma plenitude concreta, sendo o incorporal e o inteligível o verdadeiro concreto. Na perspectiva platônica, a simplicidade, a incorporeidade, o inteligível são dotados de uma plenitude de ser, à qual nada se pode acrescentar. Todas as adições que vêm determiná-la, materializá-la, diversificá-la são de fato degradações, diminuições e negações. É o que Plotino[12] dá a entender quando afirma que o homem que nega sua própria individualidade não

---

[10] Albino, *Didask.*, p. 165, 4 (Festugière, p. 98).
[11] Ibidem, p. 165, 30 (Festugière, p. 100).
[12] Plotino, *En.*, VI, 5, 12, 20.

se diminui, mas, ao contrário, se eleva às dimensões da realidade universal, isto é, inteligível. Tal é também o tema que reencontraremos na famosa fórmula de Espinosa:[13] "*Determinatio negatio est*". Toda fórmula particular, toda determinação é uma negação, porque a plenitude do ser é infinita. A teoria tradicional da teologia negativa, desde as suas origens platônicas, traz em germe a ideia de uma potência infinita do ser.

Esse método aferético não tem, pois, nada de irracional. Método filosófico e matemático, ele tem somente como fim fazer o pensamento progredir do conhecimento sensível ao conhecimento intelectual[14] dos princípios simples: o ponto, a mônada, o ser, o intelecto.[15] Esse método aferético permite pensar o objeto que ele alcança. Ele é mesmo, por excelência, o exercício do pensamento, pois o pensamento consiste em isolar a essência e a forma das coisas.

II. Da impossibilidade de pensar à impossibilidade de falar

Ao método aferético, do qual acabamos de falar, e que é, por excelência, um método intelectual destinado a chegar à intuição da realidade inteligível, se superpõe, a partir de Plotino, um outro método, aferético também, mas de caráter transintelectual de algum modo, e que se tornará cada vez mais radical entre os neoplatônicos posteriores e em Damáscio.

Para Plotino, com efeito, o Ser primeiro, o Pensamento primeiro não têm seu fundamento em si mesmos, mas se fundamentam em um princípio que os transcende. Em si, esse movimento do pensamento plotiniano é conforme àquele do pensamento de Platão que admite uma Ideia do Bem[16] como fundamento da

---

[13] Espinosa, *Carta* 50.
[14] Por exemplo, Clemente de Alexandria, *Strom.*, V. 11, 71, 2: o método conduz à *noesis* primeira; Celso (VII, 36; Festugière, p. 116): "Para ver Deus, é preciso olhar pelo intelecto e despertar o olho da alma".
[15] O Deus de Albino é Intelecto (p. 165, 17 ss. Hermann).
[16] Platão, *República,* 509 b 9.

inteligibilidade das Ideias, Ideia do Bem que está além do ser, da *ousia*. Mas, diferentemente de Platão, Plotino se interroga com precisão sobre a possibilidade que temos de conhecer esse princípio transcendente. Por transcender o ser e o pensamento, ele não é nem "ser", nem "pensamento". Reencontramos aqui o método aferético: Plotino nos diz que "se acrescentássemos alguma coisa (ao Princípio), nós o diminuiríamos com essa adição, pois ele não tem necessidade de nada".[17]

Toda determinação e todo predicado, aqui ainda, é uma subtração e uma negação em relação à positividade transcendente. A operação de abstração é então, de fato, a afirmação dessa positividade. Entretanto, a situação agora é diferente. O método aferético, que conduzia ao Deus de Albino, por exemplo, permitia *pensar* um Deus que era ele próprio Pensamento. Permitia uma intuição de seu objeto. Agora, trata-se de um princípio que transcende o pensamento. O método aferético não permite mais então *pensar* seu objeto, não permite sequer *dizê-lo*, só permite falar dele.[18] Pode-se falar do Bem ou do Um ou do princípio transcendente, porque é possível pelo discurso racional estabelecer a necessidade, racional ela também, de um tal princípio e dizer o que ele não é. Mas não se pode *pensar* esse princípio, não se pode ter dele a intuição, precisamente porque ele não é da ordem do pensamento. O método aferético perde assim uma parte do seu sentido, na medida em que era um método de conhecimento, conduzindo a uma intuição. Nessa perspectiva, pode-se no máximo postular a possibilidade de uma apreensão não intelectual, digamos de uma experiência mística do princípio; retornaremos a este ponto.

---

[17] Plotino, *En.,* III, 8, 11, 13. Cf. VI, 8, 21, 26.

[18] Plotino, *En.,* V, 3, 13, 36: "Ele não pensa e não existe pensamento dele. Como então falamos dele? – Não seria porque dizemos algo a seu respeito, mas não *o* dizemos ele próprio, e porque não temos nem conhecimento nem intelecção dele? Mas como falamos a seu respeito, se não o possuímos? – Não seria porque, se não o possuímos pelo conhecimento, não é verdade que não o possuímos absolutamente, mas o possuímos de tal maneira que podemos falar a respeito dele, mas não dizer ele próprio. Pois dizemos o que ele não é; mas não dizemos o que ele é; de modo que falamos dele partindo de coisas que lhe são inferiores. Mas não estamos impedidos de possuí-lo, mesmo se não podemos dizê-lo. Mas, como os inspirados e os possuídos [...]". Esse texto fundamenta a possibilidade de dizer algo a propósito do Um sobre a experiência mística (nós o *possuímos*).

A evolução ulterior do neoplatonismo, de Proclo a Damáscio, mostra bem todo o significado dessa transformação. Em Proclo, de uma maneira muito característica, a noção de *apophasis* se impõe sobre a de *aphairesis*.[19] Mas é sobretudo em Damáscio que o método negativo torna-se mais radical. Damáscio soube exprimir admiravelmente o paradoxo que representa a afirmação pelo pensamento humano de um princípio absoluto, transcendendo o pensamento, de um princípio do todo, isto é, da totalidade do concebível.[20] Esse princípio, com efeito, não pode estar fora do todo, pois não seria mais princípio, não possuindo mais nenhuma relação com o todo, e ele não pode estar com o todo e no todo, pois não poderia mais ser princípio, sendo confundido com seu efeito.[21] Todavia, é preciso postular um princípio transcendente do todo, mas nada se pode dizer a seu respeito. Plotino dizia que não se pode pensar o princípio, mas que se pode falar dele. Damáscio, ao contrário, declara que não se pode falar do princípio, pode-se apenas dizer que não se pode falar dele: "Nós demonstramos nossa ignorância e nossa impossibilidade de falar a seu respeito (*aphasia*)".[22] Damáscio analisa com uma perfeita lucidez as aporias do incognoscível: é igualmente impossível dizer que o princípio é incognoscível e que ele é cognoscível. Não falamos do princípio, só podemos descrever o estado subjetivo no qual estamos: "Nossa ignorância a seu respeito é completa e nós não o conhecemos nem como cognoscível, nem como incognoscível".[23]

III. Apofatismo e cristianismo

A partir do século IV, especialmente com Gregório de Nissa, a teologia negativa torna-se uma peça-chave da teologia cristã.

---

[19] Cf. W. Beierwaltes, *Proklos*, Frankfurt, 1979, p. 339 ss.

[20] Damáscio, *Traité des Premiers Principes*, vol. 1, texto estabelecido por L. G. Westernik, e traduzido por J. Combes. Paris, Les Belles Lettres, 1986, p. 1-22.

[21] Ibidem.

[22] Ibidem.

[23] Ibidem. Assinalemos um notável trecho de teologia negativa no fragmento de um comentário sobre o *Parmênides* que editamos o atribuindo a Porfírio, cf. P. Hadot, *Porphyre et Victorinus*, Paris, 1968, t. II, p. 65 ss.

Próximo ao final do século V, um conjunto de escritos, que seu autor anônimo quis colocar sob a égide de Dionísio Areopagita, expõe com muitos detalhes, notadamente na obra intitulada *Teologia Mística*, a via apofática de acesso ao princípio de todas as coisas. Sob esse pseudônimo prestigioso, esses escritos desempenharam um papel capital na Idade Média latina; e, graças a eles, teólogos escolásticos como Tomás de Aquino praticaram, por sua vez, com certas correções, a teologia negativa. A tradição continuou notadamente com mestres espirituais ou com místicos tais como Nicolau de Cusa, João da Cruz, Ângelo Silésio.

Alguns teólogos[24] pensaram que a teologia negativa cristã é essencialmente diferente da teologia negativa platônica. Para eles, somente a noção cristã de criação pode fundamentar uma verdadeira teologia negativa. Se Deus criou o homem por um ato livre e gratuito da sua vontade, há um abismo intransponível entre o criador e sua criatura. Deus é absolutamente incognoscível, dada sua própria natureza, e só um novo ato livre e gratuito da sua vontade permitiu ao homem conhecê-lo: é a revelação, que se concluiu na encarnação do Verbo divino.

É possível, com efeito, após uma longa elaboração, mais que milenar, conceber uma teologia desse gênero na qual o abismo entre Criador e criatura invoca ao mesmo tempo uma teologia apofática, que defende a absoluta transcendência de Deus, e uma teologia da Encarnação, que afirma que Deus só pode ser conhecido pela mediação do Verbo encarnado. Mas, historicamente, esse sistema não parece ter sido elaborado de uma maneira consciente. É necessário constatar que os teólogos cristãos da época patrística introduziram o apofatismo na teologia cristã utilizando exatamente as argumentações e o vocabulário técnico dos neoplatônicos. Notadamente, a influência exercida pelo filósofo neoplatônico Proclo sobre os escritos do Pseudo-Dionísio é indiscutível.[25] Por outro

---

[24] V. Lossky, *Essai sur la Théologie Mystique de l'Église d'Orient*, Paris, 1944, p. 30. E. Muhlenberg, *Die Unendlichkeit Gottes bei Gregor von Nyssa*, Göttingen, 1966, pensa que a noção de infinitude divina é uma noção propriamente cristã, que não aparece antes de Gregório de Nissa e que é diferente da teologia negativa tradicional.

[25] Sobre essa questão, cf. H.-D. Saffrey, "Nouveaux Liens Objectifs entre le Pseudo-Denys et Proclus", *Revue des Sciences Théologiques et Philosophiques*, t. 63, 1979, p. 3-16.

lado, é difícil sustentar que o apofatismo cristão é mais radical que o apofatismo platônico. Não se pode escrever com V. Lossky:[26] "Para um filósofo de tradição platônica, mesmo quando ele fala da união extática como única via para alcançar Deus, a natureza divina é igualmente um objeto, algo de positivamente definível, o *hen*, uma natureza cuja incognoscibilidade reside sobretudo na debilidade do nosso entendimento ligado ao múltiplo". A expressão "positivamente definível" poderia valer para o primeiro método apofático que distinguimos, mas certamente não para aquele dos neoplatônicos posteriores, de Plotino a Damáscio. Se existe um ponto sobre o qual, com efeito, eles insistem, é sobre o fato de que o absoluto não pode ser um objeto.

IV. Apofatismo, linguagem e mística

Encontramos no *Tractatus Logico-Philosophicus* de Wittgenstein[27] problemas análogos àqueles que Damáscio colocara. Mas a oposição não é, desta vez, entre o todo e o princípio, mas entre a linguagem ou o mundo e seu sentido.

> A proposição é capaz de representar a realidade, escreve ele, mas ela não é capaz de representar o que ela deve ter de comum com a realidade para poder representar a realidade, a saber a forma lógica. Para poder representar a forma lógica, nos seria necessário, com a proposição, situar-nos no exterior da lógica, isto é, no exterior do mundo. (4.12)

Não podemos sair da linguagem (que para nós é o todo) para poder exprimir o fato de que a linguagem exprime algo: "O que se exprime na linguagem, nós não podemos exprimi-lo pela linguagem" (4. 121). Encontra-se aqui então um apofatismo radical: há um indizível, um inexprimível, e mesmo, até certo ponto, um

---

[26] V. Lossky, *Essai*..., op. cit., p. 30.

[27] Wittgenstein, L. *Tractatus Logico-Philosophicus*. Citado conforme os números das proposições. [Em português: Wittgenstein, *Tractatus Logico-Philosophicus*. Pref. B. Russell, trad. e ensaio introdutório de L. H. Lopes dos Santos. São Paulo, Edusp, 1995.]

impensável, se é verdade que para o autor o pensável se identifica com o representável. E, no entanto, fiel nesse ponto à tradição apofática, Wittgenstein não hesita em afirmar que esse indizível se mostra. A proposição "mostra" a forma lógica da realidade (4. 121); o fato de que as proposições lógicas sejam tautologias mostra a lógica do mundo (6.12). Finalmente, o que se mostra não é da ordem do discurso lógico, mas da ordem "mística": "Existe em todo caso um inexprimível; ele se mostra; isso é o místico" (6. 522). O "místico" parece corresponder, para Wittgenstein, a uma plenitude existencial e vivida que escapa a toda expressão: "O místico não é: como é o mundo; mas: o fato de que ele seja" (6. 44). Seguindo aqui ainda a tradição apofática, o lógico convida ao silêncio a respeito desse indizível "que se mostra": "Sobre o que não se pode falar, é preciso se calar" (7). A linguagem, portanto, tem um sentido, o mundo tem um sentido, e, no entanto, esse sentido se encontra fora da linguagem, fora do mundo (6.41). O sentido do dizível é indizível. A linguagem não pode exprimir o que a faz linguagem, nem o que faz que o todo seja todo.

Wittgenstein então aproxima estritamente o "indizível" e o "místico". Com efeito, tem-se em geral tendência a ler estritamente, senão a confundir, método apofático e experiência mística. É verdade que eles são muito próximos um do outro, porque se relacionam com o inefável, mas nos será necessário, entretanto, finalmente distingui-los. Vimos, por exemplo, que o método aferético conduzia em princípio a uma intuição intelectual do Intelecto ou do Inteligível para o qual ele se elevava. Ora, essa intuição intelectual adquire efetivamente um certo caráter "místico" em Plotino; para ele, o fato de passar do discurso racional à contemplação intuitiva, o fato de receber a iluminação da Inteligência divina e de pensar com ela é considerado como uma experiência excepcional, que ele descreve em termos extraídos da descrição da loucura amorosa no *Fedro* e no *Banquete* de Platão,[28] o que denuncia um estado análogo ao que chamamos de experiência mística. Por outro lado, se o método aferético não nos permite pensar o princípio que está além da Inteligência divina e que a fundamenta,

---

[28] Cf. P. Hadot, "Les Niveaux de Conscience dans les États Mystiques selon Plotin", *Journal de Psychologie*, 1980, p. 243-66.

ele postula, de algum modo, a possibilidade de um contato, de uma visão ou de uma união não intelectual que funda a possibilidade de falar do princípio. Essa experiência prolongará então de algum modo aquela de que acabamos de falar: a união com a Inteligência divina. Unida à Inteligência divina, a alma humana participa da vida daquela. Ora, a Inteligência divina tem uma dupla atividade:[29] por um lado, ela pensa a si própria e as Ideias que estão nela, ela é Pensamento do Pensamento; mas, por outro lado, ela está em um estado de união não intelectual, em um contato simples com o princípio do qual ela procede.[30] A alma humana pode não somente pensar com a Inteligência divina, mas também coincidir com o movimento de êxtase da Inteligência em direção ao Princípio. Vê-se então que a experiência mística plotiniana é um tipo de oscilação entre a intuição intelectual do Pensamento que se pensa e o êxtase amoroso do Pensamento que se perde em seu princípio. Mas é necessário ressaltar que Plotino distingue radicalmente o êxtase místico dos métodos teológicos. Esses, evocados nos exatos termos do vocabulário platônico tradicional, são para ele apenas um estudo (*mathema*) prévio;[31] eles não são absolutamente a união ou a própria visão. O método negativo é de ordem racional e a experiência unitiva é transracional. Essas duas trajetórias são radicalmente distintas, mas estão estritamente unidas: é a experiência mística que fundamenta a teologia negativa e não o inverso. Como diz Plotino, para poder falar da realidade que não podemos pensar, devemos "possuí-la".[32] Essa posse, essa apreensão obscura do indizível nos permite dizer que há um indizível e falar dele de forma negativa; mas, ao mesmo tempo, ela nos proíbe de falar dele de outro modo que não a forma negativa.

Mas não é a acumulação das negações que poderá proporcionar a experiência. Plotino sentiu bem o abismo que separa os objetos imanentes ao intelecto humano e a vida própria e transcendente

---

[29] Sobre esses temas, cf. P. Merlan, *Monopsychism, Mysticism, Metaconsciousness*, La Haye, 1969, 2. ed., p. 17-25, 81-82 e 131. Ver também minha introdução ao tratado 38 (= *En.*, VI, 7) de Plotino em *Écrits de Plotin, Traité 38*, introd., trad. e notas P. Hadot. Paris, Éditions du Cerf, 1987.

[30] Plotino, *En.,* VI, 7, 35, 19 ss.

[31] Ibidem, VI, 7, 36, 5 ss.

[32] Cf. n. 18 anterior.

do intelecto divino. O jogo de negações não pode superar esse abismo, tampouco pode superar o abismo entre racionalidade e existência: "O fato que o mundo exista, eis aí o místico". A acumulação de negações pode no máximo provocar na alma um vazio que a predispõe à experiência. E pode servir, após a experiência, para exprimir a derrota de toda descrição do indizível. Tal é provavelmente o sentido da extraordinária *Carta*[33] de Lord Chandos na qual Hugo von Hofmannsthal conta como ele, experimentando a intensa presença do mistério da existência no menor objeto, perdeu completamente a faculdade de descrever o que quer que seja: "Quando este estranho encantamento me abandona, não sei mais dizer nada a seu respeito". É o silêncio recomendado por Wittgenstein no final do seu *Tractatus*. Diante do enigma da existência, a linguagem atinge seus limites insuperáveis.

---

[33] Hugo von Hofmannsthal, *Lettres du Voyageur à son Retour*, precedido da *Lettre de Lord Chandos*, Paris, 1969.

PARTE VI

A LIÇÃO DA FILOSOFIA ANTIGA

A HISTÓRIA DO PENSAMENTO HELENÍSTICO E ROMANO[1]

Aula inaugural do Collège de France
Sexta-feira, 18 de fevereiro de 1983

Senhor Administrador,
Meus Caros Colegas,
Senhoras e Senhores,

"Cada um dos senhores espera de mim duas coisas a propósito desta aula inaugural: primeiramente, que eu agradeça àqueles graças aos quais pude chegar aqui e, em seguida, que eu faça uma exposição do método que empregarei para realizar a tarefa que me foi confiada." Estas são, quanto ao sentido, as primeiras palavras da aula inaugural pronunciada em latim no dia 24 de agosto de 1551 por Pierre de la Ramée, titular da cadeira de Retórica e

---

[1] Esta conferência foi publicada como livro independente na França (Paris, Éditions Allia, 1998) e no Brasil (São Paulo, Loyola, 2012, trad. F. F. Loque, L. Oliveira) com o título "Elogio da Filosofia Antiga". O texto publicado nos *Exercícios Espirituais* é, fundamentalmente, o mesmo, razão pela qual há que se agradecer à Editora Loyola por ter permitido sua reprodução. Entretanto, além da modificação dos títulos, há diferenças entre os dois textos, que foram preservadas pelos tradutores. (N. T.)

de Filosofia no Collège Royal, somente cerca de vinte anos depois da fundação dessa instituição. Como se vê, há mais de quatro séculos, o costume dessa aula, mas também seus temas maiores já estavam fixados. E hoje, por meu turno, permanecerei fiel a essa tradição venerável.

Já há mais de um ano, meus caros colegas, os senhores decidiram criar uma cadeira de História do Pensamento Helenístico e Romano e, um pouco mais tarde, honraram-me ao confiar sua responsabilidade a mim. Como posso expressar aos senhores, de uma maneira que não seja inadequada nem superficial, a enorme gratidão e alegria pela confiança que me demonstraram?

Creio poder detectar na decisão dos senhores um traço da liberdade e da independência de espírito que, tradicionalmente, caracteriza a grande instituição na qual me admitiram, pois, para atrair a escolha dos senhores, eu tinha poucas das qualidades que habitualmente permitem se fazer notar, e a disciplina que eu representava não era daquelas que estão na moda atualmente. Eu era, de algum modo, como diziam os romanos, um *homo nouus*, não pertencendo à nobreza intelectual da qual um dos principais títulos é tradicionalmente o de antigo aluno da École Normale Supérieure. Ademais, como os senhores certamente notaram quando das visitas que lhes fiz, eu não tenho a autoridade tranquila que conferem o uso e o domínio dos idiomas correntemente falados em nossos dias na República das Letras. Minha linguagem, os senhores também hoje vão constatar, não se orna com esse maneirismo que parece ser agora obrigatório quando alguém se aventura a falar de ciências humanas. Todavia, vários entre os senhores me encorajaram a apresentar minha candidatura e, ao longo das tradicionais visitas, que foram para mim um grande enriquecimento, fiquei extremamente tocado por encontrar muita simpatia e muito interesse, especialmente entre os especialistas das ciências exatas, pelo campo de pesquisa do qual me fazia defensor perante os senhores. Em outras palavras, creio que não tive de convencê-los, pois já estavam persuadidos da necessidade de assegurar no Collège um ensino e uma pesquisa que mantivessem estreitamente ligadas orientações com bastante frequência artificialmente separadas: o latim e o grego, a filologia e a filosofia, o helenismo e o cristianismo. Fiquei assim maravilhado ao descobrir que no final do século XX, quando muitos entre os senhores se servem cotidianamente de recursos técnicos, de modos de raciocínio, de representações do universo de uma complexidade quase sobre-humana, que abrem ao homem um futuro que ele não pode sequer conceber, o ideal de humanismo que inspirou a fundação do Collège de France manteve sempre entre os senhores, sob uma forma por certo mais consciente, mais crítica, mas também mais vasta, mais intensa, mais profunda, todo o seu valor e todo o seu significado.

Falei de uma estreita ligação entre grego e latim, filologia e filosofia, helenismo e cristianismo. Creio que essa fórmula corresponde exatamente à inspiração do ensino de Pierre Courcelle, a quem sucedo, por assim dizer, em linha indireta, pela intermediação do cargo administrativo de Rolf Stein, que foi meu colega na V Seção da École Pratique des Hautes Études, e ao qual devo hoje prestar homenagem. Creio que, nesta noite, Pierre Courcelle, que nos foi tão brutalmente arrancado, está presente de maneira intensa no coração de muitos de nós. Ele foi para mim um mestre que me ensinou muito, mas também um amigo que demonstrou muita solicitude. Agora, só posso falar do erudito para evocar essa obra imensa, composta de livros grandiosos, incontáveis artigos, centenas de resenhas. Não sei se se mediu suficientemente o alcance desse gigantesco labor. As primeiras linhas de sua grande obra, *Les Lettres Grecques en Occident de Macrobe à Cassiodore* [As Cartas Gregas no Ocidente de Macróbio a Cassiodoro], destacam bem o que a orientação de sua pesquisa tinha de revolucionário para sua época: "Um livro grande sobre as cartas helênicas no Ocidente, desde a morte de Teodósio à reconquista justiniana, tem motivos para surpreender", escrevia Pierre Courcelle.

A surpresa era, primeiramente, que um latinista se interessasse por cartas gregas. Todavia, como notava Pierre Courcelle, foram essas cartas gregas que permitiram a eclosão da literatura latina, que produziram Cícero, o tipo mais acabado da cultura greco-romana em seu apogeu, e estiveram próximas até de substituir o latim quando, no século II d.C., esse foi eclipsado pelo grego como língua literária. É preciso, todavia, constatar e deplorar que, apesar da iniciativa e do exemplo de Pierre Courcelle, por causa de um preconceito que não está totalmente superado e que se refere à separação desastrosa que a pesquisa francesa estabeleceu entre o grego e o latim, o que dizia Pierre Courcelle em 1943, isto é, há quarenta anos, infelizmente permanece verdadeiro hoje: "Não conheço nenhum trabalho abrangente que estude a influência grega sobre o pensamento ou a cultura romana do Império".

A surpresa era também ver um latinista consagrar um estudo tão importante a uma época tardia e mostrar que nos séculos V e VI, num momento de pretensa decadência, as letras gregas conheceram um renascimento notável que, graças a Agostinho, Macróbio, Boécio, Marciano Capella e Cassiodoro, permitiria à Idade Média ocidental manter o contato com o pensamento grego até que as traduções árabes lhe permitissem reencontrá-lo em fontes mais ricas. A surpresa era também ver um filólogo abordar problemas de história da filosofia, mostrando a influência capital exercida sobre o pensamento latino-cristão pelo neoplatonismo grego e pagão, e, note-se, não tanto por Plotino como por seu discípulo Porfírio. Nova surpresa: esse filólogo estabelecia seus resultados por um método rigorosamente filológico. Quero dizer que ele não se contentava em detectar vagas analogias entre as doutrinas neoplatônicas e cristãs, em avaliar, de maneira puramente subjetiva, as influências ou as originalidades, em uma palavra: em se fiar na retórica e na inspiração para estabelecer suas conclusões. Não, seguindo nesse ponto o exemplo de Paul Henry, o erudito editor de Plotino, que também foi para mim um modelo de método científico, Pierre Courcelle comparava os textos. Ele descobria o que todo mundo poderia ter visto, mas ninguém havia visto antes dele, que tal texto de Ambrósio fora traduzido literalmente de Plotino, que tal texto de Boécio fora literalmente traduzido de um comentador grego neoplatônico de Aristóteles. Esse método permitia estabelecer fatos indiscutíveis, tirar a história do pensamento dessas aproximações e desse fluxo artístico aos quais certos historiadores, mesmo contemporâneos de Pierre Courcelle, tinham tendência a relegá-la.

Se *Les Lettres Grecques en Occident* provocaram surpresa, as *Recherches sur les* Confessions *de Saint Augustin* [Pesquisas sobre as *Confissões* de Santo Agostinho], cuja primeira edição apareceu em 1950, quase suscitaram um escândalo, notadamente por causa da interpretação que Pierre Courcelle propunha do relato que Agostinho faz da própria conversão. Agostinho conta que, chorando sob uma figueira e sobrecarregando a si mesmo com interrogações ardentes e com críticas amargas contra sua indecisão, escutou uma voz de criança repetindo: "Pega e lê". Ele então abriu ao acaso, como para tirar a sorte, o livro das Epístolas de Paulo e leu a frase que o converteu. Advertido por seu profundo conhecimento dos procedimentos literários de Agostinho e das tradições de alegoria cristã, Pierre Courcelle ousara escrever que a figueira poderia ter valor puramente simbólico, representando a "folhagem mortal dos pecados", e que a voz de criança poderia também ter sido introduzida de maneira puramente literária para significar alegoricamente a resposta divina às interrogações de Agostinho. Pierre Courcelle não duvidava da tempestade que desencadearia ao propor essa interpretação. Ela durou quase vinte anos. Os maiores nomes da patrística internacional entraram na querela. Eu não gostaria de reacendê-la, evidentemente. Gostaria, no entanto, de sublinhar como, metodologicamente, a posição de Pierre Courcelle era interessante. Ela partia do princípio muito simples de que se deve interpretar um texto de acordo com o gênero literário ao qual pertence. A maior parte dos adversários de Pierre Courcelle era vítima do preconceito moderno e anacrônico que consiste em crer que as *Confissões* de Agostinho são, antes de tudo, um testemunho autobiográfico. Pierre Courcelle, ao contrário, havia compreendido bem que se tratava de uma obra essencialmente teológica, na qual cada cena pode revestir-se de um sentido simbólico. É sempre espantosa, por exemplo, a extensão do relato do roubo das peras, cometido por Agostinho no tempo de sua adolescência. Contudo, ela se explica porque esses frutos roubados no jardim tornam-se simbolicamente, para Agostinho, o fruto proibido roubado no jardim do Éden e porque lhe dão a oportunidade de desenvolver uma reflexão teológica sobre a natureza do pecado. Nesse gênero literário, é então extremamente difícil distinguir o que é encenação simbólica ou relato e acontecimento histórico.

Uma parte muito grande da obra de Pierre Courcelle foi dedicada a traçar a fortuna de grandes temas, como o "Conhece-te a ti mesmo", ou de grandes obras, como *Confissões* de Agostinho ou *Consolação* de Boécio na história do pensamento ocidental. Não é a menor originalidade de várias das grandes obras que ele escreveu nessa perspectiva a de associar ao estudo literário as pesquisas iconográficas relacionadas, por exemplo, às ilustrações de *Confissões* ou *Consolação* ao longo das épocas. Essas pesquisas iconográficas, capitais para reconstituir a história das mentalidades e da imaginação religiosas, foram todas conduzidas em colaboração com a senhora Jeanne Courcelle, cujos grandes conhecimentos das técnicas da história da arte e da descrição iconográfica enriqueceram muito a obra de seu marido.

Essa evocação demasiadamente breve deixará entrever, espero, o movimento geral, o itinerário das pesquisas de Pierre Courcelle. Tendo partido da Antiguidade tardia, ele foi levado a remontar, notadamente em seu livro sobre o "Conhece-te a ti mesmo", à filosofia da época imperial e helenística e, por outro lado, a seguir, no decorrer das épocas, o devir das obras, dos temas, das imagens antigas na tradição do Ocidente. É finalmente, como veremos, ao espírito, à orientação profunda da obra e do ensino de Pierre Courcelle que pretende se ligar esta história do pensamento helenístico e romano sobre a qual gostaria agora de falar aos senhores.

Acabo de apresentar aos senhores, segundo a orientação definida por Pierre de la Ramée, o que ele próprio chamava *ratio muneris officiique nostri*: o objeto e o método de ensino que me foi confiado. No título de minha cadeira, a palavra "pensamento" pode parecer bem vaga; pode se aplicar a um domínio imenso e indefinido, indo da política à arte, da poesia à ciência e à filosofia ou à religião e à magia. Em todo caso, ela convida a excursões apaixonantes no vasto mundo de obras maravilhosas e fascinantes que foram produzidas durante o grande período da história da humanidade que me proponho a estudar. Aceitaremos uma vez ou outra esse convite, mas nossa intenção é ir ao essencial, reconhecer o típico, o significativo, buscar apreender os *Urphänomene*, como Goethe teria dito. E precisamente a *philosophia*, no sentido em que então se entendia esse termo, é bem um dos fenômenos típicos e significativos do mundo greco-romano. Será ele que, sobretudo, reterá nossa atenção. Preferimos, entretanto, falar do "pensamento helenístico e romano" para nos reservar o direito de seguir essa *philosophia* em suas mais variadas manifestações e, sobretudo, para eliminar as preconcepções que a palavra "filosofia" pode evocar na mente do homem moderno.

"Helenístico e romano": categorias que abrem um período imenso. Nossa história começa com o acontecimento altamente simbólico que a fantástica expedição de Alexandre representa e com a emergência do mundo que se chama helenístico, isto é, a emergência dessa nova forma que a civilização grega assume a partir do momento em que, graças às conquistas de Alexandre, depois ao desenvolvimento dos reinos que delas resultam, essa civilização se espalha no mundo bárbaro, do Egito às fronteiras da Índia, e então entra em contato com as mais diversas nações e civilizações. Assim se estabelece um tipo de distância, de afastamento histórico entre o pensamento helenístico e a tradição grega que o precedeu. Nossa história vê, em seguida, o desenvolvimento de Roma, que provocará a destruição dos reinos helenísticos, levada a cabo no ano 30 a.C. com a morte de Cleópatra. Depois disso, ocorrerão a expansão do Império Romano, a ascensão e o triunfo do cristianismo, as invasões bárbaras e o fim do Império do Ocidente.

Acabamos de percorrer, assim, cerca de um milênio. Todavia, do ponto de vista da história do pensamento, esse longo período deve ser tratado como um todo. É impossível conhecer o pensamento helenístico sem recorrer aos documentos posteriores, os da época imperial e da Antiguidade tardia, que o revelam a nós; e é igualmente impossível compreender o pensamento romano sem levar em consideração seu pano de fundo grego.

Faz-se bem necessário reconhecer, primeiramente, que quase toda a literatura helenística, principalmente a produção filosófica, desapareceu. O filósofo estoico Crisipo, para citar apenas um exemplo entre muitos outros, escreveu setecentas obras, porém quase tudo se perdeu; apenas alguns fragmentos chegaram a nós.

Por certo teríamos uma ideia totalmente diferente da filosofia helenística se esse gigantesco naufrágio não tivesse ocorrido. Como esperar compensar um pouco essa perda irreparável? Há evidentemente o acaso das descobertas que permitem, às vezes, trazer à luz textos desconhecidos. Por exemplo, foi encontrada, no meio do século XVIII, em Herculano, uma biblioteca epicurista: ela continha textos notavelmente interessantes não somente para o conhecimento dessa escola, mas também para o do estoicismo e do platonismo. O Instituto de Papirologia de Nápoles explora ainda hoje, de maneira exemplar, esses preciosos documentos, melhorando sem cessar a leitura e o comentário deles. Outro exemplo: ao longo das escavações que nosso colega Paul Bernard conduziu durante quinze anos em Ai-Khanum, próximo da fronteira entre o Afeganistão e a então União Soviética, para encontrar os restos de uma cidade helenística do reino de Bactriana, um texto filosófico, por infelicidade terrivelmente mutilado, foi descoberto. A presença desse documento em tal lugar basta, aliás, para fazer compreender a extraordinária expansão do helenismo que as conquistas de Alexandre haviam provocado. Ele data provavelmente do século III ou II e representa um fragmento, infelizmente muito difícil de ler, de um diálogo, no qual se pode reconhecer uma passagem inspirada pela tradição aristotélica.

Excetuando-se os achados desse gênero, extremamente raros, estamos obrigados a explorar ao máximo os textos existentes, que, frequentemente, são bem posteriores à época helenística, para deles extrair informações. Evidentemente, é preciso começar pelos textos gregos. Apesar dos numerosos e excelentes trabalhos, ainda há muito a fazer nesse domínio. Seria preciso, por exemplo, realizar ou atualizar as compilações dos fragmentos filosóficos que chegaram a nós. É assim, entre outros, que o trabalho de H. von Arnim, que colige os fragmentos dos estoicos mais antigos, data exatamente de oitenta anos e requer séria revisão. Ademais, não existe coletânea alguma de fragmentos dos acadêmicos para o período que vai de Arcesilau a Filo de Larissa. Por outro lado, minas de informações, como as obras de Filo de Alexandria, Galeno, Ateneu, Luciano ou como os comentários sobre Platão e Aristóteles escritos no fim da Antiguidade, nunca foram sistematicamente exploradas.

Nessa pesquisa, porém, os escritores latinos são indispensáveis. Pois, ainda que os latinistas não estejam sempre de acordo, é preciso admitir que a literatura latina, com exceção da dos historiadores (mais uma vez!), constituiu-se, em sua maior parte, em traduções, paráfrases ou imitações de textos gregos. Às vezes, isso é totalmente evidente, pois é possível a comparação, linha por linha, palavra por palavra, com os originais gregos que foram traduzidos ou parafraseados pelos escritores latinos; outras vezes, os escritores latinos citam eles mesmos suas fontes gregas; e outras, ainda, pode-se legitimamente conjecturar essas influências com a ajuda de indícios confiáveis. Assim, graças aos escritores latinos, grande parte do pensamento helenístico foi salva. Sem Cícero, Lucrécio, Sêneca, Aulo Gélio, vastos aspectos da filosofia dos epicuristas, estoicos e acadêmicos estariam irremediavelmente perdidos. Os latinos da época cristã são também preciosos: sem Mário Vitorino, Agostinho, Ambrósio de Milão, Macróbio, Boécio, Marciano Capella, quantas fontes gregas seriam totalmente ignoradas! Duas trajetórias são então inseparáveis: de um lado, explicar o pensamento latino por seu pano de fundo grego, e, de outro, reencontrar, por meio dos escritores latinos, o pensamento grego perdido. Sendo assim, é totalmente impossível separar, na pesquisa, o grego e o latim.

Estamos aqui na presença do grande acontecimento cultural do Ocidente: a emergência de uma língua filosófica latina, traduzida do grego. Também aqui seria preciso estudar sistematicamente a maneira pela qual se constituiu esse vocabulário técnico que, graças a Cícero, Sêneca, Tertuliano, Vitorino, Calcídio, Agostinho e Boécio marcará com seu selo, ao longo da Idade Média, a gênese do pensamento moderno. Pode-se esperar que um dia, com os meios técnicos atuais, seja possível constituir um léxico completo das correspondências entre os termos filosóficos gregos e latinos? Ele teria, aliás, necessidade de conter um longo comentário, pois o mais interessante seria analisar os deslizamentos de sentido que foram operados na passagem de uma língua à outra. O caso do vocabulário ontológico, a tradução de *ousia* por *substantia*, por exemplo, é justamente célebre e suscitou ainda recentemente estudos notáveis. Reencontramos aqui um fenômeno ao qual havíamos feito uma discreta alusão a propósito da palavra *philosophia* e que vamos reencontrar ao longo de toda a presente exposição: refiro-me ao fenômeno das incompreensões, dos deslizamentos, das perdas de sentido, das reinterpretações, podendo, às vezes, chegar até ao contrassenso, que surgiram desde que há tradição, tradução, exegese. Nossa história do pensamento helenístico e romano consistirá então, antes de tudo, em reconhecer e analisar a evolução de sentidos e significados.

É precisamente a necessidade de explicar essa evolução que justifica nossa intenção de estudar como um todo o período do qual falamos. As traduções do grego para o latim são, com efeito, somente um aspecto particular desse vasto processo de unificação, isto é, de helenização das diferentes culturas do Mediterrâneo, da Europa, da Ásia Menor, que se operou progressivamente desde o século IV a.C. até o fim do mundo antigo. O pensamento helenístico teve o estranho poder de absorver os mais diversos dados míticos e conceituais. Todas as culturas do mundo mediterrâneo acabaram assim por se exprimir em categorias do pensamento helênico, mas à custa de importantes deslizamentos de sentido que deformaram tanto o conteúdo dos mitos, dos valores e das sabedorias próprios a essas culturas como o conteúdo dessa mesma tradição helênica. Nessa espécie de armadilha caíram, sucessivamente, os romanos, que conservaram sua língua, depois os judeus, depois os cristãos. Foi a esse preço que se criou a notável comunidade de língua e cultura que caracteriza o mundo greco-romano. Esse processo de unificação assegurou também uma espantosa continuidade no interior das tradições literárias, filosóficas ou religiosas.

Essa continuidade na evolução e essa unificação progressiva podem ser observadas de maneira mais notável no domínio da filosofia. No começo do período helenístico, assiste-se a uma extraordinária proliferação de escolas, na esteira do movimento sofístico e da experiência socrática. Todavia, a partir do século III a.C., uma espécie de seleção se efetua. Em Atenas, subsistem apenas as escolas cujos fundadores se preocuparam em constituir instituições bem organizadas: a escola de Platão, a de Aristóteles e Teofrasto, a de Epicuro, a de Zenão e Crisipo. Ao lado dessas quatro escolas, existem também dois movimentos que são, sobretudo, tradições espirituais: o ceticismo e o cinismo. Depois do naufrágio das bases institucionais das escolas, em Atenas, no final da época helenística, escolas privadas e até cadeiras oficiais subvencionadas continuarão a ser fundadas em todo o Império, e elas reivindicarão a tradição espiritual dos fundadores. Assiste-se assim, durante seis séculos, do século III a.C. até o século III de nossa era, a uma espantosa estabilidade das seis tradições das quais falamos. Entretanto, a partir do século III d.C., pondo fim a um movimento que se esboçava desde o século I, o platonismo, uma vez mais à custa de sutis deslizamentos de sentido e de numerosas reinterpretações, absorverá, numa síntese original, o aristotelismo e o estoicismo, enquanto todas as outras tradições vão se tornar marginais. Esse fenômeno de unificação tem importância histórica capital. Essa síntese neoplatônica, graças a autores da baixa Antiguidade, mas também graças às traduções árabes e à tradição bizantina, dominará todo o pensamento da Idade Média e do Renascimento e será, de algum modo, o denominador comum das teologias e místicas judaicas, cristãs e muçulmanas.

Acabamos de fornecer um esboço muito breve das grandes linhas da história das escolas helenísticas na Antiguidade. Entretanto, nossa história do pensamento helenístico e romano, como história da *philosophia* antiga, dedicar-se-á menos a estudar as diversidades e as particularidades doutrinais, próprias dessas diferentes escolas, que a buscar descrever a essência mesma do fenômeno da *philosophia* e a extrair as características comuns do "filósofo" ou do "filosofar" na Antiguidade. Trata-se de tentar reconhecer, de algum modo, a estranheza desse fenômeno a fim de tentar, em seguida, compreender melhor a estranheza de sua permanência em toda a história do pensamento ocidental. Por que, pode-se objetar, falar de estranheza quando se trata de uma coisa muito geral e muito comum? Uma tintura filosófica não colore todo o pensamento helenístico e romano? A generalização e a popularização da filosofia não são uma das características dessa época? A filosofia está presente em toda parte, nos discursos, nos romances, na poesia, na ciência, na arte. Todavia, é preciso não se enganar. Há um abismo entre essas ideias gerais, esses lugares-comuns, que podem ornar um desenvolvimento literário e o verdadeiro "filosofar". Esse implica, com efeito, uma ruptura com o que os céticos chamavam *bios*, isto é, a vida cotidiana, quando eles recriminavam precisamente os outros filósofos por não seguir a conduta comum da vida, a maneira habitual de ver e agir, que consistia, para os céticos, no respeito aos costumes e às leis, na prática das técnicas artísticas ou econômicas, na satisfação das necessidades do corpo, na fé nas aparências, indispensável para o agir. É verdadeiro que, fazendo isso, na escolha dessa conformação à conduta comum da vida, os céticos continuavam filósofos, pois praticavam, em suma, um exercício bastante estranho – a suspensão do juízo –, e visavam a um fim – a tranquilidade ininterrupta e a serenidade da alma –, que a conduta comum da vida não conhecia muito.

É precisamente essa ruptura do filósofo com as condutas da vida cotidiana que é sentida fortemente pelos não filósofos. Nos autores cômicos e satíricos, os filósofos aparecem como personagens bizarros, senão perigosos. É verdadeiro, aliás, que em toda a Antiguidade o número de charlatões que se apresentavam como filósofos deve ter sido considerável, e Luciano, por exemplo, exercerá de bom grado sua verve às expensas deles. No entanto, os juristas, eles também, consideram os filósofos como pessoas à parte. Nos litígios dos professores com seus devedores, as autoridades, segundo Ulpiano, não se ocupavam dos filósofos, pois eles mesmos professavam desprezar o dinheiro. Uma regulamentação do imperador Antonino, o Pio, concernente aos salários e às indenizações, nota que, se os filósofos querelam sobre suas posses, mostrarão que não são filósofos. Os filósofos são então pessoas à parte e estranhas. Estranhos, com efeito, esses epicuristas que levam uma vida frugal praticando em seu círculo filosófico uma igualdade total entre homens e mulheres e até entre mulheres casadas e cortesãs; estranhos esses estoicos romanos que administram de maneira desinteressada as províncias do Império que lhes são confiadas e são os únicos a levar a sério as prescrições das leis editadas contra o luxo; estranho esse platônico romano, o senador Rogaciano, discípulo de Plotino, que no dia em que devia assumir as funções de pretor renuncia às suas responsabilidades, abandona todos os seus bens, liberta seus escravos e passa a se alimentar apenas a cada dois dias. Estranhos, portanto, todos esses filósofos cujo comportamento, todavia, sem ser inspirado pela religião, rompe totalmente com os costumes e hábitos dos mortais comuns.

Já o Sócrates dos diálogos platônicos era chamado *atopos*, isto é, "inclassificável". O que o torna *atopos* é precisamente ser "filó-sofo" no sentido etimológico da palavra, isto é, ser amante da sabedoria. Pois a sabedoria, diz Diotima no *Banquete* de Platão, não é um estado humano, é um estado de perfeição no ser e no conhecimento que só pode ser divino. É o amor a essa sabedoria estranha ao mundo que torna o filósofo estranho ao mundo.

Cada escola elaborará então sua representação racional desse estado de perfeição que deveria ser o do sábio e se dedicará a traçar-lhe o retrato. É verdade que esse ideal transcendente será considerado quase inacessível: segundo certas escolas, jamais houve sábio; segundo outras, houve talvez um ou dois, como Epicuro, esse deus entre os homens; segundo outras, enfim, o homem só pode atingir esse estado em instantes raros e fulgurantes. Nessa norma transcendente posta pela razão, cada escola exprimirá sua visão particular do mundo, seu estilo de vida próprio, sua ideia de homem perfeito. É por isso que a descrição dessa norma transcendente, em cada escola, acabará finalmente por coincidir com a ideia racional de Deus. Michelet disse-o com muita profundidade: "A religião grega culminou com seu verdadeiro deus: o sábio". Pode-se interpretar essa fórmula, que Michelet não desenvolve, dizendo que a Grécia ultrapassa a representação mítica que tinha de seus deuses no momento em que os filósofos concebem Deus de maneira racional sobre o modelo do sábio. Sem dúvida, nessas descrições clássicas do sábio, certas circunstâncias da vida humana serão evocadas, ter-se-á prazer em dizer o que o sábio faria em tal ou tal situação, mas, precisamente, a beatitude que ele conservará inabalavelmente em tal ou tal dificuldade será a do próprio Deus. Qual será a vida do sábio na solidão, pergunta Sêneca, se está na prisão ou no exílio ou lançado numa praia deserta? E ele responde: "Será a de Zeus (isto é, para os estoicos, a da Razão universal), quando no fim de cada período cósmico, tendo cessado a atividade da natureza, ele se devota livremente a seus pensamentos; o sábio desfrutará, como ele, da felicidade de estar consigo mesmo". É que para os estoicos o pensamento e a vontade do sábio coincidem totalmente com o pensamento, a vontade e o devir da Razão que é imanente ao devir do cosmos. Quanto ao sábio epicurista, como os deuses, ele vê nascer, a partir dos átomos, no vazio infinito, a infinidade dos mundos; a natureza basta para suas necessidades e nada jamais chega a perturbar a paz de sua alma. Os sábios platônicos e aristotélicos, por sua vez, segundo nuanças diferentes, elevam-se, por sua vida de pensamento, ao nível do Pensamento divino.

Compreende-se melhor agora a *atopia*, a estranheza do filósofo no mundo humano. Não se sabe onde classificá-lo, pois não é nem um sábio, nem um homem como os outros. Ele sabe que o estado normal, o estado natural dos homens deveria ser a sabedoria, pois ela não é nada mais que a visão das coisas tais quais elas são, a visão do cosmos tal qual ele é à luz da razão, e ela nada mais é que o modo de ser e de vida que deveria corresponder a essa visão. Contudo, o filósofo sabe também que essa sabedoria é um estado ideal e quase inacessível. Para um tal homem, a vida cotidiana, tal qual está organizada e é vivida pelos outros homens, deve necessariamente apresentar-se como anormal, como um estado de loucura, de inconsciência e ignorância da realidade. E, todavia, é preciso que ele viva essa vida de todos os dias, na qual se sente estranho e na qual os outros o percebem como um estranho. E é precisamente nessa vida cotidiana que ele deverá buscar tender na direção desse modo de vida, que é totalmente estranho à vida cotidiana. Haverá assim um perpétuo conflito entre a tentativa do filósofo de ver as coisas tais quais elas são do ponto de vista da natureza universal e a visão convencional das coisas sobre a qual repousa a sociedade humana, um conflito entre a vida que seria preciso viver e os costumes e convenções da vida cotidiana. Esse conflito nunca poderá ser resolvido completamente. Os cínicos escolherão a ruptura total, recusando o mundo da convenção social. Outros, ao contrário, como os céticos, aceitarão plenamente a convenção social, assegurando sua paz interior. Outros, como os epicuristas, tentarão recriar entre eles uma vida cotidiana em conformidade com o ideal de sabedoria. Outros, enfim, como os platônicos e os estoicos, esforçar-se-ão, à custa das maiores dificuldades, para viver "filosoficamente" a vida cotidiana e até a vida pública. Para todos, em todo caso, a vida filosófica será uma tentativa de viver e pensar segundo a norma da sabedoria, será exatamente uma marcha, um progresso, de algum modo assimptótico, na direção desse estado transcendente.

Cada escola representará então uma forma de vida, especificada por um ideal de sabedoria. A cada escola corresponderá assim uma atitude interior fundamental: por exemplo, a tensão entre os estoicos, a descontração entre os epicuristas; certa maneira de falar: por exemplo, uma dialética impactante entre os estoicos, uma retórica abundante entre os acadêmicos. Mas, sobretudo, em todas as escolas serão praticados exercícios destinados a assegurar o progresso espiritual na direção do estado ideal da sabedoria, exercícios da razão que serão para a alma análogos ao treinamento de um atleta ou às práticas de um tratamento médico. De maneira geral, eles consistem, sobretudo, no controle de si e na meditação. O controle de si é fundamentalmente atenção a si mesmo: vigilância intensa no estoicismo; renúncia aos desejos supérfluos no epicurismo. Ele implica sempre um esforço da vontade, uma fé, pois, na liberdade moral, na possibilidade de melhorar, uma consciência moral aguda, afinada pela prática do exame de consciência e da direção espiritual, e, enfim, de exercícios práticos, que Plutarco notadamente descreveu com admirável precisão: controlar a cólera, a curiosidade, os discursos, o amor pelas riquezas, começando a se exercer nas coisas mais fáceis para adquirir, pouco a pouco, um hábito estável e sólido.

O "exercício" da razão é, sobretudo, "meditação": etimologicamente, aliás, as duas palavras são sinônimas. Diferente das meditações do Extremo Oriente de tipo budista, a meditação filosófica greco-romana não está ligada a uma atitude corporal, mas é um exercício puramente racional ou imaginativo ou intuitivo. Suas formas são extremamente variadas. Ela é, em primeiro lugar, memorização e assimilação dos dogmas fundamentais e das regras de vida da escola. Graças a esse exercício, a visão de mundo daquele que se esforça para progredir espiritualmente será transformada por completo. Notadamente a meditação filosófica sobre os dogmas essenciais da física, por exemplo, a contemplação epicurista da gênese dos mundos no vazio infinito, ou a contemplação estoica do desdobramento racional e necessário dos acontecimentos cósmicos, poderá inspirar um exercício de imaginação no qual as coisas humanas aparecerão como de pouca importância na imensidão do espaço e do tempo. Será preciso se esforçar para "ter à mão" esses dogmas, essas regras de vida, para poder se conduzir como filósofo em todas as circunstâncias da vida. Será preciso, aliás, imaginar de antemão para si mesmo essas circunstâncias de modo que esteja preparado para o choque dos acontecimentos. Em todas as escolas, por razões diversas, a filosofia será especialmente uma meditação sobre a morte e uma atenção concentrada sobre o momento presente, para desfrutar dele ou para vivê-lo em plena consciência. Em todos esses exercícios, todos os meios que a dialética e a retórica fornecem serão utilizados para obter o máximo de eficácia. É notadamente esse uso consciente e deliberado da retórica que explica a impressão de pessimismo que certos leitores creem descobrir nas *Meditações* de Marco Aurélio. Todas as imagens lhe parecem boas, se elas podem impactar a imaginação e provocar a tomada de consciência das ilusões e das convenções dos homens.

É na perspectiva desses exercícios de meditação que é preciso compreender as relações entre teoria e prática na filosofia dessa época. A teoria por ela mesma não é considerada como um fim em si. Ou ela é clara e decididamente posta a serviço da prática. Epicuro o diz explicitamente: o objetivo da ciência da natureza é fornecer a serenidade da alma. Ou, como no caso dos aristotélicos, há de se apegar, mais que às teorias em si mesmas, à atividade teórica considerada como um modo de vida que fornece um prazer e uma felicidade quase divinos. Ou como na escola acadêmica, ou entre os céticos, a atividade teórica é uma atividade crítica. Ou, como nos platônicos, a teoria abstrata não é considerada como verdadeiro conhecimento: como diz Porfírio, "a contemplação beatífica não consiste em uma acumulação de raciocínios, nem em uma massa de conhecimentos apreendidos, mas é preciso que a teoria se torne em nós natureza e vida". E, segundo Plotino, não pode conhecer a alma quem não se purifica de suas paixões para experimentar em si a transcendência da alma com relação ao corpo, e não pode conhecer o princípio de todas as coisas quem não tem a experiência de união com ele.

Para possibilitar os exercícios de meditação, colocavam-se à disposição dos iniciantes sentenças ou resumos dos principais dogmas da escola. As Cartas de Epicuro que Diógenes Laércio nos conservou são destinadas a cumprir esse papel. Para assegurar a esses dogmas uma grande eficácia espiritual, era preciso apresentá-los sob a forma de fórmulas curtas e impactantes, como as *Sentenças Escolhidas* de Epicuro, ou sob uma forma rigorosamente sistemática, como a *Carta a Heródoto*, do mesmo autor, que permitia ao discípulo apreender em um tipo de intuição única o essencial da doutrina, para tê-la mais comodamente "à mão". Nesse caso, o cuidado da coerência sistemática estava posto a serviço da eficácia espiritual.

Em cada escola, os dogmas e os princípios metodológicos não estavam em discussão. Filosofar, nessa época, era escolher uma escola, converter-se a seu modo de vida e aceitar seus dogmas. É por isso que, no essencial, os dogmas fundamentais e as regras de vida do platonismo, do aristotelismo, do estoicismo e do epicurismo não evoluíram durante toda a Antiguidade. Mesmo os cientistas da Antiguidade se apegam sempre a uma escola filosófica: o desenvolvimento de seus teoremas matemáticos ou astronômicos não modifica em nada os princípios fundamentais da escola à qual aderem.

Isso não quer dizer que a reflexão e a elaboração teóricas estejam ausentes da vida filosófica. Entretanto, essa atividade não se voltará jamais para os dogmas em si mesmos ou para os princípios metodológicos, mas para o modo de demonstração e sistematização dos dogmas e para os pontos de doutrina secundários que deles decorrem, porém não são unanimidade na escola. Esse gênero de pesquisa está sempre reservado aos mais avançados. Para eles, é um exercício da razão que os fortifica em sua vida filosófica. Crisipo, por exemplo, sentia-se capaz de encontrar por si mesmo os argumentos que justificavam os dogmas estoicos expostos por Zenão e Cleantes, o que o levou, aliás, a ficar em desacordo com eles, não sobre os dogmas, mas sobre a maneira de estabelecê-los. Também Epicuro reserva aos mais avançados a discussão e o estudo de pontos de detalhe e, muito mais tarde, a mesma atitude se encontrará em Orígenes, que atribui aos "espirituais" a tarefa de pesquisar, como ele próprio diz, ao modo de exercício, o "como" e o "porquê" e de discutir questões obscuras e secundárias. Esse esforço de reflexão teórica poderá culminar na redação de obras vastas.

São evidentemente esses tratados sistemáticos ou esses comentários eruditos que atraem, muito legitimamente, a atenção do historiador da filosofia: por exemplo, o *Tratado sobre os Princípios* de Orígenes, os *Elementos de Teologia* de Proclo. O estudo do movimento do pensamento nesses grandes textos deve ser uma das tarefas principais da reflexão sobre o fenômeno da filosofia. Entretanto, faz-se bem necessário reconhecer, de maneira geral, que as obras filosóficas da Antiguidade greco-romana correm o risco de desconcertar quase sempre os leitores contemporâneos: não falo apenas do grande público, mas também dos especialistas em Antiguidade. Poder-se-ia compor toda uma antologia de queixas feitas sobre os autores antigos pelos comentadores modernos, que lhes recriminam por escrever mal, contradizer-se, carecer de rigor e coerência. Foi precisamente meu espanto a um só tempo diante dessas críticas e diante da universalidade e da constância do fenômeno que elas denunciam que inspirou tanto as reflexões que acabo de desenvolver perante os senhores, como as que me proponho a expor agora.

Com efeito, parece-me que para compreender as obras dos autores filosóficos da Antiguidade é preciso ter em conta todas as condições concretas nas quais eles escrevem, todas as restrições que pesam sobre eles: o panorama da escola, a natureza própria da *philosophia*, os gêneros literários, as regras retóricas, os imperativos dogmáticos, os modos tradicionais de raciocínio. Não se pode ler um autor antigo como se lê um autor contemporâneo (o que não quer dizer que os autores contemporâneos sejam mais fáceis de compreender que os autores da Antiguidade). Uma obra antiga é produzida em condições totalmente diferentes das de uma obra moderna. Deixo de lado o problema do suporte material: *volumen* ou *codex*, que têm suas restrições próprias. Contudo, quero insistir no fato de que as obras escritas, no período que estudamos, não estão totalmente livres das restrições ligadas à oralidade.

Com efeito, é bem exagerado afirmar, como se fez recentemente, que a civilização greco-romana muito cedo tornou-se uma civilização da escrita e que se pode, então, metodologicamente tratar as obras filosóficas da Antiguidade como qualquer obra escrita.

As obras escritas dessa época permanecem estreitamente ligadas a condutas orais. Elas frequentemente são ditadas a um escriba. E são destinadas a ser lidas em voz alta, seja por um escravo que fará a leitura para seu mestre, seja pelo próprio leitor, pois ler, na Antiguidade, é habitualmente ler em voz alta, sublinhando o ritmo do período e a sonoridade das palavras que o autor já pôde ele mesmo experimentar quando ditava sua obra. Os antigos eram extremamente sensíveis a esses fenômenos sonoros. Poucos filósofos na época que estudamos resistiram a essa magia do verbo, nem mesmo os estoicos, nem mesmo Plotino. Portanto, se, antes do uso da escrita, a literatura oral impunha restrições rigorosas à expressão e obrigava a empregar certas fórmulas ritmadas, estereotipadas e tradicionais, que veiculavam imagens e conteúdos de pensamento independentes, por assim dizer, da vontade do autor, esse fenômeno não é menos estranho à literatura escrita, na medida em que ela deve se preocupar com o ritmo e a sonoridade. Para tomar um caso extremo, mas muito revelador, em sua *De Natura Rerum*, por causa do ritmo poético que lhe impõe o recurso a certas fórmulas de algum modo estereotipadas, Lucrécio não pode utilizar livremente o vocabulário técnico do epicurismo que ele deveria empregar.

Essa ligação da escrita com o discurso explica, pois, certos aspectos das obras da Antiguidade. Muito frequentemente, a obra se desenvolve por associações de ideias, sem rigor sistemático; ela deixa subsistir as retomadas, as hesitações, as repetições da fala. Ou ainda, após uma releitura, nela se introduz uma sistematização um pouco forçada, acrescentando transições, introduções ou conclusões às diferentes partes.

Mais que todas as outras, as obras filosóficas estão ligadas à oralidade, porque a própria filosofia antiga é, antes de tudo, oral. Pode ocorrer, por certo, que alguém se converta lendo um livro, mas ele logo se lança junto ao filósofo para escutar seu discurso, interrogá-lo, discutir com ele e com outros discípulos, numa comunidade que é sempre um lugar de discussão. Com relação ao ensino filosófico, a escrita não é senão um pró-memória, um recurso que jamais substituirá o discurso vivo.

A verdadeira formação é sempre oral, porque somente o discurso permite o diálogo, isto é, a possibilidade para o discípulo de ele próprio descobrir a verdade no jogo de questões e respostas e também a possibilidade para o mestre de adaptar seu ensino às necessidades do discípulo. Numerosos filósofos, e não dos menores, não quiseram escrever, considerando, como Platão e sem dúvida com razão, que o que se escreve nas almas pelo discurso é mais real e mais durável do que os caracteres traçados sobre o papiro ou o pergaminho.

As produções literárias dos filósofos serão, pois, em sua maior parte, uma preparação, ou um prolongamento, ou um eco de seu ensino oral, e elas serão marcadas pelas limitações e pelas restrições que essa situação impõe.

Algumas dessas produções se referem, aliás, diretamente à atividade de ensino. Elas são, com efeito, ou os pró-memórias redigidos pelo mestre para preparar seu curso, ou notas tomadas por alunos durante o curso, ou textos redigidos com cuidado, mas destinados a ser lidos durante o curso pelo professor ou por um aluno. Em todos esses casos, o movimento geral do pensamento, seu desdobramento, o que se poderia chamar de seu tempo próprio, é regulado pelo tempo do discurso. É uma restrição muito pesada, da qual experimento hoje todo o rigor.

Mesmo as obras escritas como fim em si mesmas estão estreitamente ligadas à atividade de ensino e seu gênero literário reflete os métodos escolares. Um dos exercícios apreciados nas escolas consistia em discutir, seja dialeticamente, isto é, por questões e respostas, seja retoricamente, isto é, por um discurso contínuo, o que se chamavam "teses", isto é, posições teóricas apresentadas sob a forma de questões: A morte é um mal? O sábio fica encolerizado? Tratava-se ao mesmo tempo de uma formação para o domínio do discurso e de um exercício propriamente filosófico. A maior parte das obras filosóficas da Antiguidade, por exemplo, as de Cícero, Plutarco, Sêneca, Plotino e, de maneira geral, as que os modernos vinculam ao que chamam gênero da diatribe correspondem a esse exercício. Elas discutem uma questão particular, posta no começo da obra, à qual normalmente era preciso responder com um sim ou um não. A trajetória do pensamento, nessas obras, consiste então em remontar aos princípios gerais, admitidos pela escola, que são suscetíveis de resolver o problema em questão. É uma pesquisa dos princípios de solução de um problema dado, que encerra então o pensamento em limites estreitamente definidos. Num mesmo autor, os diferentes escritos conduzidos segundo esse método "zetético", método "que investiga", não serão necessariamente coerentes em todos os pontos, porque os detalhes da argumentação em cada obra estarão em função da questão posta.

Outro exercício escolar era a leitura e a exegese dos textos que tinham autoridade em cada escola. Muitas obras literárias, em especial os longos comentários do final da Antiguidade, surgiram desse exercício. De maneira mais geral, uma grande parte das obras filosóficas de então utiliza um modo de pensamento exegético. Discutir uma "tese", a maior parte do tempo, não consiste em discutir a própria coisa, o problema em si, mas o sentido que é preciso dar às fórmulas de Platão ou de Aristóteles relacionadas ao problema. Uma vez admitida essa convenção, de fato discute-se bem a fundo a questão, mas dando habilmente às fórmulas platônicas ou aristotélicas o sentido que autoriza a solução que precisamente se queria dar ao problema em questão. Todo sentido possível é verdadeiro, desde que seja coerente com a verdade que se crê descobrir no texto. É assim que pouco a pouco se criou na tradição espiritual de cada escola, mas sobretudo no platonismo, uma escolástica que, apoiando-se no argumento da autoridade, edificou, por meio de uma extraordinária reflexão racional sobre os dogmas fundamentais, gigantescos edifícios doutrinais. É precisamente o terceiro gênero literário filosófico, o dos tratados sistemáticos, que propõe uma ordenação racional do conjunto da doutrina, às vezes apresentada, como é o caso em Proclo, *more geometrico*, a partir do modelo dos *Elementos* de Euclides. Desta vez, não se remonta mais a princípios de solução para uma questão particular, mas colocam-se de imediato os princípios e deles se deduzem as consequências. Esses escritos são, poder-se-ia dizer, "mais escritos" que os outros; eles frequentemente se estendem numa longa sequência de livros e num vasto plano de conjunto. Essas obras, porém, como as *sumas teológicas* da Idade Média que elas prenunciam, devem ser compreendidas na perspectiva dos exercícios escolares, dialéticos e exegéticos.

Todas essas produções filosóficas, mesmo as obras sistemáticas, não se dirigem, como as obras modernas, a todos os homens, a um auditório universal, mas prioritariamente ao grupo formado pelos membros da escola, e elas frequentemente são eco dos problemas levantados pelo ensino oral. Somente as obras de propaganda se dirigem a um público amplo.

Frequentemente, aliás, o filósofo, ao escrever, prolonga a atividade de diretor espiritual que ele exerce em sua escola. A obra se dirige então a um discípulo específico que é preciso exortar ou que se encontra em uma dificuldade particular. Ou ainda a obra é adaptada ao nível espiritual dos destinatários. Aos iniciantes não se expõem todos os detalhes do sistema, que só se pode desvelar aos mais avançados. Sobretudo a obra, mesmo aparentemente teórica e sistemática, é escrita não tanto para informar o leitor acerca de um conteúdo doutrinal, mas para formá-lo, fazendo-o percorrer certo itinerário no curso do qual ele progredirá espiritualmente. Esse procedimento é evidente em Plotino e Agostinho. Todos os desvios, as retomadas, as digressões da obra são então elementos formadores. Quando se aborda uma obra filosófica da Antiguidade, é preciso sempre pensar na ideia de progresso espiritual. Para os platônicos, por exemplo, até a matemática serve para exercitar a alma para se elevar do sensível ao inteligível. O plano de uma obra e seu modo de exposição podem sempre corresponder a essas preocupações.

Essas são, pois, as múltiplas restrições que se exercem sobre o autor antigo e que fazem que o leitor moderno fique frequentemente desconcertado pelo que ele diz e pela maneira com que diz. Compreender uma obra da Antiguidade é recolocá-la no grupo do qual ela emana, em sua tradição dogmática, em seu gênero literário e em sua finalidade. É preciso buscar distinguir o que o autor era obrigado a dizer, o que pôde e o que não pôde dizer, e, sobretudo, o que quis dizer. Pois a arte do autor antigo consiste em utilizar habilmente, para chegar a seus fins, todas as restrições que pesam sobre ele e os modelos fornecidos pela tradição. A maior parte do tempo, aliás, não são somente ideias, imagens, esquemas de argumentação que ele utiliza assim, mas textos ou ao menos fórmulas já existentes. Isso vai do puro e simples plágio à citação ou à paráfrase, passando – e isso é o mais característico – pela utilização literária de fórmulas ou palavras empregadas pela tradição anterior, às quais o autor frequentemente dá um sentido novo adaptado ao que ele quer dizer.

É assim que Filo, o Judeu, emprega as fórmulas platônicas para comentar a Bíblia, o cristão Ambrósio traduz o texto de Filo para apresentar doutrinas cristãs e Plotino emprega palavras e frases de Platão para exprimir sua experiência. Antes de tudo, o que conta é o prestígio da fórmula antiga e tradicional e não o sentido exato que ela originalmente tinha. Interessa menos a ideia nela mesma que os elementos pré-fabricados nos quais se crê reconhecer o próprio pensamento e que adquirem um sentido e uma finalidade inesperados em sua integração ao organismo literário. Essa reutilização do pré-fabricado, às vezes genial, dá uma impressão de "bricolagem", para retomar uma palavra atualmente na moda, não somente entre os antropólogos, mas também entre os biólogos. O pensamento evolui retomando elementos pré-fabricados e preexistentes, aos quais ele dá um novo sentido em seu esforço para integrá-los a um sistema racional. Não se sabe o que é mais extraordinário nesse processo de integração: a contingência, o acaso, a irracionalidade, o absurdo que provêm dos elementos utilizados ou, ao contrário, o estranho poder da razão para integrar, sistematizar esses diversos elementos e lhes dar um sentido novo.

Dessa atribuição de um novo sentido, temos um exemplo extremamente significativo nas últimas linhas das *Meditações Cartesianas* de Husserl. Resumindo sua própria teoria, Husserl escreve: "O oráculo délfico 'Conhece-te a ti mesmo' adquiriu um sentido novo... É preciso, primeiramente, perder o mundo pela *épochè*" (para Husserl, o "colocar entre parênteses fenomenológico" do mundo) "para reencontrá-lo, em seguida, na tomada de consciência universal de si mesmo. *Noli foras ire*, disse Santo Agostinho, *in te redi, in interiore homine habitat veritas*".

Esta frase de Agostinho, "Não te extravies no exterior, entra em ti mesmo, é no homem interior que habita a verdade", fornece a Husserl uma fórmula cômoda para exprimir e resumir sua própria concepção da tomada de consciência. É verdadeiro que Husserl dá a essa frase um sentido novo. O "homem interior" de Agostinho torna-se, para Husserl, o "ego transcendental" enquanto sujeito de conhecimento que reencontra o mundo "em uma consciência de si universal". Agostinho jamais teria podido conceber nesses termos seu "homem interior". Todavia, compreende-se que Husserl tenha sido tentado a utilizar essa fórmula. Pois essa frase de Agostinho resume admiravelmente todo o espírito da filosofia greco-romana, que prepara tão bem as *Meditações* de Descartes como as *Meditações Cartesianas* de Husserl. E podemos, nós também, pelo mesmo procedimento de retomada de uma fórmula, aplicar à filosofia antiga o que Husserl disse de sua própria filosofia: o oráculo délfico "conhece-te a ti mesmo" adquiriu um sentido novo. Pois toda a filosofia da qual falamos dá, ela também, um sentido novo à fórmula délfica. Esse sentido novo aparece já nos estoicos, que fazem o filósofo reconhecer a presença da Razão divina no eu humano e fazem-no opor sua consciência moral, que só depende dele, ao resto do universo. Esse sentido novo aparece ainda mais claramente nos neoplatônicos, que identificam o que chamam de verdadeiro eu ao intelecto fundador do mundo e até à Unidade transcendente que funda todo pensamento e toda realidade. No pensamento helenístico e romano já se esboça assim esse movimento de que Husserl fala, pelo qual se perde o mundo para reencontrá-lo na consciência de si universal. Consciente e explicitamente, Husserl se define então como o herdeiro da tradição do "conhece-te a ti mesmo" que vai de Sócrates a Agostinho e a Descartes.

Isso, porém, não é tudo. Esse exemplo extraído de Husserl permite-nos compreender melhor como, concretamente, agora na Antiguidade, podiam se realizar atribuições de novos sentidos. Com efeito, a expressão *"in interiore homine habitat veritas"*, como me fez notar meu colega e amigo G. Madec, é uma alusão a um grupo de palavras extraídas do capítulo 3, versículos 16 e 17, da Epístola de Paulo aos Efésios, exatamente a uma antiga versão latina da Bíblia, na qual o texto se apresenta sob a forma "*in interiore homine Christum habitare*". Essas palavras, no entanto, não formam senão uma sequência puramente material, que só existe nessa versão latina; elas não correspondem a conteúdo algum no pensamento de Paulo, pois pertencem a duas partes de frase diferentes. De um lado, Paulo deseja que o "Cristo habite no coração" de seus discípulos pela fé, e, de outro, na parte da frase precedente, deseja que Deus conceda a seus discípulos ser fortificados no Espírito divino, "no que concerne ao homem interior", "*in interiorem hominem*", como escreve a Vulgata. A antiga versão latina comete, pois, um contrassenso de tradução ou erro de cópia ao reunir "*in interiore homine*" e "*Christum habitare*". A fórmula agostiniana "*in interiore homine habitat veritas*" é assim forjada a partir de um grupo de palavras que não representam uma unidade de sentido em São Paulo; mas, tomado nele mesmo, esse grupo de palavras tem um sentido para Agostinho, e ele o explica no contexto do *De Vera Religione*, onde ele emprega: o homem interior, isto é, o espírito humano descobre que aquilo que lhe permite pensar e raciocinar é a Verdade, isto é, a Razão divina; isto é, para Agostinho, o Cristo, que habita, que está presente no interior do espírito humano. A fórmula adquire aqui, portanto, um sentido platônico. Vê-se como, de São Paulo a Husserl, passando por Agostinho, um grupo de palavras que, originalmente, era apenas uma unidade puramente material ou um contrassenso do tradutor latino recebeu um sentido novo em Agostinho, depois em Husserl, assumindo assim um lugar na vasta tradição do aprofundamento da consciência de si.

Esse exemplo extraído de Husserl permite-nos apontar para a importância do que se chama *topos* no pensamento do Ocidente. As teorias da literatura assim chamam as fórmulas, as imagens, as metáforas que se impõem de maneira imperativa ao escritor ou ao pensador, de tal maneira que o uso desses modelos pré-fabricados lhes parece indispensável para poder exprimir seu próprio pensamento.

Nosso pensamento ocidental nutriu-se assim e ainda vive de um número relativamente restrito de fórmulas e metáforas extraídas das diversas tradições das quais emergiu. Existem, por exemplo, as máximas que convidam a certa atitude interior, como o "conhece-te a ti mesmo", as que por muito tempo orientaram a maneira de ver a natureza: "a natureza não dá saltos", "a natureza se compraz com a diversidade". Há metáforas como "a força da verdade", "o mundo como livro" (que se prolonga, talvez, na concepção do código genético como um texto). Existem as fórmulas bíblicas, como "sou aquele que é", que marcaram profundamente a ideia de Deus. O ponto que eu gostaria fortemente de sublinhar é o seguinte: esses modelos pré-fabricados, dos quais acabo de dar alguns exemplos, foram conhecidos, no Renascimento e no mundo moderno, precisamente sob a forma que tinham na tradição helenística e romana e foram originalmente compreendidos, no Renascimento e no mundo moderno, no mesmo sentido que esses modelos de pensamento tinham na época greco-romana e notadamente no final da Antiguidade. Esses modelos, portanto, explicam ainda muitos aspectos de nosso pensamento contemporâneo e até, precisamente, os significados às vezes inesperados que ele dá à Antiguidade.

O preconceito clássico, por exemplo, que tanto prejudicou o estudo das literaturas grega e latina tardias, é uma invenção do período greco-romano, que criou o modelo de um cânon de autores clássicos em reação ao maneirismo e ao barroco que se chamavam então "asianismo". Todavia, se o preconceito clássico existia já na época helenística e, sobretudo, imperial, é precisamente porque a distância que experimentamos com relação à Grécia clássica havia também aparecido naquele momento. É precisamente esse o espírito helenístico, essa distância, de algum modo moderna, segundo a qual, por exemplo, os mitos tradicionais tornam-se objeto de erudição ou de interpretações filosóficas e morais. Será por meio do pensamento helenístico e romano, sobretudo tardio, que o Renascimento apreenderá a tradição grega. Esse fato terá uma importância decisiva sobre o nascimento do pensamento e da arte da Europa moderna. Ademais, as teorias hermenêuticas contemporâneas, que, proclamando a autonomia do texto escrito, edificaram uma verdadeira torre de Babel de interpretações, na qual todos os sentidos se tornam possíveis, provêm diretamente das práticas de exegese antiga das quais há pouco falei. Outro exemplo: para nosso saudoso colega Roland Barthes, "muitos dos traços de nossa literatura, de nosso ensino, de nossas instituições de linguagem seriam esclarecidos ou compreendidos diferentemente se conhecêssemos a fundo o código retórico que forneceu sua linguagem à nossa cultura". Isso é totalmente verdadeiro e poder-se-ia acrescentar que esse conhecimento nos permitiria talvez tomar consciência do fato de que nossas ciências humanas, em seus métodos e em seus modos de expressão, funcionam, com frequência, de maneira totalmente análoga aos modelos da retórica antiga.

Nossa história do pensamento helenístico e romano não deverá então ser somente uma análise do movimento do pensamento nas obras filosóficas, ela deverá ser também um tópico histórico que estudará a evolução do sentido dos *topoi*, dos modelos dos quais falamos, e do papel que desempenharam na formação do pensamento do Ocidente. Ela deverá se dedicar a distinguir o sentido original das fórmulas e dos modelos e os significados diferentes que as reinterpretações sucessivas lhe deram.

Esse tópico histórico, primeiramente, tomará como objeto esses modelos fundadores que foram certas obras e os gêneros literários que elas criaram. Os *Elementos* de Euclides, por exemplo, serviram de modelo para os *Elementos de Teologia* de Proclo, mas também para a *Ética* de Espinosa. O *Timeu* de Platão, inspirado em poemas cósmicos pré-socráticos, serviu de modelo para o *De Rerum Natura* de Lucrécio, e o século XVIII, por sua vez, sonhará com um novo poema cósmico que exponha as últimas descobertas da ciência. As *Confissões* de Agostinho, interpretadas, aliás, de maneira errônea, inspiraram uma vasta literatura até J.-J. Rousseau e os românticos.

Esse tópico poderá ser também um tópico dos aforismos, por exemplo, acerca das máximas da natureza, que dominaram a imaginação científica até o século XIX. É assim que, neste ano, estudaremos o aforismo de Heráclito habitualmente enunciado sob a forma "a natureza ama se esconder", ainda que o sentido original das três palavras gregas que se traduzem assim certamente não seja esse. Veremos todos os significados que a fórmula tomará, ao longo da Antiguidade e ulteriormente, conforme a evolução da ideia de natureza até a interpretação proposta por Heidegger.

Esse tópico histórico será, sobretudo, um tópico dos temas de meditação, dos quais há pouco falamos e que dominaram e ainda dominam nosso pensamento ocidental. Platão, por exemplo, havia definido a filosofia como exercício para a morte, entendida como separação da alma e do corpo. Para Epicuro, esse exercício para a morte toma um novo sentido; ele se torna a consciência da finitude da existência, que dá a cada instante um valor infinito: "Pensa que cada dia que nasce será para ti o último; é então com gratidão que tu receberás cada hora inesperada". Na perspectiva do estoicismo, o exercício para a morte reveste-se de um caráter diferente; ele convida à conversão imediata e torna possível a liberdade interior: "Que a morte esteja diante dos teus olhos a cada dia e tu não terás nenhum pensamento baixo nem nenhum desejo excessivo". Um mosaico do Museu Nacional Romano se inspira, talvez ironicamente, nessa meditação ao representar um esqueleto com uma foice acompanhado da inscrição: *Gnothi seauton*, "Conhece-te a ti mesmo". Seja como for, esse tema de meditação será abundantemente retomado no cristianismo. Ele pode, no cristianismo, ser tratado de uma maneira próxima do estoicismo, como nesta reflexão de um monge: "Desde o começo de nossa conversa, nós nos aproximamos da morte. Sejamos vigilantes enquanto tivermos tempo". Todavia, ele se modifica radicalmente quando acaba por se misturar ao tema propriamente cristão da participação na morte do Cristo. Deixando de lado toda a rica tradição literária ocidental, tão bem ilustrada pelo capítulo de Montaigne: "Que filosofar é aprender a morrer", nós poderemos ir diretamente a Heidegger para reencontrar, em sua definição de autenticidade da existência como antecipação lúcida da morte, esse exercício filosófico fundamental.

Ligado à meditação sobre a morte, o tema do valor do instante desempenha papel fundamental em todas as escolas filosóficas. É, em suma, uma tomada de consciência da liberdade interior. Poder-se-ia resumi-lo numa fórmula desse gênero: "Tu não tens necessidade senão de ti mesmo para colocar-te imediatamente na paz interior, renunciando a inquietar-te com o passado e com o futuro. Tu podes ser feliz desde agora ou então não o serás jamais". O estoico insistirá mais no esforço de atenção a si mesmo, o consentimento feliz ao momento presente que nos é imposto pelo destino.

O epicurista conceberá essa liberação da preocupação com o passado e com o futuro como uma descontração, uma pura alegria de existir: "Enquanto falamos, o tempo ciumento se esvai. Colhe, portanto, o hoje sem te fiares no amanhã". É o famoso "*Laetus in praesens*" de Horácio, esse "deleite do presente puro", para retomar a bela expressão de André Chastel a propósito de Marsílio Ficino, que, precisamente, havia feito dessa fórmula de Horácio sua divisa. Ainda aqui a história desse tema no pensamento ocidental é fascinante. Como resistir ao prazer de evocar o diálogo de Fausto e Helena, o ápice do segundo Fausto de Goethe: "*Nun schaut mein Geist nicht vorwärts nicht zurück. Die Ge-genwart allein ist unser Glück*". "Eis que meu espírito não tem mais olhar nem para frente, nem para trás. Somente o presente é nossa felicidade... Não busques compreender o que te acontece. Estar aqui é um dever e não o será senão por um instante."

Acabo de pronunciar diante dos senhores essa aula inaugural, o que quer dizer que acabo de fazer o que se chamava na Antiguidade uma *epideixis*, um discurso ostentatório, na linha direta daqueles que, no tempo de Libânio, por exemplo, os professores deviam declamar para recrutar ouvintes, tentando a um só tempo demonstrar o valor incomparável de sua especialidade e ostentar sua eloquência. Seria interessante pesquisar os caminhos históricos pelos quais esse costume se transmitiu aos primeiros professores do Collège de France. Em todo caso, estamos, no presente momento, vivendo em plena tradição greco-romana. Filo de Alexandria dizia desses discursos ostentatórios que o conferencista "neles trazia à luz do dia o fruto dos longos esforços realizados privadamente, como os pintores e escultores buscam, realizando suas obras, os aplausos do público". E ele opunha essa conduta à verdadeira instrução filosófica, na qual o mestre adapta seu discurso ao estado de seus ouvintes e lhes fornece os remédios dos quais têm necessidade para ser curados.

A preocupação do destino individual e do progresso espiritual, a afirmação intransigente da exigência moral, o apelo à meditação, o convite à busca dessa paz interior que todas as escolas, mesmo a dos céticos, propõem como finalidade da filosofia, o sentimento da seriedade e da grandeza da existência, eis, parece-me, o que na filosofia antiga jamais foi ultrapassado e permanece sempre vivo. Alguns talvez verão nessas atitudes uma conduta de fuga, uma evasão, incompatível com a consciência que devemos ter do sofrimento e da miséria humanos, e eles pensarão que o filósofo se mostra assim como irremediavelmente estranho ao mundo. Responderei simplesmente citando o belo texto de Georges Friedmann, datado de 1942, que deixa entrever a possibilidade de conciliar a preocupação pela justiça e o esforço espiritual, e que um estoico da Antiguidade teria podido escrever:

> Fazer seu voo a cada dia! Pelo menos um momento que pode ser breve, desde que seja intenso. Cada dia um "exercício espiritual" – sozinho ou acompanhado de um homem que também queira melhorar a si mesmo... Sair do decurso do tempo. Esforçar-se para despojar-se de tuas próprias paixões... Eternizar-se ultrapassando-se. Esse esforço sobre si é necessário; essa ambição, justa. Numerosos são aqueles que se absorvem inteiramente na política militante, na preparação da revolução social. Raros, muito raros aqueles que, para preparar a revolução, querem dela se tornar dignos.

A FILOSOFIA COMO MANEIRA DE VIVER

Todos que, entre os gregos e bárbaros, *exercem-se na sabedoria*, levando uma vida sem repreensão e sem censura, abstendo-se voluntariamente de cometer a *injustiça* ou revidá-la, evitam o convívio com pessoas intrigueiras e reprovam os lugares que esses indivíduos frequentam, tribunais, conselhos, praças públicas, assembleias, toda reunião ou agrupamento de pessoas desconsideradas. Aspirando a uma vida de paz e serenidade, eles *contemplam a natureza* e tudo que se encontra nela, exploram atentivamente a terra, o mar, o ar, o céu e todas as naturezas que aí se encontram, acompanham pelo pensamento a lua, o sol, os movimentos dos outros astros errantes ou fixos; seus corpos permanecem sobre a terra, mas eles dão asas a suas almas para que, elevando-se no éter, elas observem os poderes que se encontram nele, como convém àqueles que, tendo se tornado *cidadãos do mundo*, fazem do mundo sua cidade, cujos cidadãos são familiares da sabedoria, os quais receberam seus direitos cívicos da Virtude, que tem a tarefa de presidir o governo do Universo. Assim, repletos de perfeita excelência, habituados a não levar em consideração os males do corpo e os males exteriores, exercendo-se a ser indiferentes às coisas indiferentes, armados contra os prazeres e os desejos, em uma palavra, sempre zelosos para ficar acima das paixões... não se curvando sob os golpes da sorte porque calcularam de antemão os ataques (pois, entre as coisas que acontecem sem que se queira, mesmo as mais penosas são aliviadas pela previsão, quando o pensamento não encontra mais nada inesperado nos acontecimentos, mas ameniza a percepção como se se tratasse de coisas antigas e desgastadas), é evidente que, para tais homens, que encontram a alegria na virtude, *toda a vida é uma festa*.

Eles formam, certamente, um pequeno número, tição de sabedoria mantido nas cidades para que a virtude não se apague completamente e não seja arrancada da nossa espécie.

Mas se, em toda parte, os homens tivessem os mesmos sentimentos desse pequeno número, se viessem a ser verdadeiramente tal qual a natureza quer que eles sejam, sem repreensão, sem censura, *amantes da sabedoria*, regozijando-se com o bem porque é o bem e considerando que o bem moral é o único bem... então as cidades estariam repletas de felicidade, livres de toda causa de aflição e de medo, repletas de tudo que constitui a alegria e o prazer espiritual, de modo que em nenhum momento estaria privada de vida alegre e todo o ciclo do ano seria *uma festa*.

Nesse texto de Filo de Alexandria (*De Special. Leg.*, II, § 44), inspirado pelo estoicismo, aparece claramente um dos aspectos fundamentais da filosofia na época helenística e romana: ela é uma maneira de viver, o que não quer dizer somente que ela é uma certa conduta moral – pois se vê bem nesse texto o papel desempenhado pela contemplação da natureza –, mas que é uma maneira de existir no mundo, que deve ser praticada a cada instante, que deve transformar toda a vida.

A palavra *philo-sophia*, "amor pela sabedoria", bastava, aos olhos dos Antigos, para exprimir essa concepção da filosofia. Platão, no *Banquete*, havia mostrado que Sócrates, figura do filo-sofo, podia ser identificado a Eros, filho de *Poros* (expediente) e de *Penia* (pobreza). Ele estava privado da sabedoria, mas sabia buscá-la. A filosofia parecia assim um exercício do pensamento, da vontade, de todo o ser, para tentar chegar a um estado, a sabedoria, que era, aliás, quase inacessível ao homem. A filosofia era um método de progresso espiritual que exigia uma conversão radical, uma transformação radical da maneira de ser. Maneira de viver, a filosofia o era então no seu esforço, no seu exercício, para alcançar a sabedoria, mas também o era em seu objetivo, a própria sabedoria, pois a sabedoria não faz somente que possamos conhecer, mas faz "ser" diferentemente. O paradoxo e a grandeza da filosofia antiga é que ela estava, a um só tempo, consciente do fato de que a sabedoria é inacessível e persuadida da necessidade de perseverar no progresso espiritual. Como dizia Quintiliano (*Institut. Orat.* I, proem., 19): "É preciso tender em direção ao que há de mais alto: é o que fizeram a maior parte dos Antigos que, mesmo pensando que ainda não se havia encontrado um sábio, não deixavam de ensinar os dogmas da sabedoria". Sabia-se que jamais se chegaria a realizar em si a sabedoria como um estado estável e definitivo, mas esperava-se ao menos atingi-lo em certos momentos privilegiados, e a sabedoria era a norma transcendente que dirigia a ação.

A sabedoria era um modo de vida que trazia a tranquilidade da alma (*ataraxia*), a liberdade interior (*autarkeia*), a consciência cósmica. Primeiramente, a filosofia se apresentava como uma terapêutica destinada a curar a angústia. Esse tema se encontra explicitamente em Xenócrates, discípulo de Platão (fr. 4 Heinze), em Epicuro (*Carta a Pítocles*, § 85: "Não há outro fruto a colher do conhecimento dos fenômenos celestes senão a paz da alma"), nos estoicos (Marco Aurélio, IX, 31), nos céticos nos quais se encontra esta bela imagem (Sexto Empírico, *Hypotyp.*, I, 28): "O famoso pintor Apeles queria reproduzir na pintura a espuma do cavalo. Não chegou a obter sucesso e decidiu desistir. Ele então lançou sobre o quadro a esponja com a qual limpava seus pincéis. E, precisamente, ao tocar o quadro, a esponja produziu a imitação da espuma do cavalo". Da mesma maneira, os céticos começam fazendo como os outros filósofos, que buscam a paz da alma na firmeza e segurança do juízo. "Não a alcançando, eles suspendem o juízo e eis que, por acaso, a paz da alma acompanha a suspensão do juízo como a sombra o corpo."

A filosofia se apresentava também como um método para alcançar a independência, a liberdade interior (*autarkeia*), o estado no qual o eu depende apenas de si mesmo. O tema se encontra em Sócrates (Xenofonte, *Memoráveis*, I, 2, 14), nos cínicos, em Aristóteles, para quem a vida de contemplação assegura a independência (*Et. Nic.*, X, 7, 1178b3), em Epicuro (*Gnomol. Vatican.*, § 77), nos estoicos (Epiteto, III, 13, 7). Em todas as escolas filosóficas, encontra-se, segundo diversos métodos, a mesma tomada de consciência do poder que o eu humano possui de se libertar de tudo que lhe é estranho, nem que seja, como nos céticos, pela recusa em decidir.

No epicurismo e estoicismo, a essas disposições fundamentais acrescentava-se a consciência cósmica, isto é, a consciência de fazer parte do cosmos, a dilatação do eu na infinitude da natureza universal. Como diz Metrodoro, discípulo de Epicuro: "Lembra-te de que, embora tu sejas mortal e tenhas apenas uma vida limitada, tu te elevaste, todavia, pela contemplação da natureza até a infinitude do espaço e do tempo e que tu viste todo o passado e todo o futuro". E, segundo Marco Aurélio (XI, 1), "a alma humana percorre o cosmos inteiro e o vazio que o circunda, e ela se estende na infinitude do tempo infinito, e ela abraça e pensa o renascimento periódico do universo". O sábio antigo, a cada instante, tem consciência de viver no cosmos e se coloca em harmonia com o cosmos.

Para melhor compreender de que maneira a filosofia antiga podia ser um modo de vida, é talvez preciso fazer apelo à distinção que os estoicos propunham entre o discurso sobre a filosofia e a própria filosofia (Diógenes Laércio, VII, 39). Segundo os estoicos, as partes da filosofia, isto é, a física, a ética e a lógica eram, de fato, não partes da própria filosofia, mas partes do discurso filosófico. Eles queriam dizer com isso que, quando se trata de ensinar filosofia, é preciso propor uma teoria da lógica, uma teoria da física, uma teoria da ética. As exigências do discurso, ao mesmo tempo lógicas e pedagógicas, obrigam a fazer essas distinções. Mas a própria filosofia, isto é, o modo de vida filosófico, não é mais uma teoria dividida em partes, mas um ato único que consiste em *viver* a lógica, a física e a ética. Não se faz mais então a teoria da lógica, isto é, do falar bem e do pensar bem, mas pensa-se e fala-se bem; não se faz mais a teoria do mundo físico, mas contempla-se o cosmos; não se faz mais a teoria da ação moral, mas age-se de uma maneira reta e justa.

O discurso sobre a filosofia não é a filosofia. Pólemon, um dos escolarcas da antiga Academia, dizia: "O que se diria de um músico que se contentasse em ler os manuais de música e não tocasse jamais? Muitos filósofos são admirados por seus silogismos, mas se contradizem em suas vidas" (Diógenes Laércio, IV, 18). E cinco séculos mais tarde Epiteto lhe faz eco (III, 21, 4-6): "O carpinteiro não vem vos dizer: 'Escutai-me argumentar sobre a arte dos carpinteiros', mas faz seu contrato para uma casa e a constrói [...]. Faze o mesmo tu também. Come como um homem, bebe como um homem [...], casa-te, tem filhos, participa da vida da cidade, sabe aguentar as injúrias, suporta os outros homens...".

Entreveem-se, em seguida, as consequências dessa distinção, formulada pelos estoicos, mas admitida implicitamente pela maior parte dos filósofos, concernente às relações entre a teoria e a prática. Uma sentença epicurista o diz claramente: "vazio é o discurso do filósofo se não contribui para curar a doença da alma" (Usener, *Epicurea*, 222). As teorias filosóficas estão a serviço da vida filosófica. É por isso que, na época helenística e romana, elas se reduzem a um núcleo teórico, sistemático, muito concentrado, capaz de ter uma forte eficácia psíquica, e suficientemente manuseável para que se possa tê-lo sempre à mão. O discurso filosófico é sistemático não por desejo de obter uma explicação total e sistemática de toda realidade, mas para fornecer ao espírito um pequeno grupo de princípios fortemente ligados em conjunto, que adquirem com essa sistematização uma maior força persuasiva, uma melhor eficácia mnemotécnica. Sentenças curtas resumem, aliás, os dogmas essenciais, às vezes numa forma impactante, a fim de permitir se recolocar na disposição fundamental na qual se deve viver.

A vida filosófica consiste então somente em aplicar a cada instante teoremas que se dominam bem para resolver os problemas da vida? De fato, quando se reflete sobre o que a vida filosófica implica, percebe-se que há um abismo entre a teoria filosófica e o filosofar como ação viva. Também o artista tem ares de se contentar em aplicar regras. Mas há uma distância incomensurável entre a teoria abstrata da arte e a criação artística. Ora, na filosofia, não se trata somente de criar uma obra de arte, mas de se transformar a si mesmo. Viver realmente como filósofo corresponde a uma ordem de realidade totalmente diferente daquela do discurso filosófico.

No estoicismo, como no epicurismo, filosofar é um ato contínuo, um ato permanente, que se identifica com a vida, um ato que é preciso renovar a cada instante. Nos dois casos, pode-se definir esse ato como uma orientação da atenção. No estoicismo, a atenção está orientada para a pureza de intenção, isto é, a conformidade da vontade do homem com a Razão, isto é, a vontade da Natureza universal. No epicurismo, a atenção está orientada para o prazer, que é, em última instância, o prazer de ser. Mas, para realizar essa atenção, todos os tipos de exercício são necessários, notadamente a meditação intensa dos dogmas fundamentais, a tomada de consciência sempre renovada da finitude da vida, o exame de consciência, sobretudo uma certa atitude com relação ao tempo. Com efeito, estoicos e epicuristas recomendam viver no presente, sem se deixar perturbar pelo passado, sem se inquietar com o futuro incerto. Para eles, o presente é suficiente para a felicidade porque é a única realidade que nos pertence, a única realidade que depende de nós. Estoicos e epicuristas concordam em reconhecer o valor infinito de cada instante: para eles a sabedoria é tão completa e perfeita num instante como durante toda uma eternidade, o próprio instante equivale a toda uma eternidade, e, especialmente para o sábio estoico, em cada instante está contida, está implicada a totalidade do cosmos. Aliás, não somente podemos, mas devemos ser felizes imediatamente. Há urgência, o futuro é incerto, a morte ameaça. "Enquanto esperamos para viver, a vida passa" (Sêneca, *Cartas a Lucílio*, I, 1). Uma tal atitude não se pode compreender a menos que se suponha na filosofia antiga uma tomada de consciência aguda do valor incomensurável, infinito, de existir, de existir no Cosmos, na realidade única do acontecimento cósmico.

A filosofia, na época helenística e romana, apresenta-se então como um modo de vida, como uma arte de viver, como uma maneira de ser. De fato, ao menos desde Sócrates, a filosofia antiga tinha essa característica. Havia um estilo de vida socrático (que os cínicos imitarão) e o diálogo socrático era um exercício que conduzia o interlocutor de Sócrates a se colocar em questão, a ter cuidado consigo mesmo, a tornar sua alma o mais bela e mais sábia possível (Platão, *Apol.*, 29e1). Platão define a filosofia como o exercício para a morte e o filósofo como o homem que não teme a morte porque contempla a totalidade do tempo e do ser (*República*, 474d e 476a). Pensa-se às vezes que Aristóteles é um puro teórico, mas também para ele a filosofia não se reduz ao discurso filosófico ou a um corpo de conhecimentos, mas é uma qualidade do espírito, o resultado de uma transformação interior: a forma de vida que ele preconiza é viver segundo o espírito (*Et. Nicom.*, 1178a ss.).

Não é preciso, pois, como se faz muito frequentemente, imaginar que a filosofia se transformou radicalmente na época helenística, isto é, após a dominação macedônica das cidades gregas, ou na época imperial. Por um lado, não houve, depois de 330 a.C., essa morte da cidade grega e da vida política que comumente se admite, sob a influência de clichês tenazes. E, sobretudo, a concepção da filosofia como arte de viver, como forma de vida, não está ligada a circunstâncias políticas, a uma necessidade de evasão, de liberdade interior que compensaria a liberdade política perdida. Já em Sócrates e em seus discípulos a filosofia é um modo de vida, uma técnica da vida interior. A filosofia não mudou de essência no curso de sua história na Antiguidade.

Os historiadores da filosofia, em geral, dão muito pouca atenção ao fato de que a filosofia antiga é antes de tudo uma maneira de viver. Eles consideram a filosofia sobretudo como um discurso filosófico. Como explicar a origem desse preconceito? Penso que ele está ligado à evolução da própria filosofia na Idade Média e nos tempos modernos. O cristianismo desempenhou um papel considerável nesse fenômeno. No princípio, a partir do século II d.C., o cristianismo se apresentou como uma filosofia, isto é, como um modo de vida cristão. E, se o cristianismo pôde se apresentar como uma filosofia, isso reitera o fato de que a filosofia era concebida na Antiguidade como um modo de vida. Se filosofar é viver em conformidade com a lei da Razão, o cristão é um filósofo porque vive em conformidade com a lei do Logos, da Razão divina (Justino, *Apol.*, I, 46, 1-4). Para se apresentar como filosofia, o cristianismo teve, aliás, de incorporar elementos tomados da filosofia antiga, fazer coincidir o Logos do Evangelho de João com a Razão cósmica estoica, depois com o Intelecto aristotélico ou platônico. Teve também de incorporar os exercícios espirituais filosóficos à vida cristã. Esse fenômeno de incorporação aparece muito claramente em Clemente de Alexandria e se desenvolve intensamente no movimento monástico, no qual se reencontram os exercícios estoicos ou platônicos da atenção a si mesmo (*prosochè*), da meditação, do exame de consciência, do exercício para a morte, e no qual se reencontra também o valor atribuído à tranquilidade da alma e à impassibilidade.

A Idade Média herdará a concepção da vida monástica como filosofia cristã, isto é, como maneira cristã de viver. Como diz Dom Jean Leclercq ("Para a história da expressão 'filosofia cristã'", em *Mélanges de Science Religieuse*, t. IX, 1952, p. 221): "Tanto na Idade Média monástica como na Antiguidade, *philosophia* designa não uma teoria ou uma maneira de conhecer, mas uma sabedoria vivida, uma maneira de viver segundo a razão".

Mas, ao mesmo tempo, na Idade Média, nas universidades, dá-se fim à confusão que existia primitivamente no cristianismo entre a teologia, fundada sobre a regra da fé, e a filosofia tradicional, fundada sobre a razão. A filosofia não é mais a ciência suprema, mas a "serva da teologia"; ela lhe fornece o material conceitual, lógico, físico ou metafísico do qual tem necessidade. A faculdade de artes é apenas uma preparação para a faculdade de teologia. Na Idade Média, se colocamos à parte o uso monástico da palavra *philosophia*, a filosofia torna-se então uma atividade puramente teórica e abstrata, ela não é mais uma maneira de viver. Os exercícios espirituais antigos não fazem mais parte da filosofia, mas estão incorporados à espiritualidade cristã: eles se encontram nos *Exercícios Espirituais* de Santo Inácio, e a mística neoplatônica se prolonga na mística cristã, notadamente na dos dominicanos renanos, como Mestre Eckhart. Há, pois, uma mudança radical no conteúdo da filosofia com relação à Antiguidade. Por um lado, teologia e filosofia são doravante ensinadas em universidades, que foram a criação da Igreja da Idade Média. Ainda que às vezes se tenha querido empregar a palavra "universidade" a propósito das instituições escolares antigas, parece que a noção e a realidade da universidade jamais existiram então, salvo talvez no Oriente, no final da Antiguidade. Uma das características da universidade é que ela é formada por professores que formam professores, de profissionais que formam profissionais. O ensino não se dirige mais, portanto, a homens que se quer formar para que sejam homens, mas a especialistas para que aprendam a formar outros especialistas. É o perigo da "escolástica" que havia começado a se desenhar no final da Antiguidade, que se desenvolve na Idade Média e cuja presença pode-se ainda reconhecer na filosofia de hoje.

A universidade escolástica dominada pela teologia continuará a funcionar até o final do século XVIII, mas do XVI ao XVIII a atividade filosófica verdadeiramente criativa se desenvolverá fora da universidade com Descartes, Espinosa, Malebranche, Leibniz. A filosofia conquistará sua autonomia ante a teologia, mas esse movimento que havia nascido em reação contra a escolástica medieval se situará sobre o mesmo terreno que ela. Opor-se-á ao discurso filosófico teórico um outro discurso teórico.

A partir do final do século XVIII, a nova filosofia faz sua entrada na universidade com Wolff, Kant, Fichte, Schelling e Hegel, e doravante a filosofia, com algumas raras exceções, como Schopenhauer ou Nietzsche, está indissoluvelmente ligada à universidade, como se vê com Bergson, Husserl ou Heidegger. O fato tem sua importância. A filosofia, reduzida, como vimos, ao discurso filosófico, desenvolve-se definitivamente em outro ambiente, em outra atmosfera que a da filosofia antiga. Na filosofia universitária moderna, a filosofia não é mais, evidentemente, uma maneira de viver, um gênero de vida, a menos que seja o gênero de vida do professor de Filosofia. Ele tem como elemento constituinte, como lugar vital, a instituição escolar do Estado, o que, aliás, sempre foi e pode permanecer uma ameaça para a independência da filosofia. Como diz Schopenhauer em *O Mundo como Vontade...* (*Le Monde comme Volonté...*, t. II, p. 297 da trad. de Burdeau): "A filosofia das universidades é a esgrima diante do espelho. No fundo, seu verdadeiro objetivo é dar aos estudantes opiniões em conformidade com o gosto do ministro que distribui as cadeiras [...]. Não se poderia considerá-la como séria. É uma filosofia para rir. Todavia, se há algo de desejável no mundo, é ver cair um raio de luz sobre o misterioso enigma de nossa vida...". Seja como for, a filosofia moderna é antes de tudo um discurso que se desenvolve nos cursos, que se consigna em livros, um texto do qual se pode fazer a exegese.

Isso não quer dizer que a filosofia moderna não tenha reencontrado, por vias diferentes, certos aspectos existenciais da filosofia antiga. É preciso dizer, aliás, que esses aspectos jamais desapareceram completamente. Não é um acaso, por exemplo, que Descartes intitule uma de suas obras *Meditações*. São efetivamente meditações (*meditatio* no sentido de exercício) segundo o espírito da filosofia cristã de Santo Agostinho, e Descartes recomenda praticá-las durante um certo tempo. A *Ética* de Espinosa, sob sua forma sistemática e geométrica, corresponde bastante bem ao que pode ser o discurso filosófico sistemático no estoicismo. Pode-se dizer que esse discurso, nutrido da filosofia antiga, ensina a transformar radical e concretamente o ser do homem, a fazê-lo alcançar a beatitude. Aliás, a figura do sábio aparece nas últimas linhas da obra. "O sábio", diz Espinosa, "dificilmente conhece a perturbação em sua alma, mas, consciente de si mesmo, de Deus e das coisas, por uma certa necessidade eterna, ele jamais cessa de ser, mas possui sempre o verdadeiro contentamento da alma."

A filosofia de Schopenhauer e a de Nietzsche são, elas também, convites a uma transformação radical da maneira de viver. Nietzsche e Schopenhauer são, aliás, pensadores banhados na tradição antiga. Ademais, sob a influência do método hegeliano, isto é, da ideia do caráter puramente histórico da consciência humana, segundo a qual a única coisa durável é a ação do próprio espírito humano, que engendra incessantemente novas formas, resultou nos jovens hegelianos e em Marx a ideia de que a teoria não pode se desvincular da práxis, que é a ação do homem no mundo que engendra as representações. No século XX, a filosofia de Bergson e a fenomenologia de Husserl se apresentam menos como sistemas que como métodos para transformar nossa percepção do mundo. E o movimento de pensamento inaugurado por Heidegger e continuado pelo existencialismo pretende, teoricamente, em princípio, engajar a liberdade e a ação do homem no processo filosófico, ainda que, de fato e em última instância, ele seja antes de tudo um discurso filosófico.

Poder-se-ia dizer que o que diferencia a filosofia antiga da filosofia moderna é que, na filosofia antiga, não somente Crisipo ou Epicuro são considerados filósofos porque desenvolveram um discurso filosófico, mas também todo homem que vive segundo os preceitos de Crisipo e Epicuro. Um homem político como Catão de Útica é considerado filósofo e até sábio, ainda que nada tenha escrito, nem nada ensinado, porque sua vida foi perfeitamente estoica. Ocorre o mesmo com homens de Estado romanos como Rutilius Rufus e Quintus Mucius Scaevola Pontifex, que praticaram o estoicismo demonstrando uma imparcialidade e uma humanidade exemplares na administração das províncias que lhes foram confiadas. Eles não são somente exemplos de moralidade, mas de homens que vivem todo o estoicismo, que falam como estoicos (Cícero diz explicitamente que eles recusaram um certo tipo de retórica nos processos aos quais foram submetidos), que veem o mundo como estoicos, isto é, que querem viver de acordo com a Razão cósmica. São homens que tentam realizar o ideal da sabedoria estoica, uma certa maneira de ser homem, de viver segundo a razão, no cosmos e com os outros homens. Não é somente uma questão de moral, todo o ser está envolvido. A filosofia antiga propõe ao homem uma arte de viver; a filosofia moderna, ao contrário, apresenta-se antes de tudo como a construção de uma linguagem técnica reservada a especialistas.

Cada um é livre para definir a filosofia como quiser, para escolher a filosofia que quiser, para inventar, se puder, a filosofia que acreditar válida. Mas, caso se permaneça fiel à definição antiga, como Descartes ou Espinosa ainda eram, para os quais a filosofia era "o exercício da sabedoria", caso se pense que é essencial aos homens tentar chegar ao estado de sabedoria, encontrar-se-ão nas tradições antigas, nas diferentes escolas filosóficas – o socratismo, o platonismo, o aristotelismo, o epicurismo, o estoicismo, o cinismo, o ceticismo – "modelos" de vida, formas fundamentais, segundo as quais a razão pode ser aplicada à existência humana, tipos de busca da sabedoria. É justamente a pluralidade de escolas antigas que é preciosa. Ela nos permite comparar as consequências das diferentes atitudes fundamentais possíveis da razão, ela oferece um terreno privilegiado de experimentação. Isso evidentemente supõe que essas filosofias sejam reduzidas a seu espírito, à sua essência, desvinculando-as de seus elementos caducos, cosmológicos ou míticos, e que se depreendam as proposições fundamentais que elas próprias consideravam essenciais.

Não se trata, aliás, de escolher uma ou outra dessas tradições em detrimento das outras. Como observou K. Jaspers ("Epikur", em *Mélanges E. Beutler*, 1960, p. 132), epicurismo e estoicismo, por exemplo, correspondem a dois polos opostos, mas inseparáveis, de nossa vida interior: a exigência da consciência moral e o florescimento da alegria de existir.

Na Antiguidade, a filosofia é um exercício a ser praticado a cada instante; ela convida a se concentrar sobre cada instante da vida, a tomar consciência do valor infinito de cada momento presente se ele é colocado na perspectiva do cosmos, pois o exercício da sabedoria comporta uma dimensão cósmica. Enquanto o homem comum perdeu o contato com o mundo, não vê o mundo enquanto mundo, mas trata o mundo como um meio de satisfazer seus desejos, o sábio não cessa de ter o Todo constantemente presente ao espírito. Ele pensa e age na perspectiva universal. Ele tem o sentimento de pertencer a um Todo que ultrapassa os limites da individualidade. Na Antiguidade, essa consciência cósmica se situava numa perspectiva diferente daquela do conhecimento científico do Universo que poderia ser, por exemplo, a ciência dos fenômenos astronômicos. O conhecimento científico era objetivo e matemático, ao passo que a consciência cósmica era o resultado de um exercício espiritual que consistia em tomar consciência do lugar da existência individual na grande corrente do cosmos, na perspectiva do Todo: "*toti se inserens mundo*", "mergulhando na totalidade do mundo" (Sêneca, *Cartas a Lucílio*, 66, 6). Esse exercício não se situava no espaço absoluto da ciência exata, mas na experiência vivida do sujeito concreto, vivente e percipiente. São duas ordens radicalmente diferentes de relação com o mundo. Pode-se compreender a distinção entre essas duas ordens lembrando-se da oposição sublinhada por Husserl ("*L'arché-originaire Terre ne se meut pas*" na revista *Philosophie*, I, 1984, p. 4-21) entre a rotação da Terra afirmada e provada cientificamente e a imobilidade da Terra sustentada ao mesmo tempo por nossa experiência cotidiana e pela consciência transcendental e constitutiva. Para esta última, a Terra é o sol imóvel da nossa vida, a referência de nosso pensamento ou, como diz Merleau-Ponty em *Elogio da Filosofia* (*Éloge de la Philosophie et Autres Essais*, N. R. F., p. 285), "a matriz de nosso tempo, como de nosso espaço". Da mesma maneira, o cosmos e a natureza são, para nossa experiência vivida, para nossa percepção viva, o horizonte infinito de nossa vida, o enigma de nossa existência que nos inspira, como dizia Lucrécio, "*horror et divina voluptas*", "um frêmito e um prazer divino". Como diz Goethe em versos admiráveis (*Fausto*, verso 6272): "o frêmito é a melhor parte do homem. Por mais caro que o mundo lhe faça pagar por essa emoção, é repleto de surpresa que o homem sente a realidade prodigiosa".

Relação consigo, relação com o cosmos, relação com os outros homens: também nesse último domínio as tradições filosóficas antigas são instrutivas. A bem dizer, não há clichê mais firmemente ancorado, mais desenraizável na mentalidade dos historiadores modernos do que a ideia segundo a qual a filosofia antiga teria sido uma conduta de evasão, de ensimesmamento, seja entre os platônicos no céu das Ideias, seja entre os epicuristas na recusa da política, seja entre os estoicos na submissão ao Destino. De fato, essa maneira de ver as coisas é duplamente falsa. Inicialmente, num primeiro nível, a filosofia antiga é sempre uma filosofia que se pratica em grupo, quer se trate das comunidades pitagóricas, do amor platônico, da amizade epicurista, da direção espiritual estoica. A filosofia antiga supõe um esforço em comum, uma comunidade de busca, de ajuda mútua, de apoio espiritual. Mas sobretudo os filósofos, mesmo, em última instância, os epicuristas, jamais se recusaram a agir nas cidades, a transformar a sociedade, a servir seus concidadãos que frequentemente lhes fizeram elogios dos quais há inscrições que servem de testemunho. As concepções políticas podem ter sido diferentes segundo as escolas, mas a preocupação de exercer influência na cidade ou no Estado, sobre o rei, sobre o imperador, sempre permaneceu constante. Especialmente no estoicismo (pode-se observar isso facilmente em vários textos de Marco Aurélio), entre as três tarefas às quais é preciso pensar a cada instante paralelamente à vigilância do pensamento e ao consentimento aos eventos impostos pelo destino, figura em bom lugar o dever de agir sempre a serviço da comunidade humana, o dever de agir segundo a justiça. E essa exigência está intimamente ligada às duas outras. É a mesma sabedoria que se conforma à Razão cósmica e à Razão comum aos seres humanos. Essa preocupação de viver a serviço da comunidade dos homens, essa preocupação de agir segundo a justiça é um elemento essencial de toda vida filosófica. Dito de outro modo, a vida filosófica comporta normalmente um engajamento comunitário. Isso é provavelmente o mais difícil para realizar, porque se trata de conseguir se manter no plano da razão, a não se deixar cegar pelas paixões políticas, cóleras, rancores e pelos preconceitos. E é verdadeiro que há um equilíbrio quase inacessível a ser realizado entre a paz interior que a sabedoria fornece e as paixões que não podem deixar de ser suscitadas pela visão das injustiças, dos sofrimentos e das misérias dos homens. Mas a sabedoria consiste precisamente nesse equilíbrio, a paz interior é indispensável para poder agir com eficácia.

Tal é a lição da filosofia antiga: um convite para cada homem transformar a si mesmo. A filosofia é conversão, transformação da maneira de ser e da maneira de viver, busca da sabedoria. Isso não é fácil. "Se o caminho que conduz a esse estado de sabedoria parece árduo", escreve Espinosa no fim da Ética, "pode-se, entretanto, encontrá-lo. Mas, se ele é descoberto com tamanha dificuldade, é precisamente porque é um caminho árduo. Como seria possível, se a salvação estivesse à mão e fosse possível chegar a ela sem grande esforço, que ela fosse negligenciada por quase todos? Mas tudo que é belo é tão difícil quanto raro."

Um diálogo interrompido com Michel Foucault

Convergências e divergências

> [...] a filosofia, se ao menos ela é ainda hoje
> o que era outrora, isto é, uma "ascese"[...]
> Michel Foucault[1]

Encontrei pessoalmente Michel Foucault pela primeira vez quando, no fim de 1980, ele me aconselhou a apresentar minha candidatura ao Collège de France. Devo confessar, para minha grande vergonha, que, demasiadamente absorvido por minhas pesquisas, eu então conhecia bastante mal sua obra. Desde nosso primeiro encontro, e fiquei completamente surpreso, Michel Foucault me disse que ele, ao contrário, havia sido um leitor atento de alguns de meus trabalhos, notadamente de minha comunicação no Congresso de Filosofia de Bruxelas de 1953 sobre "*Epistrophè* e *metanoia* na história da filosofia" e, sobretudo, do artigo preliminar "Exercícios Espirituais" no *Anuário da V[a] Seção da École Pratique des Hautes Études* referente aos anos 1975-1976 (reproduzido neste volume).

---

[1] M. Foucault, *L'Usage des Plaisirs*, Paris, 1984, p. 15. [Em português: M. Foucault, *O Uso dos Prazeres*. Trad. M. T. Costa Albuquerque. Rio de Janeiro, Graal, 2009.]

A partir daquele dia, tive a grande felicidade de descobrir nas conversas, infelizmente bastante raras, as quais ele mesmo havia evocado na introdução de *O Uso dos Prazeres*, a um só tempo a extraordinária presença pessoal e a maravilhosa acuidade de espírito de Michel Foucault. Falávamos da filosofia greco-romana da vida, às vezes de textos de Marco Aurélio ou de Sêneca. Lamento sempre, por exemplo, não ter podido responder com precisão suficiente à questão que ele havia me colocado sobre o sentido exato de "*vindica te tibi*" na primeira carta de Sêneca a Lucílio. Infelizmente, sua morte prematura, que comoveu todos os seus amigos, interrompeu um diálogo que acabara de começar e no qual, por certo, teríamos podido nos beneficiar mutuamente de nossos pontos de acordo, mas também e sobretudo de nossos desacordos. Certamente me será preciso muito tempo para especificar com exatidão uns e outros. Por ora, sou obrigado a me contentar com um breve esboço.

Até que ponto convergiam nossos interesses e nossas preocupações poderá ser observado comparando-se o resumo dos cursos de M. Foucault no *Anuário do Collège de France* referente aos anos 1981-1982 e o artigo "Exercícios Espirituais" do qual acabei de falar. Encontram-se num e noutro os mesmos temas, quer seja a filosofia como terapêutica, Sócrates e o cuidado de si, os diferentes tipos de exercícios espirituais, como a *praemeditatio malorum* ou o exercício da morte. Do mesmo modo, no artigo "A Escrita de Si"[2] de 1983, M. Foucault estabelece seu ponto de partida na reflexão sobre a prática do exame de consciência por escrito, recomendado por Santo Antônio a seus discípulos, a qual havia retido minha atenção aqui mesmo (p. 80), porque ela ilustrava bem o valor terapêutico da escrita. Enfim, em 1984, em "O Cuidado de Si", o capítulo de M. Foucault consagrado à cultura de si retomava todos esses temas referindo-se às minhas pesquisas nesse domínio. Por outro lado, a ideia "segundo a qual o cristianismo retomou a seu modo [...] um certo número de técnicas de exame de si mesmo que já estavam em voga na

---

[2] M. Foucault, "L'Écriture de Soi", *Corps Écrit*, nº 5, 1983, p. 3-23. [Em português: M. Foucault, "A Escrita de Si", in: *Ditos e Escritos – Ética, Sexualidade, Política*, 2. ed. Org. M. B. da Motta, trad. E. Monteiro, I. A. Dourado Barbosa. Rio de Janeiro, Forense Universitária, 2010.]

época dos estoicos"³ está longamente desenvolvida na presente obra na esteira de P. Rabinow.

Para M. Foucault, como para mim mesmo, tudo isso não era somente objeto de interesse histórico. Foucault escreve na introdução de *O Uso dos Prazeres*: "O ensaio – que é preciso entender como experiência modificadora de si mesmo no jogo da verdade e não como apropriação simplificadora de outrem para fins de comunicação – é o corpo vivo da filosofia, se ao menos ela é ainda hoje o que era outrora, isto é, uma 'ascese', um exercício de si, no pensamento".⁴ É então assim que ele concebia a filosofia no final de sua vida, como o artigo de P. Veyne confirma, "O Último Foucault e sua Moral":

> A ideia de estilo de existência desempenhou um grande papel nas conversações e por certo na vida interior de Foucault durante os últimos meses de sua vida, que somente ele sabia estar ameaçada. "Estilo" não quer dizer aqui distinção, a palavra deve ser tomada no sentido dos gregos para quem um artista era, primeiramente, um artesão e uma obra de arte, uma obra. A moral grega está bem morta [...], mas um detalhe dessa moral, a saber, a ideia de um trabalho de si sobre si, parecia-lhe suscetível de assumir um sentido atual [...]. O eu, tomando a si mesmo como obra a realizar, poderia sustentar uma moral que nem a tradição, nem a razão respaldam mais; artista de si mesmo, ele desfrutaria dessa autonomia da qual a modernidade não pode mais abrir mão. "Tudo desapareceu, dizia Medeia, mas uma coisa me resta: eu."⁵

Também a entrevista de 1983 com H. L. Dreyfus e Paul Rabinow⁶ coloca em evidência essa "estética da existência" que foi para Foucault sua última concepção da filosofia, que corresponde, aliás, muito provavelmente, à filosofia que ele concretamente praticou ao longo de sua vida.

---

³ H. Dreyfus e P. Rabinow, *Michel Foucault, un Parcours Philosophique*, Paris, 1984, p. 349.

⁴ Cf. n. 1 anterior.

⁵ P. Veyne, "Le Dernier Foucault et sa Morale", *Critique*, 471-72, 1986, p. 939.

⁶ H. Dreyfus e P. Rabinow, cf. n. 3 anterior.

Nesse trabalho de si sobre si, nesse exercício de si, reconheço igualmente, de minha parte, um aspecto essencial da vida filosófica: a filosofia é uma arte de viver, um estilo de vida que abarca toda a existência.

Hesitaria, entretanto, em falar com M. Foucault de "estética da existência" tanto a propósito da Antiguidade como da tarefa do filósofo em geral. M. Foucault, como vimos, compreende essa expressão no sentido em que nossa própria vida é uma obra que temos a fazer.

A palavra "estética" evoca, com efeito, para nós modernos, ressonâncias muito diferentes daquelas que a palavra "beleza" (*kallon, kallos*) possuía na Antiguidade. Os modernos tendem a conceber o belo como uma realidade autônoma independente do bem e do mal, ao passo que, para os gregos, ao contrário, a palavra, aplicada aos homens, normalmente implica o valor moral, por exemplo, nos textos de Platão e de Xenofonte citados por M. Foucault.[7] De fato, o que os filósofos da Antiguidade buscavam não era primeiramente a beleza (*kalon*), mas o bem (*agathon*); Epicuro tanto quanto os outros. E especialmente no platonismo e estoicismo o bem é o valor supremo: "As almas de valor desprezam o ser por causa do bem, quando elas espontaneamente se expõem ao perigo pela pátria, por aqueles que amam ou pela virtude".[8] É por isso que, em lugar de falar de "cultura de si", seria melhor falar de transformação, de transfiguração, de "superação de si". Para descrever esse estado, não é possível furtar-se do termo "sabedoria" que, parece-me, ocorre apenas raramente, talvez jamais, em M. Foucault. A sabedoria é o estado ao qual talvez o filósofo jamais chegará, mas ao qual ele tende, esforçando-se para transformar a si mesmo a fim de se ultrapassar. Trata-se de um modo de existência caracterizado por três aspectos essenciais: a paz da alma (*ataraxia*), a liberdade interior (*autarkeia*) e (exceto para os céticos) a consciência cósmica, isto é, a tomada de consciência do pertencimento ao Todo humano e cósmico, espécie de dilatação, de transfiguração do eu que se dá conta da grandeza da alma (*megalopsuchia*).

---

[7] M. Foucault, *L'Usage des Plaisirs*, op. cit., p. 103-05.
[8] Salústio, *Des Dieux et du Monde*, V, 3, p. 9 Rochefort (Paris, Les Belles Lettres, 1960).

Curiosamente, M. Foucault, que dá bastante espaço para a concepção de filosofia com terapêutica, não parece notar que essa terapêutica é destinada, antes de tudo, a produzir a paz da alma, isto é, a libertar da angústia, angústia provocada pelas preocupações da vida, mas também pelo mistério da existência humana: medo dos deuses, terror da morte. Todas as escolas se entendem quanto ao objetivo da filosofia, alcançar a paz da alma, mesmo se elas divergem quando se trata de determinar os meios para alcançá-la. Para os céticos, o exercício espiritual por excelência é a suspensão do juízo (*epochè*); para os dogmáticos, isto é, todas as outras escolas, só se pode atingir a paz tomando consciência do fato de que se é um ser "natural", isto é, de uma maneira ou de outra, uma parte do cosmos, e de que se participa do acontecimento da existência universal. Trata-se de ver as coisas na perspectiva da natureza universal para colocar as coisas humanas em sua verdadeira perspectiva. É assim que se alcança a grandeza da alma, como Platão já dissera: "A pequenez de espírito é incompatível com uma alma que deve tentar incessantemente abraçar o todo e a universalidade do divino e do humano [...]. Mas a alma à qual pertencem a grandeza do pensamento e a contemplação da totalidade do tempo e do ser, tu crês que ela faça grande caso da vida humana? Um tal homem não verá, portanto, a morte como algo a temer".[9]

No platonismo, mas também no epicurismo e no estoicismo, a liberação da angústia se obtém, pois, por um movimento do qual se passa da subjetividade individual e passional à objetividade da perspectiva universal. Trata-se não da construção de um eu, como obra de arte, mas, ao contrário, de uma superação do eu ou, ao menos, de um exercício pelo qual o eu se situa na totalidade e se experimenta como parte dessa totalidade.

Um outro ponto de divergência entre mim e M. Foucault se situa a propósito da questão: a partir de que momento a filosofia deixou de ser vivida como um trabalho de si sobre si (seja para realizar uma obra de arte ou para se ultrapassar na totalidade)? De minha parte, penso que essa ruptura deve se situar na Idade Média, no momento em que a filosofia tornou-se auxiliar da

---

[9] Platão, *República*, 486a, citado por Marco Aurélio, *Meditações*, VII, 35.

teologia e no qual os exercícios espirituais foram integrados à vida cristã e tornaram-se independentes da vida filosófica: a filosofia moderna redescobriu pouco a pouco e parcialmente a concepção antiga.[10] Foucault, ao contrário, faz de Descartes o responsável por essa ruptura: "Antes de Descartes, um sujeito não podia ter acesso à verdade a menos que primeiramente realizasse sobre si um certo trabalho que o tornasse capaz de conhecer a verdade". Segundo Descartes, porém, "para alcançar a verdade, basta que eu seja um sujeito capaz de ver o que é evidente". "A ascese é substituída pela evidência."[11] Não estou completamente seguro de que isso seja exato. Descartes escreveu *Meditações*: a palavra é muito importante. E, a propósito das *Meditações*, ele aconselha seus leitores a empregar alguns meses ou, ao menos, algumas semanas para "meditar" a primeira e a segunda, nas quais fala da dúvida universal, depois da natureza do espírito.[12] Isso mostra bem que, para Descartes, também a evidência só pode ser percebida graças a um exercício espiritual. Penso que Descartes, como Espinosa, continua a se situar na problemática da tradição antiga da filosofia concebida como exercício da sabedoria.[13] Veem-se as dificuldades que haveria para escrever uma história da concepção que os filósofos fizeram para si mesmos da filosofia.

Essas poucas reflexões mal tocam os problemas que a obra de Foucault coloca, e eu tenho a intenção de voltar a ela um dia de uma maneira mais detalhada e mais aprofundada. Gostaria somente de dizer o quanto lamento que nosso diálogo tenha sido interrompido.

---

[10] Cf. neste volume p. 64-65 e 267-72.

[11] H. Dreyfus e P. Rabinow, op. cit, p. 345.

[12] Descartes, *Réponses aux Secondes Objections* (contre les... Méditations) em C. Adam e P. Tannery (ed.), *Œuvres de Descartes*, IX, 1, p. 103-04: "Não é suficiente tê-lo observado uma vez, é preciso examiná-lo com frequência e examiná-lo por um longo tempo a fim de o hábito de confundir as coisas intelectuais com as corporais [...] possa ser apagado por um hábito contrário de distingui-los, adquirido pelo exercício de alguns dias". Cf. P. Hadot, "Les Divisions des Parties de la Philosophie dans l'Antiquité", *Museum Helveticum*. 36, 1979, p. 214.

[13] Descartes, *Principes de la Philosophia*, Prefácio em *Œuvres de Descartes*, op. cit., IX, 2, p. 2-3: "A filosofia significa estudo da Sabedoria"; Espinosa, *Ética*, V, prop. 42, escólio.

Ainda menos que M. Foucault, eu não tenho, quanto a mim, a pretensão de propor soluções gerais e definitivas para os problemas filosóficos de nosso tempo. Confessaria somente que, do mesmo modo que ele se esforçou para realizar nos últimos anos de sua vida uma "estética da existência", a ideia antiga da filosofia como modo de vida, como exercício da sabedoria, como esforço na direção da tomada de consciência vivaz da totalidade, mantém para mim um valor sempre atual. Considero como um sinal dos tempos o fato, aos meus olhos inesperado e desconcertante, de que neste final do século XX Foucault, eu próprio e certamente muitos outros ao mesmo tempo que nós, no final de itinerários totalmente diferentes, tenhamos nos encontrado nessa vivaz redescoberta da experiência antiga.

Posfácio à segunda edição (1987)

Aceitar fazer uma segunda edição de uma obra é sempre uma confissão de preguiça. Seria melhor retocar, desenvolver, progredir. Pensei, em todo caso, que seria útil acrescentar aos textos da primeira edição alguns novos trabalhos que os esclarecem. Há, primeiramente, a aula inaugural no Collège de France de 1983, que desenvolve muitos temas esboçados na primeira edição desta obra. Há igualmente o resumo de meus cursos no Collège de France para os anos 1984-1985: "A filosofia como maneira de viver", que enuncia a distinção que creio importante entre filosofia e discurso filosófico e tenta especificar, muito brevemente, aliás, a história da representação que os filósofos fizeram para si mesmos da filosofia como modo de vida. Há finalmente algumas páginas consagradas a Michel Foucault que, em seus dois últimos livros, refere-se à presente obra e cuja morte prematura interrompeu um diálogo entre nós que prometia ser fecundo. Enfim, uma curta bibliografia, que está longe de ser exaustiva, permitirá ao leitor consultar, se o desejar, fora das obras citadas em notas e no posfácio, outras obras relacionadas ao tema dos exercícios espirituais.

Esta segunda edição me dá ensejo para responder a algumas questões que me foram postas a propósito da tese geral das relações entre filosofia e exercícios espirituais.

Na longa e calorosa resenha que R. Imbach[1] fez desta obra, ele me pergunta por que não falei do ceticismo. Ele tem completa

---

[1] R. Imbach, "La Philosophie comme Exercice Spirituel", *Critique*, n° 454, p. 275-83.

razão de sublinhar o fato de que o ceticismo é um ensinamento terapêutico que exige a prática desses exercícios espirituais que são a equipolência e a *epochè*, ambos destinados a produzir a paz da alma. A passagem de Sexto Empírico que R. Imbach cita é muito clara sobre esse ponto. Contudo, uma exposição completa de todos os problemas que o ceticismo coloca teria me levado demasiadamente longe. Nos novos textos que introduzi nesta segunda edição, encontrar-se-ão alguns complementos sobre esse tema.

R. Imbach pergunta-me também se a razão pela qual a filosofia tornou-se puramente teórica na Idade Média não seria a recepção de Aristóteles no século XIII. Aristóteles, segundo R. Imbach, seria "o pai de uma concepção puramente teórica, que visa ao conhecimento por amor pelo conhecimento". Responderia que, se é verdadeiro que a filosofia aristotélica é uma filosofia da *theoria*, essa *theoria* aristotélica não é, todavia, puramente teórica no sentido moderno da palavra, e isso por duas razões: primeiramente, porque Aristóteles compartilha com todos os filósofos antigos a ideia de que a contemplação ou conhecimento da verdade só pode ser resultado de um exercício pessoal; em seguida, porque Aristóteles concebe essa *theoria* como uma ação e uma vida: "A vida ativa, diz Aristóteles,[2] não está necessariamente voltada para o outro [...] e há outros pensamentos ativos além daqueles que visam aos resultados que decorrerão da ação: os verdadeiros pensamentos ativos são antes as meditações e as reflexões que têm seu fim nelas mesmas e elas mesmas como objeto". É precisamente essa atividade da *theoria* que detém em si os mais puros prazeres.

Aliás, num certo sentido, a recepção de Aristóteles no século XIII proporcionou antes uma recuperação da ideia de uma vida filosófica independente da teologia, como aparece na obra, redigida por volta de 1270, de Boécio de Dácia: *Do Soberano Bem ou da Vida Filosófica*, na qual se podem ler fórmulas como estas aqui: "Chamo filósofo todo homem que vive segundo a ordem da natureza [...]. O filósofo leva uma vida muito deleitável".[3] Boécio de Dácia entrevê então aqui a possibilidade de uma vida filosófica

---

[2] Aristóteles, *Política*, VII, 8, 1325b16.
[3] Boécio de Dácia, *Du Souverain Bien* (= *De Summo Bono*), § 31 e 22, trad. Imbach-Méléard, *Philosophes Médiévaux*, Paris, 10-18, série médiévale, 1986, p. 164-66.

distinta da vida cristã e, portanto, de um retorno à vida filosófica tal como havia sido descrita pelos filósofos antigos. Todavia, é preciso sobretudo reter da observação de R. Imbach que uma história precisa e detalhada da maneira pela qual os filósofos conceberam a filosofia mereceria ser escrita. Essa história, em última instância, é muito complexa.

R. Imbach coloca igualmente o problema das relações entre o "cuidado de si" e a justiça: "Esperamos nos libertar da alienação por meio de uma transformação do sujeito, mas não por uma transformação das relações humanas que poderiam ser injustas".[4] Para responder brevemente, relembrarei o texto de G. Friedmann que coloquei no começo do livro: "Numerosos são aqueles que se absorvem inteiramente na política militante, na preparação da revolução social. Raros, muito raros, aqueles que, para preparar a revolução, querem dela se tornar dignos". Há ainda mais do que isso, aliás. Na Antiguidade, os esforços de transformação do sujeito estavam sempre ligados a um esforço de transformação das relações humanas, primeiramente e ao menos na escola, no grupo no interior do qual se filosofava, mas também, de uma maneira ou de outra, na própria cidade. A prática da justiça era um elemento capital da vida filosófica. Inversamente, é bem preciso reconhecer que uma transformação puramente legislativa ou coercitiva das relações humanas não serve, em última instância, para nada, se ela não é acompanhada de uma transformação do sujeito. A Antiguidade pensava, antes de tudo, na "formação" (*paideia*) do sujeito; o mundo moderno está centrado na "informação".

Enfim, a última questão que R. Imbach me coloca: a relação entre a filosofia e a religião. E meu amigo F. Brunner também me pergunta: "Sob as categorias da filosofia antiga e da religião cristã, P. H. quer opor filosofia e religião?".[5]

Não gostaria, no momento, de deixar-me levar demasiadamente longe nesse terreno de discussão, porque a própria definição do domínio do "religioso" é extremamente complexa e obscura. Farei então

---

[4] R. Imbach, "La Philosophie comme Exercice Spirituel", artigo citado, p. 282-83.
[5] F. Brunner, "Existe-t-il une Théologie Philosophique?", *Paradigmes de Théologie Philosophique*, em homenagem a M.-D. Philippe, Fribourg, 1983, p. 11.

somente um certo número de observações que serão para mim como que balizas em vista de uma solução ulterior do problema.

1º Quis mostrar, antes de tudo, que os Antigos concebiam a filosofia como um modo de vida, como um esforço concreto de transformação de si, qualquer que fosse o conteúdo dogmático da filosofia escolhida pelo filósofo e mesmo se esse fosse inteiramente cético. Em todas as escolas, esse esforço se pretende estritamente racional. Era então indispensável descrevê-lo primeiro em si mesmo, em sua pureza.

2º Na Antiguidade, a filosofia é então um modo de existência que exige do filósofo uma transformação de toda sua vida interior e um engajamento pessoal em cada instante da vida. A religião oficial não possuía essas exigências, e os cultos de mistério, mesmo se comportassem uma conversão, eram totalmente estranhos à disciplina racional e espiritual da filosofia. O filósofo encontra a religião na vida social (festas, templo, culto e sacerdotes oficiais) e na vida cultural (tradições míticas recontadas pelos poetas, obras de arte). Contudo, ele a vive filosoficamente. Pois, precisamente, é próprio da filosofia tudo transformar em filosofia, isto é, racionalizar e interiorizar tudo o que ela encontra. Quanto à prática religiosa, por exemplo, se Epicuro recomenda a participação nas festas da cidade e até a oração, é a fim de permitir ao filósofo epicurista, nessa ocasião, contemplar os deuses tal como a teoria epicurista da natureza concebe a prática religiosa.[6] E, se os neoplatônicos tardios praticam a teurgia, é apenas para integrá-la num processo espiritual propriamente filosófico, ultrapassá-la[7] e finalmente elevar-se em direção a Deus, transcendente e incognoscível, que, precisamente, é totalmente estranho à religião tradicional porque é um conceito puramente filosófico.

Com efeito, a filosofia antiga esvazia totalmente os mitos tradicionais de seu conteúdo mítico. Em virtude da alegoria, os

---

[6] Cf. a tradução dos principais textos em A.-J. Festugière, *Épicure et ses Dieux*, Paris, 1968, p. 71-100, sobretudo p. 87-98; P.-H Schrijvers, *Horror ac Divina Voluptas. Études sur la Poétique et la Poésie de Lucrèce*, Amsterdam, 1970, p. 337 (com bibliografia); W. Schmid, art. "Epicurus", *Reallexikon für Antike und Christentum*, col. 730-35.

[7] Sobre esse ponto, cf. Anne Sheppard, "Proclus' Attitude to Theurgy", *Classical Quarterly*, 32, 1982, p. 212-24.

deuses da mitologia tornam-se forças físicas nos estoicos, ideias platônicas nos neoplatônicos. Uma teologia filosófica fortemente sistematizada se desenvolve então nestes últimos, mas nessa hierarquia na qual todos os deuses são organizados a partir do incognoscível e do Um transcendente, segundo os planos sucessivos das "Hênadas", dos "deuses inteligíveis", dos "deuses inteligíveis e intelectivos", dos "deuses puramente intelectivos", é apenas uma vasta construção artificial que não tem mais muita relação com as crenças antigas que os neoplatônicos, em reação contra o cristianismo, pensam defender. E, num certo sentido, poder-se-ia dizer que teria sido possível, na Antiguidade, intentar processos de impiedade contra todos os filósofos e não somente contra Anaxágoras ou Sócrates, pois, de uma maneira ou de outra, mesmo crendo sustentá-la, eles ultrapassavam e finalmente destruíam a religião.

3º Quanto ao problema da filosofia cristã, parece-me que ele foi mal colocado no tempo de É. Gilson,[8] porque, justamente, representava-se então a filosofia como uma trajetória puramente teórica. Tratava-se de saber se o cristianismo poderia fornecer à filosofia uma nova problemática, novos conceitos, por exemplo, a ideia de uma distinção real entre essência e existência. Como já disse na presente obra, a teologia da Idade Média reduziu a filosofia a um papel puramente teórico a ponto de, num manual de filosofia tomista publicado em 1937, a parte moral da filosofia ter sido totalmente suprimida, porque a moral é "subalterna" da teologia sobrenatural e porque, exposta independentemente dessa, ela exporia os alunos ao risco de cair no "naturalismo".[9] Contudo, se considerarmos, como fazemos, a filosofia como um modo de vida, o problema é muito mais complexo, pois, de certo modo, o

---

[8] Cf. É. Gilson, *L'Esprit de la Philosophie Médiévale*, Paris, 1944, p. 1-38 e 413-40. [Em português: É. Gilson, *O Espírito da Filosofia Medieval*. Trad. E. Brandão. São Paulo, Martins Fontes, 2006.]

[9] F.-X. Maquart, *Elementa Philosophiae*, t. I, Paris, 1937, p. 37: "*De philosophia practica (morali) nihil hic dicimus, etsi etiam in praesenti hominum statu supernaturali, remaneat dictincta a theologia supernaturali philosophia quaedam moralis, subalternata tamen theologiae supernaturali. Nam in seminariis, discipuli potius instruendi sunt de theologia quam de philosophia morali, nec sufficiens tempus datur ut de eisdem quaestionibus bis instruantur, iuxta methodos utriusque disciplinae proprias, praesertim cum expositio recta philosophiae moralis, propter eius subordinationem ad theologiam, nimiori calleat difficultate ut absque detrimento necnon et periculo naturalismi, iunioribus, non adhuc de theologia instructis, instituatur*".

cristianismo e a filosofia são "totalitários". Por que o cristão, se vive intensamente sua vida cristã, teria necessidade de viver uma vida filosófica? E, por outro lado, se o cristão quer verdadeiramente ser filósofo, ele não transformará seu cristianismo em filosofia, sua vida cristã em vida filosófica? Uma vez, escutei H.-I Marrou fazer esta observação: "Frequentemente, é o neoplatonismo que permite a certos cristãos contemporâneos fazer de seu cristianismo uma filosofia".

4º Retorno agora à filosofia antiga para evocar um outro aspecto da problemática do problema religioso: o do sentimento e da emoção. Lembremo-nos da profissão de fé do Fausto de Goethe: "Por maior que seja esse mistério eterno, preenche tua alma com ele, e se, com esse sentimento, tu és feliz, nomeia-o como quiseres: Felicidade! Coração! Amor! Deus! Quanto a mim, não tenho para isso nome algum. O sentimento é tudo, o nome é apenas barulho e fumaça que vela o fogo do céu!".[10]

Nessa perspectiva, pode-se falar da existência, em certos filósofos da Antiguidade, de um sentimento do sagrado, que se relaciona tanto com o cosmos como com a própria vida interior e suas profundezas, sentimento cuja intensidade pode chegar até a experiência mística, mas que é totalmente estranho a toda religião específica, seja ela organizada ou revelada. Esse sentimento do sagrado encontra-se até no epicurismo, que, contudo, havia demitificado e dessacralizado o universo. Como bem notou E. Hoffmann,[11] pelo próprio fato de considerar a existência como um puro acaso, inexoravelmente único, o epicurista acolhe a vida como um tipo de milagre, como alguma coisa de divino, com uma imensa gratidão. E o filósofo, descobrindo com Epicuro a imensidão infinita do universo, experimenta, nos diz Lucrécio,[12] um "pavor sagrado" e uma "volúpia divina", que é, por certo, a de participar, mesmo que por um instante, da maravilha da existência.[13]

---

[10] Goethe, *Fausto*, I, verso 3451.
[11] E. Hoffmann, "Epikur", M. Dessoir, *Die Geschichte der Philosophie*, t. I, Wiesbaden, 1925, p. 223-25.
[12] Lucrécio, III, 28-29.
[13] Sobre o caráter religioso do epicurismo, cf. W. Schmid, art. "Epicurus" (cf. nota 6 anterior), col. 751-52.

PARTE VII

O EU E O MUNDO

Reflexões sobre a noção de "Cultura de Si"[1]

M. Foucault evocou, no prefácio de *O Uso dos Prazeres* e num capítulo de *O Cuidado de Si [CS]*, meu artigo "Exercícios Espirituais", publicado no *Annuaire de la V.ᵉ Section de l'École Pratique des Hautes Études* referente aos anos 1975-1976 e reproduzido em meu livro *Exercices Spirituels et Philosophie Antique* que, publicado em 1981, foi reeditado em 1987. A descrição que aí eu dava da filosofia antiga como arte de viver, como estilo de vida, como maneira de viver, o esforço que também fazia, nesse estudo, para explicar por que a filosofia moderna havia esquecido essa tradição e se tornado quase exclusivamente um discurso teórico, a ideia que eu esboçava, e que em seguida desenvolvi em meu livro *Exercícios Espirituais*, ideia segundo a qual o cristianismo retomou, a seu modo, certas técnicas de exercícios espirituais praticadas na Antiguidade, tudo isso, parece-me, chamou a atenção de M. Foucault.

Gostaria de apresentar aqui certas observações destinadas a especificar, para além dessa confluência, as diferenças de interpretação e, finalmente, de opção filosófica que nos separavam e que teriam podido alimentar um diálogo que, infelizmente, a morte prematura de M. Foucault interrompeu demasiado rápido.

---

[1] Originalmente publicado em *Michel Foucault Philosophe. Rencontre Internationale, Paris 9, 10, 11 janvier 1988*. Paris, Seuil, "Des Travaux", 1989, p. 261-70.

M. Foucault descreve com precisão, em *O Cuidado de Si*, o que ele chama de "práticas de si" preconizadas pelos filósofos estoicos na Antiguidade: o cuidado de si mesmo, que só pode, aliás, ser realizado sob a direção de um guia espiritual, a atenção ao corpo e à alma que esse cuidado de si mesmo implica, os exercícios de abstinência, o exame de consciência, a filtragem das representações, finalmente a conversão em direção a si, a posse de si. M. Foucault concebe essas práticas como "artes da existência", "técnicas de si". E é bem verdadeiro que, na Antiguidade, falava-se a esse respeito de arte de viver. Parece-me, porém, que a descrição que M. Foucault realiza do que eu havia denominado "exercícios espirituais", e que ele prefere chamar de "técnicas de si", está demasiadamente centrada sobre o "si" ou, ao menos, sobre certa concepção do eu.

Notadamente, Foucault apresenta a ética do mundo greco-romano como uma ética do prazer que se obtém em si mesmo (*CS*, p. 83): "Este gênero de prazeres violentos, incertos e provisórios, o acesso a si é suscetível de substituí-lo por uma forma de prazer que, na serenidade e para sempre, obtém-se em si mesmo". E ele cita, para ilustrar sua proposição, a carta XXIII de Sêneca na qual está em questão a alegria que se encontra em si mesmo, exatamente na melhor parte de si mesmo. De fato, porém, devo dizer que há muita inexatidão nessa exposição das coisas. Na carta XXIII, Sêneca opõe explicitamente *voluptas* e *gaudium*, o prazer e a alegria, e não se pode então falar, como faz Foucault (p. 83), a propósito da alegria, de uma "outra forma de prazer". Não se trata somente de uma questão de palavras, ainda que os estoicos tenham atribuído a isso uma grande importância e que tenham cuidadosamente feito a distinção entre *hèdonè* e *eupathéia*, precisamente entre prazer e alegria (reencontrar-se-á a distinção em Plotino e em Bergson, este último associando alegria e criação). Não, não se trata somente de uma questão de vocabulário: se os estoicos se atêm à palavra *gaudium*, à palavra "alegria", é porque se recusam, precisamente, a introduzir o princípio do prazer na vida moral. A felicidade para eles não consiste no prazer, mas na própria virtude, que é para si mesma a própria recompensa. Muito antes de Kant, os estoicos quiseram preservar ciosamente a pureza de intenção da consciência moral.

Em segundo lugar e acima de tudo, o estoico não encontra sua alegria em seu "eu", mas, diz Sêneca, "na melhor parte de si", no "verdadeiro bem" (Sêneca, carta XXIII, 6), isto é, (XXIII, 7) "na consciência voltada em direção ao bem, nas intenções que não têm outro objeto senão a virtude, as ações retas", isto é, no que Sêneca chama (CXXI V, 23) de razão perfeita, isto é, finalmente, na razão divina (XCII, 27), pois, para ele, a razão humana é apenas uma razão perfectível. A "melhor parte" de si é, portanto, finalmente, um eu transcendente. Sêneca não encontra sua alegria em "Sêneca", mas transcendendo Sêneca, descobrindo que há nele uma razão, parte da Razão universal, intrínseca a todos os homens e ao próprio cosmos.

De fato, o exercício estoico visa a ultrapassar o eu, a pensar e a agir em união com a Razão universal. Os três exercícios descritos por Marco Aurélio (VII, 54; IX, 6; VIII, 7), na esteira de Epiteto, são muito significativos a esse respeito: julgar de uma maneira objetiva de acordo com a razão interior, agir de acordo com a razão que é comum a todos os homens, aceitar o destino que nos é imposto pela razão cósmica. Para os estoicos, há apenas uma razão e essa razão é o verdadeiro eu do homem.

Compreendo bem o motivo pelo qual Foucault obliterou esses aspectos, que ele conhecia bem. Sua descrição das práticas de si (como, aliás, minha descrição dos exercícios espirituais) não é somente um estudo histórico, mas pretende implicitamente oferecer ao homem contemporâneo um modelo de vida (que Foucault chama de "estética da existência"). Ora, segundo uma tendência quase geral do pensamento moderno, tendência talvez mais instintiva que refletida, as noções de "Razão universal" e de "natureza universal" agora não têm mais muito sentido. Era então útil colocá-las entre parênteses.

Por ora, digamos então que parece difícil, de um ponto de vista histórico, admitir que a prática filosófica dos estoicos e dos platônicos tenha sido apenas uma relação consigo, uma cultura de si, um prazer obtido em si mesmo. O conteúdo psíquico desses exercícios me parece totalmente diferente. O sentimento de pertencimento a um Todo me parece ser um elemento essencial: pertencimento ao Todo da comunidade humana, pertencimento ao Todo cósmico. Sêneca resume isso em quatro palavras (carta LXVI, 6): "*Toti se inserens mundo*" ("mergulhando na totalidade do mundo"). Groethuysen, em sua admirável *Antropologia Filosófica* (p. 80), reconheceu bem esse traço fundamental. Ora, uma tal perspectiva cósmica transforma de uma maneira radical o sentimento que se pode ter de si mesmo.

Curiosamente, Foucault fala pouco dos epicuristas. Isso é tanto mais inesperado porque, em certo sentido, a ética epicurista é uma ética sem norma, uma ética autônoma, que não pode se fundar sobre a Natureza, produto do acaso, uma ética, portanto, que pareceria convir perfeitamente à mentalidade moderna. A razão desse silêncio talvez se encontre no fato de que é bastante difícil integrar o hedonismo epicurista no esquema geral do uso dos prazeres proposto por M. Foucault. Seja como for, existem também práticas espirituais nos epicuristas, por exemplo, o exame de consciência. Contudo, como dissemos, essas práticas não se fundam sobre normas da Natureza e da Razão universal, pois, para os epicuristas, a formação do mundo é apenas o resultado do acaso. E, todavia, ainda aqui, essa prática espiritual não pode se definir somente como uma cultura de si, como uma simples relação de si consigo mesmo, como um prazer que se encontraria no próprio eu. O epicurista não tem medo de confessar que tem necessidade de outra coisa além dele mesmo para satisfazer seus desejos e encontrar seu prazer: é-lhe necessária a nutrição corporal, os prazeres do amor, mas também uma teoria física do universo para suprimir o medo dos deuses e da morte. É-lhe necessário o convívio com outros membros da escola epicurista para encontrar a felicidade na afeição mútua. É-lhe necessário, enfim, a contemplação imaginativa da infinitude dos universos no vazio infinito para experimentar o que Lucrécio chama de *divina voluptas et horror*. Essa imersão do sábio epicurista no cosmos é bem expressa pelo discípulo de Epicuro, Metrodoro: "Lembra-te de que, nascido mortal, com uma vida limitada, tu te elevaste pelo pensamento da natureza até a eternidade e a infinitude das coisas e que tu viste tudo que foi e tudo que será". Há, no epicurismo, uma extraordinária inversão de perspectiva: é precisamente porque a existência parece ao epicurista como um puro acaso, inexoravelmente único, que ele acolhe a vida como um tipo de milagre, como um dom gratuito e inesperado da Natureza e que ele considera a existência como uma festa maravilhosa.

Tomarei agora um outro exemplo para ilustrar a diferença de nossas interpretações do "cuidado de si". M. Foucault escreveu um interessante artigo intitulado "Escrita de Si", que toma, aliás, seu ponto de partida num notável texto acerca do valor terapêutico da escrita, que eu havia estudado em meus *Exercícios Espirituais* (neste volume, p. 80), segundo o qual o célebre monge Antônio teria aconselhado seus discípulos a anotar por escrito as ações e os movimentos de suas almas, como se devessem torná-los conhecidos aos outros: "Que a escrita assuma então o lugar do olho alheio", dizia Antônio. Essa anedota leva M. Foucault a refletir sobre as formas que haviam assumido o que ele chama de "escrita de si" na Antiguidade e, notadamente, o gênero literário das *hypomnèmata*, o que se poderia chamar de "cadernos de notas" espirituais, nos quais se registram pensamentos alheios que podem servir para a própria edificação de quem os escreve. Foucault define assim seu objetivo (p. 8): trata-se de "captar o já-dito", de "reunir o que se pôde ouvir ou ler, isso para um fim que não é nada menos que a constituição de si". Ele então se pergunta: "Como ser posto em presença de si mesmo com o auxílio de discursos ancestrais e provenientes de toda parte?". Eis sua resposta: "Esse exercício permitiria voltar-se para o passado: a contribuição das *hypomnèmata* é um dos meios pelos quais se desapega a alma da preocupação com o futuro para infleti-la na direção da meditação do passado". Ele crê detectar, tanto na moral epicurista como na moral estoica, a recusa de uma atitude de espírito voltada para o porvir e a tendência a conceder um valor positivo à posse de um passado do qual se pode gozar soberanamente sem perturbação. Parece-me que há aqui um erro de interpretação. É verdade que os epicuristas, mas somente eles, consideram a lembrança dos momentos agradáveis do passado uma das principais fontes do prazer, o que, aliás, não tem nada a ver com a meditação do "já-dito" praticado nas *hypomnèmata*. Não é menos verdadeiro, porém, como mostrei num artigo publicado na *Diogène* em 1986 (nº 133), que estoicos e epicuristas concordam numa atitude que consiste em se libertar tanto da preocupação com o porvir como do peso do passado para se concentrar sobre o momento presente, seja para gozar dele, seja para agir nele. E, desse ponto de vista, nem os estoicos nem mesmo os epicuristas atribuíram um valor positivo ao passado: a atitude filosófica fundamental consiste em viver o presente, em possuir o presente e não o passado. Que eles tenham, aliás, atribuído muita importância aos pensamentos formulados por seus predecessores, isso é outra coisa. Contudo, se as *hypomnèmata* versam sobre o já-dito, não é sobre qualquer "já-dito", que teria simplesmente o mérito de ser do passado, mas é porque se reconhece nesse já-dito (em geral, os dogmas fundadores da escola) o que a própria razão diz *no presente*, é porque se reconhece, nesses dogmas de Epicuro ou Crisipo, um valor *sempre presente*, porque, precisamente, eles são a expressão mesma da razão. Dito de outro modo, ao escrever, ao anotar, não é um pensamento estranho que é feito seu, mas utilizam-se fórmulas que se consideram como bem feitas para atualizar, para tornar vivo, o que já está presente no interior da razão daquele que escreve.

Esse exercício, segundo M. Foucault, voluntariamente se pretenderia eclético e implicaria, portanto, uma escolha pessoal, o que explicaria assim a "constituição de si". "A escrita como exercício pessoal feita por si e para si é uma arte da verdade díspar ou, mais precisamente, uma maneira refletida de combinar a autoridade tradicional da coisa já dita com a singularidade da verdade que nela se afirma e a particularidade das circunstâncias que determinam seu uso." De fato, porém, ao menos para os estoicos e os epicuristas, não é no ecletismo que se situa a escolha pessoal. O ecletismo é utilizado somente quando se trata de converter os iniciantes. Nesse momento, todos os meios são bons. Assim Foucault encontra um exemplo de ecletismo nas *Cartas de Lucílio*, nas quais Sêneca, o estoico, cita sentenças de Epicuro. Contudo, trata-se de converter Lucílio, de começar a fazê-lo praticar uma vida moral. Esse uso de Epicuro aparece apenas nas primeiras *Cartas* e desaparece rapidamente. De fato, a escolha pessoal se situa, ao contrário, na adesão exclusiva a uma forma de vida precisa, estoicismo ou epicurismo, considerada conforme à razão. É apenas na nova Academia, em Cícero, por exemplo, que a escolha pessoal se faz segundo o que a razão considera como verossímil em tal ou qual momento.

Não é, portanto, como pensa Foucault (p. 11-13), ao escrever e ao reler pensamentos díspares que o indivíduo se forja uma identidade espiritual. Primeiramente, nós vimos, esses pensamentos não são díspares, mas escolhidos por sua coerência. Em segundo lugar e acima de tudo, não se trata de forjar uma identidade espiritual ao escrever, mas de se libertar de sua individualidade para se elevar à universalidade. Portanto, é inexato falar de "escrita de si"; não somente não se escreve si mesmo, como a escrita não constitui o eu: como os outros exercícios espirituais, ela faz o eu mudar de nível, ela o universaliza. O milagre desse exercício, praticado na solidão, é que ele permite chegar à universalidade da razão no tempo e no espaço. Para o monge Antônio, o valor terapêutico da escrita consiste precisamente nesse poder universalizante. A escrita, diz Antônio, assume o lugar do olho alheio. Aquele que escreve se sente, de algum modo, observado, ele não está mais só, mas é parte da comunidade humana presente silenciosamente. Ao formular por escrito seus atos pessoais, adentra-se a engrenagem da razão, da lógica, da universalidade. Dá-se objetividade ao que era confuso e subjetivo.

Resumamos. O que Foucault chama de "práticas de si" nos estoicos, e também nos platônicos, corresponde bem, isso é verdadeiro, ao movimento de conversão em direção a si: é-se libertado da exterioridade, do apego passional aos objetos exteriores e aos prazeres que eles podem fornecer, observa-se a si mesmo para ver se se progrediu nesse exercício, busca-se ser mestre de si, possuir a si mesmo, encontrar a felicidade na liberdade e independência interior. Estou de acordo em todos esses pontos. Penso, porém, que esse movimento de interiorização é inseparavelmente solidário de um outro movimento, em que se é elevado a um nível psíquico superior no qual se encontra um outro tipo de exteriorização, uma outra relação com o exterior, uma nova maneira de estar-no-mundo e que consiste em tomar consciência de si como parte da Natureza, como parcela da Razão universal. Não se vive mais no mundo humano convencional e habitual, mas no mundo da Natureza. Como eu disse alhures, pratica-se então a "física" como exercício espiritual.

Há então uma identificação com um "outro", que é a Natureza, a Razão universal, presente em cada indivíduo. Há aí uma transformação radical das perspectivas, uma dimensão universalista e cósmica, sobre a qual M. Foucault, parece-me, não insistiu suficientemente: a interiorização é superação de si e universalização.

Todas as observações que acabo de fazer não se situam somente no quadro de uma análise histórica da filosofia antiga, elas visam igualmente a uma definição do modelo ético que o homem moderno pode descobrir na Antiguidade. E, precisamente, temo um pouco que, centrando muito exclusivamente sua interpretação na cultura de si, sobre o cuidado de si, na conversão em direção a si e, de uma maneira geral, definindo seu modelo ético como uma estética da existência, M. Foucault propõe uma cultura de si muito puramente estética, isto é, temo eu, uma nova forma de dandismo, versão final do século XX. Contudo, isso deveria ser estudado com mais atenção do que pude fazer. De minha parte, creio firmemente, ingenuamente talvez, na possibilidade, para o homem moderno, de viver não a sabedoria (os Antigos, na maior parte, não acreditavam nessa possibilidade), mas um exercício, sempre frágil, da sabedoria, sob a fórmula tríplice que, nós vimos, Marco Aurélio definia: esforço para praticar a objetividade do juízo, esforço para viver segundo a justiça e no serviço da comunidade humana, esforço para tomar consciência de nossa condição de parte no universo (exercitando-se a partir da experiência vivida do sujeito concreto, vivente e percipiente). Esse exercício da sabedoria será, portanto, um esforço para se abrir ao universal.

Mais precisamente ainda, penso que o homem moderno pode praticar os exercícios filosóficos da Antiguidade separando-os do discurso filosófico ou mítico que os acompanhava. Pode-se, com efeito, justificar o mesmo exercício espiritual com discursos filosóficos extremamente diferentes, que são apenas tentativas insuficientes, que vêm posteriormente, de descrever e justificar experiências interiores cuja densidade espiritual escapa, em última instância, a todo esforço de teorização e sistematização. Por exemplo, os estoicos e os epicuristas convidaram seus discípulos, por razões totalmente diferentes, a concentrar sua atenção no momento presente, libertando-se da preocupação com o futuro e do peso do passado. Contudo, quem pratica concretamente esse exercício vê o universo com olhos novos; como se o visse pela primeira vez, ele descobre, no gozo do presente puro, o mistério e o esplendor da existência; e, como dizia Nietzsche, nós dizemos então sim "não somente a nós mesmos, mas a toda existência". Portanto, não é necessário crer na Natureza ou na Razão universais dos estoicos para praticar esses exercícios, mas, ao praticá-los, vive-se concretamente segundo a razão ("se tudo se dá ao acaso, não se dê, tu, ao acaso", dizia Marco Aurélio [X, 28, 3]), chega-se concretamente à universalidade da perspectiva cósmica, à presença maravilhosa e misteriosa do universo.

Bibliografia

Bergson, J. *L'Énergie Spirituelle*. 14. ed. Paris: PUF, 1930, p. 24 (sobre o prazer e a alegria). [Em português: *A Energia Espiritual*. São Paulo: Martins Fontes, 2009.]

Foucault, M. "L'Écriture de Soi". *Corps Écrit*, n° 5, 1983, p. 3-23.

_____. *Histoire de la Sexualité*. Paris: Gallimard, 1952. t. II, "L'Usage des Plaisirs"; t. III, "Le Souci de Soi". [Em português: *História da Sexualidade*. Rio de Janeiro: Graal, 2011. t. II, "O Uso dos Prazeres"; t.III, "O Cuidado de Si".]

Groethuysen, B. *Antropologie Philosophique*. Paris: Gallimard, 1952. [Em português: *Antropologia Filosófica*. Lisboa: Editorial Presença, 1988.]

Hadot, I. "Épicure et l'Enseignement Philosophique Hellénistique et Romain", *Actes du VIIIe Congrès de l'Association Guillaume Budé*. Paris: Les Belles Lettres, 1970, p. 35 (sobre o caráter provisório e terapêutico das citações de Epicuro por Sêneca).

_____. *Seneca und die griechish-römische Tradition der Seelenleitung*. Berlin, 1969.

Hadot, P. *Exercices Spirituels et Philosophie Antique*. 2. ed. Paris: Institut d'Études Augustiniennes, 1987.

_____. "Le Present Seul est Notre Bonheur. La Valeur de l'Instant Present chez Goethe et dans la Philosophie Antique". *Diogène*, Paris, nº 133, 1986, p. 58-81 (citação de Nietzsche, p. 80).

SCHMID, W. *Die Geburt des Philosophie im Garten der Lüste*, Frankfurt am main, Athenäum, 1987.

"HÁ, NOS NOSSOS DIAS, PROFESSORES DE FILOSOFIA, MAS NÃO FILÓSOFOS..."[1]

É notável que as primeiras páginas de *Walden* sejam consagradas à crítica da vida habitual dos homens. Thoreau a descreve ironicamente como uma penitência pior que a ascese dos brâmanes, que os doze trabalhos de Hércules. Os homens levam uma vida de insensato. Estão na ignorância e no erro, absorvidos por preocupações factícias e trabalhos inutilmente rudes. Eles são apenas máquinas, instrumentos de seus instrumentos.[2] Sua existência é apenas desespero ou resignação.

A razão da infelicidade dos homens, aos olhos de Thoreau, é que eles ignoram o que é necessário e suficiente para viver, isto é, simplesmente, para manter seu calor vital. "A necessidade primordial de nossos corpos é se manter quente, conservar em nosso interior o calor vital."[3] De fato, como Thoreau mostrará, o homem necessita de pouca coisa para chegar a esse resultado e, sobretudo, não de luxo. "A maioria dos hábitos de luxo", diz ele, "e uma grande parte do que se chama de conforto na vida são não somente coisas de modo algum indispensáveis, mas até verdadeiros obstáculos

---

[1] Publicado inicialmente em *Henry D. Thoreau*, Paris, L'Herne, 1994, p. 188-94.
[2] *Walden*, trad. Landré-Augier (Paris, Aubier, 1967), p.121. Entre parênteses, a referência à edição Gallimard (1990): (p. 39). [Em português: Thoureau, H. D. *Walden*. Trad. D. Bottmann. Porto Alegre, L&PM, 2010.]
[3] *W*, p. 87; (p. 17).

à ascensão da humanidade."⁴ Para se convencer disso, basta se lembrar do modo de vida dos filósofos chineses, hindus, persas e gregos, pobres quanto à riqueza exterior, ricos quanto à riqueza interior. Exemplos que agora estão bem longe de nós, pois, continua Thoreau, "há, nos nossos dias, professores de filosofia, mas não filósofos".⁵ É que, para ele, "ser filósofo não é somente ter pensamentos sutis, mas amar bastante a sabedoria para levar uma vida de simplicidade e independência, de generosidade e confiança".⁶ "Filosofar é, pois, resolver alguns dos problemas da vida não somente em teoria, mas na prática."⁷ Thoreau aproveita a ocasião para pôr a culpa nos professores de filosofia, esses grandes eruditos e pensadores cujo sucesso é apenas um "sucesso de cortesão, nem régio, nem viril", dado que, contentando-se com discursos teóricos, eles encorajam os homens a continuar a viver de uma maneira absurda. A vida desses filósofos é um puro conformismo e eles deixam a humanidade degenerar no luxo. Thoreau, por sua vez, apresenta-se implicitamente como o verdadeiro filósofo, "o que não se nutre, não se abriga, não se veste, nem se aquece como seus contemporâneos".⁸ E ele termina sua exposição, certamente com uma ponta de ironia, com uma definição do filósofo que pode tirar o fôlego: "Como é possível ser filósofo se não se conserva o calor vital por outros meios senão aqueles dos outros homens?".⁹ E, para manter seu calor vital, o homem não necessita fazer grandes esforços. Para suprir suas necessidades, Thoreau calculou que trabalha apenas seis semanas por ano. "Ganhar a vida sobre essa terra não é uma punição, mas um passatempo, se vivemos com simplicidade e sabedoria."¹⁰

Assim, quando Thoreau parte para viver na floresta, não é, evidentemente, apenas para manter seu calor vital da maneira mais econômica possível, mas ele quer "viver sem pressa, lidar apenas

---

⁴ *W*, p. 89; (p. 18).
⁵ Ibidem.
⁶ Ibidem.
⁷ Ibidem.
⁸ Ibidem.
⁹ Ibidem.
¹⁰ *W*, p. 167; (p. 70).

com os fatos essenciais da vida, descobrir o que ela tinha a me ensinar a fim de não me dar conta, na hora de minha morte, que eu não havia vivido".[11] "Eu desejava viver profundamente, diz ele, sugar o tutano da vida." E, entre os atos essenciais da vida, há o prazer de perceber o mundo com todos os sentidos. É a isso que, na floresta, Thoreau consagra a maior parte de seu tempo. Não se pode deixar de reler o início sensual do capítulo "Solidão":

> Uma noite deliciosa na qual seu corpo inteiro é somente um único sentido e se delicia por todos os poros. Eu vou e venho com uma estranha liberdade na Natureza, tornado parte dela mesma. Enquanto caminho ao longo da margem pedregosa do lago, com as mangas da camisa dobradas, apesar do frescor, do céu nublado e do vento [...] todos os elementos me parecem espantosamente homogêneos. A simpatia com as folhas agitadas do amieiro e do choupo quase me faz perder a respiração; entretanto, como o lago, minha serenidade se enruga sem se perturbar.[12]

No capítulo "Solidão", Thoreau quer, aliás, mostrar que, mesmo só, ele jamais está só, porque tem consciência de comungar com a Natureza: "Vou e venho com uma estranha liberdade na Natureza, tornado parte dela mesma". "A mais doce sociedade, a mais tenra, a mais encorajadora pode ser encontrada em qualquer objeto natural."[13] É assim que ele percebe até no barulho das gotas de chuva "uma benevolência tão infinita quanto inconcebível". Cada pequeno espinho de pinheiro o trata como amigo e ele sente alguma coisa de semelhante a si nas cenas mais desoladas e aterrorizantes da Natureza. "Por que eu me sentiria só? Nosso planeta não está na Via Láctea?"[14] Assim, a percepção do mundo se amplia num tipo de consciência cósmica.

Tudo que acabo de dizer até agora tem uma notável analogia com a filosofia de Epicuro, mas também com certos aspectos do estoicismo. Primeiramente, encontramos no epicurismo essa crítica à maneira com que os homens habitualmente vivem, a qual

---

[11] *W*, p. 195; (p. 90).
[12] *W*, p. 253; (p. 129).
[13] *W*, p. 255; (p. 131).
[14] *W*, p. 259; (p. 133).

havíamos visto nas primeiras páginas de *Walden*. "O gênero humano", diz Lucrécio, "trabalha sem proveito, em pura perda, sempre, e se consome em preocupações vãs."[15] Para os epicuristas dos quais Cícero fala, os homens são infelizes como consequência dos desejos imensos e vazios de riqueza, glória, dominação. "Um dia, tarde demais, os homens se dão conta de que se apaixonaram inutilmente pelo dinheiro, pelo poder e pela glória [...]. Sua existência é apenas uma sequência ininterrupta de tormentos."[16]

Para Epicuro, a salvação reside na distinção entre os desejos naturais e necessários, desejos que se relacionam à conservação da vida, os desejos somente naturais, como o prazer sexual, e os desejos que não são nem naturais nem necessários, como o da riqueza.[17] A satisfação dos primeiros basta, em princípio, para assegurar ao homem um prazer estável e, portanto, a felicidade. Isso significa que, para Epicuro, a filosofia consiste essencialmente, como para Thoreau, em saber conservar o calor vital de uma maneira mais sábia que a dos outros homens. Com um certo desejo de provocação, análogo ao de Thoreau, uma sentença epicurista declara: "O grito da carne: não ter fome, não ter sede, não ter frio. Quem desfruta desse estado e da esperança de desfrutar dele pode rivalizar em felicidade com o próprio Deus".[18] A felicidade, portanto, é fácil de alcançar: "Graças sejam dadas à bem-aventurada natureza", diz uma sentença epicurista, "que fez que as coisas necessárias sejam fáceis de alcançar e que as coisas difíceis de alcançar não sejam necessárias".[19] "Tudo que é natural é fácil de obter, tudo que é vazio, difícil de obter."[20]

O ato filosófico consiste simplesmente, portanto, em se contentar em "não ter fome e não ter frio". Mas não mais que para Thoreau, a filosofia, para Epicuro, não consiste somente em manter o calor vital da maneira mais econômica possível. Se o filósofo

---

[15] *De Rerum Natura*, V, verso 1430.

[16] Cícero, *De Finibus*, I, 18, 60.

[17] Epicuro, *Ratae Sententiæ*, § 29, *Carta a Meneceu*, § 127.

[18] *Gnomologium Vaticanum*, § 33, em G. Arrighetti, *Epicuro Opere*, Turin, Einaudi, 1973, p. 146.

[19] Cf. Arrighetti, nº 240, p. 567.

[20] *Carta a Meneceu*, § 130.

epicurista se liberta das preocupações e dos desejos inúteis, é para voltar-se, como Thoreau, aos atos essenciais da vida, ao prazer de sentir e de existir. Se quem não tem fome, não tem sede, não tem frio pode rivalizar em felicidade com o próprio Deus, é porque, precisamente, como Deus, pode desfrutar sem entraves da consciência de existir, mas também do simples prazer de perceber a beleza do mundo, prazer que é, por exemplo, evocado por Lucrécio da seguinte maneira:

> Também para o corpo, é preciso pouca coisa... Basta-nos, entre amigos, sentados sobre um gramado macio, às margens de uma água corrente, debaixo dos galhos de uma grande árvore, poder com pouco custo apaziguar agradavelmente a fome, sobretudo quando o tempo sorri e a estação espalha flores nas ervas verdejantes.[21]

O olhar epicurista sobre as coisas não hesita, aliás, em se lançar muito mais longe. Ele mergulha até na infinidade dos mundos. Graças à mensagem de Epicuro, afirma Lucrécio, "as muralhas do mundo se afastam; através da imensidão do vazio, vejo nascer as coisas. A terra não me impede de distinguir tudo que, sob os meus pés, realiza-se nas profundezas do vazio. Por conseguinte, graças a esse espetáculo, um tipo de volúpia divina me arrebata, e um frêmito...".[22] A presença do cosmos se encontra também, vimos, em Thoreau, que não esquece que o sol que amadurece o feijão ilumina todo um sistema de terras como a nossa[23] e que não se sente só, pois, diz ele, nosso planeta está na Via Láctea.[24]

Thoreau, então, escolhendo se instalar em Walden, tomou o decisão de viver segundo o que podemos chamar de um modo de vida epicurista. Não quero dizer com isso que ele estava consciente do fato de que se tratava precisamente de um modo de vida epicurista, mas quero dizer que ele reencontrava, talvez espontânea e inconscientemente, talvez sob a influência de certas leituras dos Antigos ou dos Modernos, o que Epicuro e seus discípulos haviam

---

[21] Lucrécio, *De Rerum Natura*, II, 20-31.
[22] Ibidem, III, 16-30.
[23] *W*, p. 83; (p. 14).
[24] Cf. n. 14.

praticado e ensinado. Poder-se-ia dizer que, da mesma maneira que existe um tipo de estoicismo universal,[25] existe também um tipo de epicurismo universal, isto é, uma atitude sempre possível, sempre aberta, para o homem, a qual consiste, por uma certa disciplina e redução dos desejos, a chegar dos prazeres imiscuídos de sofrimento e dor ao simples e puro prazer de existir.

Há, entretanto, em Thoreau certas nuanças que não correspondem à atitude epicurista. Primeiramente, Thoreau fala da solidão e reivindica a solidão. Ora, para o epicurista, não há verdadeiro prazer se não é compartilhado com os amigos: é com amigos epicuristas que Lucrécio realiza sua refeição frugal sobre o gramado fresco primaveril. Além disso, para o epicurista, não há sentimento de comunhão e fusão com a Natureza, mas somente uma contemplação da infinidade dos mundos e da eternidade da Natureza imutável. Esse sentimento de comunhão, de sociedade com a natureza, é muito mais um sentimento estoico. O estoico, para quem tudo está em tudo, esforça-se, com efeito, para tomar consciência do fato de que ele é uma parte do Todo cósmico.[26] Como diz Sêneca, o sábio "mergulha na totalidade do mundo":[27] *toti se inserens mundo*.

Também são estoicos[28] em Thoreau a aceitação feliz, professada ao longo das páginas de *Walden*, da natureza e do universo,[29] em todos os seus aspectos, sejam eles graciosos ou aterrorizantes ou repulsivos, e a ideia de que cada realidade tem sua utilidade quando considerada na perspectiva da totalidade: "Essa chuva doce que molha meus feijões e que me impede de sair hoje não é nem sombria nem melancólica, ela é boa para mim também [...] se ela durasse bastante tempo [...] para destruir as batatas nas terras baixas, ela seria, contudo, boa para a erva sobre os planaltos; e, se ela é boa para a erva, ela é boa para mim".[30] "Os feijões

---

[25] Cf. P. Hadot, *La Citadelle Intérieure*, Paris, Fayard, 1992, p. 330-32.
[26] Cf. Marco Aurélio, *Meditações*, II, 3, 2 e 4, 2; II, 9.
[27] Sêneca, *Cartas a Lucílio*, 66, 6.
[28] Cf. P. Hadot, *La Citadelle Intérieure*, op. cit., p. 181-95.
[29] Pensa-se na declaração da transcendentalista Margaret Fuller: "I accept the Universe", citada por G. Landré-Augier, em Thoreau, *Walden*, Introdução, Paris, 1967, p. 31.
[30] *W*, p. 255; (p. 131).

produzem resultados que não são colhidos por mim. Não é em parte para as marmotas que eles geram seus frutos?" É que uma safra ou uma colheita jamais é perdida para todo mundo. "O bom cultivador, portanto, cessará de se inquietar [...] e terminará cada dia de seu labor renunciando a toda reivindicação sobre o produto de seus campos e sacrificando em seu espírito não somente seus primeiros frutos, mas também seus últimos."[31]

Enfim, há em Thoreau uma vontade deliberada de atribuir a conservação do calor vital ao trabalho manual, mesmo se moderado. Ora, nos epicuristas o problema não parece estar posto. Tanto quanto me consta, eles não fizeram declaração alguma contra ou a favor do trabalho manual. Nos estoicos, dá-se o contrário. Não somente encontra-se neles o exemplo de Cleantes que trabalhava de noite recolhendo água dos poços para poder, de dia, seguir o ensinamento de Zenão,[32] mas possuímos até um pequeno escrito do estoico romano Musônio que celebra explicitamente a união do trabalho da terra e da vida filosófica:[33]

> Os jovens tirariam bem mais proveito se não frequentassem um mestre na cidade e não o escutassem discorrer numa escola de filosofia, mas o vissem trabalhar os campos e provar em ato o que sua palavra ensina, a saber: que é preciso fazer esforço por si mesmo e antes assumir corporalmente a tarefa a ter necessidade de um outro para ser nutrido.

E Musônio continua descrevendo todas as vantagens de um ensinamento filosófico que seria dado "na comunidade da vida nos campos", "na vida em comum dia e noite" com o mestre.

Não devemos nos espantar com essa mistura de nuances estoicas e epicuristas que colore a concepção que Thoreau faz da filosofia. Goethe, por exemplo, havia falado em suas *Conversas com Falk* de certos seres que, por suas tendências inatas, são metade estoicos, metade epicuristas: ele não achava, dizia, nada espantoso o fato de que eles aceitam ao mesmo tempo os princípios

---

[31] *W*, p. 307; (p. 166).
[32] Diógenes Laércio, VII, 168.
[33] "Qual é o meio de obter recursos convenientes ao filósofo", em Télès et Musonius, *Prédications*, trad. A.-J. Festugière, Paris, 1978, p. 91.

fundamentais dos dois sistemas e até se esforçam para reuni-los o mais possível.[34] Pode-se dizer, aliás, de Goethe que ele próprio também era metade estoico, metade epicurista; por exemplo, ele desejava intensamente cada instante presente como um estoico e dele desfrutava como um epicurista. Haveria muito a dizer sobre esse fenômeno na tradição de pensamento ocidental. Destacaria somente um exemplo que apresenta, aliás, alguma analogia com Thoreau, quero falar do Rousseau dos *Devaneios de um Caminhante Solitário*, no qual se encontra a um só tempo o sensualismo epicurista, quando o barulho das ondas e a agitação da água bastam para lhe fazer sentir sua existência com prazer ("Do que se desfruta numa situação semelhante? De nada exterior a si, de nada senão de si mesmo e de sua própria existência; enquanto esse estado dura, cada um basta a si mesmo como um Deus"[35]), mas também a comunhão estoica com a natureza, quando ele toma consciência do fato de que ele próprio é uma parte da natureza: "Ele se perde com uma deliciosa embriaguez na imensidão desse belo sistema com o qual se sente identificado"; "Sinto êxtases, arrebatamentos inexprimíveis a me fundir, por assim dizer, no sistema dos seres, a me identificar com a natureza inteira".[36]

A experiência relatada em *Walden* me parece, portanto, extremamente interessante para nós, porque, escolhendo viver na floresta durante algum tempo, Thoreau pretendeu realizar um ato filosófico, isto é, dedicar-se a um certo modo de vida filosófico que comportava, a um só tempo, o trabalho manual e a pobreza, mas também lhe abria uma percepção do mundo imensamente ampliada. Compreendemos melhor, como vimos, a natureza dessa decisão, dessa escolha de vida, se nós a comparamos ao modo de vida filosófico que os filósofos antigos se impunham.

Ademais, o próprio *Walden*, isto é, o relato feito por Thoreau da maneira pela qual viveu essa prática e esse exercício filosóficos

---

[34] Em F. Von Biedermann, *Goethes Gespräche*, Leipzig, 1910, t. IV, p. 469.

[35] J.-J. Rousseau, *Les Rêveries du Promeneur Solitaire*, "Cinquième Promenade", Paris, GF-Flammarion, 1997, p. 102. [Em português: J.-J. Rousseau, *Devaneios do Caminhante Solitário*, "Quinta Caminhada". Trad. J. Rosa Simões. Porto Alegre, L&PM, 2008.]

[36] Ibidem, "Septième Promenade", p. 126 e 129.

é um discurso filosófico que, por mais admirável que seja, é, parece-me, de uma ordem totalmente diferente da própria filosofia, isto é, da experiência que Thoreau realmente viveu. O verdadeiro problema não era escrever, mas viver na floresta, ser capaz de suportar uma experiência semelhante, tão difícil no seu aspecto ascético – a vida na floresta – como no seu aspecto contemplativo e, poder-se-ia dizer, místico – esse mergulho no seio da natureza. Dito de outro modo, o ato filosófico transcende a obra literária que a exprime; e essa não pode exprimir totalmente o que Thoreau viveu... Hugo von Hoffmannsthal dizia: "Não se pode jamais dizer uma coisa realmente como ela é".[37] Creio que se pode detectar em Thoreau uma alusão furtiva ao caráter inexprimível da transfiguração da vida cotidiana que se opera na filosofia, quando ele escreve: "Os fatos mais espantosos e mais reais não podem jamais ser comunicados de um homem a outro. A verdadeira safra da minha vida cotidiana é, num certo sentido, tão impalpável e indescritível como os tons da manhã e da tarde. É um pouco do pó de estrela que foi apreendido, uma porção do arco-íris que pude reter na passagem".[38]

---

[37] Carta a Edgar Karg de 18 de junho de 1895, citada por J.-Cl. Schneider e A. Kohn, em Hugo Von Hoffmannsthal, *Lettre de Lord Chandos et Autres Textes*, Paris, NRF, p. 223.

[38] *W*, p. 379; (p. 215).

O SÁBIO E O MUNDO[1]

I. Posição do problema

Ninguém melhor que Bernard Groethuysen descreveu a relação entre o sábio antigo e o mundo:

> A consciência que ele tem do mundo é algo de específico do sábio. Somente o sábio não cessa de ter o todo constantemente presente ao espírito, jamais esquece o mundo, pensa e age levando em consideração o cosmos [...]. O sábio faz parte do mundo, ele é cósmico. Ele não se deixa desviar do mundo, desvincular-se da totalidade cósmica [...]. A figura do sábio e a representação do mundo formam, de certa maneira, um conjunto indissolúvel.[2]

Isso é particularmente verdadeiro para o sábio estoico, cuja atitude fundamental consiste num consentimento alegre, num "sim" a todo instante ao movimento do mundo, dirigido pela Razão universal. É conhecida a célebre oração de Marco Aurélio: "Tudo que está em acordo contigo está em acordo comigo, ó Mundo".[3] É talvez menos conhecida a teoria estética que ele desenvolve na mesma perspectiva:

---

[1] Inicialmente publicado no *Le Temps de la Réflexion*, "Le Monde", Paris, Gallimard, 1989, p. 175-88.
[2] B. Groethuysen, *Anthropologie Philosophique*, Paris, Gallimard, 1952, p. 80.
[3] Marco Aurélio, *Meditações*, IV, 23.

Se alguém possui a experiência e o conhecimento aprofundado dos processos do mundo, não haverá quase nenhum dos fenômenos que são ligados a esses processos que não lhe pareça se apresentar, sob um certo aspecto, de uma maneira prazerosa. Esse homem não terá menos prazer em contemplar, em sua realidade nua, as bocas escancaradas das feras do que todas as imitações que os pintores e escultores propõem delas [...]. Não é o recém-chegado que aí encontrará prazer, mas somente aquele que estiver verdadeiramente familiarizado com a natureza e com suas obras.[4]

Poder-se-ia dizer também que, consciente de ser uma parte do mundo, o sábio estoico mergulha, como Sêneca, na totalidade do cosmos: "*Toti se inserens mundo*".[5]

Isso também é verdadeiro para o sábio epicurista, ainda que a física que ele professe considere que o mundo seja efeito do acaso, sem intervenção divina. Mas é precisamente uma tal concepção do mundo, que traz a paz da alma e o prazer puro, que o sábio epicurista busca, porque o liberta do medo irracional dos deuses e o faz considerar cada instante como um tipo de milagre inesperado. Como bem mostrou E. Hoffmann,[6] é precisamente porque considera a existência como um puro acaso, inexoravelmente único, que o epicurista acolhe a vida como um tipo de milagre, como alguma coisa de divino, com uma imensa gratidão. O prazer do sábio consiste então em observar o mundo na paz e na serenidade, como os deuses que não tomam nenhum partido na condução das coisas do mundo, porque isso perturbaria seu eterno repouso. Descrevendo essa contemplação do sábio, análoga àquela dos deuses, Lucrécio diz: "Os terrores do espírito se dissipam, as muralhas do mundo desaparecem: vejo no infinito as coisas se produzir [...]. Sinto-me tomado de um frisson divino de volúpia com o pensamento de que a natureza [...] levantou todos os seus véus para se mostrar a nós".[7]

---

[4] Marco Aurélio, *Meditações*, III, 2.
[5] Sêneca, *Cartas a Lucílio*, 66, 6.
[6] E. Hoffmann, "Epikur", M. Dessoir, *Die Geschichte der Philosophie*, Wiesbaden, 1925, t. I, p. 223.
[7] Lucrécio, *De Rerum Natura*, III, 16-30.

Essa dimensão cósmica é essencial à figura do sábio antigo: parece-me, pois, que haveria ao mesmo tempo uma inexatidão histórica e um projeto "ético" bastante restrito e insuficiente em Michel Foucault, quando ele vincula as "práticas" filosóficas da Antiguidade e a "estética da existência" que ele próprio propõe a uma cultura de si. É verdade que a sabedoria antiga consiste parcialmente num "cuidado de si",[8] numa conversão em direção a si, mas, nesse exercício, o sábio antigo não encontra prazer em seu eu individual, como pensa Foucault, mas busca ultrapassar seu eu para se situar num nível universal, para se recolocar no Todo do mundo do qual é uma parte, racional ou material. Resulta disso que o projeto ético proposto por Foucault ao homem contemporâneo de uma "estética da existência", inspirado pelo que, a seus olhos, é o "cuidado de si dos filósofos antigos", parece-me demasiadamente estreito, não dar conta suficientemente da dimensão cósmica inerente à sabedoria e não fornecer muito mais que uma nova versão do dandismo.

Certamente me dirão: a sabedoria antiga, seja ela platônica, aristotélica, estoica ou epicurista, estava talvez intimamente ligada a uma relação com o mundo, mas a visão antiga do mundo não está superada? O universo quantitativo da ciência moderna é totalmente irrepresentável e o indivíduo nele se sente, doravante, como isolado, como perdido. Para nós a natureza não é mais nada além do "meio ambiente" do homem, ela se tornou um problema puramente humano, um problema de propriedade industrial. A ideia de razão universal não tem mais muito sentido. O projeto de Foucault não é então a única chance que resta para a moral? "O eu, tomando a si mesmo como obra a realizar, poderia sustentar uma moral que nem a tradição, nem a razão respaldam mais; artista de si mesmo, ele gozaria dessa autonomia da qual a modernidade não pode mais abrir mão: 'Tudo desapareceu, dizia Medeia, mas uma coisa permanece: eu'."[9]

De minha parte, creio na possibilidade, para o homem moderno, de viver não a sabedoria (os Antigos, na maior parte, já consideravam-na como um ideal inacessível que regula a ação e

---

[8] Cf. P. Hadot, "Reflexões sobre a Cultura de Si", neste volume.
[9] P. Veyne, "Le Dernier Foucault et sa Morale", *Critique*, 471-472, 1986, p. 939.

não como um estado realizado), mas um exercício, sempre frágil, sempre renovado, da sabedoria. E penso que esse exercício da sabedoria pode e deve visar a realizar uma reinserção do eu no mundo e no universal.

As reflexões que vou desenvolver agora tentarão mostrar em qual campo, em qual situação, a propósito de qual trajetória psicológica a experiência antiga e a experiência moderna do mundo podem se reencontrar.

II. Mundo da ciência e mundo da percepção cotidiana e habitual

É banal constatar que o mundo percebido na nossa vida cotidiana é radicalmente diferente do mundo irrepresentável construído pelo cientista. Na verdade, o mundo da ciência, por suas múltiplas aplicações técnicas, transforma radicalmente certos aspectos de nossa vida cotidiana. Mas é muito importante constatar que nossa maneira de perceber o mundo, na nossa vida cotidiana, não é profundamente afetada pelas concepções da ciência. Para todos nós, mesmo para o astrônomo quando volta para casa, o sol se levanta e se põe, a terra é imóvel.

Merleau-Ponty, na esteira de Husserl, desenvolveu uma notável reflexão sobre essa oposição entre o mundo da ciência e aquele da percepção: "Todo o universo da ciência é construído a partir do mundo vivido e, se quisermos pensar a própria ciência com rigor, apreciar exatamente seu sentido e alcance, é preciso que primeiro nós despertemos essa experiência do mundo da qual ela é uma segunda expressão".[10] Para a experiência vivida e existencial, a terra é precisamente o solo imóvel[11] com relação ao qual eu me movo e

---

[10] M. Merleau-Ponty, *Phénoménologie de la Perception*, Paris, Gallimard, 1945, p. II. [Em português: M. Merleau-Ponty, *Fenomenologia da Percepção*. Trad. C. A. Ribeiro de Moura. São Paulo, Martins Fontes, 2011.]
[11] M. Merleau-Ponty, *Éloge de la Philosphie et Autres Essais*, Paris, Gallimard, 1953 e 1960, p. 285-86. Cf. E. Husserl, "Grundlegende Untersuchungen zum phänomenologischen Ursprung der Räumlichkeit der Natur", in: Marvin Faver,

que é a referência fundamental da nossa existência. É a essa terra, imóvel com relação aos movimentos vividos, que o próprio astronauta se refere até quando vê, do espaço, a terra como uma pequena bola azul. Essas análises de Husserl e Merleau-Ponty nos fazem então compreender que a revolução copernicana, da qual tanto se fala nos livros de filosofia, subverte apenas o discurso teórico que os cientistas e filósofos fazem acerca do mundo, mas que ela nada muda na percepção habitual e cotidiana que temos dele.

É preciso, contudo, detalhar essa oposição entre o mundo da ciência e o mundo da percepção cotidiana. De fato, Husserl e Merleau-Ponty somente nos conduzem ao mundo da percepção vivida ou, antes, a essa percepção como mundo, para nos fazer tomar consciência dela. E essa tomada de consciência vai então transformar radicalmente a própria percepção do mundo, pois não será mais percepção de objetos diversos, mas percepção do mundo enquanto mundo e, sobretudo, para Merleau-Ponty, percepção da unidade do mundo e da percepção. A seus olhos, a filosofia não será precisamente nada além do movimento pelo qual tentamos "reaprender a ver o mundo".[12]

Num certo sentido, pode-se dizer que o mundo da ciência e aquele da filosofia se opõem, cada um à sua maneira, ao mundo da percepção habitual: a ciência, pela eliminação da percepção, abrindo-nos um universo reduzido a seus aspectos quantitativos por processos ao mesmo tempo matemáticos e técnicos; a filosofia, por sua vez, pelo aprofundamento e transformação da percepção habitual, fazendo-nos tomar consciência do próprio fato de que percebemos o mundo e de que o mundo é o que percebemos.

Encontra-se igualmente em Bergson uma distinção entre percepção habitual e percepção filosófica que é apresentada da seguinte maneira: "A vida exige que nos coloquemos antolhos para que não olhemos para a direita, para a esquerda ou para trás, mas bem em frente a nós, na direção para a qual devemos caminhar". "Para viver, é preciso selecionar os

---

Philosophical Essays in Memory of E. Husserl, Cambridge (Mass.), Harvard University Press, 1940, p. 309-25, traduzido para o francês com o título "L'Arché Originaire Terre ne se Meut pas", *Philosophie*, I, 1984, p. 4-21.

[12] M. Merleau-Ponty, *Phénoménologie de la Perception*, op. cit., p. XVI.

conhecimentos e as lembranças, reter somente o que interessa para nossa ação sobre as coisas." "Pode-se dizer o mesmo da percepção", continua Bergson. "Auxiliar da ação, ela isola, do conjunto da realidade, o que nos interessa..."[13] Mas, observa ele, existem homens que nascem *desapegados*. São os artistas: "Quando eles observam uma coisa, veem-na por ela e não mais por eles. Não percebem mais simplesmente com vistas a agir, percebem por perceber – para nada, pelo prazer...". "O que a natureza faz uma vez ou outra, por distração, para alguns privilegiados, a filosofia [...] não poderia tentar fazer, num outro sentido e de uma outra maneira, para todo mundo? O papel da filosofia não seria aqui nos conduzir a uma percepção mais completa da realidade por um certo deslocamento de nossa atenção?"

Esse "deslocamento de nossa atenção" do qual Bergson fala, como a "redução fenomenológica" de Merleau-Ponty, são, de fato, conversões, rupturas radicais com relação ao estado de inconsciência no qual o homem habitualmente vive. A percepção utilitária que temos do mundo na vida cotidiana nos esconde, de fato, o mundo enquanto mundo. E as percepções estéticas e filosóficas só são possíveis por uma transformação total de nossa relação com o mundo: trata-se de percebê-lo por ele mesmo e não mais por nós.

III. *A percepção estética*

Bergson e, como veremos, Merleau-Ponty consideram a percepção estética do mundo como um tipo de modelo da percepção filosófica. Na verdade, como J. Ritter[14] bem mostrou, é com a eclosão da ciência moderna, desde o século XVIII, e a transformação da relação do filósofo com a natureza que dela resultou, que se vê aparecer a tomada de consciência da necessidade de

---

[13] H. Bergson, *La Pensée et le Mouvant*, Paris, PUF, 1946, p. 152. [Em português: H. Bergson, *O Pensamento e o Movente*. Trad. B. Prado Neto. São Paulo, Martins Fontes, 2006.]

[14] J. Ritter, *Paysage. Fonction de l'Esthétique dans la Société Moderne*, tradução francesa de G. Raulet, Besançon, 1997, p. 69-71.

uma percepção de modo "estético" para permitir à existência, ao *Dasein* do homem, conservar a dimensão cósmica que é essencial à existência humana. Desde 1750, Baumgarten[15] em sua *Aesthetica* opõe a *veritas logica* à *veritas aesthetica*, por exemplo, o conhecimento do eclipse que é próprio do astrônomo e sua percepção emotiva no pastor que fala dele a sua bem-amada. Em 1790, na sua *Crítica da Faculdade do Juízo*, Kant também opõe percepção estética e conhecimento científico. Para perceber o oceano como sublime, não é preciso observá-lo associando-o a todos os tipos de conhecimentos geográficos ou meteorológicos, mas "é preciso chegar a ver o oceano, somente – como fazem os poetas, unicamente *segundo o que ele mostra ao olhar*, quando é contemplado, seja em repouso, tal qual um claro espelho d'água, que só é limitado pelo céu, seja quando está agitado como um abismo ameaçando engolir tudo".[16]

Quando C. G. Carus, de 1815 a 1830, escreveu suas *Cartas sobre a Pintura de Paisagem*,[17] caracterizando essa pintura como a "arte da representação da vida da terra" (*Erdlehenbildkunst*), ele também deixa entender que é graças à percepção estética que o homem pode continuar a viver nessa relação vivida e perceptiva com a terra, que é uma dimensão essencial da existência.

Essa percepção estética e desinteressada do mundo pode então nos permitir imaginar o que poderia ser a consciência cósmica para o homem moderno. Os pintores modernos, refletindo sobre sua arte, não a separam de uma experiência completamente particular do mundo.

Primeiramente, o artista moderno cria participando conscientemente da vida cósmica: "o diálogo com a natureza", escreve Paul Klee,[18] "permanece para o artista condição *sine qua*

---

[15] Ibidem, p. 155.

[16] I. Kant, *Critique de la Faculté de Juger*, § 29 (Observação Geral). [Em português: I. Kant, *Crítica da Faculdade do Juízo*. 2. ed. Trad. V. Rohden, A. Marques. Rio de Janeiro, Forense Universitária, 1995.]

[17] Elas podem ser encontradas na coletânea de C. D. Friedrich e C. G. Carus, *De la Peinture de Paysage*, Paris, Klincksieck, 1988.

[18] P. Klee, *Théorie de l'Art Moderne*, Paris, Denoël-Gonthier, "Médiations", 1975, p. 42-46.

non. O artista é homem. Ele próprio é natureza, pedaço de natureza no campo da natureza". E, precisamente, esse diálogo supõe uma comunicação intensa com o mundo, que não se efetua somente pela via óptica: "O artista hoje é melhor que o mais sutil aparelho fotográfico... Ele é uma criatura sobre a terra e uma criatura no Universo: criatura sobre um astro entre os astros". É por isso, segundo Klee, que há vias diferentes daquelas dos olhos para estabelecer a relação entre o eu e seu objeto, a via de um enraizamento terrestre comum, a via de uma participação cósmica comum. Isso significa então que o pintor deve pintar num estado no qual experimenta a unidade com a terra e com o universo.

A pintura abstrata aparece então para Klee como um tipo de prolongamento da obra da natureza: "Seu progresso na observação e na visão da natureza o faz ascender pouco a pouco a uma visão filosófica do universo que lhe permite criar livremente formas abstratas [...]. Assim, o artista cria obras ou participa da criação de obras feitas à imagem da obra de Deus". "Tal como uma criança, na sua brincadeira, nos imita, assim imitamos, no jogo da arte, as forças que criaram e criam o mundo." "A *natura naturans* importa mais para o pintor que a *natura naturata*."

Essa consciência cósmica, nós a encontramos em Cézanne:[19] "Vocês viram em Veneza o gigantesco Tintoretto, onde a terra e o mar, o globo terrestre se suspendem acima das cabeças, com o horizonte que se desloca, a profundidade, os mares distantes, e os corpos que alçam voo, a imensa esfericidade, o planisfério, o planeta lançado, caindo, rolando em pleno éter? [...] Ele nos profetizava. Ele já possuía essa *obsessão cósmica* que nos devora." "Eu, quanto a mim, quero perder-me na natureza, crescer novamente com ela, como ela [...]. Em um verde, meu cérebro inteiro escorrerá com o fluxo da seiva da árvore..." "A imensidão, a torrente do mundo, num pequeno polegar de matéria."

O pintor, diríamos nós, experimenta-se então, segundo Klee, como "pedaço de natureza no campo da natureza". O mesmo tema

---

[19] J. Gasquet, *Cézanne*, Paris, Cynara, 1988, p. 154.

reencontra-se na *Estética Generalizada* de Roger Caillois,[20] acerca da experiência da beleza:

> As estruturas naturais constituem o ponto de partida e a referência última de toda beleza imaginável, ainda que a beleza seja apreciação humana. Mas, como o próprio homem pertence à natureza, o círculo facilmente se fecha e o sentimento da beleza que o homem experimenta apenas reflete sua condição de ser vivente e de parte integrante do universo. Não se segue que a natureza seja o modelo da arte, mas antes que a arte constitui um caso particular da natureza, aquele que advém quando a trajetória estética passa pela instância suplementar da intenção e da execução.

O processo artístico e o processo criador da natureza têm em comum tornar visível, mostrar as coisas. Merleau-Ponty[21] insistiu muito nessa ideia: "A pintura não mais imita o visível, ela torna visível,[22] ela é o projeto da gênese das coisas, o quadro mostra como as coisas se tornam coisas e o mundo, mundo [...], como a montanha se torna montanha a nossos olhos". A pintura nos faz sentir a presença das coisas, o fato de que "as coisas estão aí". "Quando Cézanne busca a profundidade, é essa deflagração do Ser que ele busca."

A experiência da pintura moderna nos deixa então entrever, de uma maneira que, afinal, é filosófica, o próprio milagre da percepção que nos abre o mundo. Mas esse milagre é percebido apenas graças a uma reflexão sobre a percepção, a uma conversão da atenção, pelas quais nós mudamos nossa relação com o mundo, nós nos espantamos com o mundo, rompemos "nossa familiaridade com o mundo e essa ruptura nada pode nos ensinar senão o brotar imotivado do mundo".[23] Nós vemos então, de certa forma, o mundo aparecer sob os nossos olhos pela primeira vez.

---

[20] R. Caillois, *Esthétique Généralisée*, Paris, Gallimard, 1962, p. 8.

[21] M. Merleau-Ponty, "L'Oeil et l'Esprit", *Les Temps Modernes*, t. 27, 1961, p. 217 e 219. [Em português: M. Merleau-Ponty, *O Olho e o Espírito. Seguido de A Linguagem Indireta e as Vozes do Espírito e A Dúvida de Cézanne*. Trad. P. Neves, M. E. Gomes Pereira, C. Lefort, A. Tassinari. São Paulo, Cosac & Naify, 2004.]

[22] Assim ele retoma a expressão de P. Klee, *Théorie de l'Art Moderne*, op. cit., p. 34.

[23] M. Merleau-Ponty, *Phénoménologie de la Perception*, p. VIII.

IV. Spectator nouus

Tudo que acabamos de dizer é bem conhecido. Se o relembramos, era para definir o campo de nossa experiência (a saber, o da percepção), no qual poderia ser possível uma relação com o mundo que teria alguma semelhança com aquela que existia entre o sábio antigo e o cosmos. Era ainda para poder mostrar agora que existiam também na Antiguidade exercícios por meio dos quais o filósofo se esforçava para transformar sua percepção do mundo de uma maneira análoga à conversão da atenção da qual falava Bergson ou à redução fenomenológica de Merleau-Ponty. É bastante evidente que os discursos filosóficos pelos quais Bergson, Merleau-Ponty, os filósofos da Antiguidade exprimem ou justificam a trajetória que conduz à transformação da percepção são extremamente diferentes uns dos outros, do mesmo modo que os discursos que Klee ou Cézanne sustentam sobre a pintura não podem se confundir com a fenomenologia de Merleau-Ponty. Mas não é menos verdadeiro que Merleau-Ponty sentia profundamente que a experiência de Klee ou de Cézanne, para além das diferenças de discurso, confluía com sua própria experiência. Ocorre o mesmo com a experiência que transparece ao longo de certos textos da Antiguidade, que são completamente surpreendentes.

É o caso, por exemplo, desta passagem de uma carta de Sêneca a Lucílio:

> De minha parte, tenho o hábito de dedicar muito tempo à contemplação da sabedoria: observo-a com a mesma estupefação com a qual, noutros momentos, observo o mundo, esse mundo que muitas vezes me ocorre observar como se o visse pela primeira vez (*tam quam spectator nouus*).[24]

Se Sêneca fala de estupefação, é porque lhe ocorre descobrir bruscamente o mundo, "como se o visse pela primeira vez". Ele toma então consciência da transformação que se opera em sua percepção do mundo: habitualmente, ele não vê o mundo, não se surpreende com ele, mas bruscamente ele fica estupefato, porque vê o mundo com um olhar novo.

---

[24] Sêneca, *Cartas a Lucílio*, 64, 6.

O epicurista Lucrécio conhece a mesma experiência do estoico Sêneca. No segundo livro do *De Rerum Natura*, num certo momento de sua exposição, ele anuncia que vai proclamar um ensinamento novo: "Uma coisa surpreendentemente nova se prepara para espocar em teus ouvidos, uma nova visão das coisas vai se revelar para ti". Efetivamente, esse ensinamento novo tem como chocar a imaginação. Trata-se da afirmação da existência de um espaço infinito e, nesse espaço infinito, de uma pluralidade de mundos. Para preparar seu leitor para essa novidade, Lucrécio introduz algumas considerações sobre as reações psicológicas do homem ao novo. Por um lado, o que é novo dificilmente parece crível. Dito de outro modo, o que desordena nossos hábitos de espírito parece-nos *a priori* falso e inadmissível. Mas, uma vez que o admitimos, a mesma força do hábito que tornava a novidade surpreendente e paradoxal torna-a em seguida banal e nossa admiração pouco a pouco diminui. Depois Lucrécio descreve o mundo tal como apareceria a nossos olhos, se o víssemos pela primeira vez:

> Primeiramente, contempla a cor clara e pura do céu e tudo o que ele engloba em si: os astros errantes de todos os lados, a lua, o sol e sua luz de brilho incomparável; se todos esses objetos aparecessem hoje pela primeira vez aos mortais, se bruscamente, de improviso, surgissem a seus olhos, o que se poderia apontar de mais maravilhoso senão esse conjunto e do que, senão desse conjunto, a imaginação dos homens teria ousado menos conceber a existência? De nada, na minha opinião, tão prodigioso esse espetáculo teria parecido. Vê agora: ninguém, tanto estamos cansados e entediados dessa visão, ousa mais levantar os olhos para as regiões luminosas do céu.[25]

Esses textos são de uma importância capital para nosso propósito. Com efeito, eles significam que já o homem antigo não tinha consciência de viver no mundo, não tinha tempo de observar o mundo e que os filósofos sentiam fortemente o paradoxo e o escândalo dessa condição do homem que vive no mundo sem perceber o mundo. Bergson viu bem a razão dessa situação quando

---

[25] Lucrécio, *De Rerum Natura*, II, 1023 ss. Encontram-se observações análogas em Cícero, *De Natura Deorum*, III, 38, 96. Sêneca, *Questões Naturais*, VII, 1. Agostinho, *De Utilitate Credendi*, XVI, 34.

distinguiu a percepção habitual e utilitária, necessária para a vida, da percepção desinteressada, desapegada, do artista ou do filósofo. Não é, portanto, o caráter irrepresentável do universo científico que nos separa do mundo (pois vivemos no mundo da percepção vivida) e muito menos é a dúvida contemporânea sobre o caráter racional do mundo (Lucrécio recusava essa racionalidade do mundo). Os homens da Antiguidade não conheciam a ciência moderna, não viviam numa civilização industrial e técnica, e, todavia, não observavam o mundo mais do que fazemos habitualmente. Tal é a condição humana. Para viver, o homem deve "humanizar" o mundo, isto é, transformá-lo, tanto com sua ação quanto com sua percepção, num conjunto de "coisas" úteis à vida, objetos de preocupação, de querelas, de ritos sociais, de valores convencionais. Este é seu mundo. E ele não mais vê o mundo enquanto mundo. Ele não mais vê o "Aberto", como dizia Rilke, isto é, ele só vê o "futuro" ao passo que deveria "ver o Todo e a si no Todo, salvo para sempre".[26] O obstáculo à percepção do mundo não se situa, portanto, na modernidade, mas no próprio homem. O homem deve se separar do mundo enquanto mundo para poder viver sua vida cotidiana e deve se separar do mundo "cotidiano" para reencontrar o mundo enquanto mundo.

Se a sabedoria antiga estava tão estreitamente ligada ao mundo, não é porque cresse que o mundo fosse limitado (era infinito para Epicuro e Lucrécio) ou racional (novamente, para Epicuro e Lucrécio, ele era resultado do acaso), mas é porque ela era precisamente um esforço para ver as coisas com um olhar novo, para se arrancar do mundo convencional do humano, demasiado humano, e encarar a visão do mundo enquanto mundo.

V. O instante

É notável que, num texto célebre no qual se encontra, ao mesmo tempo, o eco da tradição antiga e o pressentimento de certas

---

[26] R. M. Rilke, "Huitième Élégie" nas Élégies de Duino, Paris, Aubier, 1943, p. 87. [Em português: R. M. Rilke, *Elegias de Duíno*. Trad. P. Garfunkel. Rio de Janeiro, Record, 2002.]

atitudes modernas, falo dos *Devaneios de um Caminhante Solitário*, sejamos levados a constatar a estreita ligação existente, para Rousseau, entre seu êxtase cósmico e sua transformação de atitude interior a respeito do tempo. De um lado, "todos os objetos particulares lhe escapam; ele vê e sente apenas no todo".[27] De outro, "o tempo não é mais nada para [ele] [...] o presente dura eternamente sem, no entanto, marcar sua duração e sem nenhum traço de sucessão, sem nenhum outro sentimento de privação nem de gozo, de prazer nem de pena, de desejo nem de medo, senão aquele único de nossa existência [...]".[28] Rousseau analisa assim de modo muito notável os elementos que compõem e que tornam possível a percepção desinteressada do mundo. Trata-se de uma concentração sobre o instante presente no qual o espírito está, de certo modo, sem futuro nem passado, experimentando o simples "sentimento da existência". Não se trata, todavia, de um voltar-se sobre si mesmo, mas, ao contrário, o sentimento da existência é, indissoluvelmente, sentimento de estar no todo e sentimento da existência do todo.

Tudo isso, em Rousseau, é um estado passivo, quase místico. Mas, nos antigos, parece que essa transformação do olhar lançado sobre o mundo estava intimamente ligada a exercícios de concentração do espírito sobre o instante presente.[29] Eles consistiam, tanto no estoicismo como no epicurismo, em "se separar do futuro e do passado" para "delimitar o instante presente".[30] Uma tal trajetória permite o desapego interior, a liberdade e tranquilidade do espírito, liberado do peso e dos preconceitos do passado, como da preocupação com o futuro, que é indispensável para perceber o mundo enquanto mundo. Há aqui, aliás, um tipo de causalidade recíproca, pois a tomada de consciência da relação com o mundo, por sua vez, traz ao espírito a paz e a serenidade interior na medida em que nossa existência será recolocada na perspectiva cósmica.

---

[27] J.-J. Rousseau, *Les Rêveries du Promeneur Solitaire*, "Septième Promenade". Paris, Flammarion, 1964, p. 126.
[28] Ibidem, "Cinquième Promenade", p. 102.
[29] Sobre esse tema, cf. p. 34-35, 265-66 e "Le Présent Seul Est Notre Bonheur", *Diogène*, 133, 1986, p. 58-81.
[30] Marco Aurélio, *Meditações*, XII, 3, 3-4, e VII, 29, 3 e III, 12, 1.

Essa concentração sobre o instante presente permitirá descobrir o valor infinito, o milagre inaudito de nossa presença no mundo. Com efeito, a concentração sobre o instante presente implica a suspensão de nossos projetos sobre o futuro; dito de outro modo, ela implica que pensemos o momento presente como o último momento, que vivamos cada dia, cada hora como se fosse a última. Para os epicuristas, um tal exercício revela a incrível sorte que cada momento vivido no mundo representa: "Pensa que cada novo dia que nasce será o último para ti. Então, é com gratidão que receberás cada hora inesperada".[31] "Receber, reconhecendo todo seu valor, cada momento do tempo que se acrescenta como se ele chegasse por uma sorte incrível."[32] "Que a alma encontre sua alegria no presente e odeie a inquietude do futuro."[33]

Essa disposição de admiração com respeito ao que aparece, ao que advém no instante presente encontra-se, por outras razões, nos estoicos. Para eles, cada instante, cada acontecimento presente implica todo o universo, toda a história do mundo. Nosso corpo supõe todo o universo como cada instante supõe a imensidão do tempo. O brotar da realidade, a presença do ser é em nós mesmos que podemos experimentá-lo. Tomando consciência de um único instante em nossa vida, de uma única pulsação do nosso coração, podemos nos sentir ligados a toda a imensidão cósmica e à maravilha da existência do mundo. Em cada parte da realidade, todo o universo está presente. Nos estoicos, essa experiência do instante corresponde à teoria da interpenetração recíproca das partes do universo. Mas uma tal experiência não está necessariamente ligada a uma teoria. Nós a reencontramos expressa, por exemplo, nestes versos de William Blake:

> Ver o mundo num grão de areia,
> O céu numa flor do campo
> O infinito na palma da mão
> E a eternidade numa hora.[34]

---

[31] Horácio, *Épîtres*, I, 4, 13.
[32] M. Gigante, *Ricerche Filodemee*, Napoli, Macchiaroli, 1983, p. 181 e 215-216.
[33] Horácio, *Odes*, II, 16, 25.
[34] W. Blake, *Auguries of Innocence*.

Ver o mundo pela última vez é o mesmo que vê-lo pela primeira vez, *tam quam spectatur nouus*. Essa impressão é provocada ao mesmo tempo pelo pensamento da morte, que nos revela o caráter, de certo modo, miraculoso de nossa relação com o mundo, sempre ameaçada, sempre inesperada, e pelo sentimento de novidade que o olhar que se concentra sobre o instante, sobre um momento do mundo, provoca: este dá assim a impressão de aparecer, nascer sob nossos olhos. O mundo é então percebido como uma "natureza", no sentido etimológico da palavra, como uma *phusis*, isto é, como o movimento de crescimento, de nascimento pelo qual as coisas aparecem. Nós experimentamos a nós mesmos como um momento, como um instante desse movimento, desse acontecimento imenso, que nos ultrapassa, que já está aqui sempre antes de nós, sempre além de nós. Nós conascemos[35] com o mundo. O sentimento da existência, do qual falava Rousseau, é o sentimento de identidade entre a existência universal e nossa existência.

VI. O sábio e o mundo

Sêneca ficava igualmente estupefato pelo espetáculo do mundo (que contemplava *tamquam spectator nouus*) e pelo espetáculo da sabedoria e, por "sabedoria", ele entendia a figura do sábio tal qual a entrevia na personalidade do filósofo Séxtio.

Esse paralelo é muito instrutivo. Com efeito, há uma enorme analogia entre o movimento pelo qual atingimos a visão do mundo e aquele pelo qual estabelecemos a figura do sábio. Primeiramente, desde o *Banquete* de Platão, os filósofos antigos consideraram a figura do sábio como um modelo inacessível que o filo-sofo (aquele que ama a sabedoria) se esforça para imitar, num esforço sempre renovado, por um exercício praticado a cada instante.[36] Contemplar a sabedoria em tal ou qual personagem é

---

[35] Segundo a célebre expressão de P. Claudel, *Art Poétique*, Paris, Mercure de France, 1946, p. 54 ss. [No original, *co-naissons*, fruto de um jogo de palavras derivado das conjugações dos verbos nascer (*naître*) e conhecer (*connaître*) na primeira pessoa do plural do indicativo presente: *naissons* e *connaissons*. (N. T.)]

[36] Ver p. 322.

então operar um movimento do espírito que, por meio da vida dessa personalidade, dirige-se rumo à representação de uma perfeição absoluta que estaria além de todas as encarnações possíveis. Da mesma maneira, a contemplação do mundo descobre, no aspecto parcial que ela observa, a totalidade do mundo, ela ultrapassa a paisagem[37] apreendida em tal ou qual instante, para ir além na direção da representação de uma totalidade que ultrapassa todo objeto visível.

Ademais, a contemplação de que Sêneca fala é um tipo de contemplação unitiva. Do mesmo modo que, para perceber o mundo, é preciso, por um exercício de concentração sobre o instante, perceber, de certa forma, sua unidade com o mundo, assim também, para reconhecer a sabedoria, é preciso, de algum modo, se exercitar na sabedoria. Nós não conhecemos senão nos tornando semelhantes ao nosso objeto. É por uma conversão total que podemos nos abrir ao mundo e à sabedoria. É por isso que Sêneca também fica tão estupefato e extasiado pelo espetáculo da sabedoria como pelo espetáculo do mundo. Num e noutro caso, trata-se para ele de uma descoberta, conquistada graças a uma mutação interior, graças a uma mudança total da maneira de ver e de viver. Assim, no fundo, é num mesmo e único movimento que se revela, ao amante da sabedoria, o mundo, percebido na consciência do sábio, e a consciência do sábio, mergulhada na totalidade do mundo.

---

[37] J. Ritter, *Paysage...*, op. cit., p. 61.

A FILOSOFIA É UM LUXO?[1]

A filosofia é um luxo? O que é um luxo é dispendioso e inútil. Teremos, pois, de evocar muito brevemente o que se poderia chamar de aspecto econômico dessa questão, isto é, as condições financeiras indispensáveis para filosofar em nosso mundo moderno. Mas aprofundar esse aspecto nos levaria ao problema geral, sociológico, da desigualdade de chances nas carreiras. É evidentemente sobre o problema da inutilidade da filosofia que nos deteremos. Parece-nos, portanto, que a questão posta nos obriga a nos interrogar necessariamente sobre a própria definição da filosofia. E, finalmente, para além até mesmo da natureza da filosofia, é ao drama da condição humana que nossa reflexão nos conduzirá.

Em geral, os não filósofos consideram a filosofia uma linguagem abstrusa, um discurso abstrato, que um pequeno grupo de especialistas, único a poder compreendê-lo, desenvolve indefinidamente acerca de questões incompreensíveis e sem interesse, uma ocupação reservada a alguns privilegiados que, graças a seu dinheiro ou a uma feliz confluência de circunstâncias, têm o ócio para se dedicar a ela; um luxo, portanto. E é preciso reconhecer que, atualmente, para que um único aluno possa tornar-se candidato ao *Baccalauréat*, para que ele alcance o privilégio de poder redigir a dissertação filosófica hoje exigida, foram necessárias

---

[1] Texto publicado pela primeira vez no *Le Monde de l'Éducation*, n° 191, março 1992, p. 90-93.

pesadas despesas financeiras assumidas por seus pais e pelos contribuintes. E para que lhe servirá realmente, "na vida", o fato de ter redigido esse exercício de estilo? No nosso mundo moderno no qual reina a técnica científica e industrial, no qual tudo é avaliado em função da rentabilidade e do lucro comercial, para que pode servir discutir as relações entre verdade e subjetividade, mediato e imediato, contingência e necessidade, ou a dúvida metódica em Descartes? É verdade, aliás, que a filosofia está longe de estar totalmente ausente do mundo moderno, isto é, das telas de televisão, porque, em geral, o homem contemporâneo não tem o sentimento de perceber verdadeiramente o mundo exterior senão quando o vê refletido nesses pequenos quadriláteros. Mostram-se então de tempos em tempos, na televisão, filósofos neste ou naquele programa: eles geralmente seduzem o público com sua arte de falar, compra-se o livro deles no dia seguinte, folheiam-se suas primeiras páginas, antes de fechar definitivamente a obra, repelido que se é, na maior parte do tempo, pelo jargão incompreensível. Mas tudo isso é sentido precisamente como um luxo de privilegiados, como negócio de um "mundo muito pequeno", sem influência sobre as grandes escolhas da vida.

A glória da filosofia, responderão alguns filósofos, é precisamente ser um luxo e um discurso inútil. Primeiramente, se não houvesse senão o útil no mundo, o mundo seria irrespirável. A poesia, a música, a pintura, elas também são inúteis. Elas não melhoram a produtividade. Mas são, todavia, indispensáveis à vida. Elas nos libertam da urgência utilitária. É, igualmente, o caso da filosofia. Sócrates, nos diálogos de Platão, ressalta a seus interlocutores que eles têm todo o tempo deles para discutir, que nada os apressa. E é bem verdadeiro que, para isso, é preciso ócio, como é preciso ócio para pintar, para compor música e poesia.

E é precisamente o papel da filosofia revelar aos homens a utilidade do inútil ou, caso se prefira, de lhes ensinar a distinguir entre dois sentidos da palavra útil. Há o que é útil para um fim particular: a calefação, a iluminação ou os transportes, e há o que é útil ao homem enquanto homem, enquanto ser pensante. O discurso da filosofia é "útil" nesse último sentido, mas é um luxo, caso se considere como útil apenas o que serve a fins particulares e materiais.

Pode-se dar uma definição geral da filosofia concebida como um discurso teórico? É bastante difícil encontrar um denominador comum entre as diferentes tendências. Talvez se pudesse dizer que é comum aos estruturalistas e analíticos, para tomar como exemplo dois grupos importantes, desenvolver um discurso reflexivo sobre todas as formas do discurso humano, seja ele científico, técnico, político, artístico, poético, filosófico ou cotidiano. Assim, a filosofia seria então um tipo de metadiscurso, que não se contentaria, aliás, em simplesmente descrever os discursos humanos, mas que os criticaria em nome do que é preciso chamar de exigências da razão, mesmo se essa noção de "razão" é ela mesma posta em questão pela maior parte desses discursos reflexivos. E é preciso reconhecer que, desde Sócrates, esse discurso sobre os discursos foi um aspecto da filosofia.

É bastante difícil, todavia, se satisfazer com essa solução. Se a maior parte dos homens considera a filosofia um luxo, é sobretudo porque ela lhes parece infinitamente afastada do que constitui a substância de suas vidas: suas preocupações, seus sofrimentos, suas angústias, a perspectiva da morte que os espera e que espera os que eles amam. Em face dessa realidade esmagadora da vida, o discurso filosófico não pode lhes parecer senão uma vã tagarelice e um luxo irrisório... "Palavras, palavras, palavras", dizia Hamlet. O que é, em última instância, o mais útil ao homem enquanto homem? É discorrer sobre a linguagem ou sobre o ser e o não ser? Não é, antes, aprender a viver uma vida humana?

Evocamos há pouco os discursos de Sócrates, discursos sobre o discurso dos outros. Eles não eram destinados, todavia, a construir um edifício conceitual, um discurso puramente teórico, mas eram uma conversação viva, de homem para homem, que não estava cindida da vida cotidiana. Sócrates é um homem da rua. Ele fala com todo mundo, ele percorre os mercados, as salas de esporte, os ateliês dos artesãos, as lojas dos comerciantes. Ele observa e discute. Não pretende saber coisa alguma. Ele somente interroga, e aqueles que ele interroga se interrogam então sobre eles mesmos. Eles então se colocam a si mesmos em questão, a si mesmos e sua maneira de agir.

Nessa perspectiva, o discurso filosófico não é mais um fim em si, mas está a serviço da vida filosófica. O essencial da filosofia não é mais o discurso, mas a vida, mas a ação. Toda a Antiguidade reconheceu que Sócrates foi filósofo, mais por sua vida e por sua morte que por seus discursos. E a filosofia antiga permaneceu sempre socrática na medida em que ela sempre apresentou a si mesma como um modo de vida, mais que como um discurso teórico. O filósofo não é especificamente um professor ou escritor, mas um homem que fez certa escolha de vida, que adotou um estilo de vida, epicurista ou estoico, por exemplo. O discurso exerce por certo um papel importante nessa vida filosófica; a escolha de vida se exprime em "dogmas", na descrição de uma certa visão de mundo, e essa escolha de vida permanece viva graças ao discurso interior do filósofo que se rememora dos dogmas fundamentais. Mas esse discurso está ligado à vida e à ação.

Entrevê-se assim um tipo de filosofia que se identifica de alguma maneira com a vida do homem, a vida de um homem consciente de si mesmo, retificando sem cessar seu pensamento e sua ação, consciente de seu pertencimento à humanidade e ao mundo. Nesse sentido, a famosa fórmula "filosofar é aprender a morrer" é uma das definições mais adequadas que foram dadas da filosofia. Na perspectiva da morte, cada instante aparecerá como uma chance miraculosa e inesperada e cada olhar lançado sobre o mundo nos dará a impressão de vê-lo pela primeira e talvez última vez. Sentiremos então o mistério insondável do surgimento do mundo. O reconhecimento desse caráter de algum modo sagrado da vida e da existência nos conduzirá à compreensão de nossa responsabilidade com relação aos outros e com relação a nós mesmos. Os Antigos encontravam, numa tal consciência e numa tal atitude de vida, a serenidade, a tranquilidade da alma, a liberdade interior, o amor ao outro, a consistência da ação. Pode-se observar em alguns filósofos do século XX, como Bergson, Lavelle ou Foucault, por exemplo, certa tendência a retornar a essa concepção antiga da filosofia.

Aparentemente, uma tal filosofia não pode ser um luxo, porque está ligada à própria vida. Ela seria, antes, uma necessidade elementar para o homem. É por isso que filosofias como o epicurismo ou o estoicismo se queriam universais. Propondo aos homens a arte de viver como homem, elas se dirigiam a todos os seres humanos: escravos, mulheres, estrangeiros. Elas eram missionárias, buscavam converter as massas.

Mas em vão, pois não se deve ter ilusão: essa filosofia concebida como uma maneira de viver não pode ser ainda e sempre senão um luxo. O drama da condição humana é que é impossível não filosofar e, ao mesmo tempo, impossível filosofar. Ao homem estão abertas, pela consciência filosófica, a profusão das maravilhas do cosmos e da terra, uma percepção mais aguda, uma riqueza inesgotável de trocas com os outros homens, com as outras almas, o convite a agir com benevolência e justiça. Mas as preocupações, as necessidades, as banalidades da vida cotidiana impedem-no de alcançar essa vida consciente de todas as suas possibilidades. Como unir harmoniosamente a vida cotidiana e a consciência filosófica? Isso não pode ser senão uma conquista frágil e sempre ameaçada. "Tudo que é belo", diz Espinosa no final da *Ética*, "é tão difícil quanto raro." E como os bilhões de homens esmagados pela miséria e pelo sofrimento poderiam atingir essa consciência? Ser filósofo não seria também sofrer por esse isolamento, por esse privilégio, por esse luxo, e manter sempre presente ao espírito esse drama da condição humana?

MEUS LIVROS E MINHAS PESQUISAS[1]

Relembro brevemente minha atividade literária ou científica para os ouvintes que não me conhecem.

Primeiramente, fiz várias edições e traduções de textos da Antiguidade: em 1960, as obras teológicas de um neoplatônico latino cristão, Mário Vitorino; em 1977, a *Apologie de Davi* [Apologia de Davi] de Ambrósio; em 1988 e 1990, dois tratados de Plotino. Além disso, escrevi um certo número de livros, primeiramente, em 1963, um pequeno livro intitulado: *Plotino ou a Simplicidade do Olhar*; em seguida, em 1968, uma tese de doutorado consagrada a um aspecto do neoplatonismo, as relações entre esse teólogo cristão do século IV, Vitorino, do qual acabo de falar, e um filósofo pagão do século IV d.C., Porfírio, o discípulo de Plotino; depois, em 1981, uma obra intitulada: *Exercices Spirituels et Philosophia Antique* [Exercícios Espirituais e Filosofia Antiga] e, no ano passado, um livro intitulado *La Citadelle Intérieure* [A Cidadela Interior], consagrado às *Meditações* de Marco Aurélio. Se o Collège Philosophique me convidou esta noite, é certamente por causa dessas duas últimas obras, porque nelas se encontra expressa certa concepção da filosofia antiga e esboçada também uma certa concepção da filosofia em geral.

Para dizer em uma palavra, nelas se encontra a ideia de que a filosofia deve se definir como um "exercício espiritual". Como

---

[1] Inédito. Comunicação no Collège Philosophique em 1993.

cheguei a dar tanta importância a essa noção? Penso que isso remonta aos anos 1959-1960, ao meu encontro com a obra de Wittgenstein. Desenvolvi as reflexões que esse encontro me havia inspirado num artigo da *Revue de Métaphysique et de Morale*: "Jeux de Langage et Philosophie" [Jogos de Linguagem e Filosofia], publicado em 1960, no qual eu escrevia: "Nós filosofamos num jogo de linguagem, isto é, para retomar a expressão de Wittgenstein, numa atitude e numa forma de vida que dá sentido a nossas palavras". Retomando a ideia de Wittgenstein, segundo a qual era preciso romper radicalmente com a ideia de que a linguagem funcionava sempre apenas de uma mesma maneira e sempre com o mesmo fim: traduzir pensamentos, eu dizia que era preciso romper também com a ideia de que a linguagem filosófica funcionaria de uma maneira uniforme. Com efeito, o filósofo está sempre num certo jogo de linguagem, isto é, numa forma de vida, numa certa atitude, e é impossível dar sentido às teses dos filósofos sem situá-las no seu jogo de linguagem. Além disso, a principal função da linguagem filosófica consistia em colocar os ouvintes desse discurso numa certa forma de vida, num certo estilo de vida. Assim aparecia a noção de exercício espiritual, como esforço de modificação e transformação de si. Se eu era sensível a esse aspecto da linguagem filosófica, se eu pensava isso, é porque, como meus predecessores e meus contemporâneos, eu havia deparado com esse fenômeno bem conhecido, o das incoerências, até contradições, que se encontram nas obras dos autores filosóficos da Antiguidade. Sabe-se que, com frequência, é extremamente difícil seguir o fio das ideias nos escritos filosóficos antigos. Quer se trate de Agostinho, de Plotino, de Aristóteles ou de Platão, os historiadores modernos não cessam, pois, de deplorar as imperícias de exposição, as falhas de composição que se encontram em suas obras. Eu cheguei então, pouco a pouco, a notar que, para explicar esse fenômeno, era preciso sempre explicar o texto pelo contexto vivo no qual ele havia nascido, isto é, pelas condições concretas da vida da escola filosófica, no sentido institucional da palavra, escola que, na Antiguidade, jamais visou, prioritariamente, a difundir um saber teórico e abstrato, como nossas universidades modernas, mas, antes de tudo, a formar espíritos num método, num saber falar, num saber discutir. Os escritos filosóficos eram sempre de perto ou de longe os ecos de um ensinamento oral; e, em qualquer circunstância, para os filósofos da Antiguidade, uma frase ou uma palavra ou um desenvolvimento não eram destinados, prioritariamente, a transmitir uma informação, mas a produzir um certo efeito psíquico no leitor ou no ouvinte, levando em conta, aliás, muito pedagogicamente as capacidades do ouvinte. O elemento proposicional não era o mais importante. Conforme a excelente fórmula de V. Goldschmidt a propósito do diálogo platônico, pode-se dizer que o discurso filosófico antigo tendia a formar mais que a informar.

A rigor, poder-se-ia dizer, para resumir o que acabo de expor, que a filosofia antiga é mais um exercício pedagógico e intelectual que uma construção sistemática. Mas, numa segunda etapa, relacionei essa constatação ao fato de que a filosofia antiga se apresentava a si própria, ao menos desde Sócrates e Platão, como uma terapêutica. Todas as escolas de filosofia antiga propõem, cada uma à sua maneira, uma crítica do estado habitual dos homens, estado de sofrimento, de desordem e de inconsciência, e um método para curar os homens desse estado: "A escola do filósofo é uma clínica", dizia Epiteto. Essa terapêutica se situa, em primeiro lugar, evidentemente, no discurso do mestre, que produz o efeito de um encantamento, de uma mordida ou de um choque violento que desconcerta o ouvinte, tal como é dito dos discursos de Sócrates no *Banquete* de Platão. Mas, para curar, não basta ficar comovido, é preciso querer realmente transformar sua vida. Em todas as escolas filosóficas, o professor é também um diretor de consciência. Sobre esse tema, devo reconhecer tudo que devo aos trabalhos de minha esposa, entre outros a seu livro sobre a direção espiritual em Sêneca e a seu estudo geral sobre o guia espiritual na Antiguidade.

A escola filosófica impõe, pois, um modo de vida a seus membros, um modo de vida que engloba toda a existência. E esse modo de vida consiste em certas trajetórias, que podem ser precisamente chamadas de exercícios espirituais, isto é, práticas destinadas à modificação de si, ao aprimoramento, à transformação de si. Em sua origem, há, portanto, um ato de escolha, uma opção fundamental em favor de um modo de vida, que se concretiza em seguida, seja na ordem do discurso interior e da atividade espiritual: meditação, diálogo consigo mesmo, exame de consciência, exercícios da imaginação, como o olhar lançado do alto sobre o cosmos ou sobre a terra; seja na ordem da ação e do comportamento cotidiano, como o domínio de si, a indiferença às coisas indiferentes, a realização dos deveres da vida social no estoicismo, a disciplina dos desejos no epicurismo. Todos esses exercícios espirituais devem ser realizados segundo um método que é tradicional em cada escola. Parece, portanto, nessa perspectiva que o discurso filosófico é apenas um elemento da atividade filosófica, ele é destinado a justificar, a fundar uma atitude existencial que corresponde a uma opção fundamental da escola. Os estoicos, aliás, opunham muito claramente o discurso filosófico e a própria filosofia, pois a filosofia era, para eles, um ato único, uma atitude cotidiana constante, não uma sabedoria perfeita, mas um exercício com vistas à sabedoria, exercício no qual se praticavam concretamente a lógica, sopesando a realidade tal qual ela é, a moral, agindo em serviço dos outros, e a física, vivendo conscientemente como uma parte do cosmos. O discurso filosófico, ao contrário, correspondia somente às necessidades de ensino, isto é, à exposição discursiva, teórica e pedagógica das razões que se tem para viver dessa maneira. Nas outras escolas, e notadamente em Platão e Aristóteles – não posso, evidentemente, entrar aqui nos detalhes –, encontra-se implicitamente uma distinção desse gênero pela boa razão que, de uma maneira geral, na Antiguidade, o filósofo se considera filósofo não porque desenvolve um discurso filosófico, mas porque vive filosoficamente. A filosofia é antes de tudo um modo de vida que comporta, como parte integrante, mas não única, um certo tipo de discurso. Desse ponto de vista, creio ser bom especificar que se pode distinguir, em grego, dois sentidos da palavra "discurso" (*logos*) filosófico. De um lado, o discurso enquanto se dirige a um discípulo ou a si mesmo, isto é, o discurso ligado a um contexto existencial, a uma práxis concreta, discurso que é efetivamente exercício espiritual; de outro lado, o discurso considerado abstratamente em sua estrutura formal, em seu conteúdo inteligível. É esse último que os estoicos consideravam diferente da filosofia, mas que, habitualmente, constitui o objeto da maior parte dos estudos modernos de história da filosofia. Aos olhos dos filósofos antigos, porém, contentar-se com esse discurso não é fazer filosofia. De uma ponta a outra da história da filosofia antiga, encontram-se as mesmas críticas e o mesmo combate contra os que creem ser filósofos porque desenvolvem um discurso filosófico, sobretudo dialético e lógico, técnico e brilhante, em vez de transformar seu gênero de vida. Pode-se dizer que reside aí o perpétuo perigo da filosofia: isolar-se no universo seguro dos conceitos e do discurso em vez de ultrapassar o discurso para se engajar no risco da transformação radical de si.

É preciso acrescentar que o discurso filosófico não é ultrapassado somente na decisão de mudar de vida, mas também nas experiências filosóficas totalmente não discursivas, amorosa em Platão, contemplativa em Aristóteles, unitiva em Plotino, esse último opondo, muito conscientemente, o discurso teológico que fala do Bem, mas não conduz ao Bem, e os exercícios espirituais da purificação e da unificação, que conduzem à experiência da presença.

Em meu livro *La Citadelle Intérieure*, tentei aplicar às *Meditações* de Marco Aurélio essa concepção da filosofia. É preciso, com efeito, compreender as *Meditações* como exercícios espirituais, meditações, exames de consciência, exercícios da imaginação. Como o aconselha seu mestre Epiteto, Marco Aurélio se esforça para assimilar pela escrita os dogmas e as regras de vida do estoicismo. Lendo as *Meditações*, assiste-se a um esforço incessantemente renovado para formular, sempre de modo novo, de maneira impactante, sob uma forma literária rebuscada, os mesmos dogmas e as mesmas regras de vida. Para Marco Aurélio, não se trata de expor um sistema, nem mesmo de tomar notas para se relembrar, mas de modificar, quando sente necessidade, seu discurso interior a fim de recolocar a si mesmo numa certa disposição, de sorte a praticar as três regras fundamentais do estoicismo, enunciadas por Epiteto: ousar ver a realidade tal qual é, agir em serviço dos outros, ter consciência de ser uma parte do cosmos e aceitar com serenidade o destino; em outras palavras, estabelecer-se na verdade, na justiça e na serenidade. Para tanto, não bastaria reler o que já havia sido escrito. Isso não corresponde mais à necessidade do momento. Às vezes, por certo, bastará reescrever o que já havia sido escrito: donde as repetições que são frequentes nas *Meditações*. Mas é preciso escrever, reescrever. O que conta é o próprio exercício da escrita naquele instante preciso. A esse respeito, as *Meditações* de Marco Aurélio são talvez um livro único na história da literatura.

Marco Aurélio não se contenta, aliás, em formular os dogmas e as regras de vida, mas frequentemente apela a exercícios de imaginação que reforçam o poder persuasivo dos dogmas. Ele não se contenta, por exemplo, em dizer que todas as coisas estão numa perpétua metamorfose, mas coloca diante dos próprios olhos toda a corte de Augusto, engolfada pelo tempo, toda uma geração, como a do tempo de Vespasiano. Assim, abundam nas *Meditações* as imagens que chocam, as descrições brutais da realidade totalmente nua. Elas impressionaram os historiadores, que se comprouveram em denunciar o pessimismo, a resignação, a tristeza do imperador filósofo. O erro deles foi, precisamente, não recolocar essas fórmulas no contexto dos exercícios espirituais e da verdadeira doutrina estoica. Essas declarações pretensamente pessimistas não exprimem experiências ou impressões de Marco Aurélio, mas devem ser recolocadas, sobretudo, na perspectiva fundamental do estoicismo: não há bem senão o bem moral, não há mal senão o mal moral. Há um único Valor, a pureza de intenção moral, que é indissoluvelmente exigência de verdade, de amor aos homens e de consentimento ao Destino.

Essa representação antiga da filosofia nos parece muito distante da representação que atualmente nos fazemos da filosofia. Como uma tal evolução pôde se produzir? Trata-se de um fenômeno muito complexo, que comporta dois aspectos principais: um, que já evoquei, e que é, de algum modo, conatural ao filósofo, é a tendência constante que sempre tem o filósofo, mesmo na Antiguidade, de se satisfazer com o discurso, com a arquitetura conceitual que construiu, sem colocar em questão sua própria vida; a outra, que é contingente e de ordem histórica, é a separação entre o discurso filosófico e a prática espiritual que foi operada pelo cristianismo.

Com efeito, é com a aparição do cristianismo que a noção antiga de *philosophia* começou a ser posta em questão. Por volta do fim da Antiguidade, o cristianismo apresentou a si mesmo como uma *philosophia*, isto é, como um modo de vida, que conservava, aliás, notadamente na vida monástica, numerosos exercícios espirituais da filosofia antiga. Com a Idade Média, assiste-se a uma separação total desses exercícios espirituais (que fazem parte, doravante, da espiritualidade cristã) e da filosofia, que se torna um simples instrumento teórico a serviço da teologia (*ancilla theologiae*). Da filosofia antiga, mantém-se então apenas as técnicas escolares, os procedimentos de ensino. Ao passo que, na Antiguidade, a filosofia englobava a teologia e não hesitava em dar conselhos sobre a prática religiosa, durante toda a Idade Média e os Tempos Modernos, colocar-se-á rigorosamente à parte, por prudência com relação à Inquisição, de um lado, a especulação filosófica, que será uma construção abstrata – seria em Suarez que apareceria, pela primeira vez, a ideia de filosofia sistemática –, e, de outro lado, o pensamento teológico e a prática religiosa. A isso se acrescenta o funcionamento das universidades. Não mais se trata, como na Antiguidade, de formar homens, mas professores que, a seu turno, formarão outros professores. Tal situação, portanto, só poderá favorecer a tendência, denunciada já pelos Antigos, a se refugiar no universo cômodo dos conceitos e dos discursos, da tecnicidade, que é uma inclinação natural do espírito filosófico.

Mas, graças aos trabalhos de meu amigo, o filósofo polonês J. Domanski, sobre a Idade Média e o humanismo, fui levado a nuançar esse quadro. Primeiramente, pode-se observar, desde o século XII, em Abelardo, por exemplo, um certo retorno à representação antiga do filósofo. E, sobretudo, quando, no Renascimento, os humanistas começaram a tomar distância com relação à escolástica e, num certo sentido, ao cristianismo oficial, assistiu-se então a um retorno à concepção antiga da filosofia em Petrarca, Erasmo e outros. Nessa perspectiva, parece-me possível detectar, ao lado da corrente teórica e abstrata, a permanência da concepção, digamos pragmática, da filosofia antiga: no século XVI, em Montaigne, cujos *Ensaios* nada são além de exercícios espirituais; no XVII, nas *Meditações* de Descartes; no XVIII, na França entre os "filósofos", na Inglaterra com, entre outros, um personagem como Shaftesbury, do qual Laurent Jaffro acaba de publicar pela Aubier os extraordinários *Exercices*, que são precisamente exercícios espirituais inspirados por Epiteto e Marco Aurélio e totalmente não cristãos, na Alemanha, com o movimento filosófico "popular". É nessa perspectiva que é preciso situar o que Kant chama de filosofia "cósmica" e que ele considera, finalmente, a verdadeira filosofia. A esse respeito, meu colega e amigo, o saudoso André Voelke, professor na Universidade de Lausanne, havia desenvolvido, de uma maneira totalmente independente da minha, uma notável reflexão sobre *a Filosofia como terapia*, a respeito dos estoicos, dos epicuristas e dos céticos. Partindo como eu de Wittgenstein, ele havia insistido com justiça sobre a noção kantiana de interesse da razão, definindo o que ele chamava de força de um discurso filosófico por seu poder de agir, isto é, de interessar a razão, a razão se interessando, antes de tudo, segundo Kant, como bem mostrou, aliás, É. Weil, aos fins mais altos, que são aqueles da moralidade, o que implica reconhecer um primado da razão prática em busca da sabedoria. Reencontramos, assim, nesse paradoxo de que a razão seja "interessada", a antiga definição da filosofia como amor pela sabedoria, isto é, como esforço incessantemente renovado para atingir um estado, um modo de vida, que seja o da sabedoria. Num texto no qual, por um deslizamento de linguagem, ele passa constantemente da figura do sábio ao modelo ideal do filósofo, isto é, diz ele, à verdadeira ideia do filósofo, Kant insiste fortemente, completamente no espírito do platonismo e do estoicismo, no caráter inacessível desse modelo ideal:

> Um filósofo que corresponda a esse modelo não existe, não mais que um verdadeiro cristão não existe realmente. Todos os dois são modelos. O modelo deve servir de norma. O "filósofo" é apenas uma ideia. Talvez possamos lançar um olhar em sua direção, imitá-lo em alguns pontos, mas jamais o alcançaremos totalmente.

E um pouco mais adiante:

> A ideia de sabedoria deve estar na base da filosofia, como a idéia de santidade na base do cristianismo... Alguns antigos aproximaram-se do modelo do verdadeiro filósofo... simplesmente jamais o alcançaram... Se considerarmos os filósofos antigos, Epicuro, Zenão, Sócrates, etc., perceberemos que é a destinação do homem e os meios para chegar a ela que foram os objetos de seu

saber. Eles se mantiveram, pois, mais fiéis à verdadeira ideia do filósofo do que ocorreu nos tempos modernos, nos quais concebe-se o filósofo como um artista da razão [isto é, para Kant, como alguém que só tem em vista o discurso teórico e especulativo].[2]

Um movimento de retorno à concepção antiga despontou, portanto, desde o fim da Idade Média. Mas o modelo escolástico, as obrigações e os hábitos da vida universitária, sobretudo a autossatisfação do discurso teórico, sobre a qual falei, continuam a refrear fortemente esse renascimento.

O que acabo de dizer deixa entender que, finalmente, aos meus olhos, o modelo da filosofia antiga é sempre atual, o que significa que uma busca da sabedoria é sempre atual e sempre possível. Não esperem de mim, nesta noite, que eu desenvolva esse tema difícil e complexo. Diria somente que há, parece-me, atitudes universais e fundamentais do ser humano quando ele busca a sabedoria; desse ponto de vista, há um estoicismo, um epicurismo, um socratismo, um pirronismo, um platonismo universais, que são independentes dos discursos filosóficos ou míticos que pretenderam ou pretendem justificá-los definitivamente.

A palavra final, eu a tomarei emprestado, novamente, de Kant:

> A um velho homem, que lhe contava que escutava lições sobre a virtude, Platão respondeu: "E quando começarás a viver virtuosamente?" Não se pode fazer teoria sempre. É bem necessário, uma vez, enfim passar ao exercício. Mas hoje se toma por sonhador aquele que vive o que ensina.[3]

---

[2] Kant, *Vorlesungen über die philosophische Enzyklopädie*, em *Kant's gesammelter Schriften*, XXIX, Berlin (Akademie), 1980, p. 8-9.

[3] Ibidem, p. 12.

O QUE É ÉTICA?

Conversa com Pierre Hadot[1]

Pierre Hadot, o senhor é um grande especialista em filosofia antiga. O senhor é autor, entre outros, de *O que é a Filosofia Antiga?*[2] e acaba de publicar uma edição do Manual de Epiteto.[3] Mas escreveu também, por exemplo, sobre Montaigne, Kierkegaard, Thoreau, Foucault, Wittgenstein. Poderíamos dizer que seu interesse por pensadores tão diversos é de ordem ética? E em qual sentido de "ética"?

Quando ouço a palavra "ética", fico um pouco perplexo, no sentido de que a palavra "ética" implica uma apreciação concernente ao bem e ao mal das ações ou então das pessoas ou das coisas. Meu interesse por todos esses autores não é talvez verdadeiramente ético. Diria antes que se trata de um interesse existencial. Em Wittgenstein, por exemplo, o que me interessou, dada a mentalidade com a qual o lia em 1959, era antes de tudo a mística ou, sobretudo, como costumo dizer, o positivismo místico. Era quase uma contradição em termos: por que Wittgenstein havia ousado falar de mística? Em Wittgenstein, o fim do *Tractatus* era para

---

[1] Inicialmente publicado em *Cités*, 5, Paris, PUF, 2001.

[2] P. Hadot, *Qu'est-ce que la Philosophie Antique?* Paris, Gallimard, "Folio Essais", 1995. [Em português: P. Hadot, *O que é a Filosofia Antiga?* São Paulo, Loyola, 1999.]

[3] P. Hadot, *Manuel d'Épictète*, Paris, Le Livre de Poche, 2000.

mim particularmente impressionante. Trata-se, segundo minha interpretação, que não creio ser demasiado falsa, de uma "sabedoria silenciosa". Era também uma fórmula que eu havia lido no livro da Sra. Anscombe, a qual dizia, a propósito de Wittgenstein, que o mais importante para ele era a admiração diante do mundo. Tudo isso não é propriamente "ético".

De uma maneira geral, não sou muito estudioso da moral e temo que a palavra "ética" seja demasiadamente restrita, a menos que seja entendida no sentido da ética de Espinosa. Afinal de contas, Espinosa intitulava *Ética* um livro de metafísica. Seria preciso, portanto, tomar a palavra "ética" num sentido muito amplo.

Esse sentido específico da palavra "ética" que o senhor reivindica, a ele o senhor às vezes dá o nome de "perfeccionismo", uma forma de filosofia moral que é um pouco negligenciada pela filosofia contemporânea. Ela seria a ideia de buscar o melhor de si, a ideia do perfazimento de si, que encontra sua fonte em Platão e que aparece, como sua obra mostrou, na totalidade da filosofia antiga. Podemos ainda encontrá-la em pensadores mais contemporâneos, como o filósofo americano Emerson ou Nietzsche. Esse perfeccionismo – que o senhor também associa à ideia de exercício espiritual – poderia ser definido para além do período histórico dos exercícios espirituais? Em uma palavra, essa ética pode ter uma pertinência mais moderna?

Sim, a noção de perfeccionismo pode, por um lado, ser considerada como uma forma de ética e, por outro, ela tem a vantagem de implicar todos os tipos de noção que não são propriamente éticas. Afinal, é uma fórmula cômoda que corresponde, ademais, a uma tradição que remonta a Platão. No final do *Timeu*, Platão fala da mais excelente parte de nós mesmos que é preciso colocar em acordo com a harmonia do todo. Fiquei impressionado, aliás, notadamente quando comentava o *Manual* de Epiteto, ao ver que a noção de ir em direção ao melhor, de voltar-se para o melhor, que reaparece diversas vezes, era praticamente equivalente à noção de filosofia tanto no próprio Epiteto como em um cínico da época de Luciano. Trata-se daquele a respeito do qual Luciano de Samósata, o famoso sátiro do século II d.C., diz justamente que "Demónax voltou-se para o melhor", o que quer dizer que ele se converteu à filosofia. Isso corresponde muito bem também à ideia do final do *Timeu* de Platão: a mais excelente parte se coloca em harmonia com o todo, com o mundo.

Isso nos conduz ao problema da ética e de sua definição. Na perspectiva do que os senhores acabam de denominar perfeccionismo, poderíamos dizer que é a busca de um estado ou de um nível superior do eu. Não é somente, portanto, uma questão de moral. Na Antiguidade – como fui levado a dizer notadamente a propósito dos estoicos, mas creio que, em última instância, podemos dizê-lo a propósito de toda a filosofia – há três partes da filosofia: lógica, física e ética. De fato, há uma lógica teórica, uma física teórica e uma ética teórica e, além disso, há uma lógica vivida, uma física vivida, uma ética vivida. A lógica vivida consiste em criticar as representações, isto é, bem simplesmente, em não se deixar extraviar na vida cotidiana por juízos falsos, notadamente pelos juízos de valor. Todo o trabalho de Epiteto é justamente tentar levar o discípulo a tomar consciência de que é preciso, antes de tudo, começar por se ater às coisas tais quais são, isto é, a uma representação objetiva, o que evita acrescentar imediatamente juízos de valor aos acontecimentos, por mais graves que sejam. A lógica vivida consiste nisso. Encontramos muito frequentemente a física vivida em Marco Aurélio, mas também em Epiteto. Trata-se da tomada de consciência do destino, para a filosofia estoica, ou então da tomada de consciência das realidades físicas, para os epicuristas. Segundo esses últimos, para poder nos darmos conta de que podemos viver sem termos medo dos deuses, porque os deuses não criaram o mundo, é preciso aplicar a física ao nosso comportamento de todo dia. No que concerne à ética vivida, trata-se evidentemente de não se contentar com uma ética teórica, mas de praticá-la. Para os estoicos, trata-se sobretudo do que chamavam de deveres, isto é, as obrigações da vida de todo dia. Portanto, trata-se de exercícios espirituais ou do que eu chamo de exercícios espirituais, isto é, práticas destinadas a transformar o eu e a fazê-lo alcançar um nível superior e uma perspectiva universal, notadamente graças à física, à consciência da relação com o mundo, ou graças à consciência da relação com a humanidade em sua totalidade, o que engendra o dever de levar em conta o bem comum.

Então, tudo isso pode ter um sentido atualmente? Penso que há uma continuidade dessas práticas, mas acompanhada de uma descontinuidade. Esses exercícios espirituais reaparecem sempre ao longo dos séculos. Nós os reencontramos, por exemplo, na Idade Média, mas integrados à vida cristã, pois os cristãos retomaram muitos exercícios espirituais, como, por exemplo, o exame de consciência, a meditação da morte (deformando-a mais ou menos, aliás), etc. Por outro lado, reencontramos também, por exemplo, em Descartes (ao menos nas *Meditações*, para dar um dos exemplos mais claros), no escritor inglês Shaftesbury (que escreveu *Exercícios* – simplesmente – que estão completamente no espírito de Epiteto e Marco Aurélio), em Goethe (em certos poemas, entre outros), em Emerson e Thoreau e em Bergson. Em todos os casos, há perfeccionismo, pois trata-se de um movimento em direção a um eu superior. É muito claro em Bergson, pois ele opõe sempre os hábitos que embotam nossa percepção (isto é, aqueles que fazem que nossas decisões não sejam verdadeiras decisões, mas respostas quase mecânicas a situações habituais) à consciência clara de um eu que é (ele utiliza a imagem inversa) mais profundo. Trata-se sempre de perfeccionismo. Aliás, poderíamos até reencontrar o perfeccionismo em Heidegger na medida em que ele opõe o "se", que é o eu completamente impregnado dos hábitos mecânicos, dos reflexos automáticos, à existência autêntica, que é, aliás, uma existência que não tem medo da angústia e que, portanto, supõe um estado superior do eu. Nessa perspectiva, o perfeccionismo é muito atual.

No seu livro sobre Marco Aurélio, La Citadelle Intérieure,[4] *o senhor queria modificar uma leitura tradicional que apresenta Marco Aurélio como um pessimista desgostoso da vida cotidiana e coloca em evidência o que ele nos ensina sobre a beleza da vida, a admiração diante do mundo do qual o senhor falava há pouco. Nessa perspectiva, o exercício filosófico não é mais o desenraizamento da vida cotidiana que o senhor definia nos exercícios espirituais, mas pode se realizar na vida cotidiana pela compreensão até*

---

[4] P. Hadot, *La Citadelle Intérieure*. Paris, Fayard, 1991.

do que é o cotidiano. Isso coloca uma questão: a da ambiguidade dessa ideia de cotidiano, pois, segundo o senhor, é preciso poder aceitar o comum, mas também dele se desenraizar. Como o senhor resolve essa dualidade? Penso aqui no que disse o filósofo americano Stanley Cavell[5] acerca de dois tipos de cotidiano. O primeiro abarca os hábitos dos quais o senhor falava há pouco e dos quais é preciso se desvincular. O segundo, que é uma transformação do primeiro, seria como uma "segunda inocência". Na sua leitura de Marco Aurélio, há essa mesma dualidade, do cotidiano a ultrapassar e do cotidiano a alcançar?

Sim. Isso corresponde completamente, aliás, a um questionamento pessoal. Havia pensado, no fim de *O que é a Filosofia Antiga?*, em definir a filosofia como transfiguração do cotidiano. Os senhores têm total razão em perguntar qual é a situação desse cotidiano, isto é, se o filósofo deve se desenraizar do cotidiano ou, ao contrário, transfigurá-lo. Há realmente um desenraizamento do cotidiano. Em Marco Aurélio, por exemplo, encontramos esse esforço para evitar ter as representações ou os juízos que são habituais na vida cotidiana. A um homem que está admirado diante dos pratos dispostos à mesa para comer, ele responde que tudo isso não é nada além de cadáver de peixe ou de animal. Diante de sua própria púrpura, ele diz a si mesmo que é sangue de um animal com o qual o tecido está embebido. E, no que concerne aos prazeres sexuais, que consideramos no cotidiano como alguma coisa de extraordinário, ele diz que é uma fricção de ventres e nada mais. Ele produz definições que recolocam as realidades cotidianas no mundo ou cosmos; dá definições físicas dessas realidades. Como os senhores diziam a propósito de Stanley Cavell, há um desenraizamento do cotidiano na medida em que esse cotidiano consiste em juízos ou comportamentos nos quais o eu verdadeiro não se engaja, mas é dominado pelos hábitos e pelos preconceitos.

Ainda que a filosofia seja um desenraizamento do cotidiano, ela permanece, entretanto, inseparável do cotidiano. Sempre amei esta passagem de Plutarco em seu tratado *Se a Política é Negócio de Velhos*. Ele fala de Sócrates dizendo que não foi filósofo pela

---

[5] St. Cavell, *Une Nouvelle Amérique encore Inapprochable. De Wittgenstein à Emerson.* L'Éclat, 1991.

razão de que ensinava sobre um estrado e desenvolvia teses, mas que o foi ao brincar, beber, guerrear, ir à ágora e, sobretudo, ao beber a cicuta. Sócrates mostrou assim que em qualquer momento, independentemente do que nos aconteça ou do que façamos, a vida cotidiana é inseparável da possibilidade de filosofar. Penso que isso corresponde bastante às concepções de Cavell: não há separação entre o cotidiano e a filosofia. A filosofia não é uma atividade reservada a um contemplativo que fica em seu gabinete de trabalho e que cessaria a partir do instante em que o deixa ou em que deixa a sala de aula, mas trata-se antes de uma atividade que é absolutamente cotidiana.

O senhor observou, sempre a propósito de Marco Aurélio, que o exercício espiritual é também um exercício de linguagem. E sempre se interessou por essas questões de linguagem. O senhor fala a propósito de Epiteto e Marco Aurélio de "exercícios de escrita sempre renovados, sempre retomados". Qual é o papel da escrita e da linguagem na transformação de si operada pela ética?

Há dois tipos de discurso. Os estoicos o diziam, mas é uma questão de bom senso. Há um discurso exterior, isto é, por exemplo, o discurso que o filósofo pronuncia ou escreve. E há um discurso interior. O discurso exterior desempenha um papel importante no sentido em que, como costumo dizer, a filosofia sempre tem dois polos. Na perspectiva da ética, mesmo em sentido amplo, o discurso exterior se conduz por fórmulas recebidas, ao menos para pessoas como Marco Aurélio e Epiteto. Para encontrar um exemplo de discurso muito simples, basta se lembrar de um ponto essencial para os estoicos: não há bem senão o bem moral, não há mal senão o mal moral. Uma fórmula como essa é ensinada nos cursos de filosofia. Uma vez recebida, é preciso, entretanto, realizá-la e aplicá-la. É aí que intervém o discurso interior. Trata-se de interiorizar ou de assimilar o ensinamento. Para chegar a tanto, não basta se lembrar de que não há bem senão o bem moral, e mal senão o mal moral, mas trata-se verdadeiramente de essa fórmula tornar-se atrativa, que ela o disponha a dizer a si mesmo, por exemplo: "Estou doente, sofro, mas isso não é nada frente ao mal moral, isso não é um mal com relação ao mal moral".

Mas todos os tipos de fatores, por exemplo, imaginativos ou afetivos, devem intervir para permitir essa aplicação. Esse problema me interessou durante toda minha existência. Durante o período no qual recebi minha educação cristã e no qual frequentava o meio cristão, li a *Gramática do Assentimento* do cardeal Newman,[6] que era um autor que ainda não se lia tanto naquela época. Newman propõe uma distinção interessante entre assentimento nocional e assentimento real. Ele viu bem que todos os assentimentos nocionais do mundo jamais chegarão a suscitar a crença no cristão se ele não efetua, também, um assentimento real (no sentido inglês do verbo "realizar", que é muito forte). Na perspectiva da ética, o discurso interior, sobretudo quando "realiza" ou quando "é realizado", é extremamente importante, portanto.

O que emerge de sua concepção da ética é que ela é menos teórica que prática e "terapêutica". Essa terapêutica consiste, no pensamento do senhor, num fio condutor desde o estoicismo até Wittgenstein. É talvez isso que explique por que muito cedo o senhor tenha se interessado por Wittgenstein. O senhor foi, creio eu, o primeiro a publicar um artigo sobre esse filósofo na França, na revista Critique *em 1959. O senhor se interessou primeiro pelo* Tractatus Logico-Philosophicus, *obra especialmente difícil, que se fecha com o silêncio.*

É preciso dizer que o final do *Tractatus* é extremamente enigmático. Compreendemos bastante bem, creio eu, que Wittgenstein tenha buscado conduzir o leitor à constatação de que todas as suas proposições eram contrassenso (é talvez, antes de tudo, o que ele quer fazer com o *Tractatus*). Mesmo se isso é compreensível, nós nos perguntamos, ainda assim, por que é preciso se calar. Não tenho de modo algum a pretensão de elucidar esse problema. Aliás, não ousamos mais falar de Wittgenstein depois do que Jacques Bouveresse disse sobre ele. Seu livro, *La Rime et la Raison* [A Rima e a Razão],[7] é uma verdadeira obra-prima que admiro muito. Não

---

[6] J. H. Newman, *An Essay in Aid of a Grammar of Assent*, 1870.

[7] J. Bouveresse, *Wittgenstein. La Rime et la Raison, Science,* Éthique *et Esthétique*. Paris, Minuit, 1973.

tenho a pretensão de fazer melhor. Vou, então, contentar-me somente em observar algumas pequenas coisas.

No fundo, esse silêncio pode ter muitos sentidos. Ele pode adquirir um sentido na perspectiva de uma carta à L. von Ficker de 1919. Nela, Wittgenstein escreve que há duas coisas no *Tractatus*: o que ele disse e o que ele não disse, e acrescenta que o que ele não disse é o mais importante, isto é: "Minha obra é, sobretudo, o que não escrevi". Ora, justamente, ele diz que o que não escreveu é a parte ética. Poderíamos então falar de uma ética silenciosa. De fato, sempre tive tendência a compreender que, no final do *Tractatus*, Wittgenstein considera que seu leitor o aprendeu suficientemente para deixar a filosofia e entrar na sabedoria: a sabedoria é silenciosa.

Isso pode ter também outros sentidos, porque, como ele nada diz, podemos imaginar. Assim, o silêncio pode ter um sentido cético segundo a acepção antiga do termo, isto é, que se trataria de uma atitude cética que consistiria em viver como todo mundo, mantendo um total desapego interior, que implica a recusa de todo juízo de valor. Isso representa uma forma de sabedoria.

Ou então Wittgenstein diz que podemos ter uma visão justa do mundo. Gottfried Gabriel[8] pensa que essa visão justa é, no fundo, a visão do mundo como um todo. Essa ideia pode significar uma relação ingênua com o mundo, como diria Cavell. Essa ideia remete também a Bergson e à sua fórmula: "A filosofia não é uma construção de sistema, mas a resolução, uma vez tomada, de olhar ingenuamente para si e ao redor de si". Esse silêncio pode então ser simplesmente isto: uma ingenuidade que é, de fato, o resultado de um desapego muito complicado.

Mas acho que há também nessa sabedoria silenciosa um ato de fé bastante forte, que encontramos já em Sócrates na medida em que o homem, entregue à linguagem cotidiana e a si mesmo, é capaz de desejar o bem e então de ter uma vida moral "justa", como diz Wittgenstein. No plano pessoal, não admito completamente essa atitude silenciosa, porque penso que a filosofia não

---

[8] G. Gabriel, "La Logique comme Littérature", *Le Nouveau Commerce*, Cahiers 82/83, 1992, p. 76.

deve parar ao final de um livro. Não há fim da filosofia e essa última oscila sempre entre esses dois polos: o discurso e a decisão concernente ao modo de vida.

O próprio Wittgenstein voltou à filosofia após o Tractatus. *Tudo isso coloca a questão da relação entre a sabedoria prática e a própria filosofia. No* Tractatus, *Wittgenstein toma posição contra a própria existência de alguma coisa como a filosofia moral, pois para ele a filosofia não é uma teoria, um corpo de doutrinas, mas uma atividade de clarificação de nossos pensamentos. Para o senhor, a ética seria mais uma atividade, uma maneira de viver, do que um conjunto de proposições teóricas?*

Responderei sim e, em seguida, sim e não. Primeiramente sim, porque, refletindo sobre essas práticas ou, antes, após ter escrito meu artigo intitulado "Exercícios Espirituais", eu me dei conta de que eu quisera, primeiro, falar da Antiguidade. Era meu dever, pois me pediam que escrevesse o artigo preliminar da Vª seção da EPHE e esse artigo deveria ter relação com meus trabalhos. Então, isto é certo, eu quis primeiro falar da Antiguidade. Contudo, à medida que falei dela, eu me arrisquei a sair da perspectiva da Antiguidade. Eu me dei conta de que havia tentado propor uma atitude filosófica que era independente, primeiro, de toda filosofia específica e, em seguida, de toda religião. Alguma coisa que se justifica por si mesma. No fundo, eu me dei conta de que o que chamo de exercício espiritual pode ser também independente de toda teoria. Quero dizer com isso que, se a praticamos, transformamos nossa vida sem que tenhamos necessidade de dogmas muitos precisos. Tomemos um exemplo (é talvez o único, mas ele me parece muito importante): "viver no presente". Se me digo que o passado não está mais aqui, que o futuro ainda não está aqui, penso que há uma única coisa na qual posso agir: é o presente. Essa constatação engendra muitas coisas. Por exemplo, posso tomar consciência do valor infinito do presente pensando também na morte. Tudo isso é independente de toda teoria específica. Tomando consciência do valor do presente, posso até dizer a mim mesmo que tenho não somente em minha frente minha ação presente, mas também a presença de todo o universo, isto é, que o mundo inteiro me pertence. É assim que todos os tipos de coisa podem estar implicados numa pequena decisão.

Eis porque o sim. Entretanto, posso também responder sim e não, pois, se suprimirmos toda referência dogmática e teórica, o indivíduo é completamente entregue a si mesmo. Mesmo quando há normas sociais (ou preconceitos sociais), ele não consegue se decidir, tão complexas são as situações. Por conseguinte, penso, apesar de tudo, que numa certa medida é preciso conhecer modelos de vida ou, em todo caso, modelos humanos para se orientar. Eu reabilitaria uma atitude que é muito malvista desde sempre: o ecletismo. Sempre admirei Cícero[9] gabando-se da liberdade e independência de espírito dos acadêmicos (acadêmicos, enquanto herdeiros da Academia platônica, mas com uma tendência probabilista). Para tomar suas decisões, eles buscavam o que é mais verossímil racionalmente. E, para buscar o que havia de mais verossímil racionalmente, recebiam conselhos, por assim dizer, seja da atitude estoica, seja da atitude epicurista, seja da atitude platônica. Seguindo as circunstâncias, eles se decidiam de uma maneira livre e pessoal.

Nietzsche também disse, de maneira muito interessante, que não se deve ter medo de tomar uma receita estoica e, seguindo as necessidades da vida, depois uma receita epicurista. Isso não significa de modo algum que haja apenas o estoicismo e o epicurismo como atitude possível, mas também a atitude platônica. Afinal de contas, algumas pessoas podem encontrar seu caminho no budismo ou na atitude cética ou então no existencialismo, pois, apesar de tudo, eram um estilo de vida. O caso do marxismo é mais complicado, mas, no fundo, era também um modelo e há pessoas que tiveram vidas exemplares seguindo-o.

Esse ecletismo, essa busca por modelos não se restringe então à teoria moral. Eles implicam um apelo à vida, à observação do outro, mas também a tipos que encontramos na literatura ou no cinema. A ética poderia às vezes se encontrar fora da filosofia,

---

[9] Cícero, *Tusculanas*, V, 11, 33.

no exame desses modelos? Sei o quanto certos livros foram importantes para o senhor: um dia o senhor disse que alguns livros realmente o impregnaram como se os personagens fizessem parte do senhor. Creio que cada um de nós teve essa experiência e que ela tem a ver com a ética.

Sim, disse isso a propósito de Montaigne, Wittgenstein, Rilke, Goethe. Em última instância, eles eram todos, a seu modo, filósofos. Contudo, poderíamos também dizer o mesmo de alguém contemporâneo e mais popular, como David Lodge. Muitos de seus romances realmente colocam problemas filosóficos ou religiosos ou, em geral, problemas de comportamento. E há, no romance, alguma coisa que o filósofo não poderá jamais produzir: a representação de uma situação em todo seu desenvolvimento. Isso não significa que, quando temos de tomar uma decisão, seja preciso ler um romance de Lodge, por exemplo; mas que, sem estar na urgência, podemos aprender enormemente com os romances que têm uma grande lucidez com respeito ao que se passa na vida. O inverso, infelizmente, também é verdadeiro. Na época da guerra, li os romances de Charles Morgan, *Fonte* e *Sparkenbrok*, e isso me fez muito mal! Nesses romances, tratava-se sempre um pouco da mesma situação, de um homem muito culto e, sobretudo, platônico, dando um grande valor à contemplação e à arte, e que utiliza uma mulher como mera fonte de inspiração. No fundo, isso me deu uma concepção errada do amor – refiro-me ao amor humano, não ao amor plotiniano – porque era muito sedutor por causa do verniz platônico, com a presença nesses romances de uma tríade que assegura a unidade do espírito: a arte, o amor, a morte. Creio que esse pseudoplatonismo é bastante perigoso.

Mas os senhores não me pediram que falasse de minhas leituras ruins. Creio que às vezes é preciso desconfiar da mistura da literatura e da filosofia. Por exemplo, Lawrence Durrell no admirável *Quarteto de Alexandria*. Creio que ele não é tão perigoso, mas há passagens de filosofia absolutamente incompreensíveis que deixam o romance pesado. Portanto, o romance pode ajudar somente se descreve um esforço de perfeccionismo, por exemplo, pelo que mostra diretamente.

Mas então o que extraímos da leitura não é somente um modelo a seguir, uma lição que nos dirá como agir em certas circunstâncias. Seria preciso então diferenciar uma ética normativa, prescritiva, para empregar o jargão atual da filosofia moral, digamos uma ética da obrigação, da lei moral kantiana, e uma ética da descrição, mas também, como o senhor parece dizer, da transformação?

A propósito da ética kantiana, que está bem no cerne do problema, eu falarei com mais nuanças. Tenho a tendência, talvez de uma maneira errada, a interpretar Kant de um modo menos rígido do que se faz habitualmente. Citei muito frequentemente a fórmula de Kant: aja de tal maneira que a máxima da tua ação, isto é, o que dirige a tua ação, possa ser uma lei universal da natureza. Evidentemente, a fórmula não é muito atraente hoje, mas o que vejo nela é justamente a vontade da universalidade. Um dos segredos da concentração sobre o momento presente, que é também um "exercício espiritual", é a vontade de se colocar numa perspectiva universal. Primeiramente, é tentar se colocar no lugar do outro e, depois, simplesmente aplicar essa famosa regra: não fazer ao outro o que não gostaria que te fizessem. É um princípio que não está fundado sobre filosofia alguma, que está ligado à experiência humana. E, de fato, a fórmula de Kant corresponde também à ideia de passar de um eu inferior, egoísta, parcial, que só vê seu interesse, a um eu superior, que justamente descobre que não está completamente só no mundo, mas que há o mundo, há a humanidade e há outros homens, há as pessoas que amamos, etc. No fundo, o velho Kant, eu o desculpo bastante por causa dessa formulação: ela é, evidente, kantiana por completo, no sentido da vontade sistemática de formular leis, mas no fundo é uma lei que damos a nós mesmos e ele se ocupa muito dela. É uma lei que não é imposta do exterior, mas que vem do interior. E que ainda tem a vantagem de não supor dogma algum. Portanto, eu faria uma reabilitação de Kant.

O senhor nos propõe um Kant perfeccionista no lugar do Kant moralista em voga hoje, é bastante original!
Uma última questão. No fim da vida, Michel Foucault se interessou muito pelas técnicas de si, pelas práticas de si, sob a influência de sua ideia de exercício espiritual: o senhor e ele estão muito

próximos nesse ponto e a maior parte dos filósofos contemporâneos não fala de práticas de si, mas antes, de teorias de si. Por outro lado, o senhor criticou a ideia de Foucault de uma estética da existência. Como o senhor situaria suas respectivas posições sobre a ética?

Foucault me disse um dia que havia sido influenciado também pelo meu primeiro artigo, que escrevi sobre a noção de conversão, no qual distinguia duas formas de conversão: a *épistrophé*, que era um retorno a si, e a *metanoia*, que era transformação de si. Desse ponto de vista, há uma proximidade evidente entre nós. Mas talvez houvesse aí uma diferença: no sentido de que Foucault centrou sua ideia das práticas de si sobre uma certa atitude do indivíduo, que chamou de estética da existência e que consiste, definitivamente, em fazer que sua existência seja bela. Eu reprovo um pouco em Foucault o que chamei de seu "dandismo". Os grandes homens de Foucault são frequentemente dândis, como Baudelaire – pessoas que buscaram, primeiro, ter uma bela existência.

Ao contrário, eu teria antes tendência a ser menos inteiramente "ético" e mais sensível à noção que estudei ao longo da Antiguidade, do *Timeu* até o fim da Antiguidade, da física como exercício espiritual. Interessei-me mais pelo aspecto cósmico da filosofia – talvez por causa de experiências particulares que tive, como aquela de um "sentimento oceânico". Desejo, portanto, que o filósofo se situe mais na perspectiva do universo, ou da humanidade em sua totalidade, ou da humanidade como outro.

(Falas registradas por Sandra Laugier e Arnold I. Davidson.)

Bibliografia

Além das obras citadas em nota ou no posfácio, podem-se consultar as seguintes obras que têm uma relação com os temas da presente obra.

Archiv für Begriffsgeschichte, t. 26, 1982, p. 166-230 (Homenagem a Jakob Lanz: artigos consagrados ao conceito de "filosofia").

Domanski, J. *La Philosophie, Théorie ou Mode de Vie. Les Controverses du Moyen Âge et du Début de la Renaissance*. Prefácio de P. Hadot. Fribourg-Paris: Cerf, 1996.

Gigante, M. "*Philosophia Medicans* in Filodemo", *Cronache Ercolanensi*, t. 5, 1975, p. 53-61.

_____. "Motivi Paideutici nell'Opera Filodemea sulla Libertà di Parola", *Cronache Ercolanensi*, t. 4, 1974, p. 37-42.

Groethuysen, B. *Anthropologie Philosophique*. Paris, 1952. cap. IV: "La Philosophie Greco-Romaine de la Vie".

Guillaumont, A. *Aux Origines du Monachisme. Pour une Phénoménologie du Monachisme*. Abbaye de Bellefontaine, Bégrolles-en-Mauges. (Col. "Spiritualité Orientale", nº 30).

Hadot, I. *Arts Libéraux et Philosophie dans la Pensée Antique*. Paris, 1984 (sobre a *paideia* como desenvolvimento da personalidade).

_____. "The Spiritual Guide", *Classical Mediterranean Spirituality*. Ed. A. H. Armstrong. New York: Crossroad, 1986. p. 436-59.

Masullo, R. "Il Tema degli Esercizi Spirituali nella *Vita Isidori* de Damascio". In: Talariskos (ed). *Studia Graeca Antonio Garzya a Discipulis Oblata*. Napoli, 1987.

Merlan, P. *Monopsychism, Mysticism, Metaconsciousness. Problems of the Soul in the Neoaristotelian and Neoplatonic Tradition*. 2. ed. La Haye, 1969 (sobretudo p. 113-37 sobre o sentido do imperativo categórico kantiano).

Nussbaum, M. C. *The Therapy of Desire. Theory and Practice in Hellenistic Ethics*. Princeton, 1994.

Perret, J. "Le Bonheur du Sage", *Hommages à Henry Bardon*. Bruxelles, t. 187, 1985, p. 291-98. Col. "Latomus".

Pigeaud, J. *La Maladie de l'Âme. Étude sur la Relation de l'Âme et du Corps dans la Tradition Medico-Philosophique Antique*. Paris, 1981.

Rabbow, P. *Paidagogia. Die Grundlegung der abendländischen Erziehungskunst in der Sokratik*. Göttingen, 1960.

Voelke, A.-J. *La Philosophie comme Thérapie de l'Âme*. Prefácio de P. Hadot. Fribourg-Paris: Cerf, 1993.

Vogel, C. de. "What Philosophy Meant to the Greeks". *International Philosophical Quarterly*, t. I, 1961, p. 35-37.

ÍNDICE DAS CITAÇÕES DE NIETZSCHE

KSA = Friedrich Nietzsche, *Sämtliche Werke*, Kritische Studienausgabe, org. G. Colli e M. Montinari. Berlin, De Gruyter, 1980. 15 t.

NRF = Frédéric Nietzsche, *Œuvres Philosophiques Complètes*. Paris, Gallimard, 1974 ss. 14 t.

Die fröhliche Wissenschaft [*A Gaia Ciência*], § 340, KSA, t. III, p. 569; NRF, t. V., p. 231 – p. 120, n. 120, e p. 124, n. 132.

Die Geburt der Tragödie [*O Nascimento da Tragédia*], §, 13, 14, 15, KSA, t. I, p. 57, 91; NRF, t. I, p. 70, 100, 104, 109 – p. 94, n. 12; p. 120, n. 122; p. 124, n. 130.

Ecce Homo. Die Unzeitgemässen [*Ecce Homo. Considerações Extemporâneas*] § 3, KSA, t. VI, p. 320; NRF, t. VIII, p. 294 – p. 96, n. 20, p. 99, n. 34.

"Einleitung in das Studium der klassichen Philologie", em *Nietzsches Werke*, t. XVII, Philologica, Leipzig (Kröner), 1910, p. 333 – p. 117, n. 111.

Götzen-Dämmerung. Das Problem des Sokrates [*O Crepúsculo dos Ídolos. O Problema de Sócrates*], § 3, 4, 8, 12, KSA, t. VI, p. 69, 71, 73; NRF, t. VIII, p. 71, 72, 74 – p. 92, n. 3 e 5; p. 93, n. 10; p. 120, n. 121; p. 125, n. 134.

Jenseits von Gute und Böse [*Além do Bem e do Mal*], § 40 e 295, KSA, t. V, p. 58 e 237; NRF, t. VII, p. 57 e 206 – p. 98, n. 29; p. 126, n. 145.

Menschliches, Allzumenschliches. Der Wanderer und sein Schatten [*Humano, Demasiado Humano. O Andarilho e sua Sombra*], § 86 e 175, KSA, t. II, p. 591 e p. 627; NRF, t. III, 2, p. 200 e 231 – p. 100, n. 43; p. 122, n. 126.

Morgenröthe [*Aurora*], IV, § 421, KSA, t. III, p. 257; NRF, t. IV, p. 226 – p. 99, n. 33.

Nachgelassene Fragmente [*Fragmentos Póstumos*], inverno 1870-1871; outono 1872, 8 (13), KSA, t. VII, p. 224; NRF, t. I, 1, p. 327 – p. 124, n. 130.

Nachgelassene Fragmente [*Fragmentos Póstumos*], verão 1875, 6 (3), KSA, t. VIII, p. 584; NRF, t. VIII, p. 97; NRF, t. II, 2, p. 335 – p. 99, n. 36.

Nachgelassene Fragmente [*Fragmentos Póstumos*], julho 1879, 41 (2), KSA, t. VIII, p. 584; NRF, t. III, 2, p. 397 – p. 122.

Nachgelassene Fragmente [*Fragmentos Póstumos*], abril-junho 1885, 34 (66) e (148), KSA, t. XI, p. 440 e 470, NRF, t. XI, p. 169 e p. 198 – p. 98, n. 32 e p. 106, n. 73.

Nachgelassene Fragmente [*Fragmentos Póstumos*], junho-julho 1885, 37 (7), KSA, t. XI, p. 580; NRF, t. XI, p. 314 – p.98, n. 30.

Sokrates uns die Tragödie [*Sócrates e a Tragédia*], KSA, t. I, pp. 544-545; NRF, t. I, 2, p. 41-42 – p. 93, n. 7 e 9.

Unzeitgemässe Betrachtungen. Schopenhauer als Erzieher [*Considerações Extemporâneas. Schopenhauer como Educador*], III, § 2, 4, 5, KSA, t. I, p. 349, 373-373, 379; NRF, t. II, 2, p. 28, 49, 54 – p. 99; p. 123, n. 129.

ÍNDICE DAS CITAÇÕES DE KIERKEGAARD

OC = Sören Kierkegaard, Œuvres Complètes. Paris, Éditions de l'Orante, 1966-1987. 20 t.

FG = S. Kierkegaard, Journal [Diário], trad. K. Ferlov e J.-J. Gâteau. Paris, Gallimard, 1963. 5 t.

Discursos Cristãos, VII, OC, t. XV p. 226 – p. 116, n. 109

Diários Íntimos (VIII A 27, 1847), FG, t. II, p. 97 – p. 98, n. 27

O Instante § 10, OC, t. XIX, p. 300-301 – p. 98, n. 28; p. 107, n. 76

O Conceito de Ironia, OC, t. II, p. 11 e 171 – p. 94, n. 13

Migalhas Filosóficas, cap. 2 e 4, OC, t. VII, p. 23 e p. 58 – p. 103, n. 54

Ponto de Vista Explicativo da Minha Obra, II, 1, A, §§ 2 e 5; II, 2, B; apêndice, n. 2, OC, t. XVI, p. 22, 28, 44, 94 – p. 103, n. 53; p. 106, n. 70; p. 108, n. 79; p. 109, n. 82

Post-scriptum Não Científico, OC, t. X, p. 191 e p. 228-230 – p. 106, n. 68

ÍNDICE DE TEMAS

A

"À mão", 25, 27-28, 32, 77, 135, 156, 246
Abstração (método matemático e teológico), 217-22
Akroasis. Ver Audição
Alma universal, 197
Amerimnia. Ver Tranquilidade
Amizade, 35, 109, 175
Amor, 124
   a Deus 65, 86-87
   aos homens, 154, 336
   universal, 195. *Ver também* Universalismo; Eros; Diálogo
Amplificação retórica, 19, 27, 69, 78
Anacorese, 85
Anagnosis. Ver Leitura
Análise
   das representações, 178
   dos contínuos, 140
Anesis. Ver Descontração
Apatheia. Ver Impassibilidade
Aphasia, 223
Apofatismo, 16, 217, 223-25
Aporia, 108, 112
Apotegmas, 29, 78
Apropriadas (ações = *kathekonta*), 154-55, 163-64
Aprospatheia. Ver Desapego
Argumentações persuasivas (*epilogismoi*), 28

Ascese, 8, 69-70, 277, 280, 301
Askesis, 24, 69, 158
Assentimento (disciplina do), 156
Atenção a si (= *prosochè*), 37, 73-74, 77, 79, 84, 245, 258, 268
Atualização, 158, 169
Audição (= *akroasis*), 25, 29
Autenticidade, 47, 182, 258
Autobiografia, 135, 235

B

Banalidade, 100, 106, 132
Bricolagem, 253

C

Ceticismo, 134, 240, 272, 284
Cidade, 106, 184-86, 188-89, 195, 207-08, 261, 265-66, 273, 284, 286
   de Zeus, 146
   do cosmos, 166, 185
   humana, 124, 185
Comunicação indireta, 98, 106
Concentração mental, 38, 55
Conhecimento de si, 57
Consciência, 21-22, 25, 34, 38, 44, 52, 58, 65, 73, 80, 97, 101, 156, 185, 191, 203-04, 208, 211, 245-46, 254-59, 260, 264, 265-67, 272-73, 278-80
Consciência cósmica, 12, 26, 73 263, 273, 279
Consciência dividida, 107

Consciência moral, 34, 36, 65, 73, 105, 245, 254, 272. *Ver* Atenção a si
Consentimento (à vontade universal da Natureza), 146, 148, 162, 171-72
Conservação de si, 302, 304
Conversão, 23, 57, 53, 58, 203, 205, 208-16, 262, 274
Conversão política, 207
Conversão-mutação, 205
Cristianismo como filosofia, 58, 65, 68-73, 81, 83, 85, 234, 258, 267, 278, 287-88
Crítica das representações, 156, 171
Cuidado de si, 278, 284

D

Definição física (exercício da), 181
Demoníaco, 28-30, 124, 127
Demonstração e exercício espiritual, 63
Desapego (= *aprospatheia*), 53, 55, 82, 84
Descontração (= *anesis*), 34, 55, 65, 245, 259
Despertar religioso, 210
Destino, 23, 56, 145, 159, 161, 164, 166, 195, 197, 258, 260, 273
Dialética, 41-42, 55, 96, 101, 110, 120, 155, 212, 245-46
Diálogo, 36-41, 45, 60, 68, 95, 101, 109, 111, 113, 116, 125-26, 238, 243, 257, 266
  consigo mesmo 29, 39-41, 135
Diálogos, 41, 61, 95, 99, 108, 124, 243, 236
  platônicos, 95
  socráticos, 95
Diatribè. Ver Conversa
Discurso sobre a filosofia, 10, 264-65
Dissimulação, 94, 98, 100
Divisão (exercício da), 19, 138, 140-43, 161
Dogmas fundamentais, 32, 135, 246, 265
Domínio de si, 25, 31, 81-82, 336

E

Ecletismo parenético, 63
Enkrateia. Ver Domínio de si
Enstasis. Ver Estado de vida
Epilogismoi. Ver Argumentações persuasivas
Epistrophè, 203, 208, 275. *Ver* Conversão

Epitomè. Ver Resumo
Eros, 106, 108-09, 111-20, 126
Escolas filosóficas, 22, 24, 56, 258, 264, 272
Escrita (como exercício espiritual), 80
Espírito coletivo da humanidade, 186
Estado de vida (*enstasis*), 22, 58
Estética da existência, 12, 277, 278, 281
Ethismoi. Ver Práticas morais
"Eu", 95
Exame aprofundado (= *skepsis*), 25, 29-30, 62
Exame de consciência, 35, 38, 74, 85-86, 135, 245, 265, 267, 278
Exegese, 22, 30, 62, 66, 240, 251, 256
Exercícios preparatórios (= *meletè*), 27, 69
Exercitia spiritualia, 21, 67-68
Existência
  alegria da, 32
  linguagem e, 217
  mistério da, 217, 228, 279
  seriedade da, 106

F

Familiaridade com a natureza, 161, 168
Fidelidade (em oposição a ruptura), 203
Filosofia
  e sabedoria, 107, 242-47, 273, 280-81
  Eros como figura do filósofo, 108-20
  "filosofia" em oposição ao "discurso sobre a filosofia", 264
  "filosofia" para designar o cristianismo e o monasticismo, 70-72, 267
  como arte de viver, 267
  como conversão, 23, 211
  como modo de vida, 280, 283
  como ruptura com o cotidiano, 278-79, 338
  como terapêutica, 278-79, 338
  partes da filosofia, 93, 155-56, 171, 264
  tranquilidade da alma, 31, 208, 267
Física como exercício espiritual, 131ss

G

Gênio do coração, 126-27
Grandeza de alma (e universalidade do

pensamento), 136, 142, 145, 148, 161, 279
Gratidão com relação à natureza, 34
Guarda do coração, 76, 85

H

Hábito, 30-31, 55, 59, 81, 243, 245, 280
Harmonização, 184-85, 189-90, 194-98
Heroísmo do espírito, 184, 186, 194
História como retorno, 212
   harmonizar-se à história, 189ss
Horror, 273
Humanidade
   funções do homem, 177
   identidade do gênero humano, 184, 191
Humildade, 86

I

Impassibilidade (= *apatheia*), 82-84
Indiferença (como amor sem diferença), 159
Individualidade (em oposição a universalidade), 45, 190
Indivíduo (e responsabilidade existencial), 106
Interpretação das obras antigas, 7, 13, 170-73, 233, 235, 240
Introspecção, 81
Intuição intelectual, 218, 220, 227-28
Ironia, 93-94

J

Justiça 103, 107-08, 154, 156, 163-64, 166-67, 171, 196, 199-200, 260, 273, 284

K

Kanon. Ver Regra de vida

L

Leitura, 19, 25, 29, 65, 135, 144, 175-77, 238, 248, 251
Lembranças do que é bom, 25
Liberdade, 58, 203, 258, 264
Linguagem, disciplina da, 28-29, 35-44, 164-65
Logos, 43-45, 60, 71, 95, 102, 116, 164, 211, 267

M

Maiêutica, 103, 116
Máscara, 94-101, 106, 134
Máxima 26, 46, 164, 168-69, 255, 257
Meditação (= *meletè*), 25, 27-29, 32-33, 45, 67, 69, 78, 85-86, 114, 135, 161, 168, 180, 182, 192, 245-47, 254, 257-59, 265, 267, 284
Medo de Deus, 86
Memorização (= *mnemè*), 29, 78, 135, 246
Metamorfose, 9, 15, 20, 55, 59, 68, 133, 140, 142, 161, 169, 190, 196
Metanoia, 203, 208, 275
Metastrophè. Ver Conversão
Método de ensino, 98
Metriopatheia, 83
Missões, 207ss
Modernidade, 277
Monasticismo, 65, 71, 73, 85
Morte de Cristo, 68, 87, 258
Morte de Sócrates, 44, 59, 95, 105, 121

N

Não saber, 111
Natureza universal, 24, 142, 146, 148, 150-52, 155, 157, 159-60, 163, 165, 171-72, 189-90, 194, 244, 264-65, 279
Nepsis. Ver Vigilância
Novo sentido (atribuição de), 253-54

O

Obediência, 86
Olhar do alto, 285-88
Oral e escrito, 257
Ordem humana, 199
   universal, 155, 167, 186-88, 194-96
Otimismo, 131, 190

P

Parênese, 63
Parhepomenon. Ver "À mão"
Pátria cósmica, 185, 188
   humana, 185-86, 189
Penitência, 86, 208
Pesquisa, 8, 15, 19, 25, 29-30, 33

Pessimismo, 131, 133, 246
Phantasia. Ver Representação, 76, 150, 152, 154, 157, 165, 167
Piedade, 161
Praemeditatio malorum, 28, 136, 276
Práticas morais, 55, 80-81
Prece de harmonização, 190, 195
Princípio de tudo (aporias), 54, 83, 224, 247
Princípios fundamentais, 28, 169, 248
Procheiron. Ver "À mão"
Progresso espiritual, 52-53, 62, 83, 135, 245, 252, 260, 262-63, 286
Prosochè. Ver Atenção; Vigilância
Prostração, 86
Pseudônimo, 97-98, 224
Psicologia, 135, 180, 184
Psicoterapia, 31, n. 57

R

Razão universal, 73, 159, 184-85, 190, 195-96, 212, 243, 291-92, 296-97, 308, 311. *Ver Logos*
Reflexividade, 211
Regra de vida, 25, 27, 30, 77, 156, 170
Reino de Deus, 82-83
Reino dos céus, 82-83
Relação tripla do homem consigo, com os outros, com o mundo, 151
Religião e filosofia, 285-88
Repetição, 146, 211, 257
Representação (= *phantasia*), 29, 56-57, 65-66, 93, 138-41, 145, 150-53, 155-57, 161, 165, 167, 172, 203, 211, 232, 243, 257, 280, 283
Reserva (agir sob), 154, 156, 164
Responsabilidade existencial, 106
Resumo (= *epitomè*), 30, 32, 135
Retórica, 20, 27, 41, 55, 63, 67, 69, 109, 175, 207-08, 233, 245-46, 248, 250, 256
Retorno a si, 212
Ruptura (em oposição a fidelidade), 203, 208, 212, 242, 280

S

Sábio (como norma e ideal), 91, 107, 243-44

Sentença, 28-29, 32, 78, 149, 154, 158, 164-70, 173, 190, 247, 265
Sistema, 15, 60-63, 102, 106, 116, 135, 141, 156, 171, 186, 189-90, 192, 208, 213, 225, 252-53, 271
Social (sentido), 188
Socrático (método), 97. *Ver também* Terapêutica
Sonhos, 28, 80

T

Temperança, 154
Tendência (disciplina da), 158
Tensão (= *tonos*), 25, 31, 34, 37, 108, 245
Teologia negativa, 215
Teoria e prática, 246
Terapêuticas (socratismo, pitagorismo, estoicismo), 23, n. 15
Terra, 50-51, 74, 119, 131, 133, 146-47, 160, 169, 261, 273
Tetrapharmakon, 33
Tonos. Ver Tensão
Topos, tópica histórica, 154, 158, 255
Tranquilidade da alma, 31, 73, 208, 247, 261-63, 279

U

União mística, 225, 227, 247
Unidade da ciência, 185-89, 191
Universalidade (em oposição a individualidade), 48, 55, 57-59, 168, 187-88, 190-91, 248, 279-80
Universalismo
  do coração, 185-86, 188, 194
  do espírito, 185-86, 188, 199

V

Valor terapêutico, 80, 278
Vida (amor pela), 122
Vigilância (= *prosochè, nepsis*), 73-78
Virtudes (hierarquia das), 52
Viver (arte de). *Ver* Filosofia
Vontade
  de Deus, 79
  da Natureza, 145-47

Do mesmo autor, leia também:

Neste livro, o último que Hadot publicou em vida, o filósofo aborda – com o estilo profundo, elegante e agradável que sempre o acompanhou – três "exercícios espirituais" (ou seja, práticas de autodisciplina) que o literato alemão cultivou e que ilustram o seu lema, contrário ao *Memento mori*, "Não se esqueça do morrer": *Memento vivere*, "Não se esqueça de viver". As três práticas se reduzem a concentrar-se com intensidade no presente, considerar as circunstâncias em conjunto e cultivar a esperança. Além da investigação cuidadosa de como tais exercícios são sugeridos pela vida e pelos textos de Goethe, o autor observa como a visão que os motiva foi posteriormente endossada por Nietzsche. Uma obra que faz valer o elogio que lhe viria a endereçar Luc Ferry: "Admirável".

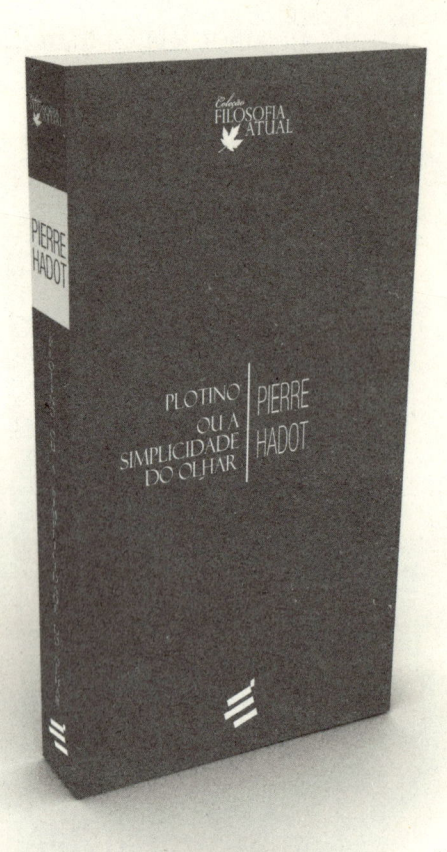

Essa obra busca apresentar não o sistema, mas a experiência pessoal de Plotino, dando tanto quanto possível a palavra ao mestre espiritual e ao diretor de consciência. Trata-se evidentemente da união mística, fato inefável, surgindo em momentos privilegiados, que abala toda a consciência do eu, fazendo com que experimente um sentimento de presença indescritível. Plotino a descreve em páginas líricas e palpitantes consideradas como as mais belas da literatura mística universal. Mas trata-se também da doçura serena de um filósofo que, ao mesmo tempo que vive da vida do espírito, pode permanecer "presente para si mesmo e para os outros", e assumir as preocupações e responsabilidades da vida cotidiana.

facebook.com/erealizacoeseditora
twitter.com/erealizacoes
instagram.com/erealizacoes
youtube.com/editorae
issuu.com/editora_e
erealizacoes.com.br
atendimento@erealizacoes.com.br